首都经济贸易大学出版资助

企业异质性理论研究：
从新新贸易理论到动态宏观经济理论

余颖丰　著

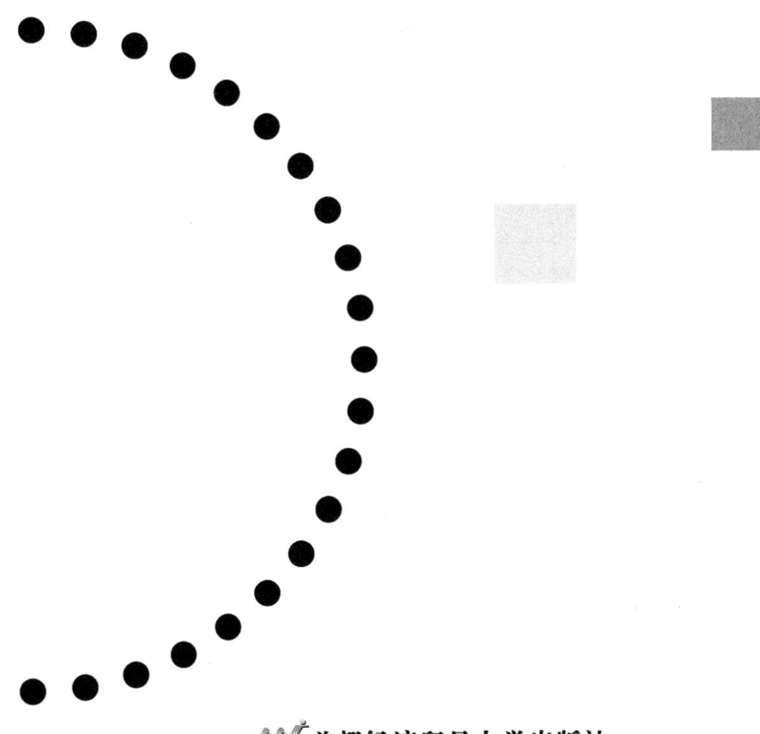

首都经济贸易大学出版社
Capital University of Economics and Business Press
·北京·

图书在版编目（CIP）数据

企业异质性理论研究：从新新贸易理论到动态宏观经济理论/余颖丰著. --北京：首都经济贸易大学出版社，2020.12

ISBN 978-7-5638-3098-5

Ⅰ.①企… Ⅱ.①余… Ⅲ.①企业经济—研究 Ⅳ.①F27

中国版本图书馆 CIP 数据核字（2020）第 120827 号

企业异质性理论研究：从新新贸易理论到动态宏观经济理论
QIYE YIZHIXING LILUN YANJIU：CONG XINXINMAOYI LILUN DAO DONGTAI HONGGUAN JINGJI LILUN
余颖丰　著

责任编辑　晓　地
封面设计　风得信·阿东 FondesyDesign
出版发行　首都经济贸易大学出版社
地　　址　北京市朝阳区红庙（邮编 100026）
电　　话　（010）65976483　65065761　65071505（传真）
网　　址　http://www.sjmcb.com
E-mail　publish@cueb.edu.cn
经　　销　全国新华书店
照　　排　北京砚祥志远激光照排技术有限公司
印　　刷　北京九州迅驰传媒文化有限公司
开　　本　710 毫米×1000 毫米　1/16
字　　数　370 千字
印　　张　21
版　　次　2020 年 12 月第 1 版　2020 年 12 月第 1 次印刷
书　　号　ISBN 978-7-5638-3098-5
定　　价　75.00 元

前　言

文艺复兴时期最伟大的科学成就是人类学会了如何解三次和四次方程。“遇到问题，就解决问题（solve problems）”似乎是无须论证的自然公理。因此，数学在那个时代是一门侧重“计算”的学科，即：计算出结果。但是，在试图求解五次方程时各路数学大神皆铩羽而归。塔尔塔利亚、卡尔达诺、费拉里试图用传统的以根用系数的代数式求解却始终行不通。拉格朗日是其中最为著名的学者，拉格朗日发现三次方程问题可以化为二次方程问题，四次方程问题可以化为三次问题，他以为五次方程问题也可以化为四次方程问题，结果化成了六次方程问题，他隐约发觉五次方程或者以上可能无解。天才数学家欧拉也尝试寻找五次方程的解，但也无功而返。在五次方程求解的过程中，数学家们第一次凿开了隐藏在冰山下的现代科学。从人类找到四次方程的解后的好几百年间，没有一个人找到一般的五次多项式根的表达式。

五次方程的解最终在19世纪初由英年早逝的阿贝尔确立，后来另外一位英年早逝的法国数学天才伽罗瓦①系统地建立了现代群论的思想，在构建了一个完整的理论大厦后得出结论（本质上是给出了完美的解释）——五次方程不可解。也就是说，几百年的研究毫无进展，最终“五次方程的解”这个谜团是通过论证该问题的解不存在而告终的。那些试图求解五次方程耗尽一生心智已去世的数学家如果知道这样的结果，是否会感叹结局是如此的让人灰心丧气，又或者是感叹自己的盲目（忙于解题，而却没看题审题）。

“五次方程的不可解性”对数学家（乃至科学家）的世界观、哲学观及人生观的冲击是巨大的、也是前所未有的。数学家（乃至科学家）深刻地认识到：不是所有的“问题”都有解，不是所有的复杂问题都可以化成简单问题，然后逐个击破，一个个地解答，进而最终攻克。于是数学家和

① 阿贝尔于26岁去世，而伽罗瓦于21岁去世。

科学家开始严肃思考哲学问题，即：什么是“好”的问题？“问题”会不会不是“问题”？因为有些“问题”本质上可能根本不是问题，有些“问题”本身就没有意义，又或者问题本身就毫无意义。

数学更不应该是简单的“遇到问题，就解决问题”。人类如果遇到问题，不是审视问题，而是马上开始着手解决问题，可能就会重蹈“五次元方程无解”的覆辙，浪费的将是无数科研人员的心智、时间（也就是生命），最终徒劳无功。用东方人的哲学解读，即是要避免“缘木求鱼”“南辕北辙”。

于是数学家汲取了“五次方程的不可解性”的教训后，开始从原来的重视“算（calculate）”变为重视“分析（analysis）”。这就是为何在当代高等数学教育体系中有如此多的分析课程的原因，比如：从入门级的数学分析开始，再到后来的实分析、复分析和泛函分析。数学家开始琢磨什么是“好”的问题，用数学语言就是：解所处空间应该具有良好的性质。泛函分析就是专门研究“空间”的数学分析学科。在“五次方程的不可解性”之后的数学研究，乃至现代科学都极度重视“问题”所处的“空间”。要找到我们想要的“答案”，我们首先要论证答案一定会出现在我们研究的“问题的空间”里，否则（用人类的语言陈述即是）“你的答案不在你的问题里”“你的问题本身不是一个问题”，也就是说“你研究的问题本身就不是一个好的问题”。写数学史的学者往往如此归纳“五次方程的不可解性”的贡献：在五次方程的求解过程中，数学家们第一次凿开了隐藏在冰山下的现代科学，将数学带入了精妙绝伦的现代群论，因为现代群论的诞生，使得“分析”成为数学研究的主流，告别了仅关注“算”的时代，开启了现代数学的崭新纪元。

“五次方程的不可解性”本质上其实是一种哲学思想，它正影响着社会生活的方方面面，改变着我们思考问题、看待世界的方式。“五次方程的不可解性”中所蕴含的哲学观点常常出现在广播电视、商业杂志、励志图书以及一些学校的校训中，比如有的图书的书名即为《好问题的力量》；在商业杂志中，职场经验类的文章常指导职场新人学会如何提升自己问对问题的能力；而励志图书中，总是出现“提出好问题，比急于解决（别人）提出的问题更重要”“提出好的问题，比回答问题更重要”等箴言。有些学校甚至将“问对问题，你才能改变世界”作为校训。由此可见，

“五次方程的不可解性”的哲学思想对当今社会影响深远。

本专著主要是研究“企业异质性理论”。作为一个严谨和严肃的研究，在开始本书之前，本人希望用“五次方程的不可解性”的典故引起读者的注意，即：研究此问题的意义何在以及此研究选题是否是一个“好的”问题。毕竟，本书“乍一看”是一本“充斥着”数理模型的专著。

目前学界普遍的共识是：自哈佛大学的马克·梅里兹（Marc Melitz）[①]教授在2003年发表了关于企业生产率异质性的论文以来，就将国际贸易学研究带入了一个全新的时代，这就是后来的“新新贸易理论”。“异质性”，尤其是“企业异质性”研究成为过去17年国际贸易学、开放经济学研究的热点。如果将经济学的各个学科视为不同的“国度”，在经济学的另一个“国度”——宏观经济学的世界里，却是完全另外一番景象：也是在2003年，Smets和Wouters（2003）开创性地利用新凯恩斯主义思想建立了一个接近30个方程的全局随机动态模型，即后来的动态随机一般均衡模型（dynamic stochastic general equilibrium，DSGE）。其后DSGE理论在宏观经济学大行其道，但是2007—2008年全球爆发金融危机，DSGE理论对危机的预见性备受诟病，一种观点认为，DSGE理论是离散时间模型。2013年前后，Benjamin Moll[②]等人提出了“异质性”模型的概念，Moll等

---

① 也有学者将Melitz翻译为梅里茨、莫里兹、莫里茨、梅理茨、莫理兹、莫理茨、默里兹。Melitz教授的中文名翻译没有统一，本人认为无论怎么翻译都是对Melitz教授的一种不尊重，基于这样的考虑，在本专著中，不对教授的名字做翻译。此外也借此申明本书的一个原则：本书尽量不对学者的原名妄做翻译，除非该学者的中文名已在学界得到共识或得到国外学者本人的认可。

② Benjamin Moll团队中除了有菲尔兹奖得主Pierre－Louis Lions坐镇外，还有纽约大学的著名学者Xavier Gabaix教授，该学者长期关注幂律（power laws）在经济与金融领域的应用，是该领域的顶级学者。幂律与异质性研究之间有紧密联系，Marc Melitz教授的企业生产率异质性假说的基础便是认为企业的生产率满足幂律分布。本书中有时也提及Xavier Gabaix研究团队，但其实际是指Benjamin Moll团队。Xavier Gabaix成名久矣，直到2016年11月，Benjamin Moll，Pierre－Louis Lions和Xavier Gabaix以及另外两位学者（一位出现在正文中，一位出现在他们论文附录的G部分中）在顶级计量经济学期刊Econometrica上合作发表了一篇关于个人财富异质性研究的文章，即《不平等的动态性》（或翻译为《动态不平等理论》），该论文是一篇极富学术价值的文章。Benjamin Moll和Pierre－Louis Lions等人的最大理论贡献是将平均场博弈（mean field game theory）引入宏观分析当中，简单来说，平均场博弈理论涉及两个偏微分方程——Hamilton－Jacob－Bellman方程和Fokker－Planck方程。而Xavier Gabiax的研究工具主要是利用Fokker－Planck方程，本书主要是立足于Fokker－Planck方程。本书对平均场博弈

人将他们提出的“异质性”宏观模型称为“第三代宏观经济学模型”。其潜台词是：DSGE模型属于第二代宏观经济学模型。在他们一系列的论文中论述了异质性为何是必须的，以及第二代宏观经济学模型的主要弊端。此外，在2016年，宏观经济学研究还发生了一件大事，即2016年克拉克奖颁发给了普林斯顿大学经济系教授Yuliy Sannikov，以表彰其在连续时间模型领域的巨大理论贡献。而Moll等人的研究也是基于连续时间模型的，于是2016年后，宏观经济学研究开始回归连续时间模型，并开始将异质性作为一个必不可少的元素嵌入宏观经济学研究中。

但是，目前的经济学研究面临几个亟待解决的“大”问题：第一，以Marc Melitz为代表的“新新贸易理论”所涉及的“异质性”概念和宏观经济学领域的“异质性”是否是一回事？目前没有学术文献专门探讨这一问题。两个经济学“国度”几乎没有互相引用彼此的文献。第二，Moll所谓的“第三代宏观经济学”模型的实质是什么？菲尔兹奖是数学最高奖，Moll的团队中有诸如菲尔兹奖得主Pierre - Louis Lions教授坐镇，因此“第三代宏观经济学”理论异常晦涩，对一般的经济学家而言，学习曲线异常陡峭。从萨金特（Thomas Sargent[①]）教授的《递归宏观经济理论》开始流行，宏观经济学研究一直都是“离散时间”模型和理论的时代。直到Yuliy Sannikov教授[②]在2016年获得克拉克奖，才令连续随机模型重回宏观研究视野。需要注意的是，Yuliy Sannikov教授在中学时代曾三次获得国际

理论仅做了简单的介绍，没有以平均场博弈理论视角展开整个异质性理论的讨论。本书会在第三章第六小节详细阐述平均场博弈理论为何应是异质性研究的终极思考框架。此外，需要注意的是，Pierre - Louis Lions是平均场博弈理论的创始人（之一）。平均场博弈理论是在2006—2007年，由加拿大McGill大学的自动控制系教授Peter Caines团队（Caines，P. et al，2006）和法国Pierre - Louis Lions分别独立创立的。加拿大McGill大学的Peter Caines教授创立平均场博弈理论原本是试图解决一个无线通信领域的信号资源分配问题。本人曾于2016年邀请Peter Caines教授团队的黄民懿教授来首都经济贸易大学金融学院做了关于平均场博弈理论的讲座。黄民懿教授也是平均场博弈理论的创始人之一，他曾和本人在加拿大McGill大学的CIM实验室一起工作过多年（2004—2007年）。

① 作为2011年诺贝尔经济学奖获得者，西方宏观经济学研究的泰斗级人物，萨金特一直是理性预期学派的领袖人物，为新古典宏观经济学体系的建立和发展做出了杰出贡献，萨金特的研究长期聚焦于宏观经济、国际经济、数量金融等领域，此外萨金特教授还关注人工智能和大数据在经济与金融分析预测中的作用。

② Yuliy Sannikov教授还在2015年获得了金融领域的重要奖项——Fischer Black奖。

数学奥林匹克（IMO）竞赛金牌，属于数学领域的天才型选手。这也引出了第三个问题，即中国理论经济学未来发展的路线问题。目前西方宏观经济学研究的理论前沿是探讨如何进一步将经济学原理与数理模型深度融合，并且有“提升维度”的态势。这和目前国内倡导的“去数理”经济学研究理念有较大冲突。第四，Marc Melitz 也曾尝试过将新新贸易理论与 DSGE 模型相融合，但是如前面所述，DSGE 是一种离散模型。DSGE 模型，也就是第二宏观经济学模型和第三代宏观经济学模型的“冲突”又在哪里？

当下，在国内宏观经济研究和国际贸易领域的研究中，有非常多的问题亟待梳理和回答，但首先应该回答刚才提到的五个问题。这就是本书的主要目的。也只有在回答清楚这些基本问题后，读者（或者科研人员）才会更深入地思考一些科研的本质问题，比如：当下西方经济学的“路数”（即他们孜孜以求的方向）是否值得中国科研人员继续努力跟进，如果跟进，又需要哪些数学工具；如果无须跟进，那么中国社会科学研究人员的“初心”又是什么？“好的科研”又该是什么？相信读完本书，会给读者带来一些启发，本书将起抛砖引玉的作用。

简而言之，本书的选题是一个非常有意义的问题，而且是一个“好”的研究问题。

目　录

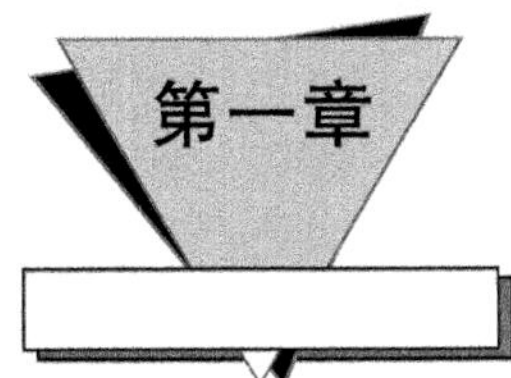

导论

第一节　研究问题的背景

“百年未有之大变局”是党的十八大以来，以习近平同志为核心的党中央洞察时代和世界发展大势做出的重大战略判断。当前国际格局和国际体系正在发生深刻调整，全球治理体系正在发生深刻变革，国际力量对比正在发生近代以来最具革命性的变化。即世界经济重心正在加快“自西向东”位移；新一轮以人工智能、大数据、量子计算机为引领的科技革命和产业变革正在重塑世界；新兴市场国家和发展中国家国际影响力不断增强，国际力量对比更趋均衡；全球治理的话语权越来越向发展中国家倾斜。而全球治理体系也越来越向着更加公正合理的方向发展，尤其是2020年“新冠病毒”肆虐，全球更深刻地体会到“人类命运共同体”这一理念的深远含义。多元互鉴需成为主基调，世界各国更应开放包容、携手共进。但可惜的是，即使在“新冠疫情”面前，世界人民本应患难共担的时刻，西方一些发达国家却故意制造不和谐的声音，甚至试图将科学问题政治化，这都说明西方一些政客对中国的“偏见与傲慢”并非一朝一夕，国际环境以及世界政治经济格局也具有极大的潜在风险和隐患。

在这样的时代背景下，哲学社会科学研究本质上需有革命性的转变。党的十八大以来，以习近平同志为核心的党中央高度重视哲学社会科学工作，习近平多个场合发表的一系列重要论述，立意高远，内涵丰富，具有十分重要的指导意义。其中重要的观点包括（但不限于）：“哲学社会科学研究要立足中国特色社会主义伟大实践，提出具有自主性、独创性的理论观点”“哲学社会科学工作者要多到实地调查研究，了解百姓生活状况、把握群众思想脉搏，着眼群众需要解疑释惑、阐明道理，把学问写进群众心坎里”“中国特色哲学社会科学应该具有三个方面的特点：第一，体现继承性、民族性。第二，体现原创性、时代性。第三，体现系统性、专业性。”党中央对哲学社会科学工作的指导思想应是当下社会科学科研人员遵循的基本科研准绳。

因此，社科领域的科研人员，在研究“问题”时，应“勿忘初心，牢记使命”。也就是说，在当下这个中华民族伟大复兴的关键时间节点上，中国科研人员需要问对社会科学研究的关键问题，不能一味盲目崇拜西方的学术观点和学术流派，不能认为但凡是常青藤名校学者研究的方法和方向就一定是“前沿”，就一定需要我们跟进和学习。就如同人类曾经历过的“五次方程的不可解性”，中国科研人员需要开始提出“好的”问题，并开始认真审题，而不是盲目地、迫不及待地去解决西方学术给出的“问题”。简而言之，如果我们想提出好的问题，只能是我们“实地调查研究，了解百姓生活状况、把握群众思想脉搏，着眼群众需要解疑释惑、阐明道理，把学问写进群众心坎里”，而“好的问题”不可能、也不会从西方顶级期刊文献中凝练出来，而提出“好的问题”才有可能改变世界，这是人类经历“五次方程的不可解性”后得出的教训。提出“好的问题”是科研人员的“初心”，“中国特色哲学社会科学应该具有的三个特点”也是我们的“初心”，“更好地用中国理论解读中国实践，为党和人民继续前进提供强大精神激励”是我们的“使命”。

第二节　研究问题的提出

“紧跟西方学术前沿”是很长一段时间在国内学术界一直倡导的一种“科研原则”。企业是经济系统中最重要的一个组成部件，因此，企业理论的研究一直都是经济学研究核心中的核心，重中之重。2003 年哈佛大学教授 Marc Melitz 提出新新贸易理论，带来了国际贸易学领域的一场“革命”，企业异质性的概念开始被学者反复提及。Marc Melitz 教授以企业的生产率异质性为研究抓手，建立起了新新贸易理论，并认为企业参与全球贸易的动因来自企业的选择，而企业的选择是其自身的生产率所决定的，也就是企业自身的生产率决定了企业的行为选择。国际贸易的利得也来自企业的选择，但归根到底是因为企业的生产率，由此可见，生产率是企业行为选择的根本动因。与传统贸易理论和新贸易理论不同，Melitz 教授巧妙地将生产率的分布函数引入经济学分析框架中，根据微观国际贸易数据，认为企业的生产率满足帕累托分布，生产率具有幂律效应。Melitz 教授将生产率的分布函数引入经济学分析框架中，开启了“异质性”研究的先河，这种研究策略是其与传统贸易理论和新贸易理论最显著的不同。不得不说，新新贸易理论极地大促进了国际贸易的研究，为科研人员研究世界经济与国际贸易问题打开了一扇全新的窗口。

国际贸易学是经济学中几大重要板块之一，宏观经济学也是经济学中的一个重要板块。西方宏观经济学的发展一直以来都被人诟病，即使是西

方经济圈内部的顶级学者也经常批评宏观经济学的发展。西方宏观经济学的发展一直处在一种比较“封闭”的状态，复杂的数理技术与经济学的直觉性之间一直存在路线之争。此外还需要说明的是，西方宏观经济学理论（尤其是数理技术）的发展并没有外界想象得那么快，甚至可以说发展缓慢。

举一个简单的例子：直到2003年，Smets and Wouters（2003）才开发出具有当代宏观经济学观点的随机动态一般均衡模型①，该模型第一次较全面地打造了一个从“建模—参数估计—稳健性检验”一体化的中型DSGE模型，在此之前，DSGE模型一直受模型参数多而宏观数据较少的困扰，Smets and Wouters（2003）采用贝叶斯参数估计的方法，转好地缓解了该问题。到了2007年，Smet and Wouters才最终将他们的完整模型版本在AER上发表（Smets and Wouters，2007），但需要注意的是，2007年美国已经开始爆发金融危机。2008年全球金融危机爆发，DSGE模型被世人群而攻之，虽然其后科研人员将原因归咎于模型中未涉及金融部门，才导致预测能力较差和结果稳健性差。在其后的十年里，美联储前主席伯南克（Ben S. Bernanke）的金融加速器模型成为DSGE模型的标准配置。需要指出的是，模型方程的个数一直在不断增长，从Smets和Woutres（2003）时代接近30个方程到现在成熟的央行模型方程个数已经达到400多个。DSEG模型虽然越来越复杂，但是其预测能力、经济解释能力并未明显提升，结果的稳健性仍然较差。

目前针对DSGE的“顽疾”，学者提出了新的解释，并开出了新的“药方”，即：DSGE模型是离散时间模型，而且仍然是利用以方程为主的建模思路②，也就是说现有DSGE理论无法反映任何变量的概率分布特性，即无法反映关键宏观变量的异质性对其他变量的影响。这种解释主要来自英国伦敦政治经济学院的Benjamin Moll③教授和他的团队，他们的代表作

① 不是说在2003年之前没有随机动态一般均衡模型，笔者在此强调的是“没有当代经济学观点”的DSGE模型。

② 新贸易理论和传统贸易理论也是基于方程模式的建模思路。至于方程模式的建模思路与概率分布的建模思路的讨论见本书的第三章第二节。本书应是目前第一本仔细论证这两种建模思路的专著，这是本书的理论贡献之一。

③ 在加入伦敦政治经济学院前，Moll一直在普林斯顿大学任教，他的博士论文指导老师为理性预期学派创始者之一、诺贝尔经济学奖得主罗伯特·卢卡斯（Robert Lucas Jr.）教授。

包括：Achdou Y et al（2014）；Gabaix et al（2016）；Kaplan G，et al（2018）。以新新贸易理论为例，企业的生产率是模型的关键变量。在新新贸易理论下，科研人员可以考察在企业生产率的概率分布改变时，企业生产率的概率分布如何影响企业所在行业的宏观变量（比如：行业的平均利润、行业的平均收入、行业内的企业数量）的变化。

如何引入“异质性”成为 Benjamin Moll 团队主要的研究问题。也就是说，Benjamin Moll 团队提出的“好问题”就是：如何在现有的宏观模型中引入“异质性”。当然，“好”可能要因人而异。因为，Benjamin Moll 团队给出的方案首先采用的是连续时间模型。此外，他们研究的“异质性”并不局限于企业的异质性，他们试图构建能够对任意宏观经济学变量引入异质性的解决办法。

目前，他们提出的解决方案基于平均场博弈理论（mean field game theory）。平均场博弈理论最早由加拿大 McGill 大学 Peter Caines 团队于 2006 年、菲尔兹奖得主 Pierre - Louis Lions 于 2007 年分别独立提出。Pierre - Louis Lions 也一直和 Benjamin Moll 致力于利用平均场博弈理论来彻底解决“异质性”问题。Benjamin Moll 团队将他们构建的能够引入“异质性”的宏观经济学模型称为“第三代宏观经济学”模型，而将 DSGE 理论称为“第二代宏观经济学”模型。

Benjamin Moll 团队给出的解决方案也有若干问题：首先，平均场博弈理论原则上可以帮助科研人员将不同经济体（比如：家庭和企业）中的宏观经济变量的异质性引入宏观模型中，但是仅能引入 1 ~ 2 个变量，受困于“维度诅咒”问题，这也和模型基于偏微分方程有关，因为偏微分方程的技术不适用于解决多变量问题。以当下的 DSGE 模型为例，动辄 30 ~ 40 多个宏观变量，前沿的 DSGE 模型，方程和变量数可以多达 400 个，因此，DSGE 模型明显比 Moll 等人基于偏微分方程的分析框架更灵活①。其次，模型参数估计的问题暂时无法解决。再次，即便如此，掌握 Moll 等人提倡的“异质性”分析框架，学习曲线过于陡峭。笔者认为，按照当下顶级国

① 当然事物皆有两面性。我们也可以反着说：如果一个模型具有庞大的方程和变量数量，不仅不能说明理论的“灵活性”，反而应该被批判，因为也可以被认为是没有抓住事物的本质，是该理论无能的表现。而平均场博弈理论视角下的宏观分析仅涉及两个方程，可以认为是抓住了事物发展的本质。因此，这个问题只能是仁者见仁，智者见智。

外经济学博士学位的培养模式，也很难熟练掌握 Moll 等人提出的基于平均场博弈理论视角下的“异质性”分析框架，即使数学系的博士也很难完全驾驭。

需要说明的是：本书没有涉及平均场博弈理论视角下的“异质性”分析框架。简而言之，平均场博弈理论涉及两个重要的偏微分方程：Hamilton - Jacob - Bellman 方程和 Fokker - Planck 方程。本书讨论的 Moll 团队的“异质性”理论仅限于企业的异质性，退而求其次，仅考虑了 Fokker - Planck 方程，没有考虑 Hamilton - Jacob - Bellman 方程。一般而言，家庭的消费行为由 Hamilton - Jacob - Bellman 方程来描述，也就是，在讨论企业异质性问题时，我们“粗暴”地处理了家庭的消费行为，具体处理原则和 Melitz（2003）类似。只有在同时考虑 Hamilton - Jacob - Bellman 方程和 Fokker - Planck 方程，且还要加上若干平均场博弈自身的经济学设定后，才是平均场博弈问题。但凡涉及 Hamilton - Jacob - Bellman 方程的经济模型，本质上都是一个随机最优控制问题。随机最优控制理论在目前西方顶级经济学的博士生课程里也是极难的内容。而平均场博弈下的 Hamilton - Jacob - Bellman 问题更为复杂，在平均场博弈下 Hamilton - Jacob - Bellman 的值函数往往具有扭结（kink）特性，要解决此问题，需要借助粘性解（viscosity solution）的概念，这是 20 世纪 80 年代早期由 Pierre - Louis Lions 和 Michael Crandall 提出的对偏微分方程的经典解扩展的方法，Pierre - Louis Lions 因为粘性解的杰出贡献而获得了 1994 年数学界的诺贝尔奖——菲尔兹奖。相信读者在阅读完本书所涉及的数学知识后，有极大的可能会对异质性研究“从入门到放弃”，更不会有读者对本人解读平均场博弈理论视角下的“异质性”分析框架感兴趣。当然如果有读者感兴趣，那应该是本书的下卷。

除了 Moll 等人试图将异质性研究与宏观经济学结合外，新新贸易理论的创始人 Melitz 也做过这样的尝试，但是在宏观经济学领域的影响力较为微弱。Bilbiie，Ghironi，Melitz（2007）和 Ghironi and Melitz（2005）的模型基于动态随机一般均衡的思想构建，保留了新新贸易理论的一些重要思想，比如：允许经济体中的企业数量发生改变，即引入了扩展效应。此外，因为他们的建模是基于 DSGE 理论，有三大经济体（agents），即：家庭、企业与央行，使得 Bilbiie，Ghironi，Melitz（2007）和 Ghironi and Melitz（2005）模型可以分析经济周期的波动和央行政策行为。

简而言之，目前异质性研究，散布在国际贸易领域和宏观经济学领域，采用的分析方法也各异，比如：有采用比较静态分析的模型，也有采用动态连续时间模型，还有动态离散时间模型。如果承认企业异质性是当下西方国际贸易学领域和宏观经济学领域的前沿，那么系统梳理企业的异质性研究就变得极为重要，也十分有意义。如果在本书系统梳理异质性理论研究之后，读者觉得未如其所想，这也将是本书的贡献。因为论证“‘问题’本身不重要”，“本人要找的答案不在这里”也是一种重要的理论贡献。如“五次方程的解”的研究，法国数学天才伽罗瓦最终告诉世人的是“解不存在”“答案不在这里”“我们问错了问题”，虽然事实的真相让人沮丧，但重要的是在论证的过程中，人类敲开了现代科学的大门，发现了当代数学的瑰宝——现代群论。也就是说，“探索”问题的本身是有价值的。

第三节　本书的研究框架

本书各章安排如下。

第一章为导论部分。

本书的第二章，对新新贸易理论及其相关理论进行理论概述和文献综述，特别值得一提的是，本书与以往研究新新贸易理论的文献不同之处在于，一般而言，学术界普遍认为新新贸易理论的应用范围仅局限于微观实证领域或国际贸易领域，而实际上新新贸易理论在国际金融以及宏观经济领域也有切入点，其应用前景应不可估量。本书的创新在于将基于宏观经济以及国际金融层面展开对新新贸易理论的全新解读和诠释。基于以上考虑，本书详细阐述了新新贸易理论与异质性的关系。第二章的基本结论是，目前新新贸易理论是国际贸易研究领域的热点之一，尤其是基于异质性企业视角下的新新贸易理论分析框架更像是当下研究国际贸易问题研究的基本范式。国际贸易理论的前沿性研究一般立足于微观或中观层面，而利用异质性企业性质下的新新贸易理论分析框架研究宏观问题的极少，而新新贸易理论在宏观经济研究层面应是大有可为的。

本书的第三章介绍了企业动态异质性理论。本章是重要的一章，有若干重要的理论贡献，而且也澄清了若干概念。一是本章系统澄清了“异质性”建模的实质，澄清了何为“方程建模视角”，何为“概率分布建模视角”，这本质上就是重要的理论贡献，目前国内外专著都没有说清楚这些概念。二是全面地介绍了幂律、Zipf 定理以及帕累托分布的关系。三是全

面地梳理了 Benjamin Moll 团队的工作。系统地介绍了 Benjamin Moll 团队研究的思路。梳理的路径首先是他们团队中 Gabaix 教授（Gabaix ，2009）的工作。四是全面地介绍了 Moll 团队基于平均场博弈论的分析框架。本章另外一个理论贡献是讨论了 Gabaix 和 Moll 研究的区别和联系，虽然他们在一个研究团队，合作了一篇非常经典的文章（Gabaix et al，2016）。五是本章全面阐述了为何目前我们的研究中可以暂时不考虑 Moll 的平均场博弈论的异质性理论框架，这是本章的第三个理论贡献，六是在不采用 Moll 的平均场博弈论框架的假设下，重点介绍了 Malevergne，Saichev 和 Sornette 的研究成果（Malevergen，2013）。本章的结论是，如果不考虑 Moll 的平均场博弈论的异质性理论框架，Malevergne，Saichev 和 Sornette 的框架更优于 Gabaix 倡导的框架。

本书的第四章，首先强调了 Melitz 两篇经典的国际金融（基于宏观经济学视角）文献——Bilbiie，Ghironi，Melitz（2007）和 Ghironi and Melitz（2005）的重要性。这两篇文章之所以重要，是因为这两篇文章基于新新贸易理论，但是却采用了宏观经济学的主流分析框架，即动态随机一般均衡理论框架。可惜的是，这两篇文章并没有引起从事宏观经济研究、开放经济研究和国际金融学研究的科研人员的足够关注，而本书的一大特点就是重点关注了这两篇文章，试图扩展新新贸易理论的适用范围，并试图将 Meltiz 的新新贸易理论在动态随机一般均衡模型的框架下得到更深入和细致的研究结果，比如：央行最优政策选择等问题。由此可见，动态随机一般均衡理论是连接国际贸易理论的微观局部均衡视角和宏观全局均衡视角的重要纽带。本章的前三节重点介绍了何为动态随机一般均衡理论，在第四节介绍了扩展版本的 Bilbiie，Ghironi，Melitz（2007）的模型。在此模型中，本人首先改变了原模型（指 Bilbiie，Ghironi，Melitz，2007）的央行行为方程。原模型认为，央行的政策函数满足泰勒准则即央行利用利率作为市场指引，并认为利率是关于其滞后项、通货膨胀以及产出缺口的方程。在扩展模型中，笔者基于中国国情，做了相应的修正，并结合中国数据研究了中国经济周期与货币政策传导机制。在第五节中，笔者基于 Ghironi，Melitz（2005）的研究扩展了原模型，主要的创新和改进仍是沿用改进 Bilbiie，Ghironi，Melitz（2007）的思路，在效用函数和家庭预算约束中引入货币，然后承认央行货币行为为数量规则而非泰勒规则。此外，第五节的另外一个亮点是在解动态随机方程时没有再利用数线性化方法，而是利用动态随机一般均衡理论领域的前沿研究成果——“裁枝状态系统法（pruning state - space system method）”求解方程组。裁枝状态系统法（Andreasen et al，2013）可认为是一种求解动态随机一般均衡方程组的高阶近似解法。

本书的第五章收集了科研人员研究企业异质性理论所需的数学工具。以一个具有一定 DSGE 基础的宏观经济学工作者而言，在面对 Melitz 的新新贸易理论和 Moll 的动态异质性理论时，会深感其数学知识和数学工具的匮乏，此外，这些数学知识和数学工具还散落于各文献和不同的学科中，因此有必要将这些数学知识和工具专门集中起来，单成一章。在该章中重点介绍了如下数学方法和工具：随机微分方程基础、跳跃—扩散过程、伊藤公式、Chapman - Kolmogorv 方程的微分形式、Fokker - Planck 方程、Feynman - Kac 方程、停时理论、偏微分方程基础、算子运算基础（包括 Dykin 算子、伴随算子、线性算子等）、卷积与傅里叶变换、Diarc delta 函数、格林函数。

第六章是本书的最后一章，主要是对本书的综合分析和评述。客观而言，本书是一本理论专著，本书研究的侧重点是企业的异质性理论，以新新贸易理论在宏观层面的应用为研究抓手，本书的目的更多的是希望通过“抛砖引玉”，激发科研工作者创新地融合动态异质性理论、动态随机一般均衡理论以及新新贸易理论的研究兴趣。也就是说，本书不是致力于利用动态异质性模型、动态随机一般均衡和新新贸易理论的思想，得出研究企业理论问题上的理论与实证经验统一的结论，而是更多地致力于激发读者采用前沿的经济学分析方法以及前沿的经济学思想研究中国现实重大问题。

第四节　本书的主要特点

一、理论价值与现实意义

“企业异质性（heterogenicity）”近年来成为国内经济学研究的热点，不光是研究企业问题，还包括工资收入、财富分配、城市规模、国际贸易，如果不提及关键词“异质性”似乎都有跟不上了潮流的“嫌疑”，任何学术文献似乎都必须贴上“异质性”的标签。

关于“异质性”的研究，目前，成熟的研究（就经济学领域而言）主要集中在两块：一块是以 Melitz 等人为代表的新新贸易理论，这一块的

研究主要集中在国际贸易领域；而另外一块主要是以原普林斯顿大学的 Benjamin Moll 为首的异质性研究团队，他们的研究主要集中在宏观经济学领域。但是这两块的研究，目前存在一定的“鸿沟”，也就是说宏观经济学研究的团队和国际贸易研究的团队较少结合两者理论探讨“异质性”问题。

本书也有其特殊的哲学意义，具体讨论见前文之论述，因此有理论价值和一定的现实意义。

二、创新之处

（一）学术思想与学术观点之创新

本书学术思想与学术观点的创新可以概括为以下方面。

第一，尝试从经济学视角（而非数学家视角）统一国际贸易理论和宏观经济学理论中的“异质性”研究，此外研究主要集中在讨论企业行为上，虽然这种研究问题的范式和框架可以扩展到收入分配、工资收入以及城市规模的研究中去。

第二，回答一个基本的问题：“异质性”的本质到底是什么？有无一种对经济学家而言可以操作的、从宏观经济学视角所展开的异质性研究框架。

第三，国际主流的“异质性”研究团队都是世界顶级的科研选手，比如：Benjamin Moll 团队中的 Pierre - Louis Lions 教授，此人是 1994 年菲尔兹奖得主①，是仍健在的、法国数学圈的“大神”级人物（没有之一）②，

① 菲尔兹奖（Fields Medal），是应加拿大数学家约翰·查尔斯·菲尔兹（John Charles Fields）要求设立的国际性数学奖项，于 1936 年首次颁发。因诺贝尔奖未设置数学奖，菲尔兹奖常被视为数学界的诺贝尔奖。截至目前，未有来自中国教育体制下培养的数学家或中国国籍的数学家获得菲尔兹奖。

② 如果数学家分三六九等，那么获得菲尔兹奖的数学家必然是数学家中的绝对顶级选手，而获得菲尔兹奖的学者间也存在分层。毋庸置疑的是，Pierre - Louis Lions 教授又属于菲尔兹奖学者中的顶级选手。这种顶级选手和普通人之间，对知识的认知其实可以说是有天壤之别的，存在严重的认知维度上的极度不匹配，即：顶级学者认为的“理所当然”“这是如此明显，如此自然”，而对普通人而言却是“理所不当然”“这是如此不明显，如此不自然”，最主要的是背景知识的差距和认知深度的鸿沟。如果 Pierre - Louis Lions 教授或其团队对他们的研究不愿意过多解释，那么就会造成圈外学者对他们研究问题的“困惑”，而一本专著，站在“普通人”的视角，解读菲尔兹奖得主的研究是有必要的，这是本书的理论贡献之一。此外，Lions 还是位优秀的导师，他的学生 Cédric Villani 在 2010 年也获得了菲尔兹奖。师徒都获得菲尔兹奖，这在菲尔兹奖历史上是非常少见的。

若干“异质性”研究的论文晦涩难懂，主要的原因是读者缺乏相应的数学工具和数学知识的背景，这些数学知识和背景散落于数学或自然科学的细分领域中，没有专门的学术论文或学术专著将其结集成册。本书做了这样的尝试。

第四，Melitz 教授曾尝试过将新新贸易理论的思想，通过主流宏观经济学模型——随机动态一般均衡（DSGE）引入到当下的宏观经济学研究中去，但是他的研究未得到宏观经济圈的足够重视，本书做了全面的介绍，并利用中国数据进行了尝试。

简而言之，本书对新新贸易理论在宏观经济理论研究以及宏观政策制定中的应用给出了较为完整的理论解答，较为完整详细地研究了企业异质性理论，丰富了新新贸易理论的内涵和外延，是对现有新新贸易理论的补充，也是对国内关于新新贸易理论研究的较好补充。当然，也丰富了宏观经济学理论的内涵和外延，是对现有宏观经济学理论的补充。

本书对以上问题都做了相应的回答和总结，这就是本书主要的学术贡献。

此外，也需要借此机会再申明一个事实：异质性理论研究的体系异常庞杂，所涉及的数学知识、经济学学科知识之繁杂，是以往任何经济学理论难以企及的，这也是 Moll 一直坚持的一个观点：异质性研究是第三代宏观经济学研究的主要抓手。基于异质性的研究，对传统经济学研究范式是具有颠覆性影响的。需要注意的是，“颠覆性影响”已在国际贸易学领域发生，“新新贸易理论”被称为当下国际贸易理论研究的基石，即是明证。“颠覆性影响”这一点已经成为既定事实，而非仅是学者对一种未来才会发生的趋势的判断。因此，寄希望于用一两篇论文解释清楚异质性理论自然也是不现实的事情，这是出版本书的真实原因。笔者致力于关注和解决“问题本身”而不是为了发表论文而发表论文，这也算是响应国家“科研以代表作为指导”的号召。

（二）研究方法的创新

如前文所述，目前新新贸易理论研究是国内与国外研究贸易问题的热点，国内的研究主要是基于实证的微观计量研究，考察对象一般为行业、产业或企业个体，宏观研究视角成果较少，即使有也并未遵循国际的宏观经济研究分析范式，本书扩展了 Bilbiie，Ghironi，Melitz（2007）和 Ghironi，Melitz（2005）的模型，使其基本具备了动态随机一般均衡的三大经济体（agents）要素，

即：家庭、企业与央行，使得 Bilbiie，Ghironi，Melitz（2007）和 Ghironi，Melitz（2005）模型可以简略地分析在新新贸易理论视角下经济周期的波动和央行的政策行为。

此外，动态异质性研究一直隶属于宏观经济学领域，主要由 Benjamin Moll 团队主导该领域的研究。Moll 等人的研究有别于传统宏观经济学分析框架（比如：DSGE），系统梳理此类动态企业异质性理论的研究，在国内几乎没有。本书采用了较为新颖的写作模式，比如：汇总企业异质性理论研究所需的数学工具集结成专门的一章并给予解读。

（三）使用去向及社会效应

使用去向：①政府相关部门和企业。本书可为央行下属相关研究所、国务院政策研究室、商务部、发改委、海关、工商总局、外汇管理局等部门提供经济学理论支持，对这些政府相关部门或企业政策制定应有一定帮助。②国内高校、商学院的研究或案例资料。本书的成果收集了大量国外、国内经济学与国际贸易学研究成果，可作为经济学或国际贸易学研究范例。本课题所涉及经济学理论、分析思路、推导过程以及实证模拟可作为高年级本科生、研究生或博士的论文写作参考资料。

社会效应：作为政府部门制定相关政策的参考依据，同时也为企业团体以及行业协会提供前沿科研咨询。

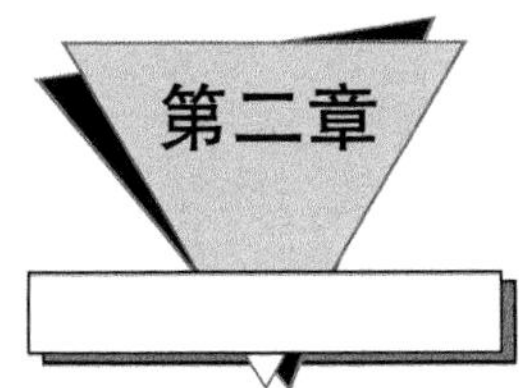

新新贸易理论与企业异质性

第一节 新新贸易理论概述

本节对新新贸易理论进行了扼要阐述。撰写本节的目的在于考虑到读者的背景。如前文所述，本书的读者可以是从事宏观经济研究的科研工作者，也可以是从事国际贸易、国际金融以及开放经济领域研究的工作人员。新新贸易理论对于宏观经济学学者而言往往是陌生的，因此有必要扼要介绍新新贸易理论。

在新新贸易理论之前，主流的西方国际贸易理论主要是传统贸易理论和新贸易理论。传统贸易理论中最为经典的模型包括：李嘉图（1817）的比较优势理论和 Heckscher – Ohlin 模型。比较优势理论是整个国际贸易理论中最为重要的理论之一，是国际贸易理论的基石。该理论指出，国际贸易产生的基础来自各国生产技术的相对差别而非绝对差别，如果用中国的哲学观点看，即："两利相权取其重，两弊相权取其轻"是国与国产生贸易的原因和交易原则。两国从事贸易，基于比较优势原则会采取出口"比较优势"的产品和进口"比较劣势"的产品。当然比较优势不是各国开展贸易的唯一原因，这是全球经济学家的共识，比较优势理论没有考虑产业间贸易，不考虑同一行业的企业具有异质性，即企业具有同质性，此外，比较优势理论也无法考虑企业内贸易。瑞典经济学家赫克歇尔（Eli Heckscher）和其学生俄林（Bertil Ohlin）所提出的 Heckscher – Ohlin 模型继承了比较优势的思想，在该模型中不存在不完全竞争和收益递增，垂直性贸易也会存在。该模型认为，国与国产生贸易的原因是一国会选择进口相对本国昂贵的商品或相对稀缺的生产要素，而出口本国相对便宜的产品或相对富裕的生产要素，通过贸易获利，增进人民福祉。而 Heckscher – Ohlin 模型的缺陷也非常明显，该模型没有考虑产品的差异性也无法考虑市场的结构变动。此外，模型中没有企业的位置，没考虑劳动与失业问题，模型预测能力较差，假设各国生产函数相同与实情不符，并且模型因假设各国资本具有同质性和规模报酬递减规律，也导致模型与经验数据结论不符，显得脱离实际。

著名经济学家保罗·克鲁格曼（Paul Krugman）在 20 世纪 70 年代末、80 年代初提出了新贸易理论（Krugman，1979，1980），在该理论中产品具有差异性，市场存在不完全竞争，挑战了传统贸易理论的规模报酬递减

假设，承认规模经济，新贸易理论重点在于试图解释产业内贸易。该理论的基本结论是：因为存在不完全竞争市场结构的差异、规模报酬递增的存在以及因满足不同需求所导致的差异化产品和多样化偏好，基于以上因素导致了国与国之间贸易的扩大。这一结论较好地解释了产业内贸易。此外，克鲁格曼对企业之所以扩大出口的解释是：主要由企业内部的规模经济效应所决定，规模经济给企业带来成本优势，进而降低了企业的平均生产成本，自然比规模小的企业具有更大的竞争优势。克鲁格曼因为在国际贸易领域的杰出贡献获得了2008年诺贝尔经济学奖。但是和传统贸易理论一样，新贸易理论依旧假设企业具有同质性，行业内的企业不会进入或退出，企业流①始终保持不断。因为新贸易理论仍停留在宏观或中观层面，无法利用微观数据，尤其是企业数据研究国际贸易问题，因此很难解释微观与产业层面的深层次机制问题，也无法对一些深层次的企业内贸易②、福利问题、产业与国际贸易政策问题、企业与劳工问题进行解释。

因为以上的理论缺陷，促使新新贸易理论的诞生。

根据著名国际贸易领域专家 Thomas Chaney 讲义③的观点，目前新新贸易理论④有两大分支，一个是以 Melitz（2003）为代表的企业异质性贸易模型，另外一个是以 Antràs（2003a，2003b）为代表的企业内生边际模型。目前学界普遍的共识是新新贸易理论的重点应该是关注企业层面选择性问题，尤其是关注企业的异质性问题和企业 FDI（Foreign Direct Investment，外商直接投资）决策的选择。简而言之，“选择”又可以分拆成两大路径，一个路径是基于 Melitz（2003）的思路，研究企业国际化路

① 可认为企业流（flow）为单位1，在同质化企业假设下，企业流始终保持不变。但在异质性假设下，当企业流随时间变小，则说明退出的企业比进入的企业多，而如果企业流大于1，则表示进入的企业比退出的企业多。

② 比如：新新贸易理论的开创性文献（Antràs，2003a，2004b）指出全球贸易的1/3为企业内贸易，这是新贸易理论无法解释的。

③ Thomas Chaney 是麻省理工学院经济学博士，曾任芝加哥大学及图卢兹经济学院教授，2016年加入巴黎政治大学。他荣获过多种奖项，2017年被提名为法国最优秀的经济学家。Thomas Chaney 的个人主页网址为：https：//sites. google. com/site/thomaschaney/teaching/trade。

④ 目前学界的共识是，最早提出“新新贸易理论”这一概念的是 Baldwin 研究团队（Baldwin and Nicoud，2004、Baldwin and Forslid，2004）。

径选择问题，在这条研究路径上新新贸易理论致力于揭示企业具有何种特质而选择出口？出口和企业竞争力之间是何种关系？是否存在出口提高企业竞争力效应的因果关系？贸易自由化是否对企业有正效应？企业选择出口与企业选择 FDI 的因素是什么？第二条路径则是基于 Antràs 的研究。与 Melitz 主要研究企业的国际化路径选择不同，Antràs 主要研究企业内部化生产组织的选择，后来该研究方向被称为企业内生边界。该方向主要关注企业一体化与外包选择问题、企业选择国际外包时机的决定因素、企业选择垂直 FDI 时机的决定因素以及外包对企业竞争力的影响，在 Antràs 主线下，国际外包、国内外包、国内一体化以及国际一体化等问题可纳入 Antràs 的分析框架①。

过去 30 年，随着经济全球化、全球信息一体化带来的贸易投资的便利化，国际贸易得以迅猛发展，随着大量新的可获得的微观贸易数据的出现，使得国际贸易领域的研究人员能将以往晦涩的国际贸易理论模型以及微观计量工具与现实问题结合起来，进而发现国际贸易中的若干全新的现实问题，并得出若干重大的事实性结论（stylized facts），而这些重大的客观事实又反作用于国际贸易理论的发展。在这样的大时代背景下，哈佛大学的 Melitz 基于大量结合微观分解贸易数据实证研究结果，在 2003 年提出了著名的新新贸易理论（Melitz，2003），找到了公司异质性的证据。企业的"异质性（heterogeneity）"是与"代表性公司（representative）"（即无异质性特点）相对应的概念。在新新贸易理论出现之前，国际贸易理论往往刻板地将国际贸易中的企业模板化，比如仅考虑比较优势或者多样性偏好，因为这样刻板的处理会导致国际贸易领域出现新问题、新现象时得不到很好的解释②。而在新新贸易理论中，Melitz 提出的异质性企业的概念，较好地诠释了过去十几年全球贸易格局和趋势中常见的三种事实：事实一，参与贸易的企业表现更好；事实二，关于利用扩展边际（extensive margin）考察国际贸易现象的重要性，因为以往的贸易理论强调集约边际（internal margin）而忽

---

① Feenstra（2016）、余淼杰（2011）等学者称 Melitz 的研究为企业异质性研究，而将 Antràs 的研究称为企业内生边界（endogenous boundary model of the firm）理论。本书主要讨论企业的异质性问题，因此未对 Antràs 的研究展开深度讨论。

② 可简单概括传统贸易理论、新贸易理论以及新新贸易理论的区别：传统贸易理论和新贸易理论皆以产业作为研究对象，不涉及研究和界定企业的边界问题，而新新贸易理论以企业为研究立足点。

略了扩展边际①；事实三，贸易环境的重要性超过了边际成本的价格加成的重要性。关于这些事实的进一步解释以及所涉及的主要经典实证文献见表2-1。

表2-1　新新贸易理论所基于的主要事实

主要事实	具体观点	主要文献
参与贸易的企业表现更好	在相同的行业中，出口企业比非出口企业规模大，更高效，资本和技能更加密集，并支付更高的工资	Bernard and Jensen（1995，1999），Bernard et al.，（2007 a，b，2011）
扩展边际的重要性	不同规模市场的出口变化主要是由出口企业数量的扩展边际解释的	Eaton（2004），Bernard et al（2011），Trefler（2004）
价格加成问题	工厂或公司业绩和贸易环境有很大关系，贸易环境主要包括整体生产力，技术的采用，提供的产品数量与类型，而非新贸易理论强调的边际成本的价格加成	Pavcnik（2002），Bustos（2011），Lileeva and Trefler（2010），Baldwin and Gu（2009），Bernard et al（2011）

由此可见，新新贸易理论的基本假定是基于承认企业具有异质性这一事实，并且认为市场处于不完全竞争状态，此外，企业有规模效应。贸易基础以及贸易利得永远是国际贸易研究的两大核心问题，因此新新贸易理论也对这些核心问题阐述了自己的观点。新新贸易理论认为，市场份额在产业内企业间重新配置资源是基于贸易，贸易导致市场份额的重新分配。高生产效率的企业获得更多市场份额，进而导致低效率的企业被迫退出，最终行业生产率得到提升。基于“贸易是导致市场份额在产业内企业间重新分配”这一基本贸易学的逻辑，新新贸易理论认为，贸易最终可提高行业生产率，而行业生产率的提高将最终提高整体社会福利水平。此外，Melitz还认为，国内企业数量的减少并不会影响社会福利函数水平，因为，国外市场可以提供价格更低而且种类丰富的产品（variety），国外市场的选择将带给国内消费者替补型选择，这种替补型选择弥补了因国内企业数量

① 也有文献将这两个概念翻译为广度边际、广延边际（extensive margin）和深度边际（internal margin）。

减少而带来的国内产品数量的减少。以上就是新新贸易理论关于贸易利益的基本逻辑思路。

下面重点概括 Melitz（2003）的建模细节，更多讨论可见本章的第四节。Melitz 构建了一个均等大小的两国模型，每个国家有两个生产部门，在模型中不考虑资本，因此生产要素仅有劳动力，此外该模型还认为，贸易成本（全称为贸易冰山融化成本）和沉没成本（全称为企业进入沉没成本）并存，以上为 Melitz（2003）基本模型设定（model specification）。此外，更重要的是 Melitz（2003）认为，之所以某企业能从事出口业务是因为其比国内其他企业生产效率更高。在模型中，每个国家有三种类型的企业，并认为三者按生产效率从高到低排列：X 型企业即出口企业（export firms）、D 型企业即国内企业（domestic firms）以及 N 型企业（non - producers）。X 型企业生产效率最高，同时在国内与国际市场销售产品，D 型企业生产率次之，其产品仅限于国内市场，而 N 型企业因成本过高、生产效率过低，最终将很快被市场淘汰。Melitz 认为，国际贸易自由化可使整个行业效率得到提升，因为随着 X 型企业数量的增长，由于其在国际国内市场的竞争中脱颖而出，导致国内生产率低下的企业被淘汰，最终使得整个行业效率水平得到提升。

在 Melitz 的模型中，企业异质性其实包括三个维度：企业生产率的差异、专业性技术的差异以及产品质量的差异，其中生产率的差异是 Melitz 模型中的主导差异。Melitz 模型的核心是探讨企业异质性如何影响企业的国际贸易行为，如何解释一国国际贸易的模式，贸易对提升企业生产率的传导机制以及社会福利水平与贸易自由化之间的关系及影响等问题。

Melitz 模型还回答了企业从事国际化策略的路径选择问题。Melitz 认为，企业的国际化策略有以下三种：FDI、出口或者仅在国内市场进行商贸活动，而生产率最高的企业将选择 FDI、出口或者二者兼有。生产率最低的企业将被市场淘汰挤出竞争序列，而生产率居中的企业仅能在国内市场销售产品。如前文所说，企业异质性可以考虑三个维度，但 Melitz 认为，企业异质性主要由生产率差异决定，这种异质因素导致了不同行业、不同国家的竞争性技术、国际贸易成本以及具备异质性技术的工人的差异，异质性的企业也会雇佣与某种技术相匹配的异质性技术水平工人，进而导致企业的产品或服务具有异质性贸易优势。此外，该模型还较好地解释了异质性企业为何在增加技术溢价时会存在超额收益等问题。

第二节 新新贸易理论以及相关国际贸易前沿问题综述

目前国内外国际贸易理论研究前沿可以概括为以下几个方向：方向一，新新贸易理论与中国实践研究；方向二，企业异质性研究以及产品质量研究；方向三，贸易福利、贸易补贴以及贸易自由化研究；方向四，全球价值链与生产分工视角；方向五，企业异质性与海外投资并购研究；其他方向。

一、企业异质性与中国企业“出口—生产率悖论”研究

新新贸易理论的基本结论是否适用于中国是国内学者十分热衷的一个研究领域。因为企业生产率的测算关乎新新贸易理论，因此利用中国企业微观数据与海关数据研究中国进出口企业的微观行为是否符合新新贸易理论的结论就变得异常重要。根据新新贸易理论，国内生产率高的企业才可以“走出去”从事出口贸易，而生产率低的企业仅能在国内市场从事贸易。而李春顶和尹翔硕（2009）、余淼杰（2013）基于中国工业企业微观数据库发现，中国出口贸易企业中的绝大多数是低生产率企业，这些低生产率企业主要集中在劳动密集型产业，国内学者将其称为中国企业的“出口—生产率悖论”。该问题迅速引起了国内学者和国外学者的高度关注，于是有大量的中外学者基于“悖论”展开研究，并发表了若干有价值的学术论文。国内学者对企业异质性是否是决定企业国际化选择行为这一论断得到的结论并不统一。根据余淼杰一系列的研究发现，发生悖论的原因主要由三方面导致：第一，测算企业全要素生产率的方法存在缺陷，若干研究测算策略过于粗暴简略，还忽略了中国国际贸易的特征，中国出口贸易（在中国工业企业数据库所跨越的时间片段中）以出口加工贸易为主。第二，中国出口企业与非出口企业的生产率相互作用可能是关键。比如，因为中国国内市场分割严重，新新贸易理论是基于发达国家立场构建的，发达国家全球价值链分工与中国现阶段经济发展不同，中国出口加工企业占比远远高于其他国家。第三，剔除中国出口加工企业，新新贸易理论的结论在中国基本成立，因此在研究中国贸易问题时，应对中国出口加工企业特殊对待和处理。新新贸易理论的隐含假设之一是企业长期处于西方发达

国家市场竞争体制下的激烈竞争，长期优胜劣汰环境下企业选择遵循新新贸易理论中的 ZCP 条件和 FE 条件①，这种设定和中国出口加工贸易可能不符。

二、企业异质性研究以及产品质量研究

目前，国内的企业异质性研究主要集中在实证研究方面，国内学者主要关注出口的扩展边际和集约边际②、企业内部多产品出口、产品质量、贸易公司的中间人角色、外商直接投资、公司交易、劳动力市场、厂商出口市场动态、异质性企业融资约束等领域。以下汇总了一些较有代表性的文献。

李坤望、蒋为和宋立刚（2014）利用 2000—2006 年 HS8 分位数据的中国海关统计数据，基于市场进入视角，重点对中国出口商品品质的微观演进机制进行了分析，该文首先对中国新出口关系对出口品质的影响进行了统计性描述，其后从“企业—产品—目的地”视角进行深度实证研究，这三位作者首先采用面板模型，选取出口关系中加工贸易所占比重作为控制变量，控制产品种类和物种来源的交叉固定效应和年份固定效应，发现中国出口增长带来的产品品质相对于世界平均水平不升反降，此发现与通常的规律及理论预计不符，为进一步检验其计量结果的稳健性，这三位作者还从三个层面进行了稳健性检验，首先从不同所有制、不同地区企业在进入出口市场时竞争策略的选择是否存在差异性入手，最后再从选择性偏误层面进行稳健性检验。该文核心观点是中国应尽快转变出口竞争方式，摆脱由传统的利用低出口价格优势抢占海外市场的发展方式，向提升产品质量、提高工艺技术发展方式转移，利用核心竞争力优势抢占海外市场。

企业产品质量异质性是目前新新贸易理论发展的前沿研究领域，该研究领域成为热点的主要原因是 Melitz（2003）理论的模型缺陷。虽然 Melitz（2003）的模型拉开了新新贸易理论发展的序幕，但是该模型认为，

---

① ZCP 条件和 FE 条件分别指零截断利润条件和自由进入条件，分别是“zero cutoff profit”和“free entry”的缩写，这两个条件是新新贸易理论的两个基准假设条件，更多讨论见本章第四节。

② 简单地理解，集约边际指的是每个出口商的贸易额；扩展边界指所有出口商的数量。较为学术的解释是，扩展边际指的是由于商品种类的变化而导致的变化，即导致贸易变化的原因不是来自每种商品的消费量的变化，而是由于产品种类的增加。

企业的异质性主要来自企业间生产率的差异性。因在家庭效用函数建模中采用 CES 形式，Melitz（2003）虽考虑了消费的异质性，即消费者多样化偏好，但却忽视了产品垂直性差异。

表 2－2 汇总了基于 Melitz（2003）的结论和实证文献中的结论，可以看出，Melitz 的新新贸易模型有其缺陷性。施炳展（2014）认为，解决 Melitz（2003）缺陷的思路是引入产品质量异质性的概念，并且应认为产品质量“异质性”与生产率异质性具有同等重要的作用。施炳展（2014）引用 Baldwin 和 Harrigan（2007）的建模观点，将企业产品质量引入新新贸易理论（即内生化产品质量问题）。Baldwin 和 Harrigan（2007）的建模观点如下：首先，不深究“质量”的来源，但将质量作为外生变量引入效用函数。其次，从市场的需求方考虑，认为消费者在选择商品时，不光关注商品的“价”同时会考虑商品的“质”。也就是说，消费者的选择行为函数是关于“价”和“质”的方程，而传统经济学未将“质”考虑进消费者的行为选择函数中。消费者不会因高质量商品价格高而放弃选择，高质量商品的实际价格为“性价比”，高质量产品的客户认可度高、商品获利能力强。最后，厂商仍试图最大化其利润，产品质量是企业利润最大化的均衡结果。产品质量与固定成本以及可变成本成正比，同时也和出口价格成正比。

表 2－2　Melitz（2003）模型的理论结论与实证结论的悖论

Melitz（2003）的理论模型结论	实证结论	问题
地理距离增加导致企业出口获利难度增加，地理距离应与出口价格成反比。理由：只有生产效率高、产品价格低的企业才会选择从事出口贸易	美国企业出口价格与地理距离成正比	企业出口价格问题
出口企业生产效率高于非出口企业，且出口企业商品价格也应低于非出口企业商品价格	美国、印度、智利以及哥伦比亚出口企业商品价格高于非出口企业	出口企业生产效率与非出口企业生产效率问题

资料来源：施炳展（2014）。

施炳展和邵文波（2014）同样研究了产品质量问题。新新贸易理论认为，产品质量（quality）可利用放弃单位价值（unit value）的概念来测算，施炳展和邵文波（2014）借鉴了这样的思路，利用 2 485 个产品层面

回归反推测算中国企业出口产品质量，然后利用这种反推结果与工业企业数据库与海关现有数据库进行匹配，两位作者发现生产效率、融资约束缓释、市场竞争是主要影响因素。此外，两位作者还讨论了外资对中国不同所有制企业的影响，两位作者发现，外资对本土企业产品质量影响呈负促进效应，但对于外资企业的产品质量有正促进效应。两位作者的核心政策建议是政府应了解促进我国企业提高产品质量的主要因素，这些因素主要是生产效率、融资约束缓释、市场竞争，因此两位作者建议政府应进一步提升企业效率，利用金融市场发展促进和缓释企业融资难问题并且加强培育公平公正的良性市场竞争机制，进而使我国出口产品质量提升，走上快车道。此外，两位作者还指出，因为外资对不同所有制企业的产品质量差异性的影响，会影响企业和当地经济，因此政府应该引起一定重视。类似的文章还有李坤望和王有鑫（2014）。

高凌云、屈小博和贾鹏（2014）基于新新贸易理论研究了中国企业的规模与生产率异质性问题。该文的实证数据来自中国经济普查数据，这三位作者使用了该数据库中的全样本工业企业数据，假设生产率异质性满足帕累托分布，基于总体与样本数据层面采用了非参数估计检验和分布参数的极大似然估计。该文测算、检验和比较了企业规模和生产率的异质性问题，得出扩张约束是企业所面临的问题，资源错配问题是部分规模较大企业所面临的主要问题，因此这些企业生产率水平其实不高，总体和细分行业层面生产率分布存在显著差异的结论。

陈维涛、王永进和李坤望（2014）首先借鉴 Falvey 等（2010）、Bustos（2011）以及 Melitz（2003）的观点，结合中国二元劳动力市场的国情，主要分析劳动市场供需均衡关系，构建了如下理论微观机理：贸易开放程度对企业技术升级的作用大小取决于该地区的生产力水平，因企业技术升级的需要导致对高技能劳动力需求的增加，进而促进劳动力投资。为检验理论传导机理，三位作者利用 2007 年中国居民家庭收入调查数据（CHIP）、中国工业数据库，借鉴 Herring et al（2010）的实证方法，采用工具变量 GMM 估计方法，通过微观实证印证了三位作者的理论微观传导机制。

孙林、卢鑫和钟钰（2014）利用 Nested Logit 模型，研究了中国出口产品质量与质量升级问题，结合 Khandelwal（2000）分解法计算出出口产品的绝对质量，再分析构建出口产品相对质量和出口产品质量升级变量。

该文利用2000—2010年美国国际贸易委员会数据库进行实证研究，三位作者还利用了世界银行官方网址数据库，结合Hausman检验，采用面板数据固定效应模型进行估计。该文的结论是，中国出口产品存在较为明显的质量升级现象，并指出该实证结论和目前其他学者观点不同，认为，在过去十年中，中国出口竞争力明显增强。而中国产品质量的显著提高主要是来自交通工具以及机电仪器产品，而非传统观点——来自化矿金属以及纺织鞋帽领域。

余淼杰和张睿（2017）承认跨时和跨国精准测算商品出口质量是国际贸易领域研究的一大难题，两位作者在回顾了Khandelwal等（2013）的出口质量测算方法后，基于Feenstra和Romalis（2014）[①]的企业内生化质量决策框架，综合需求和供给后，利用2000—2006年制造业数据，重新测算企业出口质量水平。该文的主要结论是：在研究期内，中国制造业出口质量水平总体上升15%，中国出口到高收入国家的产品质量水平不断提升，此外，出口品种质量持续提升不断促进总体质量提升。

三、贸易福利、贸易补贴以及贸易自由化研究

鲍晓华和朱达明（2014）致力于回答技术性贸易壁垒（TBT）是否会对国有企业的出口量调整产生影响，以及TBT是否能影响出口国家或企业的国际市场准入。两位作者首先利用世贸组织的TBT通报数据和核算进口覆盖率作为TBT量化指标，实证实验设计利用了新新贸易理论的思想，基于HMR2008修正后的两阶段引力模型，考察TBT如何影响出口边际。两位作者提出以下政策建议：因TBT可同时提高出口的固定和变动成本，导致企业进入国际市场和出口量降低。TBT对贸易流量的不确定性及其国别和行业差异的存在性证据在该文中也得到了印证。

易先忠、欧阳峣和傅晓岚（2014）从国内贸易理论“国内市场规模促进进出口产品结构多元化”的共识入手，仍然采用Melitz（2003）的思想，利用Parteka and Tamberi（2011）以及Agosin et al（2012）关于出口产品结构多元化的研究思路重点考量制度环境如何决定国内市场规模，并将国内市场规模作为核心解释变量，利用Hanson（1999）的门限模型，得出以下结论：只有在经济自由度超过一定阀值时，国内市场规模的扩张才能促

① 该文作者罗伯特·C. 芬斯特拉（Robert C. Feenstra）为著名国际贸易专家。

进出口产品结构多元化，反之只会导致产生结构集效应。这三位作者其后利用 IV－2SLS 模型寻找决定国内市场作用方向的关键制度维度，三位作者发现法制环境、金融体系的开放和透明度、政府投资管控是最为重要的制度维度。此外，毛其淋（2013）基于中国制造业企业数据，也较为翔实全面地研究了贸易自由化与中国企业异质性之间的关系。

易靖韬和蒙双（2018）围绕贸易自由化和企业异质性对产品范围决策和资源配置的关系进行了研究，主要利用 2000—2006 年中国海关和工业企业数据，得出以下结论：贸易自由化促进企业间资源优化配置，进而提升行业平均生产率；贸易自由化促进市场规模扩大，优化企业选择路径，符合新新贸易理论的基本结论；实证结果支持产品范围缩小与贸易自由化冲击有关的论断。此外，因行业企业具有异质性，在面对贸易自由化冲击时，企业行为会有显著差异。

还有学术文章重点研究生产补贴是否能成功实现促进出口政策的预期。比如：周世民、盛月和陈勇兵（2014）利用 2005—2007 年的中国制造业数据，结合反事实因果分析法（counterfactual casual analysis）、倾向得分匹配法（propensity score matching，PSM）和倍差法（difference in differences，DiD）相结合，考察和探讨了补贴可能存在的资源错配问题。该文的基本观点和政策建议是：生产补贴存在差异化，受激励的企业或地区反而是获得平均生产补贴较少的企业或地区。三位作者认为，生产性补贴会导致资源错配而不能够达到促进出口的政策预期。

四、全球价值链与生产分工视角

鞠建东和余心玎（2014）首先基于 Antràs 等（2012）的研究，认为可将一个行业在价值链上的位置定量描述为该行业与最终产品的加权平均，继而提出“上游度”的概念，在其前期成果中，这两位作者基于中国 2002 年 122 个部门的 IO 表进行分析，进而对各行业的上游度进行了测算，并结合海关数据，对中国在全球价值链中的角色和地位进行了定量考察。其后再利用面板模型回归分析法，得出结论——中国的实际贸易地位仍与发达国家有很大差距，在与价值链上游的贸易比较时中国出口单位价值劣势十分明显。两位作者提出的政策建议是：在出口问题上，“量”与“质”的关系需协调发展，中国应努力提升劳动密集型部门技术含量和水平，进一步发展加工贸易，发挥其技术溢出效应。

樊茂清和黄薇（2014）利用中国1998—2004年IO表，引入多国投入产出表核算全球生产链中的价值生产过程，结合Koopman等（2011，2012a，2012b，2012c），将国民经济划分为35个产业，测算了全球价值链（global value chain，GVC）上、下游参与融合度的表现，同时测算了各产业出口的国内增加值与国外增加值，以及各产业进口形成的世界其余国家的国内增加值，这两位作者的基本结论是：过去20年中国中间品贸易比重相对稳定，而最终品的出口和进口产品增加值占总进出口比重呈下降趋势。此外，中国知识密集型的制造业和服务业出口增加值迅猛增长，他们的研究结果支持“中国已开始走上产业升级通道”的论断。

五、企业异质性与海外投资并购研究

在企业异质性与绿地投资以及跨国并购研究领域，最经典的国外文献为Nocke和Yeaple（2007），该论文是一个一般均衡模型，主要结论是：在仍然假定以企业进国际市场的模式为出口、绿地投资和跨国并购的情况下，Nocke和Yeaple发现企业的流动性能力决定了企业的国际市场进入模式，不同行业的流动能力差异较大，Nocke和Yeaple认为，即使同属密集型行业，企业流动性也有较大差异，广告营销企业和研发型企业都属于密集型行业，但前者因核心能力为营销经验，则较难在国际间转移；而后者因核心能力为技术和知识，较容易通过专利转移、技术外包等形式实现国际间的转移和流动。国内若干学者的实证研究都是基于Nocke和Yeaple（2007）论文展开的。此外，梁琦、陈强远和王如玉（2016）[①] 基于异质性企业视角的企业区位选择研究对此进行了较为系统的评述。

虽然关于中国企业对外直接投资的区位选择的研究一直是一个“老问题”，陶攀和荆逢春（2013）基于新新贸易理论视角研究该问题，有一定的创新性，该文的两位作者利用2003—2007年中国企业层面数据，研究中国企业对外直接投资（OFDI）的扩展边际，并对企业OFDI区位选择进行了实证检验，基本结论为：企业生产率决定OFDI东道国企业数量；生产率阈值与东道国市场需求、生产成本以及贸易成本成反比；企业进入成本降低、中国文化与地理距离的缩减、政治地缘成本降低、中国企业的生

① 关于生产率区位研究与异质性企业的关系，该研究团队还写了一篇文献综述评论，具体见：梁琦、李建成和陈建隆（2018）。

产率提高对中国对别国的对外直接投资（OFDI）的提高存在正向关系。

杨波和张佳琦（2017）基于新新贸易理论视角，选取 1993—2015 年 955 家 A 股上市公司共计 1 912 起对外投资数据，利用二元 Logit 回归模型检验了中国企业海外投资选择行为的决定因素。该文两位作者发现，企业生产率差异对企业选择绿地投资还是海外并购有决定性影响，生产率较高的企业选择绿地投资；反之，选择海外并购。此外，两位作者还发现，海外并购决策行为的发生概率与企业资产规模和资本密集度成正比，与负债率成反比，一般海外并购决策多发生在国有企业。

六、其他方向

新新贸易理论主要关注商品贸易以及制造业企业的异质性研究。以中国为例，2014 年，服务业增加值占 GDP 的比重已经达到 48.2%，基于《中国服务业发展报告 2013》的结论，中国服务业早在 2011 年就已经是劳动就业的第一大部门。因此新新贸易理论在服务业中的应用也逐渐引起国内学者关注。陈景华（2014）以中国为例，研究了异质性服务企业出口、FDI 与外包选择。该作者的论文主要在 Helpman 等（2004）论文的基础上加以扩展，进而研究异质性服务企业出口与 FDI 选择问题。而在研究异质性服务企业绿地投资与跨国并购选择问题上，该论文作者利用 Nocke 和 Yeaple（2007）的观点并进行扩展。该论文作者主要基于《中国统计年鉴》，选取 2003—2011 年中国服务业细分行业（14 个行业）的数据（产出数据、劳动投入数据和资本投入数据），分别利用 DEA - Malnquist 指数法、近似全要素生产率法和劳动生产率方法，重点实证检验生产率、服务贸易出口以及服务业 FDI 的关系。该文作者的主要结论是：首先，新新贸易理论不仅适用于制造业的研究，也适用于服务业的研究。新新贸易理论的企业异质性与企业选择模式的结论仍适用于服务业。其次，服务业企业生产率的异质性决定了企业出口和 FDI 选择行为，但非唯一因素。以中国为例，服务业生产率对服务贸易出口有促进作用，而服务业吸引外资能力和自身竞争力也是服务贸易出口扩展规模的重要原因。中国服务型企业的对外直接投资行为和发达国家有显著区别：中国企业会在不具备比较优势的前提下开展对外直接投资，该投资行为和发展中国家类似。其三，中国因在全球离岸服务外包市场处于承接方地位，中国发包规模可忽略不计，发现契约不完全程度与承接服务外包规模呈负相关关系。最后，中国金融、健康以及社会服务业属于技术与知识密集型行业，而建筑、旅馆与餐饮属于人力资本和劳动密集型行业，服务业细分行业的流动能力与Nocke和Yeaple（2007）的结论一致。

经济地理与新新贸易理论之间的交叉研究也是学界研究的热点。比如：孙楚仁和陈瑾（2017）研究了中国企业生产率异质性是否会影响工业集聚，该文两位作者构建了一个基于异质性企业视角下的经济地理模型，该模型假设经济体中包含两个地区和两个部门，利用1998—2007年中国工业企业年度调查数据库和省份宏观数据发现：产业聚集发生的概率与企业生产率差异性成正比，即企业生产率差异性越大越容易诱导产业聚集；企业生产率的下限值非产业聚集的决定因素；产业聚集发生的概率与运输成本成反比，与企业生产率成正比；运输成本与企业生产率的异质性对经济聚集具有替代作用。

陈钊和陈乔伊（2019）利用2001—2009年中国污染企业数据库和中国工业企业数据库进行样本匹配后，利用企业异质性思想，研究了中国企业能源利用效率问题。两位作者的主要发现是：企业规模和区域差异是解释中国企业能源效率最为重要的因素。

融资异质性与企业国际化行为也是新新贸易领域研究的一个热点。该领域的研究，较为经典的国外文献包括：Chaney（2016）①、Manova（2008，2013）、Muûls（2008）和Feenstra等（2014）。这一系列的文章主要从以下角度研究了融资异质性与企业国际化选择行为的关系：Chaney（2016）基于Melitz（2003）的研究首次将企业受到流动性约束这一效应引入新新贸易理论的分析框架中，得出企业的异质性融资约束是与生产率异质性类似的另外一个企业异质性的来源这一论述，这一论述大大扩展了企业异质性理论的内涵，企业的国际化选择行为在企业的异质性融资约束条件下呈现和Melitz（2003）类似的企业选择行为，即融资约束少的企业更容易进入海外市场进行出口，较低的融资负担冲销了进入海外市场的沉没成本。Manova（2008）② 以及其后的Manova（2013）和Manova等

① 该文最早撰写于2005年，直到2016年才正式发表。因此有专著和学术文章提及此文章时写为Chaney（2005）。

② Manova（2008）是正式发表版本，其预印版发布在网上的时间是2006年，因此，Mamova的文章实则早于Muûls（2008）的文章，Muûls在2008年发布该文的预印版之后，一直处在预印版状态。

(2015）从外部融资视角展开讨论，而 Chaney（2016）主要基于内部融资视角展开讨论。所谓“外部融资视角”主要指在该视角下，模型需考虑行业所在国的金融环境。如果该行业处在一个金融市场发达以及金融机构效率高效的金融环境中，则该行业内的企业更容易高效快捷且低成本与投资人（包括金融机构）达成金融契约，而金融机构或投资人也可以为生产者提供更多信用担保和按揭抵押担保。Muûls（2008）的贡献在于基于 Melitz（2003）的研究，综合了 Chaney（2016）的内部融资约束和 Manova（2008）的外部融资约束，构建了一个统一的模型，该模型的基本结论是：企业的出口效应和出口总量都和企业所受的融资约束有关。Feenstra 等（2014）重点考察了跨国企业的分支机构预期母公司之间的金融约束关系对国际贸易的影响。该研究是 Melitz（2003）的重要补充，基本结论是：商业实体是以跨国公司的分支机构形式进入海外出口市场还是以“独立”企业进入，主要取决于企业所面对的出口固定成本与国内市场固定成本的差额。吕越（2014）是国内较早利用新新贸易理论分析框架下的融资异质性理论研究中国贸易问题的学者，在该作者的论文中主要研究了金融市场不完全、融资异质性与中国企业国际化问题，该作者主要利用中国工业企业数据库和商务部境外投资企业（机构）名录进行数据匹配，整理出299 340家企业的数据信息，并结合《中国地区金融生态环境评价》（2007）和《固定资产统计年鉴》（2010）形成行业外部融资数据库。其主要发现是：认为中国现阶段出口贸易存在“国有企业出口悖论”，此外发现存在“歧视性信贷政策”，关于是否存在可以利用信贷不平衡换取高出口，作者认为这种做法的福利效应为不确定。

第三节　现有理论和研究成果的简要评述

目前国际贸易领域国内与国外的研究热点主要包括三个：第一，异质性企业视角下的国际贸易研究。第二，贸易福利与贸易自由化效应研究。第三，全球价值链生产专业联系研究。

一、异质性企业视角下的国际贸易研究

利用微观手段探索企业异质性在国际竞争环境中的贸易选择行为是目前国际贸易研究的前沿。目前基于企业异质性贸易领域的研究可以概括为

四个方面：一是异质性企业的贸易行为选择。目前关于“选择”的研究覆盖了企业的进口与出口选择、企业的出口产品价格与质量选择、出口市场选择以及出口品种的选择。质量选择和多产品选择是研究的难点和热点。二是异质性企业与贸易自由化。分析思路一般是改良一系列假设，进而分析贸易效益。主要研究领域包括融资信用约束和多产品条件下贸易自由化的影响。三是异质性企业多重行为选择问题。包括贸易运输频率、运输固定成本选择、贸易网络结构选择等。四是改良传统贸易理论。由此，这个领域的研究仍然是利用异质性企业假设，改良传统新贸易理论等。

二、贸易福利与贸易自由化效应研究

目前研究的热点是贸易的影响效应和贸易动因，贸易对收入、制度变迁、生产以及非正规劳动力市场的影响等。

三、全球价值链（GVC）生产专业联系研究

专业化指分割专业化和垂直专业化。研究主题覆盖企业和外包一体化选择、GVC 的度量与核算、国际生产组织、离岸外包决策等。

由此可见，目前国际贸易领域研究前沿一般还是基于比较静态分析、微观实证分析，国际贸易理论研究的热点集中在新新贸易理论。此外，基于现有成熟理论（或分析工具）与原有的理论和框架进行重构或检验是科研创新的不二法门。因此，本书将新新贸易理论引入到主流宏观经济分析框架中是有其理论意义的。

第四节　新新贸易理论的基本原理与企业异质性评述

一、封闭经济体情形

贸易经济学领域习惯用自治经济体（autarky economy）来表示封闭经济体，这和宏观经济学中的习惯略有不同。为了将新新贸易理论视角下的封闭经济体的模型和其开放经济版本进行最终比较，在本部分，有些关键变量的下标“a ”表示“autarky”，即封闭经济体。本部分主要是基于 Melitz（2003）、Melitz and Redding（2015）和 Feenstra（2016）的讨论。Melitz 作为新新贸易理论的创始人，自然对新新贸易理论有深刻的认识，

而 Feenstra（2016）的推导更具有启发意义，因此本书将两位大师的推导过程汇总在一起，便于读者更全面和深刻地体会新新贸易理论视角下的企业异质性理论的精髓所在。

（一）Melitz 的推导

Melitzand Redding（2015）对经济体的基本设定如下：假设经济体中有 $J+1$ 的行业，每个行业处于垄断竞争市场结构之下，在某行业内部，单个商品的数量和加总数量之间满足 CES 方程，即：$Q_j=\left[\int_{\omega\in\Omega_j}q_j(\omega)^{\frac{(\sigma_j-1)}{\sigma_j}}\mathrm{d}\omega\right]^{\frac{\sigma_j}{(\sigma_j-1)}}$，而每个行业在经济体中的权重为 $\{\beta_j\}_{j=0:J}$ 且 $\sum_{j=0}^{J}\beta_j=1,\beta_j\geqslant 0$，于是整个经济体的效用函数为 $U=\sum_{j=0}^{J}\beta_j\log Q_j$，其中，$j\in\{0,1,\cdots,J\}$，当产业 $j=0$ 时，表示同质商品。

Y 表示加总收入，则每个消费者在 j 行业的消费表示为 $X_j=\beta_jY$，于是对每个 j 行业的商品需要用 $q_j(\omega)=A_jp_j(\omega)^{-\sigma_j}$ 表示，其中 A_j 表示市场需求指数，该指数和每个企业的残留价值需求有关，且成正比，具体关系为 $A_j=X_jP_j^{\sigma_j-1}$，其中，P_j 表示价格指数，满足

$$P_j=\left[\int_{\Omega_j}p(\omega)^{1-\sigma_j}\mathrm{d}\omega\right]^{\frac{1}{(1-\sigma_j)}}$$

此外，Melitz 认为，总成本包含固定成本 f_j 和变动成本，其中，变动成本与产品数量成正比，而与企业的生产率成反比，于是总成本可写为

$$l_j=f_j+\frac{q_j}{\varphi}$$

注意，以上讨论的 $q_j(\omega)$ 和 $p_j(\omega)$ 都是关于商品流 ω 的函数，这种设定是传统贸易理论和新贸易理论中的基本设定，这种设定还常见于 DSGE 模型中，但是新新贸易理论的设定与传统贸易理论和新贸易理论的设定不同，在新新贸易理论中，q_j 和 p_j 是关于企业生产率 φ 的函数，而 φ 一般被设定为是一个随机变量，并满足帕累托分布。

为便于讨论，现不妨认为经济体中仅有一个行业，即 $j=1$，于是在下面的讨论中，将变量的下标“j”省去，此外需要注意，因 q 和 p 是关于企业生产率 φ 的函数，故写为 $q(\omega)$ 和 $p(\omega)$。

根据经济学基本原理可以分别写出企业的收入函数和企业理论函数。

企业收入函数为

$$r(\varphi) = Ap(\varphi)^{1-\sigma} = A\left(\frac{\sigma}{\sigma-1}\right)^{1-\sigma}\left(\frac{w}{\varphi}\right)^{1-\sigma} = A\left(\frac{\sigma-1}{\sigma}\right)^{\sigma-1} w^{1-\sigma}\varphi^{\sigma-1} \tag{2-1}$$

而企业的利润函数为

$$\pi_a(\varphi) := \frac{r(\varphi)}{\sigma} - wf_d = B_a\varphi^{\sigma-1} - wf_d \tag{2-2}$$

其中，$B_a = \left[\frac{\sigma^{-\sigma}w^{1-\sigma}}{(\sigma-1)^{1-\sigma}}\right]A$。但关于 B_a 的定义，Melitz 的描述方法和 Feenstra 的描述方法有一定区别，具体讨论如下。

（二）Feenstra 的推导

以下推导来自 Feenstra（2016）。假设某国有家庭个体 $\omega \in \Omega$，我们用 $c(\omega)$ 表示消费，则家庭效用函数为

$$U = \left[\int_{\Omega} c(\omega)^{\frac{(\sigma-1)}{\sigma}}\right]^{\frac{\sigma}{(\sigma-1)}}$$

其中，$\omega \in \Omega$，利用 CES 的性质，则有

$$c(\omega) = \left[\frac{p(\omega)}{P}\right]^{-\sigma}\frac{w}{P} \tag{2-3}$$

且

$$P = \left[\int_{\Omega} p(\omega)^{1-\sigma}\right]^{\frac{1}{(1-\sigma)}} \tag{2-4}$$

此外每种商品的需求弹性 $\sigma = -\frac{\partial\ \ln c(\omega)}{\partial\ \ln p(\omega)}$。

利用经济学原理可知，边际成本为 $\left(\frac{w}{\varphi}\right)$，而加成价格为 $p(\omega) = \left(\frac{\sigma}{\sigma-1}\right)\left(\frac{w}{\varphi}\right)$，但是在 Melitz 的新新贸易理论中，加成价格是关于企业生产率 φ 的函数，即：

$$p(\varphi) = \left(\frac{\sigma}{\sigma-1}\right)\left(\frac{w}{\varphi}\right) \tag{2-5}$$

即使 $w = 1$ 也不会影响 Melitz（2003）的主要结论，但是为了推导具有普适性，我们还是保留 w，不将其设置为 1。

根据经济学原理，利润 = 加成价格 × 产出数量 − 成本。但是在写出利润函数之前，不妨先分析一下“成本”的主要来源。Melitz 认为，成本包括固定成本和变动成本。变动成本与劳动资本有关。如果用 y 表示产出数量，且认为其是生产率的函数，则 $y(\varphi)$，而用 f_d 表示固定成本［下标“d”表示“国内（domestic）”］，而变动成本与劳动资本有关，即

$y(\varphi)/\varphi$，我们用 $\pi_a(\varphi)$ 表示利润函数，于是理论函数可以写成

：
$$\pi_a(\varphi):=p(\varphi)y(\varphi)-w\left(f_d+\frac{y(\varphi)}{\varphi}\right) \tag{2-6}$$

如前所述，传统贸易理论和新贸易理论，常将经济变量，比如将 $p(\ )$，$y(\ )$ 视为 ω 的函数，但是在新新贸易理论中，这些经济学变量都是关于生产率 φ 的函数，于是式（2－3）可写为

$$c(\varphi)=\left[\frac{p(\varphi)}{P}\right]^{-\sigma}\frac{w}{P} \tag{2-3a}$$

此外，目前讨论封闭经济体，故 CES 需求系统的理论价格指数 P 应写为 P_a，于是进一步化简（2－3a），则有

$$c(\varphi)=\frac{wp\ (\varphi)^{-\sigma}}{P_a^{1-\sigma}} \tag{2-3b}$$

因为是封闭经济体，市场出清条件为：$y(\varphi)=L\cdot c(\varphi)$，其中，$L$ 表示本国人口总数（或表示国家规模）。于是综合式（2－3b）、式（2－5）、式（2－6），则有

$$\begin{aligned}\pi_a(\varphi):&=p(\varphi)y(\varphi)-w\left(f_d+\frac{y(\varphi)}{\varphi}\right)\\&=p(\varphi)L\cdot c(\varphi)-w\left(f_d+\frac{L\cdot c(\varphi)}{\varphi}\right)\\&=\left[\frac{L\sigma^{-\sigma}w^{1-\sigma}}{P_a^{1-\sigma}\ (\sigma-1)^{1-\sigma}}\right]\varphi^{\sigma-1}-wf_d\end{aligned}$$

Melitz（2003）和 Feenstra（2016）令 $B_a=\left[\frac{L\sigma^{-\sigma}w^{1-\sigma}}{P_a^{1-\sigma}\ (\sigma-1)^{1-\sigma}}\right]$，于是有

$$\pi_a(\varphi)=B_a\varphi^{\sigma-1}-wf_d \tag{2-6a}$$

（三）后续的推导

Melitz 和 Feenstra 关于利润函数的推导思路虽然略有不同，但最后得到了一样的利润等式方程。在其后的推导中，两位国际贸易领域大师的工作并无差异。

在有了（2－6a）后，若利润 $\pi_a(\varphi)=0$，则称为截断利润（cutoff profit）[①]，能使 $\pi_a(\varphi)=0$ 的生产率，被记作 φ_a，则有：$\pi_a(\varphi_a)=B_a\varphi_a{}^{\sigma-1}-$

① 也有学者将“cutoff”翻译为“临界”。

$wf_d = 0 \Rightarrow \varphi_a^{\sigma-1} = \frac{wf_d}{B_a}$①，在新新贸易理论中，此条件被称为 ZCP 条件。

下面讨论 φ_a 的性质。Melitz 和 Feenstra 对 B_a 的定义略有不同，但是不影响讨论结果，我们不妨延续 Feenstra 的讨论，将 B_a 代入 $\varphi_a^{\sigma-1} = \frac{wf_d}{B_a}$，则 Feenstra 版本结果为

$$\varphi_a^{\sigma-1} = \frac{wf_d\sigma^\sigma}{L \cdot w^{1-\sigma}P_a^{\sigma-1}(\sigma-1)^{\sigma-1}} \tag{2-7a}$$

而 Melitz 版本结果为

$$\varphi_a^{\sigma-1} = \frac{wf_d\sigma^\sigma}{A \cdot w^{1-\sigma}(\sigma-1)^{\sigma-1}} \tag{2-7b}$$

企业如果要进入一个行业，必须支付固定成本 f_e，Melitz（2003）创新地引入了如下的策略研究 f_e，这也可以被认为是“企业异质性”的“起点”。这种策略是：首先认为生产率 φ 是一个随机变量，它的空间状态的取值是有限制的，比如 $\varphi \geqslant \varphi_a$，它的概率密度函数为 $g(\varphi)$，基于这样的设定，$\pi_a(\varphi)$ 也是一个随机变量，为了使 f_e 和 φ 产生联系，Melitz 没有采用传统经济学的方法，即构建 f_e 和 φ 的方程关系，而是构建了概率关系，本人认为这是经济学建模历史上一个重大的突破，这也是“企业异质性”理论和传统企业理论最大的不同。也就是说，传统的企业理论是采用构建变量和变量之间的方程关系，这样的建模推导必然只能得到“同质性”的答案，而试图构建变量和变量之间的“异质性”关系，需要引入“概率视角”的建模思想。Melitz 通过以下概率关系建立起 f_e 和 φ 的关系

$$wf_e := \mathbb{E}_{\varphi \sim g(\varphi)}[\pi_a(\varphi)] = \int_0^\infty \pi_a(\varphi)g(\varphi)\mathrm{d}\varphi$$

此等式被新新贸易理论称为 FE 条件（自由进入条件）。

因为 φ 在状态空间的取值是受限的，经验证实结果也支持将 φ 的概率分布设置为帕累托分布会较为合理，于是在有了 $f_e := \mathbb{E}_{\varphi \sim g(\varphi)}[\pi_a(\varphi)]$ 这个等式后，可利用一些数学技巧进行变换，则有

$$f_e = J(\varphi_a) \cdot f_d = \int_0^\infty \pi_a(\varphi)g(\varphi)\mathrm{d}\varphi = \int_{\varphi_a}^\infty (B_a\varphi^{\sigma-1} - f_d)g(\varphi)\mathrm{d}\varphi$$

① 此外，$\frac{B_a}{w}$ 被称为市场需求，根据 ZCP 条件，可以得出 $\frac{B_a}{w} = f_d \cdot \varphi_a^{1-\sigma}$。

其中

$$J(\varphi_a):=\int_{\varphi_a}^{\infty}\left[\left(\frac{\varphi}{\varphi_a}\right)^{\sigma-1}-1\right]\mathrm{d}G(\varphi)=\int_{\varphi_a}^{\infty}\left[\left(\frac{\varphi}{\varphi_a}\right)^{\sigma-1}-1\right]g(\varphi)\mathrm{d}\varphi \text{①} \tag{2-8}$$

$J(\ )$ 函数是 Melitz 新新贸易理论中被专门定义出来的一个函数，这个函数在 Melitz 的理论体系下扮演着非常重要的作用，该函数 $J(\varphi_a)>0$ 且关于 φ_a 单调递减，$\lim\limits_{\varphi_a\to\infty}J(\varphi_a)=0$，$\lim\limits_{\varphi_a\to 0}J(\varphi_a)=\infty$。此外还可以证明 φ_a 具有唯一值，使得 ZCP 和 FE 条件都成立。

需要说明的是，如果读者有测度论的知识，我们可以直接视 $\mathrm{d}G(\varphi)\equiv g(\varphi)\mathrm{d}\varphi$ 为一个测度。其中，$G(\varphi)$ 为随机变量 φ 的累积分布函数。

任何理论体系，在构建完必要的要素（比如，ZCP 的概念、FE 的概念、$J(\ )$ 函数）作为支撑后，为了使后续研究能迅速展开，往往还会利用该理论中的“要素”打造若干“工具”②，一旦有了这些“工具”，科研人员便可迅速回答他们关切的问题。需要强调的是，为何要发明“理论”？是因为我们有若干“关切的问题”需要回答。“好的理论”可以帮助我们回答我们关切的问题。同样的哲学逻辑也可以解释为何我们要借助数理工具发明“理论”。

数理工具因具有严密的逻辑特性，可以帮助我们缕清人类混乱的思绪，也可以帮助我们发现：为了回答“关切的问题”，我们必须“定义”哪些必要的理论要素，进而形成我们自己的“理论语言要素（简称：语素）”，只有形成了自己的理论语素（即自己的话语体系），才能依赖这些理论语素构建或形成“工具”，最终利用“工具”，随时解答“我们关切的问题”。

Melitz 理论中一个非常重要的变量是 $\bar{\pi}(\varphi_a)$，它指生产率大于截断（cutoff）的平均利润。一旦涉及“平均”一词，即表示需和“期望值”的概念联系起来，但凡涉及期望值，我们就需要明确该期望值是在哪个概率

---

① Melitz and Redding（2015）指出，可以对 φ 设置一个上限 $\varphi_{\max}$，使 $\varphi\in[\varphi_a,\varphi_{\max}]$，于是 $J(\varphi_a)$ 可写为 $J(\varphi_a)=\int_{\varphi_a}^{\varphi_{\max}}\left[\left(\frac{\varphi}{\varphi_a}\right)^{\sigma-1}-1\right]g(\varphi)\mathrm{d}\varphi$。

② 以生物试验为例，病毒过于渺小，肉眼无法观测。如果我们希望随时能观测病毒，并对其进行研究，那么我们就需要有电子显微镜作为“抓手”（即工具），有了这样的工具，我们便可以随时研究病毒。

测度下运算的。$\overline{\pi}(\varphi_a)$ 的定义如下

$$\overline{\pi}(\varphi_a)=\mathbb{E}_{\varphi\sim g(\varphi\mid\varphi_a)}[\pi_a(\varphi)]=\mathbb{E}_{\varphi\sim\mu(\varphi)}[\pi_a(\varphi)]=\int_{\varphi_a}^{\infty}\pi_a(\varphi)g(\varphi\mid\varphi_a)\mathrm{d}\varphi \quad (2-9)$$

其中

$$\mu(\varphi):=g(\varphi\mid\varphi_a)=\begin{cases}\dfrac{g(\varphi)}{[1-G(\varphi_a)]}, & \varphi\geqslant\varphi_a\geqslant\varphi_{\min}\\ 0, & \varphi<\varphi_a\end{cases}$$

而 $\varphi\sim\mu(\varphi)$ 表示：φ 是一个随机变量，它的概率密度函数为 $\mu(\varphi)$①。$g(\varphi\mid\varphi_a)$ 表示给定进入生产率大于 φ_a 时，存续企业的条件概率函数。而 $[1-G(\varphi_a)]$ 表示的是企业成功进入该行业的概率。于是有

$$\overline{\pi}(\varphi_a)=\int_{\varphi_a}^{\infty}\pi_a(\varphi)\frac{g(\varphi)}{[1-G(\varphi_a)]}\mathrm{d}\varphi=\frac{1}{[1-G(\varphi_a)]}\int_{\varphi_a}^{\infty}\pi_a(\varphi)g(\varphi)\mathrm{d}\varphi$$

理由是 $[1-G(\varphi_a)]$ 与 $\mathrm{d}\varphi$ 无关，故可以将其移到积分外面，而又因为 $w\cdot f_e=\int_{\varphi_a}^{\infty}\pi_a(\varphi)g(\varphi)\mathrm{d}\varphi$，于是有

$$\overline{\pi}(\varphi_a)=\frac{w\cdot f_e}{[1-G(\varphi_a)]}=\frac{\mathbb{E}_{\varphi\sim g(\varphi)}[\pi_a(\varphi)]}{[1-G(\varphi_a)]}=\mathbb{E}_{\varphi\sim\mu(\varphi)}[\pi_a(\varphi)]$$

有时在 Melitz 的文献中 $\overline{\pi}(\varphi_a)$ 也直接记为 $\overline{\pi}$（具体见 Melitz and Redding，2015）。此外，也需要注意，$[1-G(\varphi_a)]$ 表示的是 $\varphi\geqslant\varphi_a$ 的概率。

利用 $\overline{\pi}(\varphi_a)$ 的结果，我们可以定义企业平均利润 $\bar{r}(\varphi_a)$，主要是利用式（2-2），于是有

$$\bar{r}(\varphi_a)=\sigma[\overline{\pi}(\varphi_a)+wf_d]$$

此外，需要注意，如果我们将 $\mathrm{d}M(\varphi,\varphi_a):=\dfrac{g(\varphi)\mathrm{d}\varphi}{[1-G(\varphi_a)]}=\mu(\varphi)\mathrm{d}\varphi$ 视为一个概率测度，根据 Melitz（2003）的设定，$g(\varphi)$ 具有外生性，于是 $\mu(\varphi)$ 也具有内生性。继续我们的讨论，在 $\mathrm{d}M(\varphi,\varphi_a)$ 测度下，我们可以定义行业平均生产率水平（或称为总体生产率）

① 该概念来自 Hopenhayn(1992) 的文章，本书会介绍 Hopenhayn 的主要建模思路和结论，具体见第三章第五节。

$$\tilde{\varphi}:=\left[\int_{\varphi_a}^{\infty}\varphi^{\sigma-1}\frac{g(\varphi)}{[1-G(\varphi_a)]}\mathrm{d}\varphi\right]^{\frac{1}{\sigma-1}}=[\mathbb{E}_{\varphi\sim\mu(\varphi)}(\varphi^{\sigma-1})]^{\frac{1}{\sigma-1}} \tag{2-10}$$

$\tilde{\varphi}$也被 Melitz 称为生产率φ的调和（harmonic）平均。此外，还需要注意：$\tilde{\varphi}$①其实是关于φ_a的函数，准确的写法应该是$\tilde{\varphi}(\varphi_a)$。

利用此性质，有以下重要推论：

$$J(\varphi_a)=\int_{\varphi_a}^{\infty}\left[\left(\frac{\varphi}{\varphi_a}\right)^{\sigma-1}-1\right]\mathrm{d}G(\varphi)=[1-G(\varphi_a)]\left[\left(\frac{\tilde{\varphi}}{\varphi_a}\right)^{\sigma-1}-1\right] \tag{2-11}$$

证明②

因为$\tilde{\varphi}^{\sigma-1}=\int_{\varphi_a}^{\infty}\varphi^{\sigma-1}\frac{\mathrm{d}G(\varphi)}{[1-G(\varphi_a)]}$，两边同时除以$\varphi_a^{\sigma-1}$，于是有

$$\left(\frac{\tilde{\varphi}}{\varphi_a}\right)^{\sigma-1}=\int_{\varphi_a}^{\infty}\left(\frac{\varphi}{\varphi_a}\right)^{\sigma-1}\frac{\mathrm{d}G(\varphi)}{[1-G(\varphi_a)]}$$

然后两边同时乘以$[1-G(\varphi_a)]$，于是有

$$[1-G(\varphi_a)]\left(\frac{\tilde{\varphi}}{\varphi_a}\right)^{\sigma-1}=\int_{\varphi_a}^{\infty}\left(\frac{\varphi}{\varphi_a}\right)^{\sigma-1}\mathrm{d}G(\varphi)$$

两边再同时减去$[1-G(\varphi_a)]$，则有

$$[1-G(\varphi_a)]\left[\left(\frac{\tilde{\varphi}}{\varphi_a}\right)^{\sigma-1}-1\right]=\left[\int_{\varphi_a}^{\infty}\left(\frac{\varphi}{\varphi_a}\right)^{\sigma-1}\mathrm{d}G(\varphi)\right]-[1-G(\varphi_a)] \tag{2-12}$$

但需要注意的是，$G(\varphi)$表示的是φ的累积分布函数，因此当$\varphi\to\infty$，则有$G(\infty)=1$，这是由累积分布函数的基本性质决定的。基于以上原因，则有

$$[1-G(\varphi_a)]=G(\infty)-G(\varphi_a)=\int_{\varphi_a}^{\infty}\mathrm{d}G(\varphi)$$

将此结果代入式（2－12）的右边，于是式（2－12）的右边有

① 还需要说明的是，由此可见行业平均生产率水平（或称总体生产率）$\tilde{\varphi}$具有内生性，它受到贸易的影响，这和 Krugman（1980）模型有本质的区别。在 Krugman 模型中，$\tilde{\varphi}$为外生给定，并不受贸易的影响。

② 以笔者的了解，该推论出现在若干文献中，但却没有证明过程，笔者没找到该推论的完整证明，因此笔者在本书中补充了该推论的证明。如有读者能找到此推论的证明请联系笔者，笔者会在本书再版时删除或指明恰当的证明出处。

$$\left[\int_{\varphi_a}^{\infty}\left(\frac{\varphi}{\varphi_a}\right)^{\sigma-1}\mathrm{d}G(\varphi)\right]-\left[1-G(\varphi_a)\right]=\left[\int_{\varphi_a}^{\infty}\left(\frac{\varphi}{\varphi_a}\right)^{\sigma-1}\mathrm{d}G(\varphi)\right]-\int_{\varphi_a}^{\infty}\mathrm{d}G(\varphi)$$

$$=\int_{\varphi_a}^{\infty}\left[\left(\frac{\varphi}{\varphi_a}\right)^{\sigma-1}-1\right]\mathrm{d}G(\varphi)$$

将此结果再带回式（2－12），则有

$$\int_{\varphi_a}^{\infty}\left[\left(\frac{\varphi}{\varphi_a}\right)^{\sigma-1}-1\right]\mathrm{d}G(\varphi)=\left[1-G(\varphi_a)\right]\left[\left(\frac{\tilde{\varphi}}{\varphi_a}\right)^{\sigma-1}-1\right]$$

又因为有 $J(\varphi_a)=\int_{\varphi_a}^{\infty}\left[\left(\frac{\varphi}{\varphi_a}\right)^{\sigma-1}-1\right]\mathrm{d}G(\varphi)$，于是最终结果为

$$J(\varphi_a)=\left[1-G(\varphi_a)\right]\left[\left(\frac{\tilde{\varphi}}{\varphi_a}\right)^{\sigma-1}-1\right]$$

对式（2－11）需仔细讨论，式（2－11）非常有用，原因在于：如果我们试图计算 $J(\varphi_a)$，如果已知 $\tilde{\varphi}$，借助式（2－11），则可避免原 $J(\varphi_a)$ 的计算公式（2－8）需要积分运算的问题。此外，还需要说明的是，如果我们对 φ 的取值范围进行限制，比如，$\varphi\in[\varphi_a,\varphi_{\max}]$，式（2－11）仍然成立，因为在证明的过程中，我们依赖 $G(\infty)=1$ 这个条件，根据累积分布函数的基本性质，我们知道 $G(\varphi_{\max})=1$ 必然（也必须）成立。因此，在 $\varphi\in[\varphi_a,\varphi_{\max}]$ 时，此推论仍然成立。

在有了行业平均生产率水平 $\tilde{\varphi}$ 后，若已知企业数量 M_a，我们可以迅速地找到行业总价水平 P、总产量 Q、总收益 R、总利润 Π，这些总量的概念，都是关于 $\tilde{\varphi}$ 和 M 的函数，即有：

$$P=M_a^{\frac{1}{1-\sigma}}p(\tilde{\varphi}) \tag{2-13}$$

证明：

因为 $P=\left[\int_0^{\infty}p(\varphi)^{1-\sigma}M_a\mu(\varphi)\mathrm{d}\varphi\right]^{\frac{1}{\sigma-1}}$，又因为 $p(\varphi)=\left(\frac{\sigma}{\sigma-1}\right)\left(\frac{w}{\varphi}\right)$，于是有

$$P=\left\{\int_0^{\infty}\left[\left(\frac{\sigma}{\sigma-1}\right)\left(\frac{w}{\varphi}\right)\right]^{1-\sigma}M_a\mu(\varphi)\mathrm{d}\varphi\right\}^{\frac{1}{1-\sigma}}$$

$$=M_a^{\frac{1}{1-\sigma}}\left(\frac{\sigma}{\sigma-1}\right)w\left[\int_0^{\infty}\varphi^{\sigma-1}\mu(\varphi)\mathrm{d}\varphi\right]^{\frac{1}{1-\sigma}}$$

$$= \frac{M_a^{\frac{1}{1-\sigma}}\left(\frac{\sigma}{\sigma-1}\right)w}{\left[\int_0^{\infty}\varphi^{\sigma-1}\mu(\varphi)\mathrm{d}\varphi\right]^{\frac{1}{\sigma-1}}}$$

$$= \frac{M_a^{\frac{1}{1-\sigma}}\left(\frac{\sigma}{\sigma-1}\right)w}{\tilde{\varphi}}$$

$$= M_a^{\frac{1}{1-\sigma}}\left[\left(\frac{\sigma}{\sigma-1}\right)\frac{w}{\tilde{\varphi}}\right]$$

$$= M_a^{\frac{1}{1-\sigma}}p(\tilde{\varphi})$$

根据以上的证明，我们可以得到

$$Q = M_a^{\frac{\sigma}{\sigma-1}}q(\tilde{\varphi}) \tag{2-14}$$

$$R = PQ = M_a \cdot r(\tilde{\varphi}) \tag{2-15a}$$

或写为

$$R = P \times Q = M_a \cdot \bar{r}(\varphi_a) \tag{2-15b}$$

$$\Pi = M_a \cdot \pi_a(\tilde{\varphi}) \tag{2-16}$$

在新新贸易理论中，企业数量 M_a 也是一个需要重点关注的变量，容易证明 M_a 满足

$$M_a = [1 - G(\varphi_a)]M_e \tag{2-17}$$

利用此结果并联立式（2－15b），则有

$$\bar{r}(\varphi_a) = \frac{R}{M_a}$$

于是

$$M_a = \frac{R}{\sigma w\left[\frac{f_e}{[1-G(\varphi_a)]} + f_d\right]} \tag{2-18a}$$

注意这是 Melitz 的写法。

在 Melitz and Redding（2015）中若令 $R = wL = L$，并取 $w = 1$，则

$$M_a = \frac{L}{\sigma\left[\frac{f_e}{[1-G(\varphi_a)]} + f_d\right]} \tag{2-18b}$$

而这是 Feenstra（2016）中的写法。由此可见 Melitz 和 Feenstra 的推导等价。

此外，需要注意 $\pi_a(\tilde{\varphi})$、$\pi_a(\varphi_a)$ 和 $\bar{\pi}(\varphi_a)$ 的区别和联系。

$\pi_a(\varphi_a) = 0$，指的是 ZCP 条件。

$$\bar{\pi}(\varphi_a)=\frac{wf_e}{[1-G(\varphi_a)]}=\frac{wJ(\varphi_a)f_d}{[1-G(\varphi_a)]}=wf_d\left[\left(\frac{\tilde{\varphi}}{\varphi_a}\right)^{\sigma-1}-1\right]①$$

而 $\pi_a(\tilde{\varphi})=\bar{\pi}(\varphi_a)$。

证明：

因为 $\dfrac{r(\tilde{\varphi})}{r(\varphi_a)}=\left[\dfrac{\tilde{\varphi}}{\varphi_a}\right]^{\sigma-1}\Rightarrow r(\tilde{\varphi})=\left[\dfrac{\tilde{\varphi}}{\varphi_a}\right]^{\sigma-1}r(\varphi_a)$ 于是有

$$\pi_a(\varphi_a)=0=\frac{r(\varphi_a)}{\sigma}-wf_d\Rightarrow r(\varphi_a)=\sigma wf_d$$

于是 $\dfrac{r(\tilde{\varphi})}{\sigma}=\left[\dfrac{\tilde{\varphi}}{\varphi_a}\right]^{\sigma-1}wf_d$，而

$$\pi_a(\tilde{\varphi})=\frac{r(\tilde{\varphi})}{\sigma}-wf_d=\left[\frac{\tilde{\varphi}}{\varphi_a}\right]^{\sigma-1}wf_d-wf_d=wf_d\left[\left(\frac{\tilde{\varphi}}{\varphi_a}\right)^{\sigma-1}-1\right]$$

该等式完全等于 $\bar{\pi}(\varphi_a)$ 的表达式。

（四）关于企业生产率 φ 概率分布问题的讨论

从 Melitz（2003）到 Chaney（2008）等经典新新贸易理论文献，企业生产率 φ 的概率分布被认为具有帕累托分布的特性，关于帕累托分布的讨论请见第五章第二节。在 Melitz（2003）中，企业生产率 φ 的概率密度函数 $g(\varphi)=k\varphi_{\min}^{k}\varphi^{-(k+1)}$，而企业生产率 φ 的累积分布函数 $G(\varphi)=1-\left(\dfrac{\varphi_{\min}}{\varphi}\right)^{k}$。在 Chaney（2008）中做了一定简化，$\theta=k$，$\varphi_{\min}=1$，则有：$g(\varphi)=\theta\varphi^{-(\theta+1)}$ 和 $G(\varphi)=1-\varphi^{-\theta}$。

我们采用 Melitz（2003）的写法，则 $J(\varphi_a)=\dfrac{\sigma-1}{k-(\sigma-1)}\left(\dfrac{\varphi_m}{\varphi}\right)^{k}$，也可为

$$(\varphi_a)^k=\left[\frac{\sigma-1}{k-(\sigma-1)}\right]\left(\frac{f}{f_e}\right)(\varphi_{\min})^k \tag{2-19}$$

二、开放经济体情形

（一）模型的基本设定

为了简单起见，将工资设置为单位 1，即：$w=1$，在开放经济下，需

① 如前文所述，$\tilde{\varphi}$ 其实是关于 φ_a 的函数，准确的写法应该是：$\tilde{\varphi}(\varphi_a)$，Melitz（2003）中将 $\left[\left(\dfrac{\tilde{\varphi}}{\varphi_a}\right)^{\sigma-1}-1\right]$ 项专门定义为一个函数 $k(\varphi_a)=\left[\left(\dfrac{\tilde{\varphi}(\varphi_a)}{\varphi_a}\right)-1\right]$。

假设有另外一个因出口导致的固定成本f_x，该成本是一个企业试图开展出口贸易所必须支付的成本。这些成本主要包括：海外市场营销、渠道扩展、销售网络的搭建等，此外，企业还面临贸易壁垒。在新新贸易理论中，Melitz利用了Samuelson（1952）“冰山”贸易成本模型的原理，即：引入参数τ，如果企业试图将1单位的货物运送到国外，则其必须支付$\tau > 1$的费用，也就是说，$(\tau - 1)$可视为被“融化”掉的价值。因此在这种设定下，企业面对两个零利润截断点：第一个截断点是φ_d，该截断点表示那些仅试图进行国内贸易的企业所需面对的截断点。其经济学含义是，如果企业的生产率低于φ_d，则将导致企业收入为负，进而最终倒闭，退出该行业（即：企业死亡）。但是一个生产率高过φ_d的企业是否会考虑从事出口贸易呢？根据新新贸易理论的解释，企业的生产率必须跨越过第二个截断点才可以，在新新贸易理论中将第二个截断点称为φ_x，且$\varphi_x > \varphi_d$。也就是说，一个企业如果选择出口，是因为该企业的生产率不仅高于φ_d而且还高于φ_x，才可以在出口贸易中获利。新新贸易理论的这一论述也确实被后续实证型论文的结果所支撑，比如，在Bernard等（2007a，2007b，2011）的文献中。

在这样的背景下，需重新推导国内的零利润截断点，即

$$\pi_d(\varphi_d) = B_d\varphi_d{}^{\sigma-1} - f_d = 0 \Rightarrow \varphi_d{}^{\sigma-1} = \frac{f_d}{B_d} = \frac{f_d\sigma^\sigma}{LP_d^{\sigma-1}(\sigma-1)^{1-\sigma}} \qquad (2-20)$$

其中，P_d表示在有贸易产生条件下的国内CES价格指数。

请注意将式（2－20）与封闭经济体的情形式（2－7a）进行比较。在封闭经济体中，式（2－7a）含有P_a，而此时式（2－20）变为P_d。根据经济学常识，$P_d < P_a$，理由是，在开放经济下，经济体开始进行贸易，贸易的益处之一是能给本国人民提供更多的选择，生活成本降低，而在新新贸易理论中，也支持这样的理论结论，原因是

$$\varphi_d > \varphi_a \Rightarrow \varphi_d^{\sigma-1} > \varphi_a^{\sigma-1} \Rightarrow \frac{f_d\sigma^\sigma}{LP_d^{\sigma-1}(\sigma-1)^{1-\sigma}} > \frac{f_d\sigma^\sigma}{LP_a^{\sigma-1}(\sigma-1)^{1-\sigma}} \Rightarrow P_d < P_a$$

在出口市场上，利用Samuelson（1952）“冰山”贸易成本模型的原理，每卖出1单位产品的边际成本为$\left(\frac{\tau}{\varphi}\right)$①，于是企业的最优价格为

① 注意和封闭经济体进行比较，在封闭经济体情况下，企业的边际成本为(w/φ)。

$p_x(\varphi) = \left(\frac{\sigma}{\sigma-1}\right)\left(\frac{\tau}{\varphi}\right)$①，其中，$p_x(\varphi)$ 的下标“x”表示出口（export）。同理，可以写出出口市场的利润函数

$$\pi_x(\varphi):=p_x(\varphi)y_x(\varphi)-\left(f_x+\frac{\tau y_x(\varphi)}{\varphi}\right)$$

其中，$\left(f_x+\frac{\tau y_x(\varphi)}{\varphi}\right)$ 表示出口 $y_x(\varphi)$ 所需支付的劳动力。假设国外人口为 L，则该国所需出口商品的数量为

$$y_x(\varphi)=Lp_x(\varphi)^{-\sigma}/P_d^{1-\sigma}$$

其中，P_d 仍表示在有贸易产生条件下的 CES 价格指数，在此需要解释一下为何国内和国外的 CES 价格指数一致，主要原因是出于讨论的便利，故在此处假设两国具有相同的国内价格指数。简而言之，如需将设定扩展为差异化国家问题，并不困难，仅是增加了模型的复杂度。

联立目前的讨论可以得到出口商的海外需求 $y_x(\varphi)$ 的表达式

$$y_x(\varphi)=Lc_x(\varphi)=\frac{L}{P_d^{1-\sigma}}\left[\frac{\tau\sigma}{\varphi(\sigma-1)}\right]^{-\sigma}$$

此外经过简单推导，关于利润函数的表达式，我们也可以得到和封闭经济体具有类似数学结构模式的结果，即

$$\pi_x(\varphi)=B_x\varphi^{\sigma-1}-f_x$$

其中，$B_x=\left[\frac{L\sigma^{-\sigma}\tau^{1-\sigma}}{P_d^{1-\sigma}(\sigma-1)^{1-\sigma}}\right]$。

（二）后续推导和讨论

利用推导封闭经济体的逻辑，下面讨论存在贸易的情况下，出口市场的零利润截断点（ZCP）和自由进入（FE）成立的条件。

首先讨论出口市场的 ZCP 条件，即需满足 $\pi_x(\varphi_x)=0$，于是有

$$\varphi_x^{\sigma-1}=\frac{f_x}{B_x}=\frac{f_x\sigma^{\sigma}}{L\cdot\tau^{1-\sigma}P_a^{\sigma-1}(\sigma-1)^{\sigma-1}} \tag{2-21}$$

下面讨论出口市场的自由进入条件（FE）。首先需要明确，目前有两个市场，即：国内市场和出口市场，因此有两个利润函数，分别为 $\pi_d(\varphi)$ 和 $\pi_x(\varphi)$，它们都是企业生产率 φ 的函数。此外，企业生产率 φ 是一个随机变量，且满足帕累托分布的设定仍没有改变，其中，$g(\varphi)$ 代表概率密度

---

① Feenstra（2016）的写法有误，笔者已修改。

函数，而 $G(\varphi)$ 代表累积分布函数。因此，寻找 f_e 的表达式，仍然是利用 $f_e=\mathbb{E}_{\varphi\sim g(\varphi)}$（总利润）的思想，仅是从在封闭经济体中的总利润为 $\pi_a(\varphi)$ 变为了在开放经济下的总利润为 $\pi_d(\varphi)+\pi_x(\varphi)$，于是有

$$\begin{aligned}f_e&=\mathbb{E}_{\varphi\sim g(\varphi)}[\pi_d(\varphi)+\pi_x(\varphi)]=\int_0^\infty[\pi_d(\varphi)+\pi_x(\varphi)]g(\varphi)\mathrm{d}\varphi\\&=\int_0^\infty\pi_d(\varphi)g(\varphi)\mathrm{d}\varphi+\int_0^\infty\pi_x(\varphi)g(\varphi)\mathrm{d}\varphi\\&=\int_0^\infty[B_d\varphi^{\sigma-1}-f_d]g(\varphi)\mathrm{d}\varphi+\int_0^\infty[B_x\varphi^{\sigma-1}-f_x]g(\varphi)\mathrm{d}\varphi\end{aligned}$$

因为在封闭经济体情况下，Melitz（2003）定义了 $J(\,)$ 的概念；在开放经济下，可以定义出口市场 J 的函数，即：$J(\varphi_x):=\int_0^\infty\left[\left(\frac{\varphi}{\varphi_x}\right)^{\sigma-1}-1\right]g(\varphi)\mathrm{d}\varphi$，于是有：

$$f_e=J(\varphi_d)\cdot f_d+J(\varphi_x)\cdot f_x\tag{2-22}$$

证明：

因为有 $f_d=B_d\varphi_d{}^{\sigma-1}$ 和 $f_x=B_x\varphi_x{}^{\sigma-1}$，又因为有

$$f_e=\int_0^\infty[B_d\varphi^{\sigma-1}-f_d]g(\varphi)\mathrm{d}\varphi+\int_0^\infty[B_x\varphi^{\sigma-1}-f_x]g(\varphi)\mathrm{d}\varphi$$

$$\Rightarrow f_e=\int_0^\infty[B_d\varphi^{\sigma-1}-B_d\varphi_d{}^{\sigma-1}]g(\varphi)\mathrm{d}\varphi+\int_0^\infty[B_x\varphi^{\sigma-1}-B_x\varphi_x{}^{\sigma-1}]g(\varphi)\mathrm{d}\varphi$$

$$\Rightarrow f_e=(B_d\varphi_d{}^{\sigma-1})\int_0^\infty\left[\left(\frac{\varphi}{\varphi_d}\right)^{\sigma-1}-1\right]g(\varphi)\mathrm{d}\varphi+(B_x\varphi_x{}^{\sigma-1})\int_0^\infty\left[\left(\frac{\varphi}{\varphi_x}\right)^{\sigma-1}-1\right]g(\varphi)\mathrm{d}\varphi$$

$$\Rightarrow f_e=f_d\int_0^\infty\left[\left(\frac{\varphi}{\varphi_d}\right)^{\sigma-1}-1\right]g(\varphi)\mathrm{d}\varphi+f_e\int_0^\infty\left[\left(\frac{\varphi}{\varphi_x}\right)^{\sigma-1}-1\right]g(\varphi)\mathrm{d}\varphi$$

然后定义

$$J(\varphi_d):=\int_0^\infty\left[\left(\frac{\varphi}{\varphi_d}\right)^{\sigma-1}-1\right]g(\varphi)\mathrm{d}\varphi\ \text{和}\ J(\varphi_x)=\int_0^\infty\left[\left(\frac{\varphi}{\varphi_x}\right)^{\sigma-1}-1\right]g(\varphi)\mathrm{d}\varphi$$

于是得证

$$f_e=J(\varphi_d)\cdot f_d+J(\varphi_x)\cdot f_x$$

下面介绍新新贸易理论关于贸易利得（the gains from trade）的讨论。

Feenstra（2016）介绍了一种较为简单的模型用以分析贸易利得。该方法主要研究 CES 价格指数 P_d。在封闭经济体下，国内价格有 $P_a=M_a{}^{\frac{1}{1-\sigma}}p(\tilde{\varphi})$ 的

关系，而利用$p(\tilde{\varphi})$的定义可以写出$P_a = \left[\int_0^\infty p(\varphi)^{1-\sigma} M_a \mu(\varphi) d\varphi\right]^{\frac{1}{1-\sigma}}$的表达式。同理，在开放经济下，我们可以写出 CES 价格指数P_d的表达式

$$P_d = \left[\int_{\varphi_d}^\infty p_d(\varphi)^{1-\sigma} \cdot M_d \cdot \mu(\varphi,\varphi_d) d\varphi + \int_{\varphi_x}^\infty p_x(\varphi)^{1-\sigma} \cdot M_x \cdot \mu(\varphi,\varphi_x) d\varphi\right]^{\frac{1}{1-\sigma}}$$

其中，M_d和M_x并非是关于φ的函数，因此可以移至积分符号的外边，则有

$$P_d = \left[M_d \int_{\varphi_d}^\infty p_d(\varphi)^{1-\sigma} \mu(\varphi,\varphi_d) d\varphi + M_x \int_{\varphi_x}^\infty p_x(\varphi)^{1-\sigma} \mu(\varphi,\varphi_x) d\varphi\right]^{\frac{1}{1-\sigma}}$$

而$\mu(\varphi,\phi) = \dfrac{g(\varphi)}{1 - G(\varphi)}$和$dG(\varphi) = g(\varphi) d\varphi$，于是有

$$P_d = \left[M_d \int_{\varphi_d}^\infty p_d(\varphi)^{1-\sigma} \frac{dG(\varphi)}{1 - G(\varphi_d)} + M_x \int_{\varphi_x}^\infty p_x(\varphi)^{1-\sigma} \frac{dG(\varphi)}{1 - G(\varphi_x)}\right]^{\frac{1}{1-\sigma}} \tag{2-23}$$

Feenstra（2016）指出，式（2－23）反映的是在开放经济条件下，且贸易存在的前提下，国内价格水平P_d可以视为由两部分组成，第一部分是封闭经济体下的商品价格汇总，而第二部分是因为进口产生的价格，因此第二部分的生产率代表的是国外企业的生产率水平。再仔细分析一下式（2－23），它的第一部分，即第一个积分运算部分，主要表示的是国内贸易情况；而第二部分，即第二个积分运算部分，反映的是国内的进口商品价格信息。

Feenstra（2016）将影响贸易的三个潜在效应归纳为：进口多样性效应（import variety on welfare effect）、国内出口多样性减少效应和选择效应。Feenstra 分别分析了这三个效应在新贸易理论中对贸易利得的影响。

首先，和封闭经济体的 CES 价格指数P_a相比较多了第二部分，使得价格指数降低，人民的福利增加，也就是说贸易的好处是由于产品的多元化而引起的福利增加，这也就是进口多样性效应，显而易见，这种效应是正向的。其次，因为$\varphi_d > \varphi_a$，说明一个经济体如果从封闭经济转为开放经济，国内生产率提高，企业数量减少，即生产率在$[\varphi_a,\varphi_d)$间的企业势必退出生产，进而倒闭。此外因为式（2－17），即有$M_d = M_e[1 - G(\varphi_d)]$成立，于是可知如果假设$M_e$不变，则必然导致$M_d \downarrow$，也就是说国内出口商品多样性的减少会减少福利，因此经济体从封闭到开放，贸易利得为负，这就是国内出口多样性减少效应。最后，选择效应指企业的选择对本国经济的正向影响。虽然因为贸易会导致一定量的国内企业退出或死亡，

但是因为 $\varphi_d\uparrow$ ，导致国内平均价格下降，从而导致福利的上升。

因此，Feenstra（2016）认为，在新新贸易理论视角下，贸易利得主要来自选择效应，而非第一点或第二点。主要原因是：第一点和第二点同时发生，导致正效应和负效应相互抵消。

Feenstra（2016）用一个简单的例子（启发性策略）说明了在新新贸易理论视角下，贸易利得主要来自企业的选择效应。该启发性策略的思路如下：

利用式（2－10），可知平均生产率水平 $\tilde{\varphi}_d$: $\tilde{\varphi}_d=\left[\int_{\varphi_d}^{\infty}\varphi^{\sigma-1}\frac{g(\varphi)}{[1-G(\varphi_d)]}d\varphi\right]^{\frac{1}{\sigma-1}}$ ，根据式（2－23），不妨写成 $P_d\approx\left[M_d\int_{\varphi_d}^{\infty}p_d(\varphi)^{1-\sigma}\mu(\varphi,\varphi_d)d\varphi\right]^{\frac{1}{1-\sigma}}+sth$ ，其中"sth"表示"一些项"，又因为 Feenstra（2016）的讨论中，一直假设工资 $w=1$ ，且 $p_d(\varphi)=\left(\frac{\sigma}{\sigma-1}\right)\left(\frac{1}{\varphi}\right)$ ，于是有：$\left[M_d\int_{\varphi_d}^{\infty}p_d(\varphi)^{1-\sigma}\mu(\varphi,\varphi_d)d\varphi\right]^{\frac{1}{1-\sigma}}=\left(\frac{\sigma}{\sigma-1}\right)\left(\frac{1}{\tilde{\varphi}_d}\right)M_d^{\frac{1}{1-\sigma}}$ ，此外利用近似处理 P_d 的原理对 P_a 进行处理，于是有 $P_a=\left[\int_0^{\infty}p(\varphi)^{1-\sigma}M_a\mu(\varphi)d\varphi\right]^{\frac{1}{1-\sigma}}=\left(\frac{\sigma}{\sigma-1}\right)\left(\frac{1}{\tilde{\varphi}_a}\right)M_a^{\frac{1}{1-\sigma}}$ ，则 $\frac{P_d}{P_a}$ 可以写为 $\frac{P_d}{P_a}=\frac{\left(\frac{\sigma}{\sigma-1}\right)\left(\frac{1}{\tilde{\varphi}_d}\right)M_d^{\frac{1}{1-\sigma}}+sth}{\left(\frac{\sigma}{\sigma-1}\right)\left(\frac{1}{\tilde{\varphi}_a}\right)M_a^{\frac{1}{1-\sigma}}}=\left(\frac{M_d^{\frac{1}{1-\sigma}}/\tilde{\varphi}_d}{M_a^{\frac{1}{1-\sigma}}/\tilde{\varphi}_a}\right)+\left(\frac{1}{M_a^{\frac{1}{1-\sigma}}/\tilde{\varphi}_a}\right)\frac{(\sigma-1)}{\sigma}sth$ ，为了数学上的便利，进一步近似简化为

$$\frac{P_d}{P_a}\approx\left(\frac{M_d^{\frac{1}{1-\sigma}}/\tilde{\varphi}_d}{M_a^{\frac{1}{1-\sigma}}/\tilde{\varphi}_a}\right)\lambda_d^{\frac{1}{\sigma-1}}=\left(\frac{1/\tilde{\varphi}_d}{1/\tilde{\varphi}_a}\right)\left(\frac{\lambda_d}{M_d/M_a}\right)^{\frac{1}{\sigma-1}} \tag{2-24}$$

需注意在此处引入了一个变量 $\lambda_d^{\frac{1}{1-\sigma}}$ ，具体推导过程可参见 Feenstra（1994）。Feenstra 认为，利用式（2－24）可以说明贸易利得的三种效应：选择效应主要是因为来自平均生产率的增加，可以从 $\left(\frac{1/\tilde{\varphi}_d}{1/\tilde{\varphi}_a}\right)$ 体现；进口引起的商品多样性效应由 $\lambda_d^{\frac{1}{\sigma-1}}$ 体现；国内商品多样性减少效应通过 $(M_d/M_a)^{\frac{1}{1-\sigma}}$ 体现。

根据目前新新贸易理论的推导可知，$(M_d/M_a) \equiv \lambda_d$，因此，可以发现因为进口引起的多样性效应带来的福利增加刚好被因为国内企业退出引起的商品多样性减少带来的福利减少所抵消。

由此可见，企业的选择效应是贸易利得为正的唯一原因。需要注意的是，“选择效应”是新新贸易理论所独有的，这是克鲁格曼的新贸易理论中没有涉及的。简而言之，新新贸易理论确实有别于新贸易理论。

此外，经过简单推导，可以证明

$$\frac{\varphi_d}{\varphi_a} = \left(\frac{1/P_d}{1/P_a}\right)$$

$$\lambda_d = (M_d/M_a) \equiv \frac{M_e}{M_e}\frac{[1 - G(\varphi_d)]}{[1 - G(\varphi_a)]} \tag{2-25}$$

为了使得讨论简单，凸显经济学含义，避免过于复杂的、让人眼花缭乱的数学“藩篱”，Feenstra（2016）在不改变企业的生产率 φ 满足帕累托分布的前提下，对企业的生产率 φ 的概率密度函数 $g(\varphi)$ 和累积分布函数 $G(\varphi)$ 的形式做了简化，采用了：$g(\varphi) = \theta\varphi^{-(\theta+1)}$ 和 $G(\varphi) = 1 - \varphi^{-\theta}$ 的形式，于是企业平均生产率 $\tilde{\varphi}_d$ 有

$$\tilde{\varphi}_d = \left[\int_{\varphi_d}^{\infty} \varphi^{\sigma-1} \frac{dG(\varphi)}{[1 - G(\varphi_d)]}\right]^{\frac{1}{\sigma-1}}\Bigg|_{G(\varphi)=1-\varphi^{-\theta}} = \left(\frac{\theta}{\theta - \sigma + 1}\right)^{\frac{1}{1-\sigma}}\varphi_d \tag{2-26}$$

此外，如果将 $G(\varphi) = 1 - \varphi^{-\theta}$ 代入式（2-25），则有

$$\lambda_d = \left(\frac{\varphi_d}{\varphi_a}\right)^{-\theta} \Rightarrow \frac{\varphi_d}{\varphi_a} = \left(\frac{1/P_d}{1/P_a}\right) = \lambda_d^{-1/\theta} \tag{2-27}$$

三、引力模型与新新贸易理论

（一）引力模型简介

引力模型最早由著名经济学家简·丁伯根于1962年提出（Tinbergen, 1962），该模型的基本思想借鉴了牛顿的万有引力理论。该模型假设任意两个国家之间的双边贸易规模具有“引力”，可以利用一个引力方程来描述，并可以结合国际贸易数据近似估计。

引力模型一直被认为有极好的稳定性，而且能够较好解释双边贸易流量，但引力模型也长期被学者攻击。他们认为，引力模型本身是一个纯粹的经济计量工具，缺乏坚实的经济学理论基础。当下，国际贸易理论的实证研究很少有不采用引力模型作为支撑的。一般而言，包含产业内贸易的

模型，都可以用非常简单的引力模型加以描述。本质上，引力模型的思想并不复杂，其陈述的经济学故事是：两国的双边贸易本质上和两国的 GDP 成正比。因此，两国中较大的一国倾向于更大的贸易量，即：$X = A\frac{Y_1Y_2}{d^\rho}$，其中，$X$ 表示贸易量；而 Y_1 和 Y_2 分别表示两国的 GDP；d 表示两国的距离；ρ 是一个指数，用来调整距离与贸易之间的关系；A 是一个常数。有时，引力模型也表示为：$X_{ij} = GS_iM_j\varphi_{ij}$，其中，$X_{ij}$ 表示 i 对 j 的出口，一般用货币价值来表示；S_i 表示出口方的特定要素，比如：出口国的国内生产总值，其代表的是出口方愿意提供的总出口值；而用 M_j 表示进口方的总需求；φ_{ij} 一般表示出口方 i 进入市场 j 的便利程度（或者用该变量表示双边贸易成本的倒数）。一般而言，在典型的实证研究中，常用双边距离①来替代贸易成本，一般都反映了一个常识："距离"② 增加了运输成本。

目前，引力模型已成为国际贸易领域实证分析重要的基本工具，但是在 1995 年之前，引力模型却被认为是一种隶属于"社会物理学"③ 范畴的模型，长期游离于主流国际贸易理论之外。Head and Mayer（2014）认为，引力模型从重回主流国际贸易研究的视野，到当下重新成为国际贸易领域研究的中心、实证研究的重要抓手，大致经历了三个阶段。

第一阶段：1995 年是引力模型研究取得重大突破的重要年份，在该年诞生了若干重要的学术文献：Trefler（1995）、McCallum（1995）以及 Krugman（1995），他们开始以全新的视角审视引力模型在国际贸易领域研究的作用，并给予引力模型赋有经济学含义的解释。Trefler（1995）引入了一个"消失的贸易"的概念，认为"本土偏好"比距离更能解释"消失的贸易"现象，该概念揭示了阻碍贸易发展的深层次原因。McCallum（1995）的文献，不仅开创性地利用引力模型作为框架测算出贸易一体化政策的效用，还首次在文献中提供了理解"边境效应（border effects）"的

---

① 甚至有时候利用有无岛屿、是否为内陆国家以及是否具有共同边界等哑变量来替代。

② 此处的"距离"是广义距离，比如，文化、语言、区域认同以及意识形态距离等概念。

③ Krugman（1997）认为，引力方程也类似于幂律分布在收入、企业规模、城市规模以及网络关联的应用。如果从物理学的视角，居民收入、企业规模以及城市规模满足幂律分布会视为理所当然，Krugman 认为，这就是"社会物理学"。对经济学家而言，这种"理所当然"是缺乏经济学常识或者经济学理论机制作为支撑的。

思路。

第二阶段：2002—2004 年。在这三年间，有两篇学术文章至关重要。这两篇文献是：Eaton 和 Kortum（2002）和 Anderson，van Wincoop（2003）。前者从若干基于李嘉图理论的模型中推导出类似的引力方程；而后者的贡献更为重要，Anderson and van Wincoop（2003）强调了引力模型中使用的规范和变量的重要性，此外该文还指出了控制相对的交易成本对特定引力模型的决定性作用。他们的理论研究表明，双边贸易是由相对交易成本决定的，而非简单的两国间的绝对贸易成本决定的[①]。也就是说，他们将多边贸易抵制（multilateral trade resistance，MTR）的概念引入所有学者视野中，并提出了可行的实证检验方法。因为一般而言多边贸易抵制不可观测，而 Anderson 和 van Wincoop（2003）需要一定的编程技巧以及设定最小化约束条件以保证得到标准误差。简而言之，该方法实现的难点在于它的估计值需要一个非线性最小二乘（Non - Linear Least Square，NLS）。因此，Feenstra（2004）和 Redding and Venables（2004）论证了可以利用进口商和出口商的固定效应来捕获多边贸易抵制，为引力模型的实证提供了新方法。因为这些方法的易于操作性，使得后续大量的实证研究得到迅猛发展。

第三阶段：2008 年至今。Head and Mayer（2014）认为，2008 年是第三个引发引力方程研究取得全面突破的重要时间节点。Chaney（2008）、Helpman et al（2008）和 Melitz and Ottaviano（2008）将国际贸易领域的研究带入了全新的阶段，填平了新新贸易理论（尤其是企业异质性理论）与引力方程之间存在的鸿沟，因此这三篇文章具有极高的学术价值和学术贡献。

（二）新新贸易理论视角下的引力方程[②]

Feenstra（2016）的讨论主要是基于 ACR（2012）[③] 和 Head 和 Mayer

---

① 也可以如此理解“多边贸易抵制”特性：当一国从世界各地进口商品时，进口价格会受其他国家的进口价格影响。也就是说，虽然仅关注两国双边贸易，但是双边进口也会受世界其他国家进口的影响。

② 本部分的内容主要来自 Feenstra（2016）第六章的内容和 Chaney（2018）。

③ Feenstra（2016）将 Arkolakis，Costinot 和 Rodriguez - Clare（2012）的文章简称 ACR（2012）。

（2014）的两篇文章，Feenstra（2016）的讨论较清晰地介绍了新新贸易理论（尤其是企业异质性理论）与引力方程之间所具有的统一性。如 Head 和 Mayer（2014）所说，这一结论有非常高的学术价值，因此有必要通过推导进行介绍。

根据 Head and Mayer（2014）的总结，引力方程可以有三种定义方式：

第一种：$X_{ij} = GS_iM_j\phi_{ij}$，即我们前面介绍的形式，这是最原始的形式。第二种：$X_{ij} = GY_i^aY_j^b\phi_{ij}$，这是一般教科书中采取的形式，一旦两边取对数后，较容易进行实证研究。第三种定义是目前常用的定义：$X_{ij} = \frac{Y^i}{R^{i\cdot}}\frac{X^j}{R^{\cdot j}}T^{ij}$，其中，$R^{\cdot j} = \sum_k \frac{T^{kj}Y^k}{R^{k\cdot}}$，$R^{i\cdot} = \sum_k \frac{T^{ik}X^k}{R^{\cdot k}}$，而 $R^{\cdot j}$ 和 $R^{i\cdot}$ 代表多边贸易抵制。目前主要采用第三种定义的原因是：如果将第一种和第二种定义视为传统的引力方程模型，则 Baldwin 和 Taglioni（2007）在文献中指出传统模型有三种典型错误，并称其为金牌错误、银牌错误和铜牌错误。如果将第三种关于引力方程的定义和前面两种定义比较会发现，前面两种定义明显少了 $(R^{\cdot j}R^{i\cdot})^{-1}$ 项，这一项也就是由 Anderson 和 Wincoop（2003）文献中提到的多边贸易抵制项，而遗漏了此项，即是犯了 Baldwin 和 Taglioni（2007）在文献中所说的“金牌错误”。此外，Baldwin 和 Taglioni（2007）还一再强调，如果能避免“金牌错误”则可以同时避免“铜牌错误”①。

下面的讨论，涉及多边贸易抵制项，在开始讨论前，再强调一下各个变量的经济学含义。X_{ij} 表示从 i 国到 j 国的出口价值；Y^i 表示 i 国的总产出价值，且满足：$Y^i = \sum_j X_{ij}$；X^j 表示 j 国的总支出；T^{ij} 和前面使用的符号 ϕ_{ij} 含义类似，该变量反映 i 国和 j 国之间的贸易壁垒大小的测度，该测度包含了诸如冰山运输成本 τ^{ij} 等信息。而 $R^{\cdot j}$ 和 $R^{i\cdot}$ 代表多边贸易抵制。$R^{\cdot j}$ 反映的是 j 国在试图从所有资源国（source countries）购买商品时所遇到的贸易壁垒，因此 $R^{\cdot j}$ 被称为进口商的多边阻力。同理，$R^{i\cdot}$ 反映的是 i 国试图将商品卖给所有目标国（destination countries）时所遇到的贸易壁垒，因此 $R^{i\cdot}$ 被

① “银牌错误”指平均互惠贸易流量。建立引力模型的理论表明贸易最好采用分开处理的方式，也就是说：在时间 t，从 i 到 j 的出口是一个观测值，而时间 t 从 j 到 i 的出口是另外一个观测值。

称为出口商的多边阻力。

需要注意的是，因为根据以上的定义，所有变量（尤其是 $R^{\cdot j}$ 和 $R^{i\cdot}$）彼此之间呈现一种嵌套递归（类似无限循环）的数学结构，在实际操作中如果利用以上定义计算贸易数据，其实不可实现。为了使得以上定义的变量能被测算，且具有实际可操作性，Feenstra 介绍了 Head 和 Mayer（2014）的工作，且论证了 ACR（2012）和 Head and Mayer（2014）在恰当条件下完全等价。

Head and Mayer（2014）文献中开创性地引入了一个重要变量 S^k，被称为“供给项”，该变量仅取决于 k 国的数据，此外 $R^{\cdot j}$ 和 S^k 有以下关系

$$R^{\cdot j} = \sum_k (S^k T^{kj})$$

其中

$$S^k = \frac{Y^k}{R^{k\cdot}}$$

也可以写成 $\frac{X_{ij}}{X^j} = \frac{S^i T^{ij}}{R^{\cdot j}}$。

需要注意的是，Head and Mayer（2014）定义引力方程的框架不仅可以适用于 Melitz－Chaney 模型，还适用于 Krugman（1980）① 模型和 Eaton－Kortum（2002）模型②。

下面简要阐述 Feenstra 的证明思路：首先需要证明 Head 和 Mayer（2014）文献中 $R^{\cdot j} = \sum_k (S^k T^{kj})$ 的写法和 ACR（2012）文献中 $R^{i\cdot} = \sum_k \frac{T^{ik} X^k}{R^{\cdot k}}$ 等价。

1. Melitz－Chaney 模型

Chaney（2008）在其文献中证明 Melitz 模型也可以写成 Head 和 Mayer（2014）形式的引力方程，即 $\frac{X_{ij}}{X^j} = \frac{S^i T^{ij}}{R^{\cdot j}}$。下面对原 Melitz（2003）进行简单修正。在 Melitz（2003）文献中，国内盈利企业的数量 M_d 与企业进入的数量 M_e 之间有 $M_d = M_e[1 - G(\varphi_d)]$ 的关系，而出口市场中盈利企

① 即：新贸易理论模型。

② 另一篇关于新新贸易理论的代表文献。关于此文献和 Melitz（2003）的区别见前文的讨论。

业的数量 M_x 与企业进入的数量 M_e 之间有 $M_x = M_e[1 - G(\varphi_x)]$。现在考虑多国情形，用 M_e^i 表示第 i“国有企业”进入数量，而用 φ^{ij} 表示 i 国的企业向 j 国出口的零截断利润（ZCP）条件下的生产率，则 j 国的总消费与该国规模和工资之间应有 $X^j = w^j L^j$。在多国模型下，从 i 国出口到 j 国的价格可以表示为：$p^{ij}(\varphi) = \left(\frac{\sigma}{\sigma-1}\right)\left(\frac{\tau^{ij}w^i}{\varphi}\right)$①。然后利用单国模型的开放经济体生产率公式（具体见式 2－21），即为

$$\varphi_x{}^{\sigma-1} = \frac{f_x}{B_x} = \frac{f_x \sigma^{\sigma}}{L \cdot \tau^{1-\sigma} P_a^{\sigma-1}(\sigma-1)^{\sigma-1}}$$

将其写为多国模型的形式，则有

$$(\varphi^{ij})^{\sigma-1} = \frac{w^i f^{ij}(w^i \tau^{ij})^{\sigma-1}(\sigma-1)^{1-\sigma}}{w^j L^j \cdot \tau^{1-\sigma}(P^j)^{\sigma-1}\sigma^{-\sigma}}$$

但需要注意，在多国模型中，不能再假设工资 $w^i = 1$，即不假设各国工资成本一致，因此此时的多国模型下的生产率表达形式与单国模型略有不同。还有一个细节需要注意，当 $i = j$ 时，φ^{ii} 本质上就是单国模型的 $\varphi^{ii} = \varphi_d$。于是

$$X_{ij} = M_e^i \int_{\varphi^{ij}}^{\infty} p^{ij}(\varphi)^{1-\sigma} g(\varphi)\mathrm{d}\varphi = \left(\frac{\sigma}{\sigma-1}\right) M_e^i \int_{\varphi^{ij}}^{\infty}\left(\frac{\tau^{ij}w^i}{\varphi}\right)^{1-\sigma} g(\varphi)\mathrm{d}\varphi$$

而

$$X^j = \sum_{k=1}^{C}\left[M_e^k \int_{\varphi^{kj}}^{\infty} p^{kj}(\varphi)^{1-\sigma} g(\varphi)\mathrm{d}\varphi\right]$$

于是有

$$\frac{X_{ij}}{X^j} = \frac{M_e^i \int_{\varphi^{ij}}^{\infty} p^{ij}(\varphi)^{1-\sigma} g(\varphi)\mathrm{d}\varphi}{\sum_{k=1}^{C}\left[M_e^k \int_{\varphi^{kj}}^{\infty} p^{kj}(\varphi)^{1-\sigma} g(\varphi)\mathrm{d}\varphi\right]} = \frac{M_e^i \int_{\varphi^{ij}}^{\infty}\left(\frac{\tau^{ij}w^i}{\varphi}\right)^{1-\sigma} g(\varphi)\mathrm{d}\varphi}{\sum_{k=1}^{C}\left[M_e^k \int_{\varphi^{kj}}^{\infty}\left(\frac{\tau^{kj}w^k}{\varphi}\right)^{1-\sigma} g(\varphi)\mathrm{d}\varphi\right]}$$

---

① Chaney（2008）有极高的理论价值，重要的理论价值之一是指出了不能将 T^{ij} 设置为 $T^{ij} = (\tau^{ij})^{\sigma}$，这会导致 $S^i = M_e^i \int_{\varphi^{ij}}^{\infty}\left(\frac{w^i}{\varphi}\right)^{1-\sigma} g(\varphi)\mathrm{d}\varphi$，如果这样处理会导致设定错误，因为根据 Head and Mayer(2014) 的定义，S^i 必须只能和 i 国贸易数据信息有关系，不能含 i 国和 j 国的贸易信息，此处这种关于 S^i 的设定涉及 φ^{ij}，因此不恰当，须重新定义 S^i 使其符合 Head 和 Mayer（2014）的定义范式下的引力模型设定。

此外，企业生产率 φ 是一个随机变量,且满足帕累托分布的假定仍没有改变,其中,$g(\varphi)$ 代表概率密度函数,而 $G(\varphi)$ 代表累积分布函数,如果仍采用 $g(\varphi)=\theta\varphi^{-(\theta+1)}$ 和 $G(\varphi)=1-\varphi^{-\theta}$ 的设定,则 $\int_{\varphi^{ij}}^{\infty}\left(\frac{\tau^{ij}w^{i}}{\varphi}\right)^{1-\sigma}g(\varphi)\mathrm{d}\varphi$ 可以化简为:$\int_{\varphi^{ij}}^{\infty}\left(\frac{\tau^{ij}w^{i}}{\varphi}\right)^{1-\sigma}g(\varphi)\mathrm{d}\varphi=\frac{(w^{i}\tau^{ij})^{1-\sigma}\theta}{\theta-\sigma+1}(\varphi^{ij})^{\sigma-\theta-1}$,需满足 $\theta>(\sigma-1)$,于是将结果代回 $\frac{X_{ij}}{X^{j}}$,则有

$$\frac{X_{ij}}{X^{j}}=\frac{M_{e}^{i}(w^{i}\tau^{ij})^{-\theta}(w^{i}f^{ij})^{(1-\frac{\theta}{\sigma-1})}}{\sum_{k=1}^{C}M_{e}^{k}(w^{k}\tau^{kj})^{-\theta}(w^{k}f^{kj})^{(1-\frac{\theta}{\sigma-1})}}$$

而如果令

$$\begin{cases}T^{ij}=(\tau^{ij})^{-\theta}(f^{ij})^{(1-\frac{\theta}{\sigma-1})}\\ S^{i}=M_{e}^{i}(w^{i})^{1-(\frac{\sigma}{\sigma-1})\theta}\\ R^{\cdot j}=\sum_{k}(S^{k}T^{kj})=\sum_{k=1}^{C}M_{e}^{k}(w^{k}\tau^{kj})^{-\theta}(w^{k}f^{kj})^{(1-\frac{\theta}{\sigma-1})}\end{cases}$$

则有 $\frac{X_{ij}}{X^{j}}=\frac{S^{i}T^{ij}}{R^{\cdot j}}$，因此可以看出 Melitz(2003) 可以有恰当的 Head 和 Mayer(2014) 形式的引力方程形式。

2. 小议新贸易理论的引力模型

新贸易理论由克鲁格曼提出,克鲁格曼因为在国际贸易领域的杰出贡献获得了2008年诺贝尔经济学奖,该理论基于不完全竞争市场假设,引入产品的差异化和市场结构的变动,并承认规模经济。该理论的基本结论是:因为存在不完全竞争市场结构的差异、规模报酬递增的存在以及因满足不同需求所导致的差异化产品与多样化偏好,基于以上因素导致了国与国之间贸易的扩大。这一结论较好地解释了产业内贸易,但是和传统贸易理论一样,新贸易理论依旧假设企业具有同质性。

下面的讨论主要是论证克鲁格曼(1980) 也可以写出其应有的引力模型形式,也就是引力模型其实并非一种简单的“社会物理学” 模型,它和主流的国际贸易学之间,其实是同根同源的,如同货币的正反面。

在克鲁格曼(1980) 的文章中,单国模型下出口到 j 国的价格表示为 $P^{j}=\left[\sum_{i=1}^{C}N^{i}(p^{ij})^{1-\sigma}\right]^{\frac{1}{1-\sigma}}$,而为了简单起见,可视 $p^{ij}=\tau^{ij}p^{i}$,且假设 $\tau^{ij}=\tau^{ji}$,

$X^j = Y^j$，于是 $X_{ij} = N^i Y^j \left(\frac{p^{ij}}{P^j}\right)^{1-\sigma}$，然后可以得到 $\frac{X_{ij}}{X^j} = \frac{X_{ij}}{Y^j} = N^i \left(\frac{p^{ij}}{P^j}\right)^{1-\sigma} = N^i \left(\frac{\tau^{ij} p^i}{P^j}\right)^{1-\sigma}$，最终结论是

$$\begin{cases} T^{ij} = (\tau^{ij})^{1-\sigma} \\ S^i = N^i (p^i)^{1-\sigma} \\ R^{\cdot j} = (P^j)^{1-\sigma} \end{cases}$$

因为 $\tau^{ij} = \tau^{ji}$，于是有：$R^{\cdot j} = R^{i\cdot} = (P^i)^{1-\sigma}$，最后 $X_{ij} = Y^i Y^j \left(\frac{\tau^{ij}}{P^i P^j}\right)^{1-\sigma}$。

由此可见，Head 和 Mayer（2014）定义引力方程的框架不仅可以适用于 Melitz - Chaney 模型，还可以适用于新贸易理论的开山之作——克鲁格曼（1980）模型。

第五节 本章总结

新新贸易理论的理论贡献，可以简单地概括为以下几点。

第一，引入了企业异质性的概念，是对传统贸易理论的补充，也是对新贸易理论的补充。第二，以往的贸易理论（无论是传统贸易理论还是新贸易理论）都是从国家或产业层面研究这些层级之间（或跨层级）的贸易、贸易结构、贸易利得和贸易影响，没有以微观企业作为主要研究对象展开研究，没有下沉到企业微观层面的贸易理论。而新新贸易理论以大量企业微观贸易数据为基础，从实证事实出发，上升到理论层面并构建了解释国际贸易领域出现的新现象（但又能统一传统经验常识的）的新新贸易理论，因此可以认为新新贸易理论是重大的理论突破。第三，异质性的引入。以生产率的概率分布为研究抓手，展开异质性的研究，重点论证企业选择将带来贸易利得提升经济体福利，可以导出非常多的有价值的政策建议和结论。第四，众所周知，引入空间信息后，新经济地理学得到了迅猛发展，而新贸易理论的贡献之一是引入了空间地理信息。新新贸易理论中也蕴含贸易的空间信息，因此为空间经济学扩展出一个新的研究方向。

新新贸易理论对中国国际贸易发展有以下重要政策启示。首先，新新贸易理论指出国际市场竞争远激烈于国内市场竞争，而历练一国企业最好的“战场”是国际市场而非国内市场，这与我国多年一直倡导的鼓励企业

“走出去”具有异曲同工之妙，可以认为新新贸易理论是我国长期倡导的这一“国策”最好的理论证据。其次，生产率的高低取决于企业的效率，而生产率的高低决定了企业的竞争能力。销售网络、技术、管理能力、人力资源等都决定着企业的效率，中国企业如何提升企业效率也成为重要的研究课题。再次，企业异质性的本质是生产率具有帕累托分布特性，而非传统理论中假设的平均分布，同质性假设下的政策建议，没有考虑行业内企业的异质特性，而是简单粗暴的“一刀切”政策。因此导致政策、政令往往“误伤”企业，造成不公平。新新贸易理论的企业异质性理论启示政策制定者重视行业内企业所具有的异质特性，需从同质化管理方式向异质化管理方式转变。最后，优胜劣汰是自由贸易经济下必然的自发机制，但是贸易政策在确保市场公平正义、改善贸易条件、保护民族企业、良性贸易竞争领域也有不可替代的作用，新新贸易理论对政府贸易政策的制定以及区域经济合作都有极强的启示作用。

新新贸易理论也有其不足之处：首先，该理论立足于发达国家，致力于研究发达国家企业的选择行为，理论的背景假设是这些企业皆存在于高度市场经济化的国家中。这种设定与中国国情不符，也就是说该理论不是站在中国的视角。其次，因为中国当下所处的经济发展水平，我国的外贸行业长期处于出口加工模式主导的模式环境中，于是如果利用新新贸易理论开展中国国际贸易实证研究，则存在中国企业“出口—生产率悖论”问题。

本章是承前启后的一章。新新贸易理论开创了关于企业异质性的研究。本章系统地介绍了新新贸易理论，主要探讨了该理论的建模思想和建模技巧，此外还重点讨论了新新贸易理论和引力模型之间的关系，因此也揭示了当下新新贸易理论与实证研究发展的主流方向，也因为当下国际贸易理论的这种主流研究方向，导致从事新新贸易理论研究的学者习惯于利用比较静态分析、局部均衡等手段结合引力模型展开研究，而较少采用动态模型、全局模型和一般均衡模型从事研究。如何采用动态模型、全局模型和一般均衡模型从事研究，这也是第三章和第四章重点讨论的内容。在第三章，笔者重点讨论了企业异质性的动态效应，在该章中，企业异质性的研究扩展到连续时间动态模型视角，系统地介绍了 Benjamin Moll 等人的异质性研究，该团队的研究不仅关注企业异质性，更关注基于宏观视角分析下的异质性研究，即他们的研究具有一定的“普适性”。异质性研究可

以覆盖货币分析的异质性、收入分配的异质性、消费行为的异质性以及城市规模的异质性。第四章主要基于 Bilbiie，Ghironi，Melitz（2007）和 Ghironi，Melitz（2005）的文献展开讨论，新新贸易理论的创始人 Melitz 曾做过试图填平企业异质性理论与 DSGE 理论之间鸿沟的研究，试图为宏观经济学分析构建新的分析框架，但是 Melitz 的研究在宏观经济研究圈未获得足够的重视。当下主流的开放经济学视角的 DSGE 模型还是类似于新贸易理论（Obstfeld and Rogoff ，1995），认为企业具有同质性，没有考虑企业的异质性特性，没有考虑企业的进入与退出，没有考虑贸易的扩展边界和集约边际。

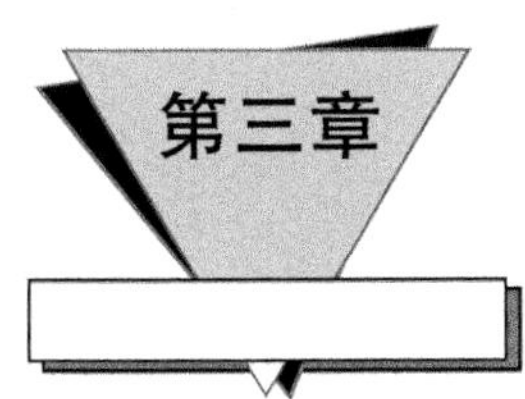

企业异质性问题的动态研究

第一节 导论

由哈佛大学 Melitz（2003）等人创立的新新贸易理论在国际贸易研究中影响深远，新新贸易理论最大的一个创新是选取企业生产率作为重要的研究对象，并使其成为“重要抓手”。这种研究策略，不管是在新贸易理论中，还是在宏观经济研究中，都没有出现过。这种研究策略的新颖之处在于：传统的经济学研究范式是以方程结构为主，而新新贸易理论令经济学研究的范式从“方程模式”进入到“概率分布模式”，因此，新新贸易理论的诞生具有跨时代的意义。

何为“概率分布模式”？本章将在第二、三节重点讨论。需要注意的是，新新贸易理论的这一理论贡献，尚没有得到经济圈（甚至国际贸易圈）的足够重视。从“方程模式”过渡到“概率分布模式”，不夸张地说，是人类思维方式上的一次“提升维度般的操作”。随着时间的推移，笔者相信，这一理论贡献会越来越多地被研究人员重视。此外，相关研究人员也必须意识到这一点，才能够真正地理解“异质性”的本质，在理解了异质性的本质后，我们才可以理解为何需要利用“异质性”研究的策略从宏观层面去理解微观数据。关于何为“方程模式”，何为“概率分布模式”见本章第二、三节。此外需要明确的是，“方程模式”和“概率分布模式”并非深奥的概念，也并非笔者的原创提法，这其实是两种常见的数学建模思想和原理。这两种建模思想和原理早已被人工智能领域的学者熟练掌握。因本书并非关于数学建模史的专著，因此不细讨论“方程模式”和“概率分布模式”从何时起流行于人工智能学领域，在此，笔者仅做一般性启发式介绍。凯文·P. 墨菲（Kevine P. Murphy）是一位著名的人工智能学者，他曾撰写过一本广为流传的高级人工智能理论书籍《机器学习理论：基于概率的视角》（*Machine Learning*：*A Probabilistic Perspective*）[①]（Murphy，2012），该书系统地介绍了“方程模式”和“概率分布模式”的区别。此外，还需要注意的是，在本章中，会提到伦敦政治经济学院的 Benjamin Moll 教授的异质性个体研究成果，其开设的高级博士研讨会中已

① 被称为是机器学习理论领域的三大圣经级教材。人工智能的核心理论思想体系是机器学习理论。

提出了“分布式的宏观经济学（distributional macroeconomics）”[①] 的概念，该概念在国内宏观经济学圈还未有学者尝试翻译，该概念的本质即是“概率的分布模式”。

第二节　方程视角与概率分布视角的建模思想

以下这个简单的例子来自 Murphy（2012）。

常见的 OLS 方程是：$\boldsymbol{y}_i = \boldsymbol{\beta}^T \boldsymbol{x}_i + \boldsymbol{\varepsilon}_i$，$\boldsymbol{\varepsilon}_i \sim \boldsymbol{i.i.d}\boldsymbol{N}(0,\boldsymbol{\Sigma})$ 这是方程视角（equation perspective），也就是说，如果我们对变量 $\boldsymbol{y}_i$ 感兴趣，常见的思路是去寻找影响它的因子，比如 $\boldsymbol{x}_i$。那么它的概率分布视角是指什么呢？如果我们对 $p(\boldsymbol{y}_i)$ 感兴趣，试图研究 $\boldsymbol{x}_i$ 如何影响 $p(\boldsymbol{y}_i)$ 的概率分布，这就是概率视角的建模思路。一般而言，我们可以借助概率基本公式：$p(\boldsymbol{y}_i) = \int \mathrm{p}(\boldsymbol{y}_i|\boldsymbol{x}_i)\mathrm{p}(\boldsymbol{x}_i)\mathrm{d}\,\boldsymbol{x}_i$，其后所有的论证都会落在研究 $p(\boldsymbol{y}_i|\boldsymbol{x}_i)$ 上，而 $p(\boldsymbol{y}_i|\boldsymbol{x}_i)$ 的表达式也很难知道。在 OLS 中，因为 OLS 的性质太特殊，所以我们可以得到准确的 $p(\boldsymbol{y}_i|\boldsymbol{x}_i)$ 的表达式。注意，其中，$\boldsymbol{y}_i \in \mathbb{R}^{k\times1}$，$\boldsymbol{x}_i \in \mathbb{R}^{d\times1}$，$\boldsymbol{\beta} \in \mathbb{R}^{d\times k}$，$\boldsymbol{\varepsilon}_i \in \mathbb{R}^{k\times1}$，其中，$\boldsymbol{\Sigma} \in \mathbb{R}^{k\times k}$，因为 $\mathbb{E}(\boldsymbol{y}_i|\boldsymbol{x}_i) = \boldsymbol{\beta}^T \boldsymbol{x}_i$，而 $\mathrm{var}(\boldsymbol{y}_i|\boldsymbol{x}_i) = \sum$，于是 $p(\boldsymbol{y}_i|\boldsymbol{x}_i) \sim \mathbb{N}(\boldsymbol{\beta}^T\boldsymbol{x}_i,\boldsymbol{\Sigma})$，即

$$p(\boldsymbol{y}_i|\boldsymbol{x}_i) = \frac{1}{\sqrt{(2\pi)^k|\Sigma|}}\exp\left\{-\frac{1}{2}(\boldsymbol{y}_i-\boldsymbol{\beta}^{\mathrm{T}}\boldsymbol{x}_i)^{\mathrm{T}}\Sigma^{-1}(\boldsymbol{y}_i-\boldsymbol{\beta}^{\mathrm{T}}\boldsymbol{x}_i)\right\}$$

当然，可能有人会问，知道 $\boldsymbol{y}_i|\boldsymbol{x}_i$ 概率分布的表达式有什么好处？在机器学习理论（包括大数据科学）中，学者认为最大的好处是方便我们构建极大似然函数。因为在给定 $\boldsymbol{x}_i$ 和 $\boldsymbol{x}_j$ 时，$\boldsymbol{y}_i|\boldsymbol{x}_i$ 和 $\boldsymbol{y}_j|\boldsymbol{x}_j$ 条件独立，当 $\boldsymbol{i} \neq \boldsymbol{j}$ 时，如果有数据集 $\boldsymbol{X} = \{\boldsymbol{x}_t\}_{t=1:N}$ 和 $\boldsymbol{Y} = \{\boldsymbol{y}_t\}_{t=1:N}$，且要求数据的条件分布，则 $\boldsymbol{L}(\boldsymbol{\theta}) = \prod_{i=1}^{N}\mathrm{p}(\boldsymbol{y}_i|\boldsymbol{x}_i;\theta)$，其中，$\boldsymbol{\theta} = \{\boldsymbol{\beta},\ \boldsymbol{\Sigma}\}$。

为了简单起见，我们将 $\boldsymbol{y}_i = \boldsymbol{\beta}^T \boldsymbol{x}_i + \boldsymbol{\varepsilon}_i$ 简单写为

$$y = \beta x + \varepsilon \tag{3-1}$$

而将 $p(\boldsymbol{y}_i|\boldsymbol{x}_i)$ 简单写作 $p(\boldsymbol{y}|\boldsymbol{x})$。

---

① 可见 Moll 教授的课件链接：https：//www. princeton. edu/ ~ moll/DM. pdf

第三节　基于概率分布视角的异质性理论的本质

在经济学研究中，尤其是在新新贸易理论研究和动态异质性理论研究中，Melitz 等人利用了概率分布建模的思想。以新新贸易理论为例，仅考虑封闭经济体情形，我们关注平均利润率 $\bar{\pi}(\varphi_a)$，该表达式可以写为

$$\bar{\pi}(\varphi_a) = \mathbb{E}_{\varphi \sim g(\varphi \mid \varphi_a)}[\pi_a(\varphi)] = \mathbb{E}_{\varphi \sim \mu(\varphi)}[\pi_a(\varphi)] = \int_{\varphi_a}^{\infty} \pi_a(\varphi) g(\varphi \mid \varphi_a) \mathrm{d}\varphi$$

利用式（3-1），可视 $\pi_a := y$，而 $\varphi := x$。而 φ_a 属于边界条件，类似于一种先验信息，可暂时忽略，不会影响讨论的实质。新新贸易理论关注的是 φ 如何影响了 π_a 的概率分布，而不是试图建立 $\pi_a = \beta\varphi + \varepsilon$ 的方程关系。也因为这个原因，我们不会在新新贸易理论中看到学者针对 $\pi_a = \beta\varphi + \varepsilon$ 做回归。如果读者还不是很清楚方程视角和概率视角的区别，以及为何新新贸易理论“异质性”研究的本质是概率分布建模视角，我们还可以用以下的例子来说明：

首先思考 $\bar{\pi}(\varphi_a)$ 是什么？它的本质是 $\mathbb{E}[\pi_a]$，于是可以写为

$$\mathbb{E}_{\pi_a \sim p(\pi_a)}[\pi_a] = \int \pi_a p(\pi_a) \mathrm{d}\pi_a \Leftrightarrow \mathbb{E}_{\varphi \sim \mu(\varphi)}[\pi_a(\varphi)] = \int \pi_a(\varphi) \mu(\varphi) \mathrm{d}\varphi \qquad (3-2)$$

如果读者不习惯这种写法，不妨令 $\pi_a := y$，$\varphi := x$，则 $\pi_a(\varphi)$ 视为 $\pi_a = \pi_a(\varphi) \Leftrightarrow y = f(x)$，那么式（3-2）也就是

$$\mathbb{E}_{y \sim p(y)}[y] = \int y p(y) \mathrm{d}y \Leftrightarrow \mathbb{E}_{x \sim \mu(x)}[f(x)] = \int f(x) \mu(x) \mathrm{d}x$$

其中，随机变量 $x \sim \mu(x)$ 而 $y \sim p(y)$，根据基本的概率学原理可知 $yp(y)\mathrm{d}y \leftrightarrow f(x)\mu(x)\mathrm{d}x$ 有对应关系，$p(y)$ 与 $f(x)$ 和 $\mu(x)$ 有关，不妨写为

$$p(\pi_a) = p(y) = \mathcal{L}[f(x), \mu(x), x] = \mathcal{L}[f(\varphi), \mu(\varphi), \varphi]$$

也就是说，在新新贸易理论中，对每一个变量来说，比如 π_a，我们不是简单地关注 $\pi_a = \beta\varphi + \varepsilon$ 的方程式，我们关注的是 $\mathbb{E}_{\pi_a \sim p(\pi_a)}[\pi_a]$。而 $p(\pi_a)$ 是计算 $\mathbb{E}_{\pi_a \sim p(\pi_a)}[\pi_a]$ 的关键，于是下一步工作的焦点是如何找到 $p(\pi_a)$。很容易发现，$p(\pi_a)$ 是由 $f(\varphi)$，$\mu(\varphi)$ 和 φ 共同决定的。还需要强调的是，一般情况下，我们都不可粗暴的视

$$\pi_a = f(\varphi) \approx \beta\varphi + \varepsilon \qquad (3-3)$$

为何不能粗暴地利用式（3-3）进行回归分析，有以下三个理由。

理由一，找到参数 β 并忽视 $p(\pi_a)$，这种操作的本质还是“方程视

角”，不是“概率分布视角”，因为$\mu(\varphi)$没有发挥作用。这是显而易见的谬误：如果利用数据，通过回归分析找到参数β，然后再利用$\mathbb{E}(\pi_a)=\mathbb{E}[f(\varphi)]\approx\beta\varphi$，假设扰动项为$\varepsilon\sim\mathcal{N}(0,\nu)$①，则它的本质是$\mathbb{E}_{\varepsilon\sim N(0,\nu)}(\pi_a)=\mathbb{E}_{\varepsilon\sim N(0,\nu)}[f(\varphi)]\approx\beta\varphi$，也就是说，$\mathbb{E}(\pi_a)$的期望值是关于扰动项$\varepsilon$的概率测度，和$\mu(\varphi)$的分布没有关系。在新新贸易理论下的异质性理论，我们关注的是$\mathbb{E}_{\varphi\sim\mu(\varphi)}[\pi_a]$而非$\mathbb{E}_{\varepsilon\sim\mathcal{N}(0,\nu)}(\pi_a)$，即：两个期望值所对应的概率测度是不同的。结论是：从概率测度的视角可以看出“方程视角”和“概率视角”的区别，因此，不可以粗暴地利用式（3－3）对π_a和φ做回归。当然从“概率测度”的视角也可以佐证新新贸易理论存在理论创新是毋庸置疑的，它有别于新贸易理论，这种差别绝非是利用数学工具产生的“错觉”。毕竟，新贸易理论是基于方程视角的理论，而新新贸易理论是基于概率分布视角的理论。

理由二，在新新贸易理论中，π_a和φ的函数关系$f(\,)$可能是非线性的，因为建模思路是基于“概率分布”视角，片面地不断尝试确立π_a和φ的函数关系$f(\,)$不是明智的选择，或者说试图用π_a和φ的数据去找到$f(\,)$的恰当表达式，更不是明智之举。因为试图用π_a和φ的数据去确立$f(\,)$这还是从事着“方程视角”的工作。因此，工作的重点是要去确立$p(\pi_a)$和$f(\varphi),\mu(\varphi),\varphi$的对应关系，即：$\mathcal{L}[\,]$。此外，虽然此处我们以$\pi_a$为例，但是我们的讨论可以拓展到任意的变量，只要这个变量和φ有函数关系。

小结一下，通过上述讨论，笔者希望读者能意识到异质性理论的实质。也就是说，如果某一任意变量$\overline{\omega}$，且它和φ有函数关系，即：$f:\varphi\rightarrow\overline{\omega}$，如果试图研究$\varphi$的分布$\mu(\varphi)$如何影响$\overline{\omega}(\varphi)$，正确的策略是研究$\mathbb{E}_{\overline{\omega}\sim p(\overline{\omega})}[\overline{\omega}]$。此外，一定注意，研究$\mathbb{E}_{\overline{\omega}\sim p(\overline{\omega})}[\overline{\omega}]$和研究$\mathbb{E}_{\varphi\sim\mu(\varphi)}[\overline{\omega}(\varphi)]$可以等价，其中，$p(\overline{\omega})$是由$f(\varphi),\mu(\varphi),\varphi$共同决定的。最容易犯的“金牌错误”是利用“方程视角”思维，仍使用$\overline{\omega}$和φ的数据直接做回归，试图去寻找$\overline{\omega}(\varphi)=f(\varphi)\approx\beta\varphi+\varepsilon$，进而计算出$\mathbb{E}(\overline{\omega})=\beta\varphi$。反复强调，如果利用“方程视角”研究$\overline{\omega}$和$\varphi$的关系，$\varphi$的分布$\mu(\varphi)$将不会对测算$\mathbb{E}_{\overline{\omega}\sim p(\overline{\omega})}[\overline{\omega}]$有任何帮助。新新贸易理论下的异质性研究的本质是要考察φ的分布$\mu(\varphi)$的变化如何影响$\mathbb{E}_{\overline{\omega}\sim p(\overline{\omega})}[\overline{\omega}]$。

---

① $\mathcal{N}(0,\ \nu)$表示均值为零，方差为ν的正态分布。

理由三，在新新贸易理论中，数据如何和理论结果相互结合？也就是说，何时才可以“做回归”？要回答这个问题，我们一定要回到引力方程的研究上来。以新新贸易理论为例，利用引力模型做回归，回归方程中包含了 φ 的分布 $\mu(\varphi)$ 的信息。因此，引力方程在国际贸易实证研究中扮演着非常重要的角色。

基于以上三个原因可见，“异质性”的实质指的是：φ 的分布不是均匀的，它有其自身的分布特点，比如，帕累托分布①。如果 φ 满足均匀分布，则说明 φ 是同质的。

学者研究“异质性”的“终极野心”应是希望获得可以任意设定 φ 的分布的权力，φ 的异质性是通过 $\mu(\varphi)$ 体现的。在 φ 的分布设定恰当之后，还要使得 φ 的异质性在学者感兴趣的变量 $\overline{\omega}$ 上发挥作用，前面已经充分论证了，如果用“方程视角”，φ 的异质性不会在 $\overline{\omega}$ 的研究上产生影响。

通过本节的讨论，希望读者能够体会到为何在本章开始之时我们说，从“方程模式”过渡到“概率分布模式”是人类思维方式的一次“提升维度般的操作”。

第四节　动态企业异质性建模简介

前面的讨论借用人工智能领域的“概率分布建模视角”论证了“异质性理论”的实质：如果我们对变量 $\overline{\omega}$ 感兴趣，$\overline{\omega}$ 和 φ 有函数关系 $f:\varphi\rightarrow\overline{\omega}$，$\varphi$ 满足某种分布，且该分布可观测，比如：$\varphi\sim\mu(\varphi)$，则研究 $\mathbb{E}_{\overline{\omega}\sim p(\overline{\omega})}[\overline{\omega}]$ ② 是主要的抓手，它和研究 $\mathbb{E}_{\varphi\sim\mu(\varphi)}[\overline{\omega}(\varphi)]$ 可以等价，而 $p(\overline{\omega})$ 是由 $f(\varphi)$，$\mu(\varphi)$，φ 共同决定的。

从 φ 的数据到找到 φ 的经验分布 $\hat{\mu}(\varphi)$ 是一件非常简单的事情，画出数据的直方图即可。以新新贸易理论为例，φ 代表企业的生产率，且满足帕累托分布。但实际上，企业的规模、财富的分配、城市的大小等社会现象的分布都满足帕累托分布，又称为幂律规则。如果利用已获得的 $\mu(\varphi)$，然后利用我们前面介绍的思路测算 $\mathbb{E}_{\overline{\omega}\sim p(\overline{\omega})}[\overline{\omega}]$，经济学家，比如，克鲁格

① 虽然在此处的例子中，$\mu(\varphi):=\frac{g(\varphi)}{[1-G(\varphi_a)]}$。

② 需要注意，当知道 $p(\overline{\omega})$ 时，研究 $\mathrm{var}_{\overline{\omega}\sim p(\overline{\omega})}[\overline{\omega}]$ 绝非难事。

曼（1979）对这样的研究"套路"是不满意的，原因是克鲁格曼对 φ 必须被设定为帕累托分布不满，虽然实证经验表明 φ 满足帕累托分布。克鲁格曼更关注的是什么原因导致了 φ 符合帕累托分布。这就和 1995 年之前的国际贸易理论中的引力方程研究一样①，缺少经济学基础，因此幂律定律、引力方程都被克鲁格曼视为"社会物理学"。

因此，异质性理论研究的一个方向是利用经济学原理解释关键变量 φ 满足帕累托分布的原因。一种常见的思路是考虑变量的动态性，也就是增加时间维度的信息，比如，令 $\varphi(t)$，然后考察在时间 $t \to \infty$ 时，$\varphi(\infty)$ 是否存在，如果存在，再考察 $\varphi(\infty)$ 是否满足帕累托分布。

常见的处理方法如下：首先假设 $\varphi_t = \varphi_0 \exp\gamma_t$，而 $\mathrm{d}\gamma_t = \mu\mathrm{d}t + \sigma\mathrm{d}W_t + J_t\mathrm{d}N_t$。其中，$W_t$ 表示标准布朗运动，而 N_t 表示泊松分布，J_t 满足独立同分布，且满足对数分布，即有 $\log J_t \sim \mathcal{N}(\mu_J, \sigma_J^2)$，并认为，$J_t \perp N_t$，此外一般假设：$\mathrm{d}N_t := \begin{cases} 1, \text{概率为 } \lambda\mathrm{d}t \\ 0, \text{概率为 } 1-\lambda\mathrm{d}t \end{cases}$ ②，也就是说我们允许 γ_t 有随机游走的特性（主要来自标准布朗运动），也允许该随机过程出现跳跃现象（主要来源于加入了 N_t 和 J_t）。此外，我们也需要对 γ_t 的取值范围做一定的限制，比如，$\gamma_t \in [\gamma_{\min}, \gamma_{\max}]$。我们还可以对 φ_t 做一些更符合实际情况的设定：

（1）用 $\varphi_{i,t}$ 表示第 i 个企业，t 时刻的生产率。

（2）整个行业的企业数并不固定，假设第 i 个企业在第 t_{τ_i} 建立，企业建立的时间 t_{τ_i} 具有随机性。

（3）可以考虑企业死亡（或退出）的情形，比如，企业的生产率一旦低至 φ_{death}，即 $\varphi_{i,t} = \varphi_{death}$，企业死亡并退出。也可以考虑企业选择自然退出，也就是说企业的退出数量和一个外生给定的死亡率有关。

在设定了以上假定后，考察当时间 $t \to \infty$ 时，$\varphi(\infty)$ 具有什么特性。往往 $\varphi(\infty)$ 不存在。因此，它何时存在，需要研究和论证。如果存在 $\varphi(\infty)$，则须考察其何时可满足帕累托分布，这也是一个需要仔细讨论的

---

① 关于引力模型在国际贸易学研究的发展可见本书的第二章第四节。

② 也可以如此理解这个式子，从泊松分布的基本性质可知：$\mathbb{E}[N_t] = \mathrm{var}[N_t] = \lambda_t$，则 $P[\mathrm{d}N_t = 1] = (\lambda\Delta t)e^{-\lambda\Delta t} = \lambda\Delta t + o(\Delta t)$，而 $P[\mathrm{d}N_t = 0] = e^{-\lambda\Delta t} = 1 - \lambda\Delta t + o(\Delta t)$，其中，$o(\Delta t)/\Delta t \to 0$。当 $\Delta t \to 0$ 时，于是有 $P[\mathrm{d}N_t > 1] = o(\Delta t)$。

问题。这是异质性理论研究的一个重要分支。有若干前沿科研团队在致力于采用这种范式研究异质性问题。这一类研究都有两个共同点：①都采用的是动态模型；②都承认如果 $\varphi(\infty)$ 存在，则满足帕累托分布。

不妨简单地认为，这种类型的异质性研究被称为“动态异质性研究”。

本章后续内容安排如下：首先梳理帕累托分布、幂律分布以及 Zipf 准则等基本概念。然后梳理该领域的文献。文献主要来自两个学术团队，一个是 Gabaix 和 Moll 团队，另一个是 Malevergne，Saichev 和 Sornette 组成的团队。在梳理清楚以上基本事实后，笔者重点解读 Gabaix 和 Moll 团队的建模思路，并论证为何 Moll 等人的研究成果非常重要。Moll 等人指出，宏观经济学研究进入了“第三代宏观经济学模型时代”，并且是以异质性研究为抓手，Moll 等人结合“平均场博弈理论”，构建了异质性研究的数学理论基础，提出的研究范式和框架有可能成为未来宏观经济学研究范式和框架。本章第六节粗略地解释平均场博弈理论。此外，本章还重点介绍了 Malevergne，Saichev 和 Sornette 的建模思路。笔者认为，Malevergne，Saichev 和 Sornette 的建模思路更适合企业异质性的研究，而 Gabaix 和 Moll 团队更适合研究收入分配的异质性。

第五节 企业动态效应研究概述

一、扼要概述

经济学研究的本质之一是研究消费者行为在经济社会中的反应，因此，经典的西方经济学研究范式皆是习惯于采用 Ramsey - Cass - Koopmans 框架进行分析，即：以构建最大化效用函数并加设限制条件的方式描述消费者行为。DSGE 理论利用的也是这种框架。在 Melitz（2003）中，新新贸易理论构建的第一步也是引入效用函数和 CES 形式的消费函数，但处理较为简单，此外，因为没有考虑资本形成（状态变量），故缺少了相应的关于描述状态变量形成的条件。简而言之，即使研究企业行为，也需要以企业（或称为厂商）的动态效应为基础，并和家庭的动态消费联系起来。

企业动态行为的研究最早可以追溯到 Gibrate（1931）。企业动态行为研究常出现在产业组织学中，研究的问题包括：企业增长的决定因素、投资行为、市场领导者的演进、企业与行业面对外生政策的动态反应等。以

Gibrate（1931）为例，Gibrate 较早地观测到企业规模的分布具有不对称性，满足帕累托分布。其后 Simon①（1958）也发现了类似的经验事实。但是 Gibrate 的理论没有考虑行业中企业的进入和退出。Lucas（1978）也是较早地、系统地研究企业分布的学者，他给出的解释是认为企业的杠杆率与企业家的边际才能（talents）可以解释企业规模分布的原因，但是他的模型得到实质性的扩展是到了 Garicano（2000）和 Garicano and Rossi - Hansberg（2007）的文献。在新新贸易理论中，一再被提及的“企业选择性”的思想，其实可以追溯到 Jovanovic（1982）的文章，该文提出企业在进入一个行业之初，并不知道其所属的企业类型，当企业开始生产后，其所隶属的类型才可被企业家（或研究者）观测并识别，而随着生产行为的继续，企业如果意识到自身不能适应该市场，则会逐渐减少生产和投入，最终退出该行业。在该模型中，Jovanovic 设定了一个退出决策阈值规则，即：随着时间的流逝，行业中的企业认为自己是否要退出的“信念（faith）”越明确，则该行业越具有异质性，且随着行业的成熟，基尼系数也将增加。

简单概括起来，涉及企业（规模）增长的经典文献包括：Sutton（1998），设置企业增长满足一定限制区间。基于将企业规模设定为幂律的文章有 Stanley 等（1996）、Axtell（2001）、Ross - Hansberg 和 Wright（2005）和 Gabaix（2009），这些文章利用经验数据论证了企业规模满足幂律分布，并构建了理论模型解释企业规模满足幂律分布的原因。在本书中会较为详细地介绍 Gabaix（2009）的文章，因为 Gabaix 的理论模型框架影响了之后的企业动态效应的研究。此外，该文还是 Gabaix et al（2016）文章的基础。引入行业周期并考虑“衰退（shake - out）”效应的文献包括 Kleeper 等（1993）和 Jovanic 和 McDonald（1995）等，这类文献在前面讨论的模型基础上引入了“衰退效应”，该效应指由于利润与机会的驱

① 该文作者是在中国大名鼎鼎的司马贺。司马贺英文名为赫伯特·西蒙（Herbert A. Simon，1916—2001）。赫尔伯·西蒙是目前仅有的既获得诺贝经济学奖（1978）又获得计算机科学最高奖（1975 年图灵奖）的学者。他一生获得了 9 个博士学位，研究领域涉及认知心理学、计算机科学、公共行政、经济学、管理学和科学哲学等多个方向。他还被后人认为是一些重要学术领域的创始人之一，如人工智能、信息处理、决策制定、问题解决、注意力经济、组织行为学、复杂系统等。司马贺是他给自己取的中文名。

使，在行业产生初期，企业家对行业发展前景非常乐观，蜂拥而至，行业内企业数量巨大，但随着时间的流逝和行业成熟度不断增加，导致企业数量变小。此外，还有文献基于熊彼特的"创造性毁灭"思想开展研究，比如，该领域的经典文献 Aghion - Howitt（1992）。

在研究企业动态效应的文献中，还有一类文献采用了重点研究稳态行业演进的思路。最具有代表性的文献是 Hopenhayn（1992），这篇文献是 Melitz（2003）理论推导的基石之一。Hopenhayn（1992）的文章也是 Moll 团队研究异质性理论的基石之一。因此有必要重点介绍。

此外，企业作为一个实体，企业家作为一个决策者，自然会视社会与经济环境变化做出相应的策略调整。比如，企业家会选择何时进入或退出市场，何时选择再投资，何时决定开启或停止收购企业，何时开始或停止对优秀管理人员或技术工人的搜索，何时更新专利，何时更换仪器设备，何时重新债务重组或选择违约破产等。因此，在模型中，在构建企业利润模型的同时，引入企业的最优择时策略研究，也是非常自然的事情。这种模型上的改进，主要利用了随机过程中一套非常成熟的数学理论——最优停时理论，在本书的第五章第八节会做系统介绍。在企业动态效应的研究中，已有大量的文献涉及企业的最优择时策略研究，比如，Pakes（1996）研究了企业的最优专利更新；Rust（1987）研究了企业的最优仪器设备的更新策略；Jenkins（2008）研究了企业的债务重组与破产选择的择时策略。而关于企业的序贯搜索理论与实证的研究实在太多，举不胜举，在本书中不再列举。需要注意的是，美式期权的定价问题也是利用最优停时理论得以最终解决的，因此，该理论是非常成熟的理论。通常该问题没有封闭解，一般采用数值解的方法，具体策略是在建立了值函数后，将问题化为线性互补问题（linear complementarity problem，LCP），更多讨论见 Huang（1998）的文章。

二、Hopenhayn 模型简介

企业的动态效应原是产业组织学关注的重点。Melitz（2003）开创地研究了企业的动态效应，并令企业异质性问题成为国际贸易学领域研究的热点。新新贸易理论以企业异质性为研究抓手，打开了一扇全新的国际贸易学研究的大门。

以 Melitz（2003）为例，在该文中有一个非常重要的变量 $\bar{\pi}(\varphi_a)$，它表示生产率大于截断点（cutoff）的平均利润。其本质是 $\pi_a(\varphi)$ 在测度

$\varphi \sim \mu(\varphi)$ 的期望值，其中 $\mu(\varphi)$ 为

$$\mu(\varphi):=g(\varphi|\varphi_a)=\begin{cases}\dfrac{g(\varphi)}{[1-G(\varphi_a)]}, & \varphi \geqslant \varphi_a \geqslant \varphi_{\min} \\ 0, & \varphi < \varphi_a\end{cases}$$

而该概率密度函数的推导主要来自 Hopenhayn（1992）文章的结论。

Hopenhayn（1992）被认为是一篇基于产业组织学视角的文献，但是该文后来不仅深深地影响了国际贸易学领域的研究，也影响了宏观经济学领域的研究，因为它既是 Melitz（2003）的基础，也是宏观经济学家（比如，Benjamin Moll 团队）研究和理解企业动态行为的重要文献。

因此，有必要专门介绍 Hopenhayn（1992）的模型。

（一）模型的基本设定

以下是 Hopenhayn 模型的简单介绍。

首先，Hopenhayn 模型假设企业的生产率为 $\varphi \in [0,1]$，此外，生产率 φ 随时间变化，$\varphi_{t+1} \sim F(\cdot|\varphi_t)$，较高的 φ_t 表示更大的 F 值，即满足一阶随机占优特性（first - order stochastic dominant）①。企业进入时所具有的生产率满足来自 $G(\cdot)$ 的概率抽样，即 $\varphi_0 \sim G(\cdot)$。在每一期，行业内存活企业（incumbent）决定继续经营或退出，而拟进入者决定进入还是继续观望。如果存活企业决定继续经营，则须支付 c_f 并按其生产率水平获得相应利润。如果拟进入者决定进入该行业，则须支付 c_e 才能开始在该行业从事经营，然后按 φ_0 的生产率进行生产，并获得相应的利润。而在 t 时刻，行业的状态水平用 μ_t 表示，该变量反映的是整个行业的总生产水平，该总生产水平是由行业内所有存活企业的生产率水平所决定的。

因为模型设定是完全竞争市场，因此，企业能够在每一期完美预见产出价格和工资成本价格，即 (p_t,w_t)，于是企业的值函数满足以下等式

$$v_t(\varphi,z)=\pi(\varphi,z_t)+\beta_{\max}\{0,\int v_{t+1}(\varphi',z)F(\mathrm{d}\varphi'|\varphi)\}$$

其中，$\pi(\varphi,z_t)$ 表示在 φ 状态下的利润函数。该值函数随 φ 的增加而增加，且存在一个截断点 z_t。同理，随着进入企业数量的增加，会出现价值函数为零，此时行业内的企业数应为 M_t，于是可以写出以下两个等式

$$v_t^e(z)=\int v_t(\varphi',z)G(\mathrm{d}\varphi')=c_e$$

① 关于一阶随机占优特性的概念请参见萨金特的著作《递归宏观经济学理论》(*Recursive Macroeconomic Theory*) 第六章。

$$\mu_{t+1}([0,\varphi']) = \int_{\varphi \geqslant x_t} F(\varphi' \mid \varphi)\mu_t(\mathrm{d}\varphi) + M_{t+1}G(\varphi')$$

Hopenhayn 模型的基本结论是：第一，整个行业存在一个比较静态均衡。第二，存在 $c^* > 0$，以至于只要 $c^* > c^e$ 则存在一个包含正的进入与退出值的比较平稳均衡。第三，该均衡具有唯一性。第四，在此比较静态均衡下，企业的规模分布与企业年龄有关，企业价值和企业生产率相同分布，随着进入成本的增加，企业进入行业的数量 M 和行业的翻转率（turnover）$M/\mu(s)$ 将减少。Melitz（2003）扩展了以上结论，即：如果企业决策还需考虑固定成本和变动成本，而变动成本取决于企业规模，企业规模的分布受企业生产率影响，则更大规模和具有更高生产率的企业会选择出口。

下面小结一下 Hopenhayn（1992）和 Melitz（2003）的区别。

Hopenhayn（1992）的假设是完全竞争市场，而 Melitz（2003）将模型扩展到垄断竞争市场，进而将模型扩展到国际贸易领域，即：Melitz（2003）中的国内市场和出口市场同时存在两市场模型。企业规模的分布函数一般随时间变化而变化，如果该分布不随时间变化，则认为该分布函数存在平稳分布。如果企业的规模平稳分布存在，则 Hopenhayn 模型可以使科研人员在企业规模的平稳分布下，研究企业的若干行为，并能通过改变模型的参数而观测相关变量的变化。

（二）模型的扩展

Moll 团队的异质性研究也依赖于 Hopenhayn（1992）的文献。Hopenhayn（1992）在 Moll 的异质性研究中扮演重要角色的原因是：Moll 指出①，异质性研究的三篇重要文献分别是 Hopenhayn（1993）、Bewley（1986）和 Huggett（1993）。在很长一段时间，这三篇文章彼此关联并不大，也未有学者系统地将这三篇文章以“异质性”的视角构建一个统一理论或统一的分析框架来研究。Moll 的研究贡献主要在此处：采用了菲尔兹奖得主 Pierre – Louis Lions 的平均场博弈理论来分析和研究“异质性”，并能很好地统一这三篇文章，因而开启了 Moll 等人所谓的“第三代宏观经济学”模型时代。

宏观经济学研究的视角和产业组织学的视角略有不同，产业组织学的

① Moll 的此结论也得到了西方宏观经济圈的普遍认可。

研究仅关注企业，而不会考虑经济体内各个市场的全局均衡。产业组织学研究也时常仅利用比较静态分析，而不考虑变量的动态效应。Moll 作为宏观研究学者，自然会试图将原 Hopenhayn 模型从全局均衡和动态效应两方面进行扩展。全局均衡的扩展主要是依靠 Pierre - Louis Lions 的平均场博弈分析框架，而动态效应扩展主要是将模型构建于连续时间模型之上。

连续时间模型最近几年重新被宏观经济学学者重视的原因主要有以下几点：首先，离散模型主要依靠贝尔曼方程迭代的方式计算出均衡结果，往往存在维度诅咒或“P = NP 难题”，即难以在有限时间内计算出结果，而采用连续模型往往更具有计算优势。其次，模型更具有扩展性，因为是连续时间模型，数据的不同频率问题较容易解决，而数据的不同频率是困扰离散时间模型的一大难题。此外，连续模型也较容易添加冲击、摩擦等额外成本变量。其三，连续往往具有更强的分析能力，变量与变量之间、参数与变量之间以及参数与参数之间更容易建立明确的分析对应关系，有更强的解释能力。

本部分的写作主要是基于 Moll 的讲义和 Shaker - Akhtekhane S（2017）的文献。需要说明的是，可以认为，他们对 Hopenhayn 模型的扩展，已是基于 Pierre - Louis Lions 的平均场博弈分析框架。

但以下内容暂不涉及平均场博弈理论，关于平均场博弈理论的讨论见本章第六节。

Moll 在文献中提到，可以从两个方向扩展 Hopenhayn 模型，方向一，来自 Luttmer（2009）文章的思路，即认为企业的进入是机械化的（mechanical），这种建模思想也被 Moll 团队撰写的另外一篇重要文献——Gabaix et al（2016）称为基于随机增长过程的方法。关于 Gabaix et al（2016）的讨论，以及“随机增长过程”的建模方法会在本章第七节详细讨论。方向二，利用 Hopenhayn 模型原来的思想，即企业根据最优决策的结果进入该行业，“企业有其自身的优化方程”。

简而言之，如果假定企业的进入是机械化的，则模型可以写为：

$$V(\varphi) = \max_{\tau} \mathbb{E}_0 \left[\int_0^{\tau} e^{-\rho s} \pi(\varphi_s) ds + e^{-\rho \tau} V^* \right]$$

$$d\varphi_t = a(\varphi_t) dt + b(\varphi_t) dW_t, \varphi_0 = \varphi$$

$$\pi(\varphi) = \max_{l} \{ pf(\varphi, l) - wl \} - c_f$$

其中，φ 表示企业的生产率，且有 $\varphi_t \in [0,1]$，$\pi(\varphi)$ 表示企业的利

润，$f(\varphi,l)$ 表示生产函数，p 表示最终产品价格，w 表示工资，l 表示劳动，V^* 表示企业残值。还需要注意的是，这是一个最优停时问题，τ 表示的是“时间”。模型假定，每一期新进入的企业满足 $\varphi_0 \sim \psi(\varphi)$ 。而宏观变量和微观个体之间满足 $p = D(Q)$ [①]，$w = W(N)$ ，$Q = \int q(\varphi)g(\varphi)\mathrm{d}\varphi$ 和 $N = \int n(\varphi)g(\varphi)\mathrm{d}\varphi$ ，由此可见，价格 (p,w) 由宏观层面的量 (Q,N) 决定，而 (Q,N) 受制于 φ 的分布函数 $g(\varphi)$ 。但是在实际操作中，(p,w) 先视为已知，再推导值函数 $V(\varphi)$ 和分布函数 $g(\varphi)$ 。

假定企业采用最优进入策略，则此时应有

$$V(\varphi) = \max_{\tau} \mathbb{E}_0\left[\int_0^{\tau} \mathrm{e}^{-\rho s}\pi(\varphi_s)\mathrm{d}s + \mathrm{e}^{-\rho\tau}V^*\right]$$

$$\text{s. t. } \mathrm{d}\varphi_t = a(\varphi_t)\mathrm{d}t + b(\varphi_t)\mathrm{d}W_t, \varphi_0 = \varphi$$

且 $\pi(\varphi) = \max_{l}\{pf(\varphi,l) - wl\} - c_f$ ，但此时 $c_e \equiv \int v(\varphi)\psi(\varphi)\mathrm{d}\varphi$ ，也就是说，自由进出条件 c_e 必须满足 $c_e \equiv \int v(\varphi)\psi(\varphi)\mathrm{d}\varphi$ ，还需要注意 $\varphi_0 \sim \psi(\varphi)$ 和 $\varphi \sim g(\varphi)$ 两者之间的区别。

最后，还需要说明一下，关于最优停时问题的讨论可见本书第五章第八节。最优停时问题可视为一种最优随机控制问题。最优停时理论在美式期权的定价问题上有广泛的应用。感兴趣的读者可参阅金融数学方面的书籍（比如，Shiryaev A N，1999；Huang，1998）。Moll 的主页[②]对这两种方法都给出了数值解且附上了相应代码。Moll 采取的策略是使用 HJB 变分不等式的方法（Hamilton – Jacobi – Bellman variational inequality，HJBVI），这种方法主要来自 Jacques – Louis Lions[③]，一种在 20 世纪 80 年代创立的方法（Bensoussan and Lions，1982，1984）。此外，需要注意的是，这种数值解的方法在 Gabaix et al（2016）的文章中也有应用。

---

① 不妨令 $D(Q) = Q^{-\varepsilon}, f(\phi,l) = \phi l^a, w(N) = N^{\phi}$，而 $\Psi(\varphi) = U([p,1]), p = 1/2, V^* = 0$。

② 具体链接：http：//www.princeton.edu/~moll/HACTproject/hopenhayn.pdf。

③ 值得一提的是，此人是 Pierre – Louis Lions 教授的父亲。Jacques – Louis Lions 在偏微分方程和随机控制等领域做出过诸多贡献。

第六节　平均场博弈理论概述

虽然前面的讨论已一再提到了平均场博弈理论，但直到本部分才系统地介绍平均场博弈理论。为何本书没有在一开始就引入平均场博弈的分析框架？笔者主要是基于以下考虑：第一，平均场博弈理论是一个非常复杂的理论体系，涉及的数学工具和数学知识并非当下西方经济学家所熟悉和常用的，因此，它对中国经济学家而言就更为陌生。第二，该理论从2006年诞生以来，时至今日，仍有非常多的数学理论难题亟待解决，因此很难用一个非常清晰的体系描述主流的经济学问题。第三，该理论的诞生，并非为研究和处理企业动态效应。时至今日，产业组织学、宏观经济学领域的学者在研究动态企业效应时，也未必按照平均场博弈的框架进行分析，或甚至仍不知平均场博弈理论为何物。Moll 等人的理论贡献在于他们发现 Hopenhayn（1993）、Bewley（1986）和 Huggett（1993）所提出的观点都可以利用平均场博弈理论的分析框架统一起来①，而这种“统一”应该是平均场博弈理论的创始人之一 Pierre – Louis Lions 所未想到的。第四，本书不打算系统地介绍平均场博弈理论，因为不利用平均场博弈理论也可以分析企业异质性问题。本书主要采用的是 Gabaix 模型和 MSS 模型框架分析动态企业异质性效应或利用 DSGE 理论分析企业异质性问题（具体见第四章的讨论）。需要注意的是，本章第七至第九节的讨论，也可以认为是一种极简版本的平均场博弈理论。

一、平均场博弈理论的发展历史概述

因本书并非讨论平均场博弈理论的专著，因此对平均场博弈理论的发展历史的梳理不可能面面俱到。此外，该领域也是一个非常“火爆”的研究领域，也是一个在快速发展的研究领域，因此，无法做到面面俱到也情

① 当然这其中有非常多的数学技术细节，需要申明的是，本节讨论的平均场博弈的例子是假设状态变量仅具有扩散特性，即假设状态变量满足扩散随机过程，而 Moll 在将 Bewley（1986）和 Huggett（1993）模型纳入平均场博弈理论的分析框架时还结合了 Aiyagari 模型（Aiyagari S. R，1994），称为 Aiyagari – Bewley – Huggett（ABH）模型，该模型考虑了更复杂的随机过程情形（比如，包含泊松过程），即承认状态变量具有跳跃特性。

有可原。该领域还涉及大量未充分研究的数学问题，在有些问题上很难给出一个非常确定的答案。本部分仅简单地回答平均场博弈理论是什么？为何研究平均场博弈理论有意义。本部分的写作主要是基于与平均场博弈理论的创始人之一——加拿大卡尔顿大学教授黄民懿的交流和讨论。2016年，黄民懿教授曾受笔者邀请在首都经济贸易大学金融学院做了三个小时的报告并且和师生做了很长时间的私下交流，黄民懿教授较为系统和全面地介绍了平均场博弈理论。

2006年，加拿大McGill大学的Peter Caines教授团队①在处理一个无线通信领域的最优控制问题时发现，手机用户和基站之间存在一种博弈关系，这种博弈关系和传统的博弈论之间有区别，而这种手机用户和基站之间的最优控制问题和传统的最优控制问题也有区别。此外，手机用户的群体效应也不能简单地借用统计力学的知识来建模，因为经典的统计力学视"个体"为没有生命和意识的原子或分子，原子或分子仅遵循自身的随机运动特性（比如，布朗运动、扩散运动、扩散—跳跃运动）而运动，原子或分子的运动规律不受"群体"的统计特性影响而改变其自身运动轨迹，因为原子或分子不会去"观测"群体的统计运动规律而对自己的运动进行调整。在Peter Caines教授团队（Caines P. et al.，2006）研究的无线通信控制问题时，发现每个个体的行为会受到宏观统计特性（即：基站）的影响，因此传统的统计力学知识无法帮助工程师解决此优化问题。Caines团队意识到这是一类新的最优控制问题，可以利用博弈论（尤其是微分博弈）的思想来解决，于是撰写了一篇名为《大规模群体随机动态博弈》的文章。

2007年法国著名数学家、菲尔兹奖得主Pierre－Louis Lions教授（Lasry J M，Lions P L，2007）发表了一篇名为《平均场博弈》（Mean filed games）的文章，从此平均场博弈这一概念横空出世。Pierre－Louis Lions教授团队和Peter Caines教授团队彼此独立地完成了平均场博弈理论的研究。Pierre－Louis Lions教授的文章讨论了平均场博弈理论在社会科学，尤

① 黄民懿教授当时是Peter Caines的博士研究生，他的博士论文即是研究平均场博弈理论的。2004—2007年，笔者刚好有幸与Peter Caines教授和黄民懿在一个实验室工作。

其是经济学领域的潜在应用[①]。

平均场博弈理论到底是什么呢？

简单而言，平均场博弈理论研究的是微观个体与群体（population）分布之间的博弈策略。该理论最早的思想可以追溯到经济学研究的匿名序贯、博弈（Jovanovic B and Rosenthal R. W，1988）[②]。在人类社会、动物群体以及工程应用中存在大量的微观个体与群体分布进行博弈的案例。平均场博弈中的两个博弈对手（players）为微观个体和群体分布，该博弈理论的博弈对象与传统博弈论中的博弈对象有较大的差别，传统博弈论中的博弈对手都是具体的微观个体，而在平均场博弈中的两个博弈“对手”中，一个却是抽象的概念，它表示的是群体分布。需要注意的是，群体分布是由大量微观个体的决策行为所决定的，也就是说微观个体的决策也影响着群体分布，而个体的决策又受到群体分布的影响。

平均场博弈理论有以下两个显著的特点使其区分于传统博弈论。

第一，如果单独考察每个微观个体，其个体对群体分布的影响可忽略不计，但是将大量个体汇总观测，个体加总的“群体”效应不可以忽略不计。

第二，平均场博弈理论解决了传统博弈论难以处理的多人博弈的难题。在传统的博弈论中，博弈对手往往仅涉及两人（比如，经典的囚徒困境问题），涉及三个博弈对手的博弈问题非常棘手，往往遇到计算困难，而涉及四个博弈对手的博弈问题已经鲜见于学术文献，五个或以上的博弈对手问题属于不可解问题[③]。但是，幸运的是，根据冯·诺依曼的哲学思想，当博弈对手的数量为百万、千万甚至趋近于无穷时，此时的“多对手”问题又变得可能有解。之所以有解是因为科研人员可以通过观测大量

---

① Peter Caines 团队和 Pierre – Louis Lions 团队早期的工作主要是公式化这类特殊的博弈问题，比如，定义了系统中的博弈对手数量 $n \to \infty$ 时的纳什均衡极限系统，但没有研究收敛问题；Pierre – Louis Lions 团队因为是研究偏微分方程领域的全球顶级团队，于是非常自然地利用偏微分方程的分析框架，利用 HJB 构建值函数描述个体决策行为，而用 Fokker – Planck 方程描述群体行为，然后再细致研究偏微分方程的设定问题。直到近年，Carmona – Delarue（2013，2017）研究了静态平均场博弈的均衡问题并收敛到极限系统（即：系统中的博弈对手数量 $n \to \infty$ ）的条件，而 Delarue – Lacker – R（2019）研究了中心极限定理的收敛比率等问题。

② 该文提出了利用群体分布信息进行策略分析，但并没有强调个体的行为决策。

③ 和“五次方程不可解性”原理一致。

“多体”所呈现出来的统计特性来重新描述问题、定义问题，进而展开有价值的研究。平均场博弈理论就是借鉴了这样的哲学思想。

下面给出四个可以利用平均场博弈理论来解释的例子。利用这四个例子也可以说明创立平均场博弈理论是有价值的，绝非仅是数学家们为了炫耀自己数学技术而打造的没有实际应用价值的数学智力游戏①。

（1）以散户在股市中炒股为例。微观个体，即散户股民的所有投资行为基本上都是基于大盘的走势做决定。每个散户股民本身又是市场（大盘）的一部分。每个散户都是具体的概念，而“大盘”是一个抽象的概念，大量的散户本身就是“大盘”。每个散户买卖股票对大盘，甚至对其投资的个股走势的影响都可以忽略不计，但是大量散户的群体行为（即宏观行为）不可以忽略不计。散户无时无刻不在和“大盘”这个抽象的博弈对手进行着博弈。

（2）以动物群体中的鱼群为例。每条鱼每一时刻的移动是受鱼群的移动趋势影响的，每一条鱼都是紧随鱼群的移动而移动（否则鱼就会离群，就会“落单”），而所有鱼的移动是鱼群移动趋势的成因。每一条鱼都是一个具体的概念，而鱼群是一个抽象的概念，大量的鱼本身就是“鱼群”的概念。每一条鱼对鱼群运动的影响都可以忽略不计，但是大量鱼群的行为不可以忽略不计。每条鱼无时无刻不在和“鱼群”这个抽象的博弈对手进行着博弈。

（3）以工程学为例。如何最优地控制无线基站的能量供给一直是困扰工程师的工程问题。基站试图最大化每一个个体的信噪比（SIR），而每一个个体的信噪比并非来自均匀分布，也就是说每个手机用户的信噪比和基站之间有关系②。因此，基站如何对每一个手机用户传输功率，与基站和手机用户之间都有关系。该例子来自 P. Caines 等（2006），这就是 Peter Canies 团队创建平均场博弈的初衷。

---

① Peter Caines 教授曾私下告知笔者发表 Caines P. et al（2006）的艰辛，其实平均场博弈理论的思想最早可追溯到 2003 年之前甚至更早，只是前期（指 2006 年之前）Caines 团队投稿非常不顺利，他们的文章曾一度被一些期刊拒稿。而拒稿的主要理由是匿名审稿人认为 Caines 团队的研究没有意义，研究的“问题”不是一个问题，仅是数学家的智力游戏。

② 每个手机用户的信噪比取决于每个手机用户所接收到的传输功率除以所有用户所接收到的传输功率，而每个手机用户所接收到的传输功率又取决于手机用户和基站的距离。

（4）人类社会行为为例。这个例子是 Pierre - Louis Lions 教授最喜欢的例子之一——“墨西哥人浪（Mexico wave）”。熟悉足球运动的读者对此概念一定不陌生。图 3 - 1 说明了什么是“墨西哥人浪”。墨西哥人浪这一概念产生于 1986 年墨西哥世界杯，在该年世界杯看台上，热情的墨西哥球迷伴随着“La Ola”的歌曲，创造出了“人浪”，人浪感染了现场观众以及全世界电视机前的观众，“墨西哥人浪”因此而得名。有实证研究表明，体育馆内的人浪一般具有以下三个特点：①一般在场内呈顺时针方向滚动；②人浪的推进速度一般保持在每秒 12 米，即约 20 个座位；③人浪的平均宽度为 6 ~ 12 米，即约 15 个座位。“墨西哥人浪”问题是一个典型的平均场博弈问题，研究该问题的意义在于：通过理解体育场看台上的带头者对群体球迷的影响，可以帮助政府控制和理解现场球迷的群体行为和动向，进而防止球迷暴力事件的发生。

图 3 - 1　体育馆内的“墨西哥人浪”实景（图片来自互联网）

二、平均场博弈问题的数学语言描述

人类语言有其“边界性”，人类语言的缺陷是难以捕获人类思想中准确的逻辑脉络，因此必须利用数学语言。无论如何利用人类语言描述或解读平均场博弈理论都显得“隔靴搔痒”，因此有必要用数学语言描述平均场博弈理论的思想。本部分首先介绍传统经济学建模的思想，然后介绍平均场博弈理论。之所以让读者温习传统经济学模型，是因为笔者在多次高级讲座中和学者交流时发现，即使一些“功力深厚”的学者往往也未一眼察觉传统经济学模型与平均场博弈框架下经济学模型的区别和联系。

（一）传统经济学模型的思路

首先回顾经典的随机控制理论，该理论可以表示为

$$\max_u \mathbb{E}\left[\int_0^T f(X_t,t,u_t)\mathrm{d}t + H(X_T,T)\right]$$

$$\text{s. t. } \mathrm{d}X_t = a(X_t,t,u_t)\mathrm{d}t + b(X_t,t,u_t)\mathrm{d}W_t$$

其中，X_t 表示状态变量，u_t 表示控制变量。

以投资组合管理中的最优消费问题为例，以上随机控制问题可以写为

$$\max_{w,c} \mathbb{E}\left[\int_0^T e^{-\rho t}U(c_t)\mathrm{d}t\right]$$

其中，$U(c) = c^{\gamma}$，且 $0 < \gamma < 1$，而状态变量是财富 X_t，每一期财富的改变量 $\mathrm{d}X_t$ 来自投资股票的收益 $\frac{w_tX_t}{S_t}\mathrm{d}S_t$ 和投资无风险债券的收益 $r(1 - w_t)X_t\mathrm{d}t$，以及当期的消费 $c_t\mathrm{d}t$，于是有

$$\mathrm{d}X_t = \frac{w_tX_t}{S_t}\mathrm{d}S_t + r(1 - w_t)X_t\mathrm{d}t - c_t\mathrm{d}t$$

此外一般将股票价格 S_t 设定为满足几何布朗运动，即股票价格的随机微分方程可以写为：$\mathrm{d}S_t = \alpha S_t\mathrm{d}t + \sigma S_t\mathrm{d}W_t$，其中 W_t 表示标准布朗运动，而 w_t 表示总财富 X_t 投入股票的比例，于是 $(1 - w_t)X_t$ 表示财富投入到无风险资产的数量。将 $\mathrm{d}S_t$ 的表达式代入 $\mathrm{d}X_t$ 的随机微分方程中，则有

$$\mathrm{d}X_t = [\alpha w_tX_t + r(1 - w_t)X_t - c_t]\mathrm{d}t + \sigma w_tX_t\mathrm{d}W_t$$

在投资组合管理中的最优消费问题模型中，w_t 和 c_t 都是控制变量，而 X_t 是状态变量。如果将此具体问题和随机控制问题对应，可见表 3－1。

表 3－1　随机最优控制问题与最优消费问题的对应关系

随机最优控制问题	投资组合管理中的最优消费问题
X_t	X_t
u_t	$u_t := \begin{bmatrix} w_t \\ c_t \end{bmatrix}$
$f(X_t,t,u_t)$	$e^{-\rho t}c_t{}^{\gamma}$
$H(X_T,T)$	$H(X_T,T) = 0$
$a(X_t,t,u_t)$	$(\alpha w_tX_t + r(1 - w_t)X_t - c_t)$
$b(X_t,t,u_t)$	σw_tX_t

于是可以写出最优控制问题的值函数为

$$V(x_t,t):=\max_{u,c}\mathbb{E}\left[\int_t^T e^{-\rho s}U(c_s)\mathrm{d}s \mid X_t=x\right],\ \Delta t>0, t'=t+\Delta t, x'=x+\Delta x$$

$$V(x_t,t)=\max_{w,c}\{U(x,c,w)\Delta t+\frac{1}{1+\rho\Delta t}\mathbb{E}[v(x',t')\mid x]\}$$

$$\Rightarrow\rho V=\max_{w,c}\{c^{\gamma}+\left\{wx(\alpha-r)+(rx-c)\right\}\frac{\partial V}{\partial x}+\frac{1}{2}\sigma^2w^2x^2\frac{\partial^2 V}{\partial x^2}\right\}$$

这是一个偏微分方程，被称为 Hamilton - Jacob - Bell 方程，简称 HJB 方程。

以上的讨论都是考虑一个投资者的投资消费决策行为，假设每个投资人的财富为 $X_{i,t}$，则其对应的值函数为

$$\rho V_i=\max_{w_i,c_i}\left\{c_i^{\gamma}+\{w_ix_i(\alpha_i-r_i)+(r_ix_i-c_i)\}\frac{\partial V_i}{\partial x_i}+\frac{1}{2}\sigma_i^2w_i^2x_i^2\frac{\partial^2 V_i}{\partial x_i^2}\right\}$$

如果要考虑群体的财富水平，即加总的财富水平 X，在传统的经济学模型中（比如，传统的 DSGE 模型中）假设个体都具有同质性，于是采用 $\overline{X}=\int_i X_i\mathrm{d}i\approx\sum_i X_i$ 如此简单粗暴的方法进行从个体到总体的加总过程。如果引入异质性，则其本质是需要考虑 X_i 所满足的分布函数，比如为 $\tilde{g}(\cdot)$，则此时 $\overline{X}=\int_i X_i\tilde{g}(X_i,i)\mathrm{d}i$ 。如果引入异质性，并且考虑 X_i 的分布函数，则可以引入 Fokker - Planck 方程。此外，以上的讨论都是启发式的，忽略了时间下标，下面写出个体的财富 $x_{i,t}$ 和加总财富 $\overline{X}_t$ 以及分布函数的严谨关系：$\overline{X}_t=\int x_{i,t}g(x_{i,t},t)\mathrm{d}x_{i,t}$，其对应的 Fokker - Planck 方程应为

$$\frac{\partial g(x_{i,t},t)}{\partial t}=-\frac{\partial}{\partial x_{i,t}}[a(x_{i,t},t,u_t)g(x_{i,t},t)]+\frac{1}{2}\frac{\partial^2}{\partial x_{i,t}^2}[b^2(x_{i,t},t,u_t)g(x_{i,t},t)]$$

一般而言，传统经济学模型的建模步骤到此就戛然而止了。这种涉及引入 $g(x_{i,t},t)$ 异质性的建模方法，可以使得科研人员非常自然地写出该随机过程所对应的 Fokker - Planck 方程，这种思想可追溯到 B. Jovanovic[①] 和 R. W. Rosenthal（1988）。此外需要说明的是，Fokker - Planck 方程是描述状态变量的概率分布随时间和随状态变量之间改变关系的方程，因此 Fokker - Planck 方程中不含有控制变量，Fokker - Planck 方程和最优控制

① 在此模型中状态变量是财富 X_i，在经济学中常见的状态变量还包括资本 K_i。

问题本质是没有必然联系的，也就是说，如果给出状态变量的随机微分方程，比如，$dX_t = a(X_t,t)dt + b(X_t,t)dW_t$，如果其概率密度函数 $g(x_t,t)$ 存在，则自然的，有 Fokker - Planck 方程。需要注意的是，即使引入 Fokker - Planck 方程，仍不是平均场博弈模型，主要的原因是：在个体的优化函数 $\max_{u_i} \mathbb{E}\left[\int_0^T f(X_{i,t},t,u_{i,t})dt + H(X_{i,T},T)\right]$ 中，个体的决策行为并未受到群体（比如，$\overline{X}_t$）的影响。如果在优化函数中加入群体的因素，则此时的问题可视为平均场博弈问题。

（二）平均场博弈的数学描述

紧接上一节的讨论，如果用纯数学语言描平均场博弈问题，那么最常见的写法为：

$$\max_{u_i} \mathbb{E}\left[\int_0^T f(X_{i,t},\overline{X}_t,t,u_{i,t})dt + H(X_{i,T},\overline{X}_{i,T},T)\right]$$

$$\text{s. t. } dX_{i.t} = a(X_{i,t},\overline{X}_t,t,u_t)dt + b(X_{i,t},\overline{X}_t,t,u_{i,t})dW_t$$

针对以上优化问题，如果在给出恰当的正则条件的情况下，可以有值函数存在，而值函数具有 HJB 方程的形式。HJB 方程可以用来描述个体的最优决策行为。

$$\overline{X}_t = \int x_{i,t} g(x_{i,t},t)dx_{i,t}$$

于是有以下 Fokker - Planck 方程

$$\frac{\partial g(x_{i,t},t)}{\partial t} = -\frac{\partial}{\partial x_{i,t}}[a(x_{i,t},t,u_t)g(x_{i,t},t)] + \frac{1}{2}\frac{\partial^2}{\partial x_{i,t}^2}[b^2(x_{i,t},t,u_t)g(x_{i,t},t)]$$

由此可见，平均场博弈可以用两个偏微分方程来描述，即：代表个体的最优决策行为的 HJB 方程和描述重要变量（以本案例为例，重要变量是状态变量）异质性的 Fokker - Planck 方程。

我们把以上的关于平均场博弈理论的数学描述称为框架性，这个框架有太多的数学问题没有澄清，此外，有些数学问题已经被证明，会导致没有解的存在，或者强加过多的限制性假设条件最终导致解的经济学含义不大。目前关于平均场博弈理论的研究一般将以上框架做了若干简化，最终将平均场博弈问题描述如下：

$$V(t,x) = \max_u \mathbb{E}\left[\int_t^T f(X_s,s,m_s,u_s)ds \mid X_t = x\right]$$

$$\text{s. t. } dX_t = u(X_t,t)dt + \sigma dW_t$$

其中，群体的经验（empirical）统计特性用 m_t 表示，而

$$f(X_s,s,m_s,u_s):=(g(m(s,X_s))-h(|u(s,X_s)|))e^{-\rho(s-t)}$$

这种写法的好处是：首先，简化了状态变量与控制变量之间的关系，控制变量甚至不进入状态变量的扩散项中，此处仅考虑扩散项为一个常数 σ。其次，仔细观测 $f(X_s,s,m_s,u_s)$ 可以发现，$(g(m(s,X_s))-h(|u(s,X_s)|))$ 不含时间项，而 $e^{-\rho(s-t)}$ 含时间项，即分离了状态变量和时间信息。其三，仔细观察 $(g(m(s,X_s))-h(|u(s,X_s)|))$，这种写法本质是分离了群体效应信息和个体行为信息。其四，$h(|u(s,X_s)|)$ 代表的是“成本”而非经济学中的“效应”。

基于以上的简化，我们将平均场博弈问题视为解两个特殊的偏微分方程的问题，即：

Hamilton－Jacob－Bellman①：

$$\partial_t V+\frac{\sigma^2}{2}\Delta V+\max_u[u\nabla V-h(u)]-\rho V=-g(m)$$

Fokker－Planck：

$$\partial_t m+\nabla\cdot[m\cdot H'(\nabla V)]=\frac{\sigma^2}{2}\Delta m$$

其中，$H(\nabla V)=\max_u[u\nabla V-h(u)]$，并令 $V(T,\cdot)=0$，且 $m(0,\cdot)$ 需事先给定，$m(t,\cdot)$ 始终需是一个概率密度函数。

此外，还可以进一步简化（虽然这种简化未必具有明显的经济学含义），比如，$g(m(t,x))=\ln(m(t,x))$ 和 $h(|u(s,X_s)|):=\frac{|u(s,X_s)|^2}{2}$，则

$$H(\nabla V):=\max_u[u\nabla V-h(u)]=\max_u\left[u\nabla V-\frac{u^2}{2}\right]\Rightarrow u^*$$
$$=\nabla V\Rightarrow H^*(\nabla V)=\frac{|\nabla V|^2}{2}$$

于是

$$\nabla\cdot[m\cdot H'(\nabla V)]=\nabla\cdot\left\{m\cdot\left(\frac{\partial\left(\frac{|\nabla V|^2}{2}\right)}{\partial(\nabla V)}\right)\right\}=\nabla\cdot(m\cdot\nabla V)$$

最终化简得结果为

HJB：

① 以下简称 HJB。

$$\partial_t V + \frac{\sigma^2}{2}\Delta V + \frac{|\nabla V|^2}{2} - \rho V = -\ln(m)$$

Fokker - Planck：

$$\partial_t m + \nabla \cdot (m \cdot \nabla V) = \frac{\sigma^2}{2}\Delta m$$

这应该是最简化的平均场博弈理论的描述，更多讨论可见 O. Gueant（2009）的文章。

最后还需要说明的是，如果群体的信息不进入个体的优化决策方程中，即类似于 B. Jovanovic 和 R. W. Rosenthal（1988）的情形，可以视为是平均场博弈的一种特例。经典的投资组合管理中的最优消费问题，在平均场博弈理论的分析框架下，可以视为是“同质模型”，于是可以认为同质模型也是平均场博弈的一个特例。此外，如果不考虑家庭消费个体的最优决策问题，仅考虑企业规模的运行（比如，Gabaix，2009；Gabaix et al，2016），则不会出现 HJB 方程，仅留下 Fokker - Planck 方程，于是 Gabaix 的研究，也可以视为是平均场博弈理论的一种特例。

由此可见，由菲尔兹奖得主 Pierre - Louis Lions 教授提出的平均场博弈理论，是一种可以“大统一”经济理论的新分析框架。有理由相信，平均场博弈理论在西方理论经济学界会彰显越来越重要的作用。当然，需要说明的是，平均场博弈理论所需要的数学知识和数学工具实在太多，对大多数经济学家的数学水平要求过高，显得十分晦涩难懂。因此，有必要将一些基础性的数学知识和数学工具集结成章，专门讨论，于是本书做了这样的工作，具体见第五章。此外，数学专业背景的读者若希望全面了解平均场博弈理论，细致讨论可见 P. Cardaliaguet（2013）的文章。

三、Moll 研究团队的异质性研究概述

如前文所述，目前学术圈的共识是，Hopenhayn（1993）、Bewley（1986）和 Huggett（1993）的三篇论文是较早将异质性思想引入经济学研究的文献，而 B. Jovanovic 和 R. W. Rosenthal（1988）是较早具有平均场博弈思想的文章。

英国伦敦政治经济学院的 Benjamin Moll 教授和他的团队较为体系化地对异质性理论进行了全面的研究。Moll 采用平均场博弈理论的思想研究经济个体的异质性最早可以追溯到 Lucas and Moll（2014）的文章，该文虽

然没有明确提出利用了平均场博弈理论，但是 Moll 在其后的高级宏观经济学讲座的课件中指出，该文属于平均场博弈理论的具体应用。Moll 后来开始和菲尔兹奖得主 Pierre - Louis Lions 团队合作，撰写了若干篇异质性理论的开创性论文，最为重要的几篇论文是：Y. Achdou 等（2014），该文的题目为《连续时间下的异质个体模型》（*Heterogeneous Agent Models in Continuous Time*），虽然该文未正式发表，但该文已成为 Moll 团队后续文献的理论基石。几乎在同一时间，Moll 团队利用连续时间下的异质个体模型，重点研究了收入与财富分配的分布不均衡问题，主要文献是：Achdou et al（2017）、Gabaix et al（2016），这两篇文章被认为是为法国经济学家托马斯·皮克的《21 世纪资本论》提供了较为完美的理论解释，尤其是 Gabaix et al（2016）的文章，该文的名称为《动态不平等》（*The Dynamics of Inequality*）。值得一提的是，Lions 团队中的 Y. Achdou 教授是一位在偏微分方程的数值分析领域非常出名的学者，Y Achdou and Capuzzo - Dolcetta（2010）的文章为平均场博弈的数值解做出了巨大理论贡献。在 Moll 的异质性模型中，当模型受到非系统性冲击（idiosyncratic shocks）时，模型的数值解主要借用了 Y. Achdou and Capuzzo - Dolcetta（2010）的成果，具体可见 G. Nuño 和 B. Moll（2018）的文章。为了便于大众全面理解 Moll 团队关于收入不平等的研究，以及他们研究的重要性，S. H. Ahn et al（2018）的文章非常全面和系统地解释了异质性个体视角下的收入不平等问题。此外，Moll 还在新凯恩斯理论、货币政策以及宏观金融领域引入了异质性分析方法，G. Kaplan 等（2018）的文章是利用异质性分析框架结合新凯恩斯主义理论分析货币政策的文献。该文献对当下宏观经济学理论研究冲击巨大，其后诞生了一系列利用异质性分析框架研究新凯恩斯主义学说的文献，在这些文献中作者创造了一个单词“HANK”，该单词是英文“heterogeneous agent new Keynesian”的缩写，中文翻译为“异质性个体（下的）新凯恩斯主义”。F. J. Buera 和 B. Moll（2015）的文章利用异质性个体分析框架，结合金融加速器理论研究了流动性问题，该文是近年来在宏观金融领域非常有影响的学术文献，基于该文的后续研究正在不断蓬勃兴起。

第七节　Gabaix 模型的基本理论设定

一、基本概念

在开始介绍 Gabaix 的推导思路之前，本小节将先介绍幂律分布、帕累托分布和 Zifp 定律，虽然本书中已反复提到过幂律分布、帕累托分布和 Zifp 定律，但仍未对这些概念做准确的描述。

幂律（power law），又叫幂定律，指的是两个变量之间（比如，x 和 y）满足一种多项式关系（比如，$y:=f(x)=ax^k+o(x^k)$[①]），如果在这种多项式关系之下，两个变量之间持续存在一种尺度不变的特性（scale invaraince），则认为这两个变量之间满足幂律。尺度不变性指如果有函数 $f(x)$，则 $f(\lambda x)$ 具有 $f(\lambda x)=\lambda^{\Delta}f(x)$ 的特性，其中，λ 为一常数。显然，当 $f(x)$ 等于 αx^k 幂函数时，具有尺度不变性，其中 $\Delta=k$。

严格而言

$$y:=f(x)=ax^k+o(x^k) \tag{3-4}$$

无法形成一个概率分布，也就是说，式（3－4）无法满足概率分布的条件，但是一个截断幂函数（truncated power function），比如，$p(x)=Cx^{-\zeta}$，其中，$x>x_{\min}$ 可以是一个分布函数。请读者将此结果和第五章第一节介绍的帕累托分布进行比较。也就是说，假设 X 为一随机变量，如果我们定义 $P(X>x)=Cx^{-\zeta}$ 且 $x>x_{\min}$，如果 $C:=x_{\min}^{\zeta}$，则此时 X 满足帕累托 I 型分布，其中，ζ 被称为帕累托指数。

而 Zipf 定律指的是当 $\zeta\approx 1$ 的情形。由此可见，帕累托分布和 Zipf 定律都是幂律分布的特例。Zipf 定律是 1948 年由哈佛大学语言学家 G. K. Zipf（齐普夫[②]）发现的。Zipf 将一篇较长的英文文章中出现的单词进行频次统计，然后进行排序，排序后用自然数将这些单词编上序号，序号越大表示该单词出现的频率越低，Zipf 发现，如果将每个单词在文中出现的频次的值乘以该单词所对应的序号，始终得到一个常数，这就是 Zipf 定律。此外，Zipf 还发现词频的分布满足幂律分布。Zipf 定律的发现打破

① 其中，$o(x^k)$ 是关于 x 的一个渐进微小函数。

② 也被翻译为齐夫。

了学者传统的观念，在 Zipf 定律没有被发现之前，学者以为一篇文章中单词出现的频率满足正态分布。基于 Zipf 定律，进而诞生了“省力法则”假说，该假说是对单词符合 Zipf 定律现象的一种解释，该假说认为，人类在交流中试图尽量使用较少的单词去表达尽量多的信息，以节省精力。

Zipf 定律除了在语言学有深远影响外，还较早地被应用于研究城市的规模[①]。Auerbach（1913）和 Singer（1936）最早意识到城市规模与位序（等级）的乘积为常数，也即“位序—规模”法则（rank - size law）。

而帕累托定律和帕累托分布的发现更早于 Zipf 定律的发现。19 世纪意大利经济学家帕累托发现，社会中人群的财富分布非常不均衡。后来人们用帕累托的名字命名了这种非常特殊的不均衡的分布，即帕累托分布。帕累托分布指的是：个人收入不小于某个特定值的概率与该特定值的常数次幂存在简单的反比关系，也就是说个人收入满足帕累托分布。二八法则可以认为是帕累托定律的一种通俗易懂的解读。二八法则指：在社会人群中，20% 的人口占据了 80% 的社会总财富，而剩下的 80% 的人口却仅拥有 20% 的社会总财富。

如前文所述，帕累托定律、二八法则以及 Zipf 定律都可以认为是幂律的不同形式的陈述。此外，长尾效应以及马太效应，都可以被认为是幂律通俗化的解读。长尾效应，有时也被称为长尾理论，该理论最早用来描述亚马逊和 Netlix 等互联网企业商业和经营模式，该理论的核心观点是：在互联网时代，成本和商品储存、流动以及扩展渠道都可能发生根本性的变

① 在城市规模研究的文献中，还存在着 Gibrat 定律（Gibrat，1931）。该定律假设城市规模服从对数正态分布，该定律最重要的推论是：城市（或者企业）增长率的分布独立于它的规模，因此增长率的均值和方差也独立于它的规模，于是不同规模的城市的增长率不会出现显著差异。以城市规模为例，有些研究支持 Zipf 定律，有些研究支持 Gibrat 定律。Gibrat 定律的基本设定如下：假设城市规模为 S_t 且满足几何布朗运动，即有

$$dS_t = \mu S_t dt + \sigma S_t dW_t$$

增长率

$$R(t,dt) := \frac{dS_t}{S_t} = \mu dt + \sigma dW_t \tag{3-5}$$

由此可见，如有随机过程 Y_t 满足 $dY_t = R(t,dt)$，则 Y_t 满足算数布朗运动。由增长率的式（3 - 5）可知，增长率 $R(t,dt)$ 独立于它的规模 S_t。而 $S_t \mid S_0$ 满足对数正态分布。关于几何布朗运动的相关性质请查阅本书第五章第三节。

化，以往不被关注的处在概率分布尾部的、需求极低的商品，都可能出现只要有供给就获得大量小客户需求的情形[①]。也就说，在互联网时代，企业可能没有一个大客户，却可以通过吸收大量小客户而生存。因此，在互联网时代，企业更应该关注那条“长长”的尾部收益。由此可见，长尾理论是幂律的一种“口语化”表达。而马太效应主要是指两极分化现象，也即是强者愈强、弱者愈弱现象。

简而言之，幂律是一种在自然界和日常生活中常见的规律。研究表明，月球表面月坑直径的分布、太阳耀斑强度的分布、地震规模大小的分布、计算机文件大小的分布、论文被引用次数的分布、网页被点击次数的分布、城市规模大小的分布、企业规模大小的分布，甚至生物中物种数量的分布都满足幂律分布。幂律作为经验规律，也有不足，最大的不足是：幂律的成因往往让科研人员非常困惑，比如，Zipf 提出“省力法则”假说试图解释 Zipf 定律，而该“假说”是否是唯一原因呢？科研人员也不得而知[②]。因此，经济学家认为，学者不能仅止步于幂律的研究，必须探索其背后的深层次原因。

二、Gabaix 的随机增长模型

Gabaix 教授是纽约大学金融专业的著名教授，长期致力于揭示幂律与经济金融之间深层次的关系。Gabaix 教授习惯于利用 Fokker - Planck 方程作为研究工具对状态变量直接建模。下面介绍 Gabaix 教授常用的一种研究异质性问题的建模策略，这部分内容主要来自 Gabaix（2009）和 Gabaix et al（2016）的附录 D。

（一）基本设定

一般用 P_t^i 表示第 i 个城市或第 i 个企业在 t 时刻的规模，在本书中，我们用 P_t^i 表示企业规模，而常用的衡量企业规模的变量为企业员工数量。$\overline{P}_t$ 可用来表示 t 时刻的平均规模，即 $\overline{P}_t := \sum_i P_t^i$。$S_t^i$ 表示标准化后的企业规

① 比如，传统商业视角认为销售口红是十分难发家致富的，但是在互联网时代，流量网红可以通过网络直播的形式带货销售口红，成就商业奇迹。

② 司马贺（Simon，1955）就曾提出过“成功产生成功”假说，该假说认为，在文献计量研究中，一个词语使用的次数越多，则该词语再次被使用的可能性就越大。马太效应可以被认为是这种假说的通俗化表达。

模，即 $S_t^i := \frac{P_t^i}{P_t}$。Gabaix（2009）建议，其后的处理均采用 S_t^i 表示标准化后的企业规模，如无特别说明，本书所涉及的企业规模皆指标准化后的企业规模。为了研究企业规模随时间演进的规律，引入总增长率 γ_t^i 的概念，引入该概念的目的是在 t 到 $t+1$ 时刻建立起 S_t^i 和 S_{t+1}^i 的联系，即 $S_{t+1}^i = \gamma_{t+1}^i S_t^i$。以上的讨论，我们皆隐含了一个假设，即我们讨论的动态演进问题是基于离散时间系统，而物理学家对宇宙的研究证实，时间是连续的，故将 γ_t 视为连续过程更为合理。

（二）关于 γ_t 设定的讨论

在本章第五节中，笔者提到 Hopenhayn 模型可以从两个角度进行扩展，一个角度是基于 Gabaix（2009）、Gabaix 等（2016）的随机增长模型方法；而另一角度是基于 Hopenhayn 原来的思想，内生化企业决策的方法。在前面的讨论中，笔者指出本章主要采用随机增长模型的方法对企业异质性问题进行研究。因此，在本部分，笔者将较为细致地介绍 Gabiax 等人提出的随机增长模型。需要注意的是，Malevergne 等人的研究（Malevergen et al，2013）也是基于随机增长模型方法的思路，具体见本章第九节。

假设 S_t 表示企业的规模，则企业规模的增长率为 γ_t。但是在展开讨论前，先讨论一下 Gabaix 模型设定的几个问题，希望引起读者的注意。

变量 γ_t 在 Gabiax 的研究中扮演着非常重要的角色，因为“随机增长模型方法”中的“随机增长”指代的就是 γ_t，但是在展开讨论之前，笔者需要对 Gabaix 的设定进行一些讨论，且必须论证清楚。

根据 Gabaix（2009）的设定，在连续时间系统下

$$\gamma_t := 1 + \mu \mathrm{d}t + \sigma \mathrm{d}W_t \tag{3-6}$$

而在离散时间系统下，Gabaix 将其定义为

$$\gamma_{t+1} := \frac{S_{t+1}}{S_t} \tag{3-7}$$

这两种定义会导致连续时间系统和离散系统的不一致。下面论证为何会出现不一致。

首先讨论式（3-6）的由来。

Gabaix 假设企业规模 S_t 满足几何布朗运动，即

$$\mathrm{d}S_t = \mu S_t \mathrm{d}t + \sigma S_t \mathrm{d}W_t \tag{3-8}$$

将两边同时除以 S_t 则有 $\frac{dS_t}{S_t} = \mu dt + \sigma dW_t$ ，根据式（3－6），则

$$\gamma_t \equiv 1 + \frac{dS_t}{S_t} \tag{3-9}$$

在连续随机过程的专著中关于 dS_t 的极限定义是

$$dS_t = \lim_{\Delta \to 0}(S_{t+\Delta} - S_t) \approx S_{t+\Delta} - S_t \tag{3-10}$$

将此结果结合式（3－9）则有

$$\gamma_t \equiv 1 + \frac{dS_t}{S_t} = \frac{S_t + dS_t}{S_t} = \frac{S_t + (S_{t+\Delta} - S_t)}{S_t} = \frac{S_{t+\Delta}}{S_t} \Rightarrow \gamma_t \equiv \frac{S_{t+\Delta}}{S_t} \tag{3-11}$$

如果将式（3－7）稍做修改，令 Δ 为时间间隔，于是式（3－7）变为

$$\gamma_{t+\Delta} := \frac{S_{t+\Delta}}{S_t} \tag{3-12}$$

若 Δ 等于1，则为式（3－7）。

比较式（3－12）和式（3－11）会发现，在数学写法上，二者出现了矛盾，之所以出现这种“悖论”，原因是：从式（3－6）到式（3－11）和从式（3－7）到式（3－12）的推导中，我们对 Δ 的设定其实是不相同的。从式（3－6）到式（3－11），我们设定 $\Delta \to 0$ 方可有式（3－11），而从式（3－7）到式（3－12），我们设定 $\Delta = 1$，于是才有式（3－12）。

由此可见，从离散时间系统到连续随机系统的转换策略至少有两种，这两种方法各有利弊，但是却不能混用。基于以上的讨论，可以使读者知道如何产生这种“悖论”，但是在实际的研究中，大量的文献往往出现二者混用的情况。

此外，还需要注意一点，$\gamma_t := 1 + \mu dt + \sigma dW_t$ 的定义方式不规范。这种写法令人对 γ_t 的本质产生理解上的困惑。若将 γ_t 理解为某随机过程（比如，Y_t）的增量，即认为 $\gamma_t = dY_t$，那么式（3－6）等于 $dY_t := 1 + \mu dt + \sigma dW_t$，这种写法又不符合随机过程的随机微分方程形式，因为随机微分方程的标准形式为：$dY_t = \mu(Y_t, t)dt + \sigma(Y_t, t)dW_t$ 或为 $dY_t = \mu(Y_{t^-}, t)dt + \sigma(Y_{t^-}, t)dW_t + J(Y_{t^-}, t)dN_t$，前者假设 Y_t 为扩散过程，而后者假设 Y_t 为跳跃—扩散过程。而如果将 γ_t 直接视为随机过程也会有问题，原因是根据式（3－6）的定义，γ_t 是关于 dt 和 dW_t 的函数，而非关于 t 和 W_t 的函数。简而言之，无论从何种角度试图理解式（3－6）都让人十分困惑。

而正确的定义方式应该是定义增长率。我们令 $R(t,\mathrm{d}t):=\frac{\mathrm{d}S_t}{S_t}$，其中，$S_t$ 仍被假设满足几何布朗运动，则 $R(t,\mathrm{d}t):=\frac{\mathrm{d}S_t}{S_t}=\mu\mathrm{d}t+\sigma\mathrm{d}W_t$。这种定义增长率的方法来自 Gibrate 定律。

此外需要特别注意两点。

第一点，$R(t,\mathrm{d}t)$ 不是代数布朗运动过程。如果有一个随机过程 Y_t 满足

$$\mathrm{d}Y_t \equiv R(t,\mathrm{d}t) \tag{3-13}$$

则 Y_t 是代数布朗运动过程。

第二点，不能因为 $\frac{\mathrm{d}S_t}{S_t}=\mathrm{d}Y_t$ 就盲目地认为 $Y_t=\ln S_t$，主要的原因是 S_t 为一个随机过程，不可以再使用确定系统的微积分常识来进行微积分运算。利用随机微分方程的知识（借助伊藤公式）可以知道

$$Y_t = Y_0 + \mu t + \sigma W_t \tag{3-14}$$

而

$$\ln\left(\frac{S_t}{S_0}\right)=\left(\mu-\frac{\sigma^2}{2}\right)t+\sigma W_t, \tag{3-15a}$$

或

$$\ln\left(\frac{S_T}{S_t}\right)=\left(\mu-\frac{\sigma^2}{2}\right)(T-t)+\sigma W_{T-t}, \tag{3-15b}$$

读者可自行验证 $Y_t \neq \ln S_t$。

还需要注意利用 $R(t,\mathrm{d}t):=\frac{\mathrm{d}S_t}{S_t}$ 展开后续研究的一个好处是，如果我们需要考虑“跳跃”，那么利用 Merton（1976）模型（具体请见本书第五章第五节）可以非常容易地将 Y_t 的扩散过程版本的随机微分方程形式改写成跳跃—扩散版本的随机微分方程形式，即

$$\frac{\mathrm{d}S_t}{S_t}=\mu\mathrm{d}t+\sigma\mathrm{d}W_t \Rightarrow \frac{\mathrm{d}S_t}{S_{t-}}=\mu\mathrm{d}t+\sigma\mathrm{d}W_t+(J_t-1)\mathrm{d}N_t \tag{3-16}$$

其中，J_t 满足独立同分布设定，并认为满足对数分布，即 $\log J_t \sim \mathcal{N}(\mu_J,\sigma_J^2)$，而 N_t 表示泊松过程。对式（3-16）进行积分运算非常容易，易得

$$\ln\frac{S_t}{S_0}=\left(\mu-\frac{1}{2}\sigma^2\right)t+\sigma W_{T-t}+\sum_{i=1}^{N_t}\ln J_i \tag{3-17a}$$

或

$$\ln\frac{S_T}{S_t}=\left(\mu-\frac{1}{2}\sigma^2\right)(T-t)+\sigma W_{T-t}+\sum_{i=1}^{N_{T-t}}\ln J_i \tag{3-17b}$$

除了通过 Gibrate 定律定义 $R(t,\mathrm{d}t):=\frac{\mathrm{d}S_t}{S_t}$ 然后开展后续研究外，还有另外一种较为方便实用的方法，即关注 $\ln S_t$，我们不妨令

$$r_t = \ln S_t \tag{3-18}$$

利用伊藤公式易知

$$\mathrm{d}r_t = \mathrm{d}\ln S_t = (\mu - \frac{1}{2}\sigma^2)\mathrm{d}t + \sigma \mathrm{d}W_t \tag{3-19}$$

即可知 r_t 满足代数布朗运动。

需要注意，虽然 r_t 和 Y_t 都满足代数布朗运动，但是显而易见，$r_t \neq Y_t$。请注意 $\mathrm{d}r_t$ 也是“增长率”的概念①。

如果需将 S_t 设置为跳跃—扩散过程，在改变了 S_t 的随机微分方程并修正为式（3-16）后，我们也可以非常容易地写出 r_t 的随机微分方程的形式为

$$\mathrm{d}r_t = (\mu - \frac{1}{2}\sigma^2)\mathrm{d}t + \sigma \mathrm{d}W_t + \ln J_t \mathrm{d}N_t \tag{3-20}$$

于是也容易得到 r_t 的表达式

$$r_t = r_0 + (\mu - \frac{1}{2}\sigma^2)t + \sigma W_{T-t} + \sum_{i=1}^{N_t}\ln J_i \tag{3-21a}$$

或

$$r_t = r_t + (\mu - \frac{1}{2}\sigma^2)(T-t) + \sigma W_{T-t} + \sum_{i=1}^{N_{T-t}}\ln J_i \tag{3-21b}$$

由此可见，在讨论“随机增长率”这一概念时，利用 $R(t,\mathrm{d}t):=\frac{\mathrm{d}S_t}{S_t}$ 或 $r_t = \ln S_t$ 更符合数学规范，A. Saichev et al（2010）的专著和 Malevergen 等（2013）的文章都采取了这样的设定，这也是为何笔者认为 Malevergen 等人的研究更适合讨论企业异质性问题的原因。

读者须知 γ_t 这种设定的缺陷，应引起重视。

（三）Gabaix 模型的简单版本

下面继续讨论 Gabaix 模型。

---

① 如果将 S_t 认为是企业的规模，可能较难理解为何 $\mathrm{d}r_t$ 是一个“增长率”的概念。在金融学中，股票价格常被认为满足几何布朗运动，因此 S_t 可以被认为是股票价格，而 $\ln S_t$ 则表示是股票的对数价格，而 $\mathrm{d}\ln S_t$ 则表示的是股票对数价格的瞬时改变量。

在 Gabaix 的设定中，认为 γ_{t+1} 是“增量”的概念，因此应满足独立同分布的设定，并认为其概率密度函数为 $f(\gamma)$ 。Gabaix 指出，在实际应用中，我们更关注

$$G(x,t):=P(S_t>x) \tag{3-22}$$

在离散时间系统中，有

$$G(x,t+1)=\int_0^{\infty}G\left(\frac{x}{\gamma},t\right)f(\gamma)\mathrm{d}\gamma \tag{3-23}$$

Gabaix 认为，γ_{t+1} 是“增量”的概念，于是 γ_{t+1} 存在稳态分布是必然的事情①。关于随机过程的稳态分布的概念请参见本书第五章第五节的讨论。令 $\lim\limits_{t\to\infty}S_t:=X$ ，则 $G(\cdot)$ 的稳态分布为

$$G(X)=\int_0^{\infty}G\left(\frac{X}{\gamma}\right)f(\gamma)\mathrm{d}\gamma \tag{3-24}$$

如果认为 X 满足帕累托分布，则可以令

$$G(X)=\frac{k}{X^{\xi}} \tag{3-25}$$

其中，k 为常数，有

$$1=\int_0^{\infty}\gamma^{\xi}f(\gamma)\mathrm{d}\gamma \tag{3-26}$$

证明： 因为 $G(X)=\dfrac{k}{X^{\xi}}$ ，则 $G\left(\dfrac{X}{\gamma}\right)=\dfrac{k}{\left(\dfrac{X}{\gamma}\right)^{\xi}}=\dfrac{k\gamma^{\xi}}{X^{\xi}}$ ，于是有

$$\frac{k}{X^{\xi}}=\int_0^{\infty}\left(\frac{k\gamma^{\xi}}{X^{\xi}}\right)f(\gamma)\mathrm{d}\gamma\Rightarrow 1=\int_0^{\infty}\gamma^{\xi}f(\gamma)\mathrm{d}\gamma$$

因为 $1=\int_0^{\infty}\gamma^{\xi}f(\gamma)\mathrm{d}\gamma$ ，于是有 $\mathbb{E}_{\gamma\sim f(\gamma)}[\gamma^{\xi}]\equiv 1$ ，下标“ $\gamma\sim f(\gamma)$ ”表示随机变量 γ 满足 $f(\gamma)$ 的概率密度函数。

以上的讨论还没有回答 $f(\gamma)$ 的形式是什么的问题，Gabaix 后续的证明主要是将 S_t 视为连续随机过程，而关于 γ_t 的定义也采用了连续时间模型的设定，即式（3－6）。Gabaix 证明 $f(x)$ 具有 $f(x)=k\xi x^{-(\xi+1)}$ 的形式，这和帕累托 I 型分布的内容相吻合，即 $k:=(x_{\min})^{\alpha}$ ，$\alpha=\xi$ ，且 $x_{\min}=S_{\min}$ ，

① 从此处可见，Gabaix 其实是将 γ_t 视为随机过程，但是我们在前面的讨论中已强调将 γ_t 视为随机过程存在不妥。

于是$f(x) = S_{\min}^{\xi}\xi x^{-(\xi+1)}$。

Gabaix 的证明过程主要是利用了 Fokker - Planck 方程的相关性质。下面重点讨论 Fokker - Planck 方程与γ_t的关系。

Gabaix 认为，γ_t的经济学含义是刻画时间从t时刻到$t + dt$时刻的总增长率（gross growth rate），Gabaix 给出的理由是：根据$\gamma_t := 1 + \frac{dS_t}{S_t}$的定义，可知$\gamma_t := 1 + \frac{dS_t}{S_t} = \frac{S_t + (S_{t+dt} - S_t)}{S_t} = \frac{S_{t+dt}}{S_t}$，且又因为$dS_t := (S_{t+dt} - S_t)$，于是$\gamma_t$的经济学含义显而易见。

令$(\Omega,\mathcal{F},\mathbb{P})$为一概率空间，$(W_t)_{0\leqslant t\leqslant\infty}$表示标准维纳过程，则随机过程$X_t$的随机微分方程为：$dS_t = a(S_t,t)dt + b(S_t,t)dW_t$。$X_t$可以被认为是企业的规模。我们认为$S_t \geqslant x_{\min} \geqslant 0$，当$S_t = x_{\min}$后，该随机过程会“反射”，具体的经济学含义是：某企业的规模会减少到$S_t = x_{\min}$，然后再反弹。令$p(x,t)$表示随机过程S_t的概率密度函数，令$p(x,t = 0) := p_0(x)$表示概率密度的初始值，则可以写出S_t的 Fokker - Planck 方程

$$\frac{\partial}{\partial t}p(x,t) = -\frac{\partial}{\partial x}(a(x,t)p(x,t)) + \frac{1}{2}\frac{\partial^2}{\partial x^2}(b(x,t)^2p(x,t)) \tag{3-27}$$

该随机过程的平稳分布需出现在$\frac{\partial}{\partial t}p(x,t) = 0$时，当$t \to \infty$。

为简单起见，令$a(S_t,t) = \mu S_t, b(S_t,t) = \sigma S_t$，此时$S_t$为几何布朗运动。则$S_t$的稳态分布$p(x)$，也应满足 Fokker - Planck 方程，应为

$$0 = -\frac{\partial}{\partial x}(\mu x p(x)) + \frac{1}{2}\frac{\partial^2}{\partial x^2}(\sigma^2x^2p(x)) \tag{3-28}$$

不妨设

$$p(x) = Cx^{-\xi-1} \tag{3-29}$$

而C为待定系数，对式（3 - 29）求关于x的导数，则有

$$\frac{dp(x)}{dx} = (-\xi - 1)Cx^{-\xi-2} \tag{3-30}$$

将式（3 - 29）和式（3 - 30）代入式（3 - 28）则有

$$0 = Cx^{-(\xi+1)}\left[\mu\xi + \frac{\sigma^2}{2}(\xi + 1)\xi\right] \tag{3-31}$$

推导到目前为止，我们仍无法讨论C的取值，但根据式（3 - 31）得到ξ的取值，该取值可以为：$\xi = 0$或$\xi = 1 - 2\frac{\mu}{\sigma^2}$。当$\xi = 0$时，会导致

$\int_{S_{min}}^{+\infty} p(x)\mathrm{d}x$ 发散，故只能是 $\xi = 1 - 2\frac{\mu}{\sigma^2}$。此外，根据帕累托I型分布的性质可知，该随机过程的均值存在须保证 $\xi > 1$，则会得出 $\mu < 0$ 的结果，这明显不符合经济学原理，因为 μ 表示几何布朗运动 S_t 的漂移项，该值代表确定性增长率，应为正值。

为得到有意义的解，我们必须对随机过程 S_t 的边界条件进行限制，比如，设定 Fokker - Planck 方程边界满足反射条件或吸收条件。在目前的讨论中，我们将边界条件设置为反射条件。关于 Fokker - Planck 方程边界、条件的重要性，请参见第五章第六节。

这样的限制设定也符合常识，因为如果不对 S_t 的取值进行限制，式（3 - 28）则无解，即几何布朗运动的稳态分布不存在。不妨设

$$S_{t+dt} = \max[S_{\min}, S_t + \mu S_t dt + \sigma S_t dW_t]$$

于是有 $x \in [S_{\min}, +\infty)$，利用 $\int_{-\infty}^{\infty} p(x)\mathrm{d}x = 1$ 的性质，下面讨论 C 的取值。因为

$$\int_{S_{\min}}^{\infty} p(x)\mathrm{d}x = 1 = \int_{S_{\min}}^{\infty} Cx^{-\xi-1}\mathrm{d}x \text{，当 } \xi \neq -1 \text{ 时}$$

$$\int_{S_{\min}}^{\infty} Cx^{-\xi-1}\mathrm{d}x = -\frac{1}{\xi}Cx^{-\xi}\Big|_{x=S_{\min}}^{\infty} = 0 - \left(-\frac{1}{\xi}CS_{\min}{}^{-\xi}\right) = \frac{1}{\xi}CS_{\min}{}^{-\xi} \Rightarrow C = \xi S_{\min}^{\xi}$$

还需注意 $x \to \infty$，$p(x) \to 0$。在已知 C 的取值后，有 $p(x) = \xi S_{\min}^{\xi} x^{-\xi-1}$。

下面再讨论 $\mathbb{E}(S_t)$ 的结果，根据定义可知：

$$\bar{S} := \lim_{t\to\infty} \mathbb{E}_{S_t \sim p(S_t,t)}(S_t) = \int_{S_{\min}}^{\infty} xp(x)\mathrm{d}x \tag{3-32}$$

$$= \int_{S_{\min}}^{\infty} x(\xi S_{\min}^{\xi} x^{-\xi-1})\mathrm{d}x = \int_{S_{\min}}^{\infty} \xi S_{\min}^{\xi} x^{-\xi}\mathrm{d}x = \xi S_{\min}^{\xi}\int_{S_{\min}}^{\infty} x^{-\xi}\mathrm{d}x$$

$$= \xi S_{\min}^{\xi} \frac{x^{-\xi+1}}{-\xi+1}\Big|_{x=S_{\min}}^{\infty} = S_{\min}\left(\frac{\xi}{\xi-1}\right)$$

令 $\bar{S} = S_{\min}\left(\frac{\xi}{\xi-1}\right)$，若 $\bar{S}$ 已知，则可写出 ξ 关于 $S_{\min}$ 和 $\bar{S}$ 的函数关系，于是有

$\xi = \dfrac{1}{1 - \dfrac{S_{\min}}{\bar{S}}}$，由此可以认为，当 $\dfrac{S_{\min}}{\bar{S}} \to 0$ 时，$\xi \approx 1$ 但 ξ 始终大于 1。而只有当 $\xi \equiv 1$ 时，才可以认为 $\lim\limits_{t\to\infty} S_t := X$ 符合 Zipf 定律。

因此说明，这种简单的设定仍不完全符合我们的设想。

（四）考虑生灭现象的 Gabaix 模型

由前面一小节的推导可知，即使 $\dfrac{S_{\min}}{\bar{S}} \to 0$，但 ξ 始终大于 1，也就是说，不满足 Zipf 定律，目前的共识是需要修正 Fokker – Planck 方程。Gabaix 提出了两种思路：一种是允许有企业的进入和退出行业，即考虑生灭现象；而另外一种是允许企业的规模有跳跃过程的存在。第二种思路在本章第八节讨论。

下面介绍第一种思路。

在考虑生灭现象时，无须改动 S_t 的随机微分方程形式的设定，仅需对 Fokker – Planck 方程进行改动，这是使用 Fokker – Planck 方程的优势之一。

Fokker – Planck 方程是一个二次抛物线偏微分方程，可视为其是热传导方程的拓展版本。在本书的第五章第六节介绍热传导方程时，指出热传导方程之所以成立是基于连续性假设，即不考虑粒子的生灭。

如果要考虑“生灭”效应，则需要将式（3－27）改写为

$$\frac{\partial}{\partial t}p(x,t) = \left\{\begin{array}{l} -\dfrac{\partial}{\partial x}(a(x,t)p(x,t)) + \dfrac{1}{2}\dfrac{\partial^2}{\partial x^2}(b(x,t)^2 p(x,t)) \\ \\ -\delta(x,t)p(x,t) + j(x,t) \end{array}\right\} \qquad (3-33)$$

其中，$\delta(x,t)$ 表示泊松率，即泊松过程的强度函数，$-\delta(x,t)p(x,t)$ 表示“死亡（或退出）”，而 $j(x,t)$ 表示“注入”，关于“注入”的机制被设定为：当 $x = S_*$ 产生“注入”时，x 可大于或小于 S_*。

为简化讨论，我们不妨仍令 $a(S_t,t) = \mu S_t, b(S_t,t) = \sigma S_t$，且认为 $\delta(x,t)$ 为一常数 δ，在 Gabaix（2009）和 Malevergne 等人（2008）的文章中证明，在这种设定下，可不考虑“反射”的情况，即无须考虑偏微分方程的反射边界条件，继续以下讨论，并得到较为理想的结论。先将他们的思路概括如下。

假设稳态分布 $p(x)$ 存在，且仍然满足幂律分布的形式，即仍有式

(3－29)的形式$p(x) = Cx^{-\xi-1}$，此外，Gabaix（2009）和 Malevergne 等人（2008）的文章证明式（3－33）可得以下等式

$$0 = -\frac{\partial}{\partial x}(\mu x p(x)) + \frac{1}{2}\frac{\partial^2}{\partial x^2}(\sigma^2 x^2 p(x)) - \delta p(x) \tag{3-34}$$

将式（3－29）代入式（3－34），并化简整理得

$$0 = \zeta\mu + \frac{\sigma^2}{2}\zeta(\zeta-1) - \delta$$

将该结果与式（3－31）进行比较，因为引入了δ使得ζ可有正负两个值，不妨设为ζ_+和ζ_-。而在式（3－34）中没有体现$j(x,t)$和S_*的任何作用，主要的原因是：在此种设定下式（3－29）的猜解形式不准确，应尝试采用$p(x) = C_+ x^{-\xi_+-1} + C_- x^{-\xi_--1}$的猜解形式，其中，$C_+$和$C_-$是两个待定系数。此外可证明，还应将$X$的概率密度函数设为双帕累托分布（double Pareto distribution），则有

$$p(x) = \begin{cases} C\left(\frac{x}{S_*}\right)^{-\zeta_--1}, & x < S_* \\ C\left(\frac{x}{S_*}\right)^{-\zeta_+-1}, & x > S_* \end{cases}$$

基于以上信息，易得

$$C = \frac{-\zeta_+\zeta_-}{[(\zeta_+-\zeta_-)S_*]}$$

我们仍考察$\bar{S} := \lim_{t\to\infty}\mathbb{E}_{S_t\sim p(S_t,t)}(S_t) = \int_{-\infty}^{\infty} xp(x)\mathrm{d}x$，但请注意与式(3－32)进行比较，此时我们没有对$\lim_{t\to\infty}S_t := X$的取值进行限制。则容易证明

$$\bar{S} = S_*\frac{\zeta_+\zeta_-}{(\zeta_+-1)(\zeta_--1)}$$

此外

$$\zeta_+\zeta_- = -\frac{2\delta}{\sigma^2} \Rightarrow \zeta_- = -\frac{2\delta}{\sigma^2\zeta_+}$$

于是有

$$(\zeta_+-1)\left(1+\frac{2\delta/\sigma^2}{\zeta_+}\right) = \frac{2S_*}{\bar{S}}\frac{\delta}{\sigma^2}$$

如果仍需得到满足 Zipf 定律的结果，则需要求$\zeta_+\to 1$。为了使$\zeta_+\to 1$，要么需要满足$\frac{S_*}{\bar{S}}\to 0$，要么要满足$\delta\to 0$。第一种情况说明$S_*\approx 0$，也就是

表明“进入”的规模非常小，而第二种情况则说明行业几乎没有死亡（或退出）。在这种设定下，ζ_+ 仍不可以等于1，仅能视为无限接近1。这两种情况也不是太符合经济学常识，之所以举此例子的原因是提示读者，在对常规 Fokker - Planck 方程进行改造，引入“生灭”效应的同时不对 S_t 的取值范围进行限制和设定边界条件，也可以近似得到稳态分布具有幂律分布性质的结果。而在实际的建模应用中，应对 S_t 的取值范围进行限制和设定边界条件，并引入“生灭”效应。此外，还有一种思路对 Fokker - Planck 方程进行改造，具体见下一节的讨论。

第八节　动态不平等模型的设定

本书的主要任务之一是寻找新新贸易理论与宏观经济学理论的交集。“企业的异质性研究”可以认为是这两大理论的一个重要交集。受惠于 Pierre - Louis Lions 教授的平均场博弈分析框架，原则上而言，任意重要变量的异质性都可以引入全局均衡的模型分析框架中。因此，Moll 团队借助平均场博弈理论分析框架，不用仅将重要变量视为企业的生产率，还可以将重要变量设为财富、资本、资产等变量，甚至可以是控制变量——消费。平均场博弈理论的应用局限性主要来自“维度诅咒”，这是偏微分方程方法的局限性所决定的，即无法如 DSGE 理论可同时涉及大量变量的讨论。当然，在对平均场博弈的研究中，也有一些可喜的研究成果，可以借助这些成果帮助我们得到最终结果，比如，平均场博弈理论的数值解的问题，已由 Y. Achdou 和 Capuzzo - Dolcetta（2010）文献给出解决方案，也就是说，关于平均场博弈的数值解的问题已经得到解决。

本书非常关注 Gabaix 等人（2016）的文章，该文主要研究的是收入的动态不平等效应。笔者需要在此解释为何本人关注此文献，虽然它研究的是收入的动态不平等效应，显然与企业的异质性无关。

Gabaix 是纽约大学金融专业的著名教授，长期致力于揭示幂律、帕累托分布与经济金融之间深层次的关系。Gabaix 习惯于利用 Fokker - Planck 方程对状态变量直接建模，他的文献一般较少涉及利用 HJB 方程作为工具展开研究，也就是说，他采用的研究方法，一般不涉及控制变量，我们可以视这是一种极简版（仅有一个偏微分方程）的平均场博弈理论。

在 Gabaix 等人（2016）这篇文章之前，Gabaix 和 Pierre - Louis Lions

团队没有合作过发表文章。Gabaix 之前的文章[①]（比如，Gabaix et al，2003；Gabaix，2009）以及其他学者的文章（比如，Luttmer，2007，2011，2012）已假设群体中的个体都同时产生，然后群体中个体的概率密度可以用 Fokker－Planck 方程描述。此外，可以考虑个体财富的动态效应不仅具有扩散特性还具有跳跃特性，即可以假设财富的增长满足扩散—跳跃过程，模型还允许个体可退出或进入，在经过恰当的边界条件设定后，个体财富的分布存在平稳分布且满足帕累托分布。Gabaix 的建模思想可以扩展到研究企业的规模（包括企业的生产率）、城市的大小等问题。也就是说，Gabaix 等（2016）之前已有的文章较好地解释了异质性的产生。

那么 Gabaix 等（2016）的贡献在何处？其实 Gabaix 等（2016）文章的理论重要性已写在该文的摘要中，它最大的理论贡献是研究了经济社会中的“动态过渡（transition dynamics）”。Gabaix et al（2016）文章发现，如果利用以往的建模思想，虽然可以得出财富的平稳分布具有帕累托分布，但是理论模型演绎的财富分配的不均衡的变化速度慢于基于美国微观数据得到的结果。如何解释这种理论模型演绎的“动态过渡”远慢于美国的事实呢？这是 Gabaix 等人（2016）文章最大的理论贡献，该文主要的理论证明和推导都是在试图解释此问题。也就是说，Gabaix 等（2016）文章的理论讨论的“火力”不是集中在如何构建平均场博弈的分析框架，而是集中“火力”对以往的理论模型导致“动态过渡速度”比现实情况慢这一问题“开炮”。

而 Pierre－Louis Lions 团队的平均场博弈理论应用的文章主要的篇幅是在讨论如何利用平均场博弈理论建模；建模后，解是否存在；解何时有唯一性；解是否稳健以及是否有数值解。

笔者一再强调，本书不讨论如何利用平均场博弈理论分析企业异质性问题。Gabaix 等（2016）文章不是一篇关于平均场博弈的论文，因此非常符合本书的“胃口”。Gabaix 等人（2016）文章中称他们研究异质性问题的方法为“随机增长过程”的建模方法，该方法在本章的第五节被笔者提到。“随机增长过程”的建模方法是本章主要采用的方法。

Gabaix 等（2016）以及之前的模型的假设之一是：群体中的个体都同时产生。这一假设和现实不符，这是为何本书推崇 Malevergne，Saichev 和 Sornette 等人的建模思想的原因，具体可见本章的第九节。但是，也需要

---

① 即 Gabaix et al（2016）文章中称作“随机增长过程”的建模方法。

说明，在 Malevergne，Saichev 和 Sornette 等人自己的论文中，也承认他们的研究受到了 Gabaix 和 Luttmer 等前期成果的影响。因此，本小节有必要扼要介绍 Gabaix 等（2016）模型。通过理解 Gabaix 等（2016）模型可以帮助我们理解 Malevergne，Saichev 和 Sornette 等的模型。

虽然 Gabaix 等（2016）模型主要是研究收入的动态不平等问题，但是其最终的稳态收敛分布仍满足幂律或者 Zipf 定理，因此利用该模型的设定，科研人员可以十分容易地对 Gabaix et al（2016）模型进行扩展，进而用来研究企业异质性问题。

下面简单回顾 Gabaix 等（2016）的模型设定。

首先假设经济体中有 J 类收入增长模式，$j=1,\cdots,J$ 表示；每一类中的个体用 i 表示；x_{it} 表示对数收入；y_{it} 表示个体的潜在变量（比如，职业技能）；$\chi_t^{b_j}$ 用来描述尺度特性，该变量主要是需要从 y_{it} 中剥离不同类的尺度信息，以便于后续讨论和获得数学建模上的便利。根据 Gabaix 等（2016）的文献，动态收入不平等模型的两个主要方程为

$$x_{it}=\chi_t^{b_j}y_{it}$$

$$\mathrm{d}y_{it}=\mu_j\mathrm{d}t+\sigma_j\mathrm{d}Z_{it}+g_{jit}\mathrm{d}N_{jit}+Inj-Dth$$

其中，N_{jit} 表示泊松过程且满足 $P\{\mathrm{d}N_{jit}=k\}=\dfrac{(\varphi_j\mathrm{d}t)^k\exp(-\varphi_j\mathrm{d}t)}{k!}$；$g_{jit}$ 为一随机变量，且认为其分布满足 f_j；Inj 表示“injection”（进入），指进入过程；Dth 表示“death”（死亡），表示死亡过程（或表示退出过程）。

死亡过程和进入过程的具体特性可以不直接描述，采用间接描述的方法，即利用 Fokker - Planck 方程。若令 $p(y_{i,t},t\mid y_{i,0},0)$ 表示 y_{it} 的转移概率密度函数，或可简写为 $p(y_{i,t},t\mid y_{i,0},0):=p$ 。由式（3 - 27）和式（3 - 33）可知，如果随机过程 y_{it} 不含有进入过程和死亡过程，则其 Fokker - Planck 方程为：$\partial_t p=-\mu_j\partial_{y_{it}}p+\dfrac{\sigma_j^2}{2}\partial_{y_{it}y_{it}}p+\varphi_j\,\mathbb{E}[p(y_{it}-g_{jit})-p(y_{it})]$ 。如果加入进入过程和死亡过程，则加入 $-\delta p$ 表示死亡过程，其中，δ 表示死亡率（或替代率）；而用 $+\delta\psi(y_i)$ 表示进入过程，其中，$\psi(\,)$ 表示新诞生的企业来自该分布，则为

$$\partial_t p=-\mu_j\partial_{y_{it}}p+\frac{\sigma_j^2}{2}\partial_{y_{it}y_{it}}p-\delta p+\delta\psi+\varphi_j\,\mathbb{E}[p(y_{it}-g_{jit})-p(y_{it})]$$

常见的基础模型是将 $J=1$ 且将 $\chi_t=1$。

需要注意的是，此处出现的 Fokker - Planck 方程多并非传统金融数学与高级经济学专著中出现的 Fokker - Planck 方程，主要是多了 $\mathbb{E}[p(y_{it}-g_{jit})-p(y_{it})]$ 项和 $-\delta p+\delta\psi$ 项，这也是为何笔者在第五章第九节解释 Chapman - Kolmogorov 方程的微分形式的原因，此外可以认为本节出现的 Fokker - Planck 方程其实是广义版本的 Fokker - Planck 方程。

第九节 MSS 的建模思想

另外一个对企业动态异质性成因的探讨思路来自 A. Saichev 等（2010）的专著和 Malevergen 等（2013）的论文。该研究团队主要由 Malevergne, Saichev 和 Sornette 组成。

该团队较系统地介绍了企业动态异质性的成因。尤其是 A. Saichev 等人（2010）的专著。该专著提出的解释思路和 Gabaix（1999，2005）以及 Gabaix 等（2016）明显不同。Gabaix 等人的思路主要是基于 Chapman - Kolmogorov 方程的微分形式展开的，企业的异质性特性被认为具有跳跃—扩散过程性质。与 Gabaix 等的思路不同，Saichev 等（2010）的专著更偏重于从概率与随机过程视角展开解释。此外，Saichev 等对企业的异质性变量的设定仅为扩散过程。虽然有这些建模上的差异，但 Gabaix 等和 Saichev 等的研究成果都承认一个基本的事实，即：企业的异质特性，在时间 $t\to\infty$ 时，满足幂律特性（即满足帕累托分布），或近似满足 Zipf 定律。当然，也需要说明，A. Saichev 等的研究并没有摒弃利用 Chapman - Kolmogorov 方程的微分形式（即广义的 Fokker - Planck 方程），在他们的研究框架中，Chapman - Kolmogorov 方程的微分形式也是主要的数学工具，但是这种数学工具一般出现在构建模型的中后期。Gabaix 等研究异质性的思路是在问题的初期即直接写出了 Chapman - Kolmogorov 方程的微分形式，然后开始讨论该微分形式的存在性、唯一性和稳定性。

Gabaix 等和 Saichev 等对异质性成因的解释，具体反映在他们不同的建模思路上。不同的建模思路代表着他们对异质性这一概念的不同的理解。Gabaix 等和 Saichev 等对异质性都不仅仅停留在对企业异质性的研究上。他们研究的本质其实是试图构建一个随机系统，利用数学语言解释幂律分布和 Zipf 定律的成因和其内在规律。因此，只要是随机系统具有幂律分布或 Zipf 定律特性，利用他们的建模思想都可以对异质性随机系统进行描述。目前，Gabaix 等的研究主要集中在城市规模、人口规模以及财富的动态不平衡问题

上。而 Saichev 等人的研究主要集中在企业理论领域。本书前面已说明，Melitz 等的异质性企业理论是基于比较静态研究。Melitz 理论的核心是假设企业的生产率具有幂律分布，而在动态视角下如何解释静态（即稳态）环境下企业核心变量（即生产率）具有幂律特性，就必须借助 Gabaix 等和 Saichev 等的研究成果。如前文所述，Gabaix 团队中的 Benjamin Moll 已在动态异质性领域有极高的建树，并将异质性理论运用到宏观经济研究中。

前文已介绍了 Gabaix 等的理论思想和建模流程。下面重点介绍 Saichev 等的思想和方法。以下部分主要来自 Saichev 等（2010）的论文，为了避免交流的障碍，本书在此部分采用了和 Saichev 等同样的数学符号。

此外，为了避免混淆和尽量简洁，做以下说明：

说明一，因以下部分延续 Saichev 等的思想，该团队主要是 Malevergne，Saichev 和 Sornette 三人，故用“MSS”表示三人的名字缩写。为尽量简洁，且也为了和 Gabaix 等人的建模思想区分，故在以下讨论中，但凡是 MSS 三人提出的独特性思想都统一称为“在 MSS 框架下”。

说明二，在 MSS 框架下，他们认为，企业的价值和企业的规模成正比，且经常混淆二者的概念。对此，笔者不做经济学的批判，仅需说明：在 MSS 框架下，关键变量（比如，企业的规模）具有一般性，只要是关键变量的稳态分布满足 Zipf 定律，则都可以适用。因此，研究人员可以借助 MSS 框架将关键变量设定为企业的生产率，然后直接利用 MSS 等人推导的数学结果。

一、随机经济行业系统的基本设定

首先假设第 i 个企业的价值为 $S_{i,t}$，满足扩散过程，可以用类似 $\frac{dS_{i,t}}{S_{i,t}}=a_i dt+\sigma_i dW_{i,t}$，在整个行业中，比如有 I 个企业，每个企业 i 出生的时间不一致，企业死亡的时间也不一致。企业的出生满足一种广义的泊松过程①，企业依次出生。而死亡满足两种机制，一种机制是对此行业设定一个边界值，比如 s_1，如果有企业的价值触及该边界值，则该企业退出（即被认为死亡）；第

① 广义的泊松过程指该泊松过程的强度系数 v 随时间变化。还需要说明的是，一般的数理统计文献和专著常使用 λ 表示强度系数，但在 A. Saichev 等（2010）的文献中采用了 v，在本部分中，我们采用了和 A. Saichev 等（2010）同样的数学符号，以减少读者阅读的困难。

二种死亡机制是突然死亡机制，即现存企业中，企业的退出数量满足某种广义的泊松过程。此外，如无特殊申明，始终假定随机系统是连续随机系统。

下面列出了 MSS 框架的 14 个重要设定。

（1）为了描述清楚一个企业的动态行为，需要知道其出生的时间，用 t_i 表示，每个企业按广义泊松分布的形式出现，该广义泊松分布的强度为 $v(t)$ 。企业 i 的价值用 $S_{i,t}$ 或 $S_i(t)$ ① 表示，但需要注意的是：在研究企业异质性时这样的表示并不充分，尤其是基于 Saichev 等的思想，如果不标注企业“出生时间信息”而讨论企业动态价值，模型将失去异质性的特性，因此，在 Saichev 等的思想下，讨论企业价值时一定要随时标注它的“出生时间”。故在 MSS 框架下，用 $S(t,t_i)$ 表示在 t_i 出生的 i 企业在 t 时刻的价值。需要特别说明的是：利用泊松过程的相继性设定，在任意时刻 t_i 同时发生两次泊松跳跃的可能性几乎为零，因此每个企业的出生时刻信息 t_i 足以区分该企业，故采用 $S_i(t,t_i)$ 数学语言来描述“在 t_i 出生的 i 企业在 t 时刻的价值”就显得多余（即：下标“ i ”显得多余），因此采用 $S(t,t_i)$ 即可。

（2）$\{t_i\}_{i\in\mathbb{N}}$ 是一个随机过程，$\{S(t,t_i)\}_{i\in\mathbb{N}}$ 也是一个随机过程。在 MSS 框架下且假设二者独立。这是一个非常重要的假定。Malevergne 等人（2003）在文献中，明确地说明了 $\{t_i\}_{i\in\mathbb{N}}$ 和 $\{S(t,t_i)\}_{i\in\mathbb{N}}$ 是按照标尺泊松过程（mark Poisson）设定的，即：$\{t_i\}_{i\in\mathbb{N}}$ 是一个简单的点过程（point process），而 $\{S(t,t_i)\}_{i\in\mathbb{N}}$ 是所谓的“标尺”②。

① 但是有意思的是，在 Malevergne 等（2003）的文献中，他们又用了这种表示方式，但是却专门注明“i”并非传统意义上定义的方式，而具有随机性。笔者认为，用 $S(t,\ t_1)$ 表示较好。Malevergne 等（2003）文献中采用 $S_i(t)$ 可能的原因是为了避免让读者对 $S(t,\ t_i)$ 产生理解上的歧义，这种歧义是因为他们后续的推导非常依赖于 $\{t_i\}_{i\perp\mathbb{N}}\perp\{S(t,\ t_i)\}_{i\perp\mathbb{N}}$。

② 首次阅读此部分的读者，如果对标尺泊松过程不熟悉，可掠过本脚注。需要注意的是，为了定义清楚后续讨论的一个重要函数 $\widetilde{N}(s,t)$，在讨论标尺泊松过程时需要定义计数测度（counting measure），在 Malevergne 等（2003）文献的附录 A. 1 中，使用的数学符号是 $N_t(T\times\Sigma)$。为了保证讨论的完整性，本书第五章第四节介绍了计数测度和标尺计数过程。Daley and Vere - Jones（2007）的专著是一本专门解释计算过程的专著，Malevergne 等（2003）和 A. Saichev 等（2010）的思想都建立在对计数过程的讨论之上，MSS 在 Malevergne 等（2003）的文献中也反复提到了 Daley and Vere - Jones（2007），关于计数泊松过程的定义可见 Daley and Vere - Jones（2007）的 6. 4 部分。

（3）需要将时间分成 k 等份，假设时间从 $-\infty$ 演进到 t 时刻，则每段时间 $T_k := (t-(k+1)\Delta, t-k\Delta]$，$k=0,1,2,\cdots$，因为假设时间为连续的，可在适当时候假设 $\Delta \to 0$。

（4）在第 k 个时间区间，企业的平均出生率用 $v(t-k\Delta)$ 表示。

（5）引入一个非常重要的概念——最小企业价值 s（或被 MSS 称为最小企业规模）。该概念为什么重要？如前文所述，如果将 MSS 分析框架引入 Meltiz（2003）的异质性理论中，$S(t,t_i)$ 将代表企业生产率，而 Meltiz（2003）的异质性理论中最重要的一个概念就是企业最低生产率。虽然 MSS 的参考文献中没有引用任何 Melitz 的文献，但如本书前文所述，MSS 框架具有普适性。我们需要定义一个专门的“量”用来测量（或比较或收集）在任意 t 时刻的企业规模和最小企业规模 s 的信息。这个“量”可以是被定义的一个随机变量，也可以是一个随机过程。MSS 用 $\widetilde{N}_k(s,t) := \sum_{i:t_i \in T_k} \mathbb{I}(S(t,t_i)-s)$ 表述这个“量”。需要注意的是：首先，$\widetilde{N}_k(s,t)$ 并不是一个简单的随机过程，它随时间变化，但它还可以反映最小企业规模 s 变化带来的影响。其次，$\widetilde{N}_k(s,t)$ 本质上表示的是“随机数量”，具体来说就是：在 T_k 时间区间中，出生的所有企业，在 t 时刻，企业的规模大于 s 的数量。最后，此处需要借助数学工具——特征函数的知识，定义 $\widetilde{N}_k(s,t)$ 的特征函数 $\Theta_k(u,s,t) := \mathbb{E}[e^{iu\widetilde{N}_k(s,t)}]$，后续的推导在借助特征函数的特性时，会达到事半功倍的效果。举例说明，如果仅关注在 T_k 时间区间中的这个“随机数量”$\widetilde{N}_k(s,t)$，在宏观层面，并没有多大意义。异质性的研究，最终需要落实到宏观层面，因为无论是 Zipf 定律还是幂律，其本质都是试图解释微观信息与宏观信息的内在联系。因此，我们更关注 $\widetilde{N}(s,t)$，即在 t 时刻，整个行业中企业规模大于 s 的数量。注意 $\widetilde{N}_k(s,t)$ 和 $\widetilde{N}(s,t)$ 的区别。

（6）引入 $f(s,t|s_0,t_0)$，表示企业规模的密度函数。具体说，假设有某企业的规模为 $S(t,t_0)$，即说明该企业在 t_0 出生且出生时企业规模为 s_0。该函数在 MSS 框架中非常重要。主要的原因是，如前文所述，MSS 框架虽然不似 Gabaix 等一开始便引入 Chapman - Kolmogorov 方程的微分形式，但并不

是说 MSS 框架不利用 Chapman – Kolmogorov 方程的微分形式。MSS 框架中，在分析$f(s,t|s_0,t_0)$时，使用 Chapman – Kolmogorov 方程的微分形式。此外，为了数学上的便利，引入 $\bar{F}(s;t|s_0,t_0):=\int_s f(s';t|s_0,t_0)ds' \Leftrightarrow f(s;t|s_0,t_0)=-\frac{\partial\bar{F}(s;t|s_0,t_0)}{\partial s}$，该变量被称为互补（complementary）累积分布函数，简称 CCDF。

（7）引入 $N(s,t):=\mathbb{E}[\tilde{N}(s,t)]$，该函数表示行业在 t 时刻规模大于 s 的企业数的平均。如前所述，$\tilde{N}(s,t)$ 是一个随机数量，而且是个宏观的概念，为了更好地研究，在实际中，常采用 $N(s,t):=\mathbb{E}[\tilde{N}(s,t)]$，而 $N(s,t)$ 经 MSS 等人的推导，证明满足

$$N(s,t)=\int_0^t v(t-\xi)\bar{F}(s;t,t-\xi)\mathrm{d}\xi \tag{3-35}$$

此外，$N(s,t)$ 和 $\tilde{N}(s,t)$ 之间存在着广义泊松分布的关系，即

$$P[\tilde{N}(s,t)=n]=\frac{[N(s,t)]^n}{n!}\mathrm{e}^{-N(s,t)}$$ ①

（8）如前所述，在 MSS 中，关于企业的退出（或死亡）机制有两种，一种是对此行业设定一个边界值，比如，s_1，如果有企业的价值触及该边界值，则该企业退出（即被认为死亡）。针对这种机制，MSS 主要是利用偏微分方程得以实现，具体思路是对$f(s,t|s_0,t_0)$构建广义 Fokker – Planck 方程，因为广义 Fokker – Planck 方程本质上是一个偏微分方程（或者在极其特殊的情况下会变为一个偏积分微分方程，简称 PIDE，全称：Partial integro – differential equation），再对该广义 Fokker – Planck 方程设定吸收边界条件。

（9）在 MSS 框架下，企业的第二种退出机制是仍然利用广义泊松过程的数学思想，针对行业在 t 时刻规模大于 s 的企业数的平均 $N(s,t)$ 进行

① 如果读者看不出为何 $N(s,t)$ 和 $\tilde{N}(s,t)$ 之间存在广义泊松分布的关系，不妨将 $\tilde{N}_t$ 视为一个标准泊松过程，则其强度为 λt，令 $\lambda t=N(s,t)$，则根据标准泊松过程的性质可知 $P[\tilde{N}(s,t)=n]=\frac{(\lambda t)^n}{n!}\mathrm{e}^{-\lambda t}$。

建模，借鉴式（3－35），但需要对其进行修正，并引入幸存函数（survival function）的概念，在MSS的书中用$H(t,t_\ell)$或$Q(t,t_\ell)$表示。此时，$N(s,t)$的公式修正为

$$N(s,t) = \int_0^t H(t,t-\xi)v(t-\xi)\bar{F}(s;t,t-\xi)\mathrm{d}\xi$$

此外，为了增加模型的可操作性，MSS建议$H(t,t_\ell)$可取$H(t,t_\ell) = e^{-\mu\cdot(t-t_\ell)}$或$H(t,t_\ell) = e^{-\int_0^t \mu(s-t_\ell)\mathrm{d}s}$，其中，$\mu(\cdot)$被称为危险（hazard rate）函数或翻译为危险率函数，危险率函数可以是一个常数，即如$H(t,t_\ell) = e^{-\mu\cdot(t-t_\ell)}$的形式，如果危险率为实变函数，则如$H(t,t_\ell) = e^{-\int_0^t \mu(s-t_\ell)\mathrm{d}s}$的形式。

（10）需要注意的是，在MSS框架中未详细揭示幸存函数、危险率函数和首达过程（first passenger time process）的深刻关系。首达过程是一个非常重要的随机过程概念，在经济与金融学中有若干重要的应用，往往还和最优停时问题相关联。作为本书的一个理论创新点，本书会在第五章第七节具体介绍。

（11）在整个MSS框架中，MSS主要是利用$g(s,t)$函数衡量整个行业的企业异质性，它的含义是在t时刻，行业内大于s的企业规模的平均密度。如果$t\to\infty$，$\lim\limits_{t\to\infty} g(s,t) = g(s) < \infty$，则称$g(s)$为稳态条件下的企业规模的平均密度。在仅考虑行业有新生时，$g(s,t) = \int_{t_0}^t v(u)f(s;t|u)\mathrm{d}u$，如果$f(s;t|u)$具有齐次性，则$f(s;t|u) = f(s;t-u)$，于是$g(s,t) = \int_{t_0}^t v(u)f(s;t,t-u)\mathrm{d}u$。如果考虑企业存在第二种退出机制，则$g(s,t) = \int_{t_0}^t v(u)H(t-u)f(s;t,t-u)\mathrm{d}u$。

（12）MSS框架的本质最终是要论证关键变量满足Zipf定律。以本讨论为例，关键变量是企业的规模$S_\ell(t)$，MSS框架最终的落脚点是要论证$g(s)$满足（至少近似满足）Zipf定理。因此，$g(s)$函数需具有帕累托分布的形式。

（13）为了数学推导上的便利，同时也为了使推导的步骤具有经济学的可解释性，在推导过程中产生了一些重要的中间变量（或中间函数），

这些变量和函数也可以帮助科研人员分析一些具体问题，这些重要的中间变量（或中间函数）包括：$\widetilde{G}(s,t)$，$G(s,t)$ 和 $F(s;t|u)$。$\widetilde{G}(s,t)$，$G(s,t)$ 和 $F(s;t|u)$ 的经济学含义、定义以及与 $N(s,t)$，$\widetilde{N}(s,t)$，$\overline{F}(s;t|s_0,t_0)$，$g(s,t)$ 之间的关系的讨论较长，具体见下节。

（14）Malevergne 等（2013）认为，他们的建模思路有别于 Gabaix（1999）。主要的原因是 Gabaix 的推导，假设一个行业的所有企业的出生都是同一时间发生的，显而易见，MSS 框架假设企业的发生是随机的，满足一个 $\{t_i\}_{i\in\mathbb{N}}$ 点过程。这种差异导致两个团队在认同 Zipf 定律存在的情况下，对模型中的一些反映经济增长的重要参数有不同的理解（或者是设定）。Malevergne 等（2013）提出了一个平稳增长条件（balance growth condition）的概念，进而引出他们在 MSS 框架中反复提及的"平均增长（mean growth）""随机增衰退（stochastic decay）"等概念。MSS 基于这些概念，形成了他们理论的"（数学）语言素材"和模型体系，自然地，他们会选择平均密度函数（mean density）$g(s,t)$ 作为重要的"抓手"分析问题。此外，在 MSS 的"数学话语体系"中，还有诸如半几何布朗运动（semi - geometric Brownian Motion）等概念。

二、重要中间变量彼此关系的讨论

以下内容重点解释 $\widetilde{G}(s,t)$，$G(s,t)$ 和 $F(s;t|u)$ 的经济学含义、定义和与 $N(s,t)$，$\widetilde{N}(s,t)$，$\overline{F}(s;t|s_0,t_0)$，$g(s,t)$ 之间的关系。

$\widetilde{G}(s,t)$ 和 $\widetilde{N}(s,t)$ 类似，也是随机数量的概念，它的定义是

$$\widetilde{G}(s,t):=\sum_{i=0}^{\infty}\mathbb{I}[s-S(t,t_i)]\,\mathbb{I}(t-t_i)$$

其中，$t_0<t_i<u<t$。

由此可见，它主要是测算在 t 时刻，既满足 $t>t_i$ 条件，又满足 $s>S(t,t_i)$ 的企业数量。$\widetilde{G}(s,t)$ 满足计数过程的特性，在恰当的定义计数测度后，可以写成以下积分形式

$$\widetilde{G}(s,t)=\int_{t_0}^{t}\mathbb{I}[s-S(t,u)]\,\mathrm{d}\widetilde{N}(u)$$

其中，$\mathrm{d}\widetilde{N}(u)$ 表示计数测度（counting measure），这是计数过程的基本特

性。最常见的计数过程是泊松过程。

在实际研究中，科研人员更关注 $G(s,t)=\mathbb{E}[\widetilde{G}(s,t)]$。利用期望值迭代法则，可以写出

$$G(s,t)=\mathbb{E}[\mathbb{E}[\widetilde{G}(s,t)\mid\{t_i\}]]=\int_{t_0}^{t}F(s;t\mid u)\mathrm{d}N(u)$$

$$=\int_{t_0}^{t}F(s;t\mid u)v(u)\mathrm{d}u \qquad (3-36)$$

此外还可以认为 $\mathrm{d}N(u)\approx v(u)\mathrm{d}u$ ①。

而式（3－36）中 $F(s;t\mid u)$ 和 $\mathbb{E}[\widetilde{G}(s,t)\mid\{t_i\}]$ 分别等于

$$F(s;t\mid u):=P\{S(t,u)\leqslant s\}=\mathbb{E}[\mathbb{I}(s-S(t,u))]=1-\overline{F}(s;t\mid u)$$

而

$$\mathbb{E}[\widetilde{G}(s,t)\mid\{t_i\}]=\int_{t_0}^{t}\mathbb{E}[\mathbb{I}[s-S(t,u)]\mid\{t_i\}]\mathrm{d}\widetilde{N}(u)$$

而 $F(s;t\mid u)$ 表示的是在 u 时刻出生，在 t 时刻时，企业规模小于等于 s 的概率。

此外还需注意，因为 $t_0<t_i<u<t$，因此认为 $\mathbb{I}[s-S(t,u)]\perp\{t_i\}_{i\in\mathbb{N}}$，于是有

$$\mathbb{E}[\mathbb{I}[s-S(t,u)]\mid\{t_i\}]=\mathbb{E}[\mathbb{I}(s-S(t,u))]$$

最后，容易说明

$$g(s,t)=\frac{\partial G(s,t)}{\partial s}=\int_{t_0}^{t}v(u)f(s;t\mid u)\mathrm{d}u$$

$$f(s;t\mid u)=-\frac{\partial\overline{F}(s;t\mid u)}{\partial s}=\frac{\partial F(s;t\mid u)}{\partial s}$$

此外，$N(t):=\mathbb{E}[\widetilde{N}(t)]$。

除了上述介绍的概念外，为了研究企业的异质性，还应该关注企业年龄（age）的分布、整个行业的总价值，即 $\widetilde{\Omega}(t):=\sum_{i\in\mathbb{N}:t_i<t}S(t,t_i)$ 以及整个行业的总价值 $\mathbb{E}[\widetilde{\Omega}(t)]$ 等概念。在 MSS 的框架下，基于计数过程的设

① 对标尺泊松过程不熟悉的读者可以先略过此批注。严格意义上而言，这种写法不准确，在 A. Saichev 等（2010）的文献中作者没有给出严谨的推导和证明。在 Malevergene 等（2013）的附录 A 中给出了严格的定义和推导。为了使本书的讨论具有连贯性、统一性和概念的一致性，笔者在第五章第五节给出了相关讨论。

定，以上概念都可以有严格的定义，并且可以进行分析。在 MSS 的框架下只要 $g(s)$ 符合 Zipf 定律，相关概念（比如，企业年龄分布、行业内企业平均规模密度）都可获得“有意义的结果”①。

第十节　本章总结

本章较为细致地讨论了异质性研究的实质，系统地总结了企业动态异质性研究的现状。本章首先从概率分布的视角诠释了异质性研究的本质，现有文献中较少②从此视角归纳总结异质性的本质。在介绍了异质性研究的本质之后，本章介绍了动态异质性建模的基本思路，同时结合 Meltiz 等的研究，探讨了二者的区别和联系，进而引出了 Benjamin Moll 团队和 MSS 的建模思想。Moll 等组成的研究团队是目前在动态异质性研究领域最杰出的团队，团队成员包括菲尔兹奖得主 Pierre – Louis Lions 和著名经济学家 Xavier Gabiax。本章讨论了 Moll 团队与 Melitiz 等研究的交叉点，介绍了如何将比较静态分析方法扩展到连续时间动态模型视角之下。之所以过去几年，Moll 等人的研究在宏观经济学领域引起了高度关注，除了团队中有若干学术明星之外，更主要的是他们研究异质性问题所提出的全面的数学解决方案和强大的数学分析框架，他们的理论基础是基于平均场博弈理论。本章最大的一个亮点是较为全面地介绍了平均场博弈理论。因平均场博弈

---

① 在此处，“有意义的结果”指的是：在一个“良性（well – posed）”问题设定下，会出现有意义的结果。关于良性问题的定义，我们遵从数学家阿达玛（Jacques Hadamard）的数学哲学思想。阿达玛认为：“好的问题（良性问题）”应具有三个特性：第一，有解（解的存在性）；第二，有唯一解（解的唯一性）；第三，解的稳定性，即解不会随初值条件或边界条件的微小改变而带来严重的不稳定。如果一个问题不具备这三个条件，则可以认为这个“问题”不是一个“好问题”。如果一个“问题”不满足第三点，则可以通过增加额外的限制条件（常见的方法是对“问题”的边界条件重定义，或是找到更有意义的边界条件，又或者是针对解进行光滑处理），这就是常说的“正则化（regularization）”。以本书研究的问题为例，我们不能简单地将企业的规模设定为几何布朗运动，也不能对随机变量的状态空间不加限制，虽然在金融与经济学中，我们常这样做简化处理。如果如此简化处理，几何布朗运动并不存在平稳分布，自然也不会满足幂律或者 Zipf 定律。于是 Gabaix（1999）的文献中就对随机过程的状态空间的取值范围（即支持集，英文为 support set）进行了限制，即随机变量状态的取值应有一下限，比如，S_{min}。这种类似的讨论都属于正则化的范畴。

② 目前没有文献从此视角展开讨论。

理论对经济学者而言过于晦涩难懂，本章花了较长的篇幅论证和介绍了不利用平均场博弈理论的思想，仅靠借助 Fokker – Planck 方程（主要是基于 Gabaix 的研究和 MSS 分析框架）研究企业异质性问题。

当然，也有不足之处，缺乏实证研究结果和模型模拟结果，这部分的研究可见笔者近期即将发表的后续学术论文。目前，基于连续时间模型研究中国宏观经济的学术文章较少，仍处在方兴未艾的阶段，又因为动态异质性研究所涉及的数学知识兹事体大，本章因篇幅所限，仅能起到抛砖引玉的作用。本章所涉及的数学知识可参见本书第五章。

根据 Moll 等的观点，他们提倡的动态异质性分析框架属于第三代宏观经济学的范畴，他们的分析框架的不足之处在于对数据的实证分析。此外，他们的分析框架也较难处理模型出现大量宏观变量的情形。利用宏观经济学视角分析企业的异质性问题，除了利用 Moll 等的第三代宏观经济学分析框架外，其实还可以利用第二代宏观经济学分析框架，即 DSGE 分析框架。DSGE 理论的好处是，建模较为容易，可以处理宏观变量数量较多的情形，还可以较好地和数据相结合完成实证分析的工作。如何利用 DSGE 理论研究异质性问题？请读者“移步”本书下一章。

新新贸易理论视角下的 DSGE 宏观模型

动态随机一般均衡（dynamic stochastic general equilibrium，DSGE）是目前西方宏观经济学主流的经济分析框架。新新贸易理论主要利用局部均衡和比较静态分析法展开研究，如果需要将新新贸易理论的思想拓展到宏观经济研究领域就必须借助动态随机一般均衡的思想，因此本章重点介绍动态随机一般均衡理论。此外，本章还基于Melitz的新新贸易理论，恢复了Melitz的两个DSGE模型，并做了一定的改良，以适应中国国情。此外，需要注意的是，Moll等将DSGE称之为“第二代宏观经济学”理论，DSGE是离散时间模型，而Moll等人倡导连续时间模型，关于“连续时间模型与离散时间模型之争”的问题已在第三章做过讨论，故在本章讨论DSGE的局限性时，不再展开。

第一节　动态随机一般均衡理论概述

一、动态随机一般均衡理论与传统经济研究的关系

作为当前西方主流宏观经济理论，动态随机一般均衡模型（以下简称：DSGE）近年来一直是各国央行及政府部门进行经济模拟、预测及政策分析的重要工具。本节主要回顾目前被用于货币及财政稳健性数量分析的重要DSGE模型。随着研究的深入，越来越多的经济理论和经济建模要素被纳入DSGE的框架下，具体可见表4－1。

表4－1　已纳入DSGE分析框架的主要经济理论或建模要素以及其对应的相关文献

经济理论或建模要素	解释	主要文献
垄断竞争市场结构	引入CES	Dixit and Stiglitz（1977），Blanchard and Kiyotaki（1987）
凯恩斯主义的黏性价格和工资刚性	考虑价格调整成本的作用	Taylor（1979），Calvo（1983），Rotemberg（1982）
货币主义思想	考虑货币的存在。将货币加入效用函数中（即money in utility，MIU理论），或将货币引入家庭的预算约束中，即现金优先（cash－in－advance，CIA）理论引入模型中	Blackorby and Donaldson（1988），Lucas Jr and Stokey（1985），Svensson（1985），Kimball（1995）

续表

经济理论或建模要素	解释	主要文献
泰勒准则	考虑货币主管部门（即央行），对经济的调节。货币主管部门根据宏观变量，建立优化方程，选择最优的利率，最小化产出波动或最大化社会福利函数	Orphanides（2003）
金融加速器理论	考虑金融市场对宏观经济运行的影响，考虑金融摩擦	Bernanke et al（1999）
财政政策思想	将税率引入 DSGE 模型中，在家庭收入、消费、资本、投资等环节加入税率，还包括财政政策与货币政策协调等研究	Easterlyand Rebelo（1993），Kopits and Symansky（1998），Baxter and King（1993），Alesina and Tabellini（1987）

资料来源：作者根据公开资料整理。

表4－1中所涉及的经典经济学学术论文往往仅触及经济学中一个领域的问题，这些论文原本散布于经济学的各个领域，彼此并无太多联系，甚至有些论文彼此孤立存在，但却可以依靠 DSGE 分析框架有机结合起来并“和谐”地融于一个模型中。不完全竞争、理性预期与价格黏性这些重要的经济学建模思想都已经成为当今 DSGE 的标准配置，并能较好地调和各种经济学学派、各种经济学思想。

二、动态随机一般均衡与央行货币政策研究

目前，最为经典的 DSGE 模型见表4－2。这些模型中的绝大部分已成为全球各大央行制定货币政策、模拟经济运行、梳理货币政策传导机制所不可或缺的宏观经济分析工具。

表4－2　DSGE 理论发展过程中重要的模型以及其对应模型简写

缩写	对应文献	模型特点或经济学含义
BGG（1999）	Bernanke B S，Gertler M，Gilchrist S（1999）	金融加速器理论
CCE（1995）	Chari V V，Christiano L J，Eichenbaum M（1995）	新古典银行部门模型，后用于 CMR（2010）

续表

缩写	对应文献	模型特点或经济学含义
SW03 或 SW07	Smets F, Wouters R (2003, 2007)	被称为当代 DSGE 模型的"母机"
CEE (2005)	Christiano L J, Eichenbaum M, Evans C L (2005)	当代 DSGE 领域的标杆性模型之一
ALLV (2007)	Adolfson M, Laséen S, Lindé J et al (2007)	基于 SW03 模型，将封闭经济体模型扩展到开放经济环境下，模型中不含金融摩擦
ACEL (2011)	Altig D, Christiano L J, Eichenbaum M, Linde J (2011)	基于 CEE (2005) 扩展而成
CMR (2010)	Christiano L J, Motto R, Rostagno M (2010)	基于 CEE (2005) 并利用金融摩擦理论 BGG (1999) 构建而成
CTW (2011)	Christiano L J, Trabandt M, Walentin K (2011)	基于 CMR (2010) 扩展到开放经济环境

央行、国际货币基金组织以及金融机构成为 DSGE 理论研究和应用型研究成果最大的"买家"。从目前 DSGE 的使用情况来看，除了 DSGE 模型已成为国外主流央行政策制定的分析工具外，各国财政部也开始使用 DSGE 分析财税问题（比如，Kumhof et al，2010 以及 Zubairy，2014），具体可见表 4－3。

表 4－3　DSGE 在各国央行货币政策制定研究中的情况

央行名称	缩写	文献名	简介
欧洲央行	CW 模型	Coenen, Weiland (2005)	构建基于欧洲、美国以及日本的模型，考察 Calvo 型、泰勒型以及 Fuhrer－Moore 型通货膨胀与黏性价格模型
	SW 模型	Smets and Wouters (2003, 2007)	封闭经济体模型，DSGE 研究领域中的标杆模型，被称为"工作母机"（work horse）
	NAWM (new area－wide model)	Dieppe et al (2005)	更多讨论可见本章第二、三节

续表

央行名称	缩写	文献名	简介
欧洲央行	CMR	Christiano, Motto, Rostagno（2007）	更多讨论可见本章第二、三节
	NAWM	Cheistoffel et al（2008）	被认为 2008 年的大型 DSGE 模型，且被认为是有微观基础的开放经济模型，欧洲央行重点观测 18 个宏观经济变量。结构冲击 18 个，模型估计利用贝叶斯方法*。但目前仅算中小型模型
挪威央行	NEMO	Brubakk et al（2006）	多部门的开放经济两国模型**
西班牙央行	MEDEA	Burriel et al（2010）	开放经济模型，其机制和 Adolfson et al（2007）类似
美联储	FRB/US	Coenen et al（2005）	目前已较少使用
	SIGMA	Erceg et al（2008）	开放经济模型，其机制和 Adolfson et al（2007）类似
	EDO	Chung et al（2010）	开放经济模型，其机制和 Adolfson et al（2007）类似，包含金融摩擦理论
英格兰银行（BOE）	BEQM	Harrison et al（2005）	大型 DSGE 模型，开放经济模型，将央行完全独立于宏观经济体外，认为央行的行为是一个完全的外生变量
加拿大央行	ToTeM	Murchison and Rennison（2006）	经典的开放经济模型，但模型构建较为老套，没有考虑货币因素
瑞典央行（Sverihes Riksbank）	RAMSES	类似于 Adolfson et al（2007）	多外贸部门中型 DSGE 模型，方程数 55 个，冲击数 16 个

* 更多关于 NAWM 的介绍可访问欧洲央行的网站：http：//www. ecb. europa. eu/home/html/researcher_ awm. en. html。

** 更多关于模型的介绍可访问挪威央行官方网站：http：//www. norges - bank. no/Upload/66495/EN/NEMO. pdf。

续表

央行名称	缩写	文献名	简介
智利央行	MS	Soto and Medina (2005), Medina and Soto (2007)	开放经济模型，基于智利是一个以铜出口为主的国家，该模型考虑了专门的自然资源出口部门，此外还考虑了石油进口在国内消费和投资中的作用
巴西央行	BRA - SAMBA	Castro et al (2008)	开放经济模型，考虑了央行资产负债表的作用，此外还考虑了两个央行行为方程，并考虑了两种替代效应
IMF	GIMF	Kumhof et al (2010)	多国模型，采用了贸易比重转移举证，采取了 Blanchard - Yarri 的世代交替家庭结构，与 BEQM 类似，但一般国家的央行建模没有采取世代交替模型，以 SW/CMR 为例主要考虑家庭消费的持续性问题
中国央行 (PBoC)	暂无	刘斌 (2008)	基于 CMR 开发，但将其扩大到开放经济模型（非两国模型），考虑了金融摩擦等前沿问题，可考虑税收部门

资料来源：作者根据各大央行网站及公开资料整理。

三、重要文献的扼要梳理

因篇幅限制，仅梳理四篇最为经典的 DSGE 文献。

（1）Smets 和 Wouters（2007）（以下简称 SW07）建立了中等规模封闭经济下的 DSGE 模型，并利用贝叶斯估计分析了美国经济。模型最大的特点是利用确定性增长率，使数据无须在估计之前去趋（de - trending），减少了以往计量过程中去趋的随意性。在推导总需求方程时，Smets 和 Wouters 借助额外习惯形成（external habit formation）使模型中的消费更具持续性，而在推算总供给方程时，假定最终产品厂商所处环境为完全竞争市场，并供给家庭、政府消费与投资。最终产品厂商利润最大化是基于 Kimball（1995）的中间产品聚集器（an aggregator of intermediate goods），即中间产品市场满足垄断竞争的特性，且中间产品之间的替代弹性由相对价格决定。中间厂商生产出差异性产品，其中生产函数为柯布—道格拉斯函数，并将成品卖给最终产品部门。中间产品厂商可决定劳动与资本投入，劳动力在工资定价方面有一定议价权。工资和价格黏性均参照 Calvo 模式，价格不能随意设置，其部分被指数化成为过去的通货膨胀率。在参数估计方面，Smets 和 Wouters 利用了 1966—2004 年美国季度数据，依托贝叶斯估计得出参数，并借助 11 个冲击全面考察了 7 个关键宏观经济变量：实际 GDP、消费、投资、国内生产总值缩减指数（GDP deflator）、实际工资、失业率以及短期名义利率的波动情况。该文后来被称为 DSGE 领域的“工作母机（work horse）”文献，是 DSGE 研究领域的标杆性文献。此外，该文作者在 2003 年还有一篇研究欧洲宏观经济的文章，即：Smets 和 Wouters（2003）。

（2）Smets 和 Wouters（2003）建立了一个封闭经济的中型 DSGE 模型，其中包含了多种摩擦，并在欧洲区模型的参数估计过程中使用贝叶斯技术，该思路也延续到了 Smets 和 Wouters（2007）。Smets 和 Wouters 的两篇文章建立的模型目前已成为 Bayesian - DSGE 领域的标杆模型。在总需求方面，家庭最大化其一生的效用方程。效用方程包含消费、休闲和实际货币平衡，且利用效用函数分离性将三者分离。效用方程受跨期预算约束限制。Smets 和 Wouters 引入了习惯形成以使消费响应更具有持续性。家庭拥有企业股份，并租赁资本服务给厂商，同时还额外地持有金融财富，主要以现金以及一期或有债券形式持有。外生消费则通过 AR（1）过程来描述。在总供给方面，最终产品在完全竞争环境下生产，并被家庭和政府用以消费或投资。最终产品生产商基于 Dixit - Stiglitz 框架最大化其利润。中间产品厂商生产差别化的商品，并将中间产品卖给最终产品部门。中间产品厂商决定劳动与资本的投入，并由 Calvo 模型决定价格。同时，家庭提供的劳动也存在差异性，并依托 Dixit - Stiglitz 框架假定家庭在工资定价方面具有某种垄断权力，导致 Calvo 工资黏性特征。参数估计方面，选取 1970 年第一季度至 1999 年第四季度经济数据并利用贝叶斯估计计算出相关参数。在此基础上，该文两位作者引入了 10 个正交冲击，全面考察欧洲经济系统的稳定性。

（3）Christiano 等（2005）（简称：CEE2005）设计了一个可解释通货膨胀惯性与产出持续性的框架。在总需求方面，代表性家庭的效用方程分离了消费和休闲，同时允许消费中的习惯形成。作者通过家庭选择消费、货币，以及中间厂商（同质性资本模型）提供的资本服务和投资组合决策

来最大化其效用方程。在总供给方面，中间产品市场为垄断竞争市场，而最终产品利用差异性的中间产品作为投入，在完全竞争环境下生产出来。价格黏性同样参照 Calvo 模式，但与 Smets 和 Wouters（2007）不同，企业并未利用前期通货膨胀指数优化其价格。在参数估计方面，模型采用了美国 1959 年第二季度至 2001 年第四季度的经济数据，并利用含 10 个变量的 VAR 模型进行货币政策冲击，得出脉冲反应方程，并与经验性数据比较、匹配得出参数。

（4）Adolfson 等（2007）（以下简称 ALLV）建立了一个开放经济的 DSGE 模型，参数估计时也采用了贝叶斯技术，并通过分析多个刚性与冲击的作用去匹配动态开放经济系统。在总需求方面，基本框架与 Smets and Wouters（2003）一致，但细化了对家庭资产的考察。家庭有能力通过获得国内债券和国外债券以持有额外的货币，并获得物质资本来积累财富。而持有国外债券的溢价是保证存在有明确意义的稳态的前提条件。同时，政府的赤字或者盈余都被认为通过一揽子转移支付给家庭。在总供给方面，作者假定现阶段央行通货膨胀目标值的部分指数化和前期通货膨胀率影响了厂商的定价，以至于在给定时期内，Calvo 信号不能被厂商获得，由此导致该模型的新凯恩斯菲利普曲线是一种混合型曲线。在进出口方面，进口公司在国际市场上购买无差异产品，同时有差异性地将其出售到国内市场。同样，出口企业买入那些由国内市场生产的同质性最终产品，并有差异性地卖到国外。差异性的投资和消费进出口商品均通过 CES 方程被分别增加。同时，Calvo 定价模型思路也被利用到出口和进口部门，并允许在短期内不充分汇率传导（pass - through）。国外经济体被表述为已知国外价格、国外产出和国外利率的 VAR 模型。在参数估计方面，该文两位作者利用贝叶斯技术，并使用了欧洲 1970 年第一季度至 2002 年第四季度的季度数据与模型所选的 15 个变量相匹配，以描述模型的动态性，并参照 Smets 和 Wouters（2003）处理方式设定了 18 种冲击检验欧洲经济系统。

第二节　动态随机一般均衡的经济学思想发展回顾

DSGE 理论对于很多非研究西方经济学的学者而言，一直以晦涩复杂著称，而因其没有预测到 2008 年的金融危机，也被很多学者诟病，大众质疑其解释经济现象的能力和政策指导能力，批评 DSGE 理论过于数理化，失去了经济学直觉。美国国会曾为宏观经济学模型与金融危机展开听证会，索洛（Solow，2010）在听证会上甚至不承认 DSGE 理论是建立在微观行为基础上的宏观经济学模型。但事实是，目前主流宏观经济学家并没有摒弃 DSGE 理论，DSGE 仍是美欧发达国家的宏观研究机构、央行和跨政府型国际机构（主要是 IMF 和 BIS）最常用的宏观政策分析工具。此外，2008 年金融危机之后，DSGE 在财政等其他领域应用的重要性反而不断提升，而 DSGE 的理论研究[①]发展也不断稳中有进。

关于 DSGE 理论的介绍以及其优缺点因篇幅限制不再冗述，国内有若干优秀文献。目前国内以及国外关于 DSGE 基本共识是：

（1）当代 DSGE 的前沿主流模型包括，Christiano 等（2005），简称 CEE 模型[②]；Smets 和 Wouters（2003，2007），简称 SW 模型；Woodford（2003a，200b）；Clarida，Gali 和 Gertler（1999，2002）；Rotemberg 和 Woodford（1997），以及 ALLV（2007）。

（2）被新古典和新凯恩斯主义共同推崇，一般认为是新古典综合学派。主要原因是当代主流 DSGE 模型（尤其是 CEE 和 SW）既承认新古典主义的理性预期思想和市场出清假设，又承认新凯恩斯主义的主要观点，比如，企业的垄断竞争特性以及价格黏性和工资刚性。

（3）金融危机前的 DSGE 模型都过于复杂，晦涩难懂，此外因过分强调卢卡斯的理性预期理论，不能反映真实经济，以点带面，对于非线性动态波动解释力不足。

（4）金融危机前的 DSGE 模型，尤其是以 CEE，SW 和 ALLV[②]为代表的 DSGE 模型，都未考虑金融市场以及金融机构，预测能力不足。

从以上的共识来看，争论的焦点主要在于模型的过度复杂化、晦涩难懂、政策预测能力不足、基于理性预期的假设与现实经济事实不符以及对金融机构和市场的忽视。DSGE 理论似乎走入了发展的死胡同。但是，从客观事实来看，金融危机之后，DSGE 在宏观经济学中的地位并没有动摇。从两个方面可以看出，首先从 DSGE 理论发展来看，2011 年和 2013 年诺贝尔经济学奖分别颁发给了萨金特和拉斯·汉森，他们对 DSGE 的发展有

① 此处的“理论研究”指进一步数学化的理论研究。

② 关于模型简称具体对应的代表文献请参见表 4－2。

深远的影响，说明主流学术圈对 DSGE 理论的重视与肯定。而从实际来看，各大国际机构仍然大量使用 DSGE 模型。

因此如果只是从以上共识来看，其实很难解释 DSGE 在主流西方经济学中的地位，也很难解释西方主流经济学家对 DSGE 态度的迥异，因此本节试图从经济学数学模型发展视角以及 DSGE 经济学理论发展视角对 DSGE 的前世今生进行全面剖析，真实客观地评价 DSGE 并对 DSGE 未来发展进行预测。

一、金融危机前 DSGE 的经济学发展脉络

20 世纪 70 年代以前，在宏观经济学中占据主流地位的是以 IS - LM 模型为基石的新古典综合学派。此时的宏观计量经济模型多建立在 IS - LM 模型框架上，这些宏观计量模型多是联立方程组模型（simultaneous equations model，SEM），笃信凯恩斯主义宏观经济学教条，但随着经济理论的发展和新经济现象的发生，联立方程组模型在理论上和计量上受到两个方面的挑战。

第一个挑战来自理论方面。1976 年，卢卡斯对这种联立方程组模型方法进行了批判，被称为“卢卡斯批判”（Lucas，1976）。“卢卡斯批判”认为，联立方程组模型不是结构化模型，其系数是由过去数据得出的，而随着时间的推移，央行等政府机构会执行新的政策，政策的变动会导致模拟系统中不同经济体面临的政策函数约束发生变化，从而经济个体行为方程的系数也会产生相应调整。因此，在经济系统行为发生变化的条件下，原联立方程组建模系统已不再能够用于指导政策的制定。在现实经济运行方面，20 世纪 70 年代，西方主要资本主义国家出现了经济停滞和通货膨胀并存的现象，俗称为“滞涨”，不仅传统的联立方程组模型没有预测到这一经济周期的拐点，而且这一新现象也给作为联立方程组模型基石的凯恩斯主义经济学学派以沉重的打击。在传统的凯恩斯主义经济学理论体系下，当经济增长减速或停滞时，可以通过扩张性的财政政策或宽松的货币政策刺激经济，以便拉动经济重新回到增长的轨道，并促进就业的增长，但这可能引发通货膨胀高企的风险。因此，低失业率与高通货膨胀存在此消彼长的关系，这就是著名的菲利普斯曲线所描述的经济现象。但在 20 世纪 70 年代，西方发达国家出现了“滞涨”，即高失业率与高通货膨胀并存的现象，这明显“有违”菲利普斯曲线，传统的菲利普斯曲线受到经济

学家的严重质疑。

第二个挑战来自计量经济学方法方面。西蒙斯（Sims，1980）亦对当时主流正统的联立方程组模型进行了批判，被称为“西蒙斯批判”。他认为，过往的计量经济学家在进行计量研究时，施加了较多的限制条件，而这些限制条件是否成立有时经不起计量统计的检验。在此基础上，西蒙斯认为，应尽可能少地对计量经济模型施加限制条件，并提出构建向量自回归模型（以下简称 VAR 模型）的思想。西蒙斯提出的 VAR 模型在当时是一种全新的宏观计量经济学方法，初始的 VAR 模型将所有变量视为内生变量，对变量间的关系施加的限制条件较少，有效地解决了“西蒙斯批判”问题。然而，VAR 模型也受到很多质疑和抨击，主要是 VAR 模型一切从数据入手，对很多关键的问题缺少微观经济学的理论基础。在这一情况下，如何为宏观经济学建立良好的微观理论基础，使得经济学在宏微观层面保持高度一致性，成为摆在宏观经济学理论家面前的重要问题，而 DSGE 模型的出现，成为解决这一问题的重大突破。

尽管卢卡斯、萨金特、西蒙斯、汉森等人对动态一般均衡方法进行过一些研究，但 DSGE 模型分析框架的基石却来自 Kydland 和 Prescott（1982），他们首次构造的 RBC 模型成为后来的 DSGE 理论的开山之作。RBC 模型对经济周期性波动问题进行了研究，通过引入供给冲击，将经济波动的根源解释为经济体系中的供给冲击（技术进步等）等真实变量。不仅如此，Kydland 和 Prescott（1982）开创了在经济模型中引入参数校准的方法，具有跨时代的意义，该方法有效地解决了 DSGE 模型数据少，且大多数 DSGE 模型没有解析解，难以进行参数估计的难题。然而，早期构造的 RBC 模型并不能与数据进行很好的拟合，受到一些经济学家的质疑和批评（萨金特，2005），在当时，DSGE 方法也未得到主流经济学界的重视。

20 世纪 80 年代以来，“新凯恩斯主义”理论不断取得新进展，为宏观经济波动的无效性（inefficiency）构建了新的微观理论基础（micro - foundation），主要从名义价格黏性以及货币非中性（Mankiw and Romer，1991）方面进行了微观解释，但这些理论多是静态、定性的分析，涉及的实证研究较少。而同期开展的 RBC 理论研究（Prescott，1986）则证明了从微观层面显性最优化行为来定量地构建宏观经济模型的可行性，但这些 RBC 模型的缺点是抽离了货币、金融元素，且通常假设价格灵活调整从而否定了货币对经济波动的解释力，使模型通常不能很好地解释数据中的价

格黏性。在这一背景下，一些学者将新凯恩斯主义经济学的特质（比如，价格黏性等）引入到RBC的分析框架中构建DSGE模型，将新凯恩斯主义经济学的理论发展与RBC模型的分析框架进行了完美的综合（synthesis），使得新组合的DSGE模型数据拟合能力不断增强，模型的模拟结果更加接近现实经济的运行，在这一过程中也逐渐发展形成已占据当代宏观经济学主流的“新凯恩斯主义”学派。

目前，大部分国家的央行已经建立了符合本国国情的DSGE模型（见表4-3），其中，研究欧美经济体的SW（2003）以及研究美国经济的SW（2007）和CEE（2001，2005）已经成为DSGE建模的模板，这几篇标杆性文献也是当代宏观经济学“新凯恩斯主义”学派的代表作。

下面简要回顾这四篇标杆性文献。

2000年以后，具有重要贡献的“新凯恩斯主义”的DSGE模型研究首推Christiano，Eichenbaum and Evans（2005）［简称CEE（2005）］。CEE（2005）通过考察Calvo类型的工资与价格合约，在模型中引入了工资刚性和价格黏性，通过这些名义摩擦的引入较好地解释了美国宏观经济数据中显示出的通货膨胀惯性（inertia）和总产出持续性（persistence）。此外，模型还引入了消费习惯（habit forming）、投资调整成本（adjustment cost in investment）、可变资本使用率（variable capital utilization）以及运营资本（working capital）等理论元素，利用这些元素中包含的真实摩擦有效地解释了消费、投资等变量对政策反应的延迟、驼峰状（hump shape）的数据特质。目前，CEE（2005）中的这些名义和真实摩擦已经成为DSGE建模中的标准化元素。但该模型的最大缺点是仅仅包含了一种冲击——货币政策冲击，对结构性参数的估计也仅利用不完全信息法，即通过最小化VAR模型货币政策脉冲反应与DSGE脉冲反应的距离求得。DSGE模型提供了政策讨论和分析的一致性框架，但对数据的拟合、经济预测能力的欠缺一直是DSGE模型面临的重大挑战。几乎在同一时期，Smets和Wouters（2003）［以下简称SW（2003）］建立的欧元区经济DSGE模型，在包含CEE（2001）各种名义、真实摩擦的基础上，共引入了10种冲击：2种供给冲击分别是生产率冲击和劳动供给冲击；3种需求冲击包括家庭折现因子冲击、投资调整成本函数冲击以及政府支出冲击；3种加成冲击包括价格加成（price markup）、工资加成（wage markup）、资本溢价冲击；2种货币政策冲击。同时，使用7个时间序列数据对模型以及随机过程参数进行参数估计，使得模型对某些宏观变量数据的拟合与预测能力可以与贝叶斯向量自回归（BVAR）模型相媲美，对于 DSGE 模型的应用推广具有重大的突破性意义。

对于 DSGE 模型发展的这些关键性文献，整体来看，CEE（2005）的主要贡献是将“新凯恩斯主义”理论的各种名义和真实摩擦引入模型，而 SW（2003）则是在此基础上，引入了大量的外生性冲击，从而使得 DSGE 模型更加丰富和完善，DSGE 模型的参数估计方面引入了贝叶斯估计技术，预测以及数据模拟能力不断提高。两个基本 DSGE 模型模板也不断进行改进，CEE（2005）发展成 D Altig，L. J. Christiano，M. Eichenbaum Linde（2011），以下简称 ACEL（2011）。而 SW（2003）通过减少冲击数目等微小调整，将模型用于美国经济体宏观经济数据的拟合，发展成分析美国经济的 DSGE 模型 SW（2007），数据拟合方面也具有较好表现。后来的主流理论模型对 CEE（2005）与 SW（2003）主要进行了两个方面的扩展，其一，L. J. Christiano，R. Motto，M. Rostagno（2010）[简称：CMR（2007）]在模型中包含了金融中介并引入金融摩擦；Bernanke，Gertler，Gilchrist（1999）（简称 BGG（1999）]，考察了金融冲击对欧洲经济周期性波动的解释力。其二，在中等规模 CEE（2005）/SW（2003）的封闭经济 DSGE 模型中，吸收新开放宏观经济学的新发现和观点[Corsetti and Pesenti（2001），Galí and Monacelli（2005），Kollmann（2002）]，建立小型开放经济的 DSGE 模型，如 Adolfson 等（2007），将封闭经济模型扩展至开放经济情形。

CEE（2005）与 SW（2003）都是封闭经济模型，Adolfson 等（2007）对 CEE（2005）模型进行扩展，包含了大量的开放经济研究成果，将封闭经济下的“新凯恩斯主义”理论和新开放宏观经济学中的新特点和新发现相结合，利用欧元区数据，并通过贝叶斯方法进行了参数估计。除了在理论模型中包含 CEE（2005）价格黏性、工资刚性、资本调整成本、资本使用率等名义和真实摩擦外，通过引入本币标价名义价格黏性（local currency price stickiness），考察了进出口部门的不完全汇率传导机制（incomplete pass - through），并引入运营成本机制，即公司从金融中介借钱支付工人工资。此外，与 SW（2003，2005）相比，Adolfson 等（2007）还涵盖了更多的外部开放经济冲击，在对外部门方面，外部的产出、利率、通货膨胀外生性的给定，并用 4 阶滞后可识别 VAR 对这些外部变量

的结构性冲击进行识别，模拟了欧元区面临的外部冲击对本国经济的影响。

概括来讲，新凯恩斯主义DSGE模型（开放的或者封闭的）包含名义或者真实摩擦，家庭以垄断竞争（Dixit and Stigliz，1977）的方式提供异质性的劳动，允许他们设定工资；厂商以垄断竞争的方式提供差异性产品，并对产品具有定价权。以Calvo（1983）定价的方式，家庭和厂商在设定工资或者价格时，具有名义摩擦，产生工资刚性（wage rigidity）与价格黏性（price stickiness）。在真实变量一方，资本内生性的积累并被决定，因资本调整成本（capital adjustment cost）、资本利用率（capital utilization rate）以及固定资本成本（fixed cost）的存在，产生了投资调整的真实摩擦。政府部门主要考虑国家的财政收支对经济的影响，而央行的货币政策则通过泰勒规则（Taylor rule）的方式被引入模型中。

二、金融危机前DSGE的数学工具发展脉络

人类对任何新问题的认知都是不断深入发展的过程，从宾夕法尼亚大学学者费尔兰德斯-维拉维德（J. Fernández-Villaverde，2010）文章中对DSGE的概述可看出，DSGE数学理论大厦已十分完整。Dejong（2011），Cavnoa（2011）以及Wichens（2012）的高级宏观经济学教材已成为国外大学研究生高级宏观和高级计量的后续课程。由此可见，在金融危机前，DSGE理论体系大厦已基本建设完成，或者说是刚刚开张。该体系大厦的特点是：首先，有微观理论基础；其次，能够调和新古典经济学和新凯恩斯主义；其三，Woodford（2003）的大作《利率与价格》（*Interest and Prices*）的出版，迎合了西方主流央行的口味（即西方央行政策转型，即从习惯于控制货币量向控制利率转型）；其四，随着高级计量技术的引入，进而获得各个经济学流派的支持。

研究DSGE的发展不能武断地割裂其发展的历史脉络，隔断其历史发展脉络就容易以偏概全、形而上学。DSGE一般被认为起源于Kydland and Prescott（1982）的真实经济周期理论，其本身是基于“卢卡斯批判”，在该模型中并未考虑价格也未严格地考虑厂商行为，更未考虑DSGE理论在央行货币政策中的应用，其本质是一个基于离散拉姆齐（Ramsey）模型的随机一阶矩展开的经济模型。费尔兰德斯-维拉维德（J. Fernández-Villaverde，2010）对Kydland and Prescott对DSGE理论的贡献给出了极高

的评价，认为是如同怀特兄弟发明飞机般的壮举。

客观来说，人们对 DSGE 的数学实质的认知是逐步发展和深化的。简单而言，因 DSGE 基于理性预期，所有 DSGE 解满足式（4－1）的抽象表达形式

$$0 = \mathbb{E}_t f(x_{t+1}, y_{t+1}, x_t, y_t \mid \theta) \tag{4-1}$$

其中，x_t 表示模型的状态变量，y_{t+1} 表示控制变量。DSGE 模型的关键是解式（4－1）形式的方程组，往往被称为关于预期方程的递归形式。

早期对模型的最优解和模型参数的估计主要采取动态规则以及系数待定法，该方法的主要问题是对于简单的 DSGE 模型可以较好地猜出最终解的形式，但对于多方程、多变量就显得十分乏力。其后关于期望方程递归形式解的研究激发了若干经济学家的兴趣，学者们采取在寻找存在稳态的前提下对式（4－1）进行对数线性化（即关于一阶展开），得到式（4－2）、式（4－3），该表达形式被称为 DSGE 的线性状态空间表达式。其中，式（4－2）被称为转换方程（transition equations），而式（4－3）被称为政策方程（policy functions），式（4－4）和式（4－5）分别表示的是式（4－2）和式（4－3）的非线性表达形式。

$$x_{t+1} = Ax_t + B\varepsilon_{t+1} \tag{4-2}$$

$$y_t = Cx_t + D\varepsilon_t \tag{4-3}$$

$$x_{t+1} = h(x_t, \sigma \mid \theta) + \sigma\eta_x(\theta)\,\varepsilon_{t+1} \tag{4-4}$$

$$y_t = g(x_t, \sigma \mid \theta) \tag{4-5}$$

对式（4－1）的线性期望方程递归解的研究，最主要的开创性成果来自 Blanchard and Kahn（1980），Dejong（2007），他们在其书中归纳了四种方法，第一种，Blanchard 和 Kahn（1980）法，第二种 Sims（2001）法，第三种为混合 Blanchard 和 Kahn（1980）和 Sims（2001）的 Klein（2000）法，第四种基于系数待定思路的 Uhlig 法。Anderson（2008）对该问题的线性解进行了比较研究。

如前文所述，研究 DSGE 理论如果隔断其发展的历史脉络，容易造成认知逻辑上的混乱，也很难缕清西方主流经济学研究的内生逻辑。Anderson（2008）是一篇较为重要的文献，客观而言，直至 2005 年西方主流经济学家才对如何准确有效地解含理性预期形式的递归方程有了成熟统一的认识。Anderson 对主流西方经济学关于该问题的解法进行了归纳对比，基于 Anderson 的思路，任意 DSGE 模型只要是存在均衡，且变量和方

程数相匹配，进行线性对数化后皆可表示为式（4－2）、式（4－3）的形式，而式（4－2）、式（4－3）的形式利用Anderson归纳的任意一种方法（并满足特定条件，比如，布兰查德条件），在DSGE模型中都可简化为状态空间形式。虽然该文解决了DSGE理论发展中的一个重要问题，但从另外一个侧面又引出了两个问题，首先，该解法主要是针对线性方程的，而如何解理性预期形式下的非线性方程，该文无法回答。其次，即模型的参数估计问题，式（4－1）最终化解为状态空间形式式（4－2）、式（4－3），化为状态空间形式后，DSGE模型的所有结构特性完全由矩阵A，B，C，D所决定，而A，B，C，D的参数估计成为一个较大的问题。

关于第一个问题的研究拉开了DSGE理论非线性化研究的大幕。时至当下，该问题也未完全解决。但发展脉络较为清晰，主要是两条路径：路径一，利用扰动（perturbation）方法或者利用逼近理论（approximation theory），基于切比雪夫展开的高阶近似解，经典的文献有：K. Judd（1996），S. Schmitt－Grohe and M. Uribe（2004b），以及Aruoba，S. Boragan等（2005）；路径二，采用非线性滤波器的思路（比如，Andreasen等，2013）。路径二和第二个问题有一定的关联性，也就是说，模型的参数估计问题会受到非线性化状态方程和观测方程的影响。解释如下：在任何可以利用状态空间理论进行研究的科学领域（包括工程学、经济学以及金融学），状态空间中的A，B，C，D表示模型的参数，这些参数都可依靠卡尔曼滤波器的思想得到解决，因此，经济学家毫无悬念地将DSGE模型化为状态空间后，卡尔曼滤波器非常自然地成为估计DSGE模型参数的一环，比如，Ireland（2004），该文直接利用卡尔曼滤波对DSGE模型参数进行估计，但主流文献对DSGE的参数估计策略并非如此。常见的策略是区分模型中的可观测变量和不可观测变量，再引入一类变量d_t（被认为是可观测变量），而y_t除了包含以前的含义外，认为其为不可观测变量，而观测变量和不可观测变量之间有

$$d_t = F y_t + \eta_d(\theta)\varepsilon_t \tag{4-6}$$

该方程被称为观测方程。

关于DSGE模型的参数估计问题，学界发展出两种估计策略。

第一种估计策略被称为半信息估计法，即利用GMM估计的方法。该方法的基本假设是认为DSGE模型的参数不一定要被全部估计出来，仅部分参数需要估计。而哪些参数需要估计，哪些参数不需要估计，主要取决

于经济学家的长期共识。而那些不需要估计的参数的赋值主要来自其他微观经济学文献的估计结果，这种方法被称为校准法。这种估计策略的好处是可以使经济学家将研究重点聚焦于其感兴趣的参数。比如，常令经济学家感兴趣的参数仅是欧拉方程中的系数，经济学家可以利用 GMM 估计将参数估计聚焦于欧拉方程中的系数。因此，文献常将 GMM 估计称为半信息估计法。

第二种估计策略被称为全信息估计法，主要是利用贝叶斯估计的思想。贝叶斯估计的引入（An and Shcerfhield，2007）[①]，在宏观经济学领域是一件具有学术里程碑意义的事件。统计学派长期以来分为两大学派：频率学派和贝叶斯学派。贝叶斯学派又被称为主观统计学派。要实现贝叶斯估计，一般需要寻找合理的前沿分布、构建似然方程以及最大化后验分布的密度核（density kernel）。An and Schorfeide 引入贝叶斯分析框架到 DSGE 模型中，做了开创性的工作。An 和 Schorfeide 对先验分布的设定，采用了类似 BVAR 设置先验分布的策略，采取了“明尼苏达先验”方法，而基于 DSGE 模型可化为状态空间这一事实，使得构建似然方程成为可能，该思路也较容易实现。在实现最大化后验分布密度时一般采取的是 Chris Sims 的 BFGS 准牛顿算法寻找最优解，此外引入 RWM 算法和 IS（importance sampling，重要性抽样）技术算法实现采样模拟。在 An and Schorfeide（2007）将贝叶斯估计引入 DSGE 后，当代 DSGE 理论大厦才算基本搭建完成。

值得注意的是，从 Kydland and Prescott（1982）的经济周期理论到 An 和 Schorfeide（2007）的 DSGE 理论大厦基本搭建完成，前后经历了 25 年，而 An 和 Schorfeide（2007）文章发表时，美国金融危机已经出现[②]。由此可见，西方宏观经济学理论的发展其实远远慢于大众的想象，而西方宏观经济学解决现实问题的能力也远低于大众对其的预期。

此外，计算经济学对 DSGE 理论的推动也功不可没。其代表性事件是由 Stephane Adjemian 团队开发的 Dynare 软件。从 Ireland（2004）到 An and Schorfeide（2007），卡尔曼滤波和贝叶斯估计都被称为 DSGE 理论所不

---

① 该文的预印版发布于 2005 年，该文正式见刊的时间为 2007 年。

② 目前金融史学家的共识是，2008 年席卷全球的美国金融危机开始于 2007 年 4 月 4 日，美国新世纪金融公司申请破产保护。

可或缺的要素，建模难度不断增加。此外，随着DSGE理论的发展，DSGE模型变得越来越专业化、体系化、工程化和信息化，导致其后DSGE模型的规模不断变大，动辄50～100个方程。涉及50～100个方程的DSGE模型使得经济学家根本不大可能仅凭一己之力完成整个模型的开发。而Dynare软件平台的出现为科研人员提供了一种高效的建模解决方案。利用Dynare软件，经济学工作者可以在数周内完成类似SW07规模的中型DSGE模型的开发，而如果没有Dynare软件的协助，科研人员如果从头开始开发程序和相关算法，可能需要数年才能完成。Dynare软件的发展仍处在方兴未艾的阶段，因此，Dynare开发团队定期会发布最新的软件版本。每年Dynare开发团队也会举办DSGE国际学术会议，入选该会议的学术论文代表了当下DSGE学术领域最前沿的研究成果。

三、金融危机后DSGE应用型研究发展脉络

2008年美国金融危机之后，DSGE推动了经济学在以下三个细分领域的应用型研究：宏观金融经济学、开放经济学、信息经济学。

（一）DSGE与宏观金融经济学

在很长一段时期内，DSGE模型缺乏合理的方式模拟和描述金融市场，无法在DSGE模型中体现金融市场的重要作用。2008年美国爆发金融危机后，因为DSGE缺乏预测能力未能及时向大众提示金融危机的到来，而被诟病。DSGE研究人员普遍认为，导致DSGE缺乏预测能力的原因是DSGE理论未考虑金融市场。金融摩擦理论由BGG（1999）等人提出，于是CMR（2010）对CEE（2005）和SW（2003）进行了扩展，模型通过引入金融加速器（BGG，1999），考察了金融摩擦对经济波动的解释能力。不仅如此，CMR（2010）还整合了新古典银行部门（CCE，1995），以便考察（Fisher，1933）债务紧缩情况，最终模拟结果发现，来自金融部门的新冲击显著地对经济周期性波动进行了解释，BGG（1999）金融摩擦能够放大外生性冲击对产出与通货膨胀影响的传导机制。类似的研究还有V. Curdia，M. Woodford（2010）。其后Christiano，Trabandt和Walentin（2011）［简称CTW（2011）］继续扩展了前人的研究，开发出具有金融摩擦的开放经济模型。近期的DSGE模型将小型开放经济分析框架ALLV（2007）与BGG（1999）的金融摩擦相结合，建立考虑金融摩擦的开放经济模型（CTW，2011）。CTW（2011）对ALLV（2007）进行了扩展，在

吸收了 ALLV（2007）的小型开放经济框架基础上，引入了金融摩擦 BGG（1999），将 CMR（2007）扩展至开放经济下进行分析，并使用 VAR 模型对外部通货膨胀、外部利率、外部产出与外部技术冲击进行了模拟，在开放经济条件下，考察了金融摩擦对经济系统的影响，模型通过贝叶斯参数估计方法，利用瑞典 1995 年第一季度至 2010 年第三季度的宏观经济数据对模型进行了参数估计，实证结果显示，在解释 GDP 和投资的周期性波动方面，金融冲击至关重要。

（二）DSGE 与开放经济学

此外，DSGE 分析框架对研究开放经济学问题也做出了一定的贡献。大致可归纳为以下三个方面：新宏观金融学领域；新新贸易经济学领域；新开放经济学领域的多外贸部门模型。

新宏观金融学领域主要是基于 M. Devereux 和 A. Sutherland（2008，2010）的研究。他们内生化折现因子，研究了一个开放经济下的小型经济体模型，即一国可以有四种资产持有的选择，认为一国可持有以对外直接投资（ODI）形式的国外股权并获得股息，并可持有海外债券，此外该国也持有别国国债，别国也可对该国进行直接投资。与以往的开放经济学模型最大的不同是，M. Devereux 和 A. Sutherland 研究宏观视角下的一国最优持有四种资产的比例问题，即国家层面的最优资产组合问题。该研究的主要焦点是基于对最优资产水平的讨论，其认为须考虑 DSGE 模型的高阶展开项，并认为最优资产水平与高阶项有关，因此该模型未采取传统 DSGE 模型的对数线性化方式进行最终处理。关于 DSGE 模型的高阶展开采用了 A. Sutherland（2002）于 2002 年自行开发的一个近似算法，其理论处理与 S. Schimtt - Grohe and M. Uribe（2004b）极为类似。此外，该 DSGE 的建模与以往 ALLV 最大的不同是，为使开放经济下的 DSGE 模型有解，ALLV 采取在家庭预算中引入金融海外风险溢价项，而 M. Devereux and A. Sutherland 采取的是内生化贴现因子的思路。关于开放经济下 DSGE 有解的问题可参见 S. Schimitt - Grohe and M. Uribe（2003）的论文。

新新贸易经济学方面，主要是来自 Melitz（2003）开创性的研究成果。Melitz（2003）原本是局部均衡模型，其后 Bilbiie，Ghironi 和 Melitz（2007）和 Ghironi 和 Melitz（2005）将其扩展到全局均衡。这两个模型最大的特点是允许企业退出和进入，这是 SW 和 ALLV 模型所不具备的。Bilbiie，Ghironi 和 Melitz（2007）和 Ghironi 和 Melitz（2005）是本书重点介绍的模型，更

多讨论可见本章第四节和第五节。

多部门视角下的新开放经济研究。主要是两个思路，一个是多生产部门，一个是多贸易部门。多生产部门一般包括可贸易部门和非可贸易部门，而每个部门都有其对应的价格体系，价格都存在黏性，此外模型中还考虑了工资刚性，此类模型中往往有若干条新菲利普斯曲线，每个部门内部存在不完全竞争。多贸易部门的经典文献主要有ALLV（2007，2013）等。

（三）DSGE与信息经济学

信息经济学与动态一般均衡理论的深度结合也是DSGE理论发展的一大亮点。彭兴韵（2011）对黏性信息理论进行了较为全面的文献梳理。黏性信息理论被认为是不完全信息理论的一个分支，主要的文献包括：Mankiw和Reis（2001，2002）的黏性信息理论，Sims（2003）的理性忽视理论（rational inattention）和Woodford（2003）的有限信息渠道理念。

黏性信息理论与DSGE理论相融合是宏观经济学研究的前沿方向之一。Mankiw和Reis（2001）在该领域做了开创性的工作。其后，Mankiw和Reis（2002）采用局部均衡模型，假定信息的获取、吸收和处理都需要成本，经济个体获得信息的机会并非均等，信息的到来满足随机过程，一部分人根据原有经济信息进行决策，信息的扩散和传播具有缓慢发散特性，导致了名义刚性，基于以上假设，Mankiw和Reis得出通货膨胀具有惯性的结论，而传统的基于黏性价格的模型很难产生通货膨胀的驼峰型效应，这是传统DSGE最大的不足之一，其原因是传统理论体现的是厂商的非策略互补性（strategic complementarity）效应，而Mankiw与Reis的研究较好地体现了厂商之间的策略替代性（strategic substitutability）效应。后来的学者将基于Mankiw与Reis思想开发出来的新菲利普斯曲线称为黏性信息菲利普斯曲线[①]。Mankiw和Reis（2002）的模型本身并非DSEG模型，因此Trabandt（2007）基于CEE，对于涉及利用Calvo黏性价格定价建立的新菲利普斯曲线的响应方程进行了替换，利用Mankiw和Reis（2002）的模型将信息黏性引入CEE模型中，构建了黏性信息视角下的DSGE模型。Trabandt（2007），Bruchez（2007），Kiley（2007）和Keen（2008）几

① 新凯恩斯主义DSGE模型必须包括三条曲线：动态IS曲线，动态菲利普斯曲线以及央行利率曲线。

乎在同一时期对黏性价格和黏性信息模型进行了比较。

四、金融危机后DSGE理论研究的发展脉络

经过数学抽象，DSGE理论可以“精炼”为方程（4－1），（4－4）～（4－6）。这四个方程可被视为DSGE理论的高度抽象概括，是DSGE理论的数学抽象描述。在本小节中，“DSGE理论研究”，更多的是指这样一类特定的研究，即这类研究仅关注DSGE的数学抽象描述，仅针对数学抽象描述的方程展开研究。这类研究往往关注三类问题：方程中状态变量的非线性扩展问题、方程的参数估计问题以及方程的识别性问题。

（一）方程中状态变量的非线性扩展问题

当代DSGE在进行参数估计时，一般采用线性状态空间下的卡尔曼滤波方法。卡尔曼滤波器仅适用于线性状态空间估计，而对非线性状态空间估计无能为力。DSGE理论中，全要素生产率、消费、资产价格等一系列重要经济变量往往具有波动效应。而为了使模型中体现出变量的“波动性”，则需要考虑对状态变量进行非线性建模。近年来，国外DSGE理论研究人员开始大量采用工程学技术，比如：非线性滤波器技术展开建模研究，较为经典的论文有J. Fernández－Villaverde（2010）的粒子滤波器以及Andreasen（2008）的均值转换滤波器（mean shift filter）。需要注意的是，虽然这类非线性滤波器模型的使用在工程学领域并不新颖，但是将其应用于DSGE经济学研究领域，还是有一定的创新性。

（二）方程的参数估计问题

目前，主要从三个新的角度切入该问题。一个角度是重构线性状态空间方程的似然函数。在非线性状态空间下，基于卡尔曼滤波估值下的似然方程不可用于参数估计，J. Fernández-Villaverde（2010）研究了该问题，并大胆地引入了一系列计算工程学的方法，比如：并行计算（parallel computing）处理技术[①]。另一个角度是承认DSGE的核心问题是一个状态空间问题，因此可采用工程学上的频率分析方法（主要指傅立叶变化）对DSGE参数进行估值，较为经典的论文包括：Tkachenoko和Qu（2007），

① 为解决非线性状态空间状态估计问题，JFV采用了粒子滤波器等方法，此类方法可以借助并行计算的方法进行加速，此外，JFV在后续的研究中还使用了GPU等计算加速卡，在计算机硬件层面对算法进行了加速。

Qu 和 Tkachenoko（2012）以及 L. Sala（2012）。第三个角度则更注重考察原始数据（raw data）对参数估计的影响。以 SW，CEE 为例，DSGE 模型的参数需要数据作为支撑，而原始数据一般含有季节因素、周期因素以及趋势项①。传统的处理方法是将数据进行季节调整、利用 HP 滤波器或 BP 滤波器将周期信息进行分离，并且认为趋势满足确定性趋势设定，然后进行去势（de – trend），最终将数据处理为满足平稳过程统计特性的数据。这样的处理方法存在若干严重弊端，在数据处理过程中，添加了太多人为主观因素，并极有可能盲目地将有价值的信息误认为是“噪音”进而进行剥离，因此不仅增加了 DSGE 模型参数估计的不确定性，同时也增加了模型的风险（model risk）。基于以上原因，Canova（2014）② 提出了直接利用原始经济数据对 DSGE 模型进行分析的框架性思路。Gorodnichenko 和 Ng（2009）③ 也提出了类似的思想。Hikaru Saijo（2012）则利用样本观测数据，针对季节性问题展开研究。

（三）方程识别性问题

随着 DSGE 数学理论研究的不断深入，学者发现了若干方程识别的新问题，比如：奇异性 DSGE 问题。当内生变量数超过了外生冲击的个数时，DSGE 模型将出现奇异解，进而导致结果异常不稳定。当出现此种现象时，科研人员将其称为“奇异性 DSGE 问题”，具体的研究可见 Canova，Ferroni 和 Matthes（2014）。Canova 等提出了两种可行的解决 DSGE 奇异性问题的方案：一种方法是选取特定观察矢量最优化参数识别，第二种方法是选取适当的矢量最小化奇异模型和非奇异模型间的信息偏差。

此外，需要注意的是，模型样本数据拟合度的提高、参数估计可信度的提升以及 DSGE 预测能力的增强，是衡量 DSGE 模型性能提升的三个重要维度，以上论文的研究都分别对这些维度做出了一定的理论贡献。

---

① 趋势项一般分为确定性趋势项和随机性趋势项，学者们往往认为数据（比如 GDP）存在确定性趋势项，而这样的假设并没有坚实的事实基础。

② http：//apps. eui. eu/Personal/Canova/dsge_ trend_ 2014_ 1. pdf.

③ http：//eml. berkeley. edu/ ~ ygorodni/dsge – gorodnichenko – ng. pdf.

第三节 DSGE 理论发展与经济数学化问题思考

一、经济理论数学化与 DSGE 理论

2008 年美国金融危机之后，诺贝尔经济学奖的颁发呈现出一定的趋势，而这种“趋势”和我们常识性的判断是有一定违背的。举例来说，我们社会主义的经济学家认为金融危机的发生，有部分责任是因为西方经济学家过度追求数学上的完美，而构建了经济学的“空中楼阁”，对重大现实问题置之不理。因此，我们会认为诺贝尔经济学奖委员会应该批判经济学中的过度数学化现象，但是值得注意的是，2011 年诺贝尔经济学奖得主是纽约大学的萨金特（Thomas Sargent）和普林斯顿大学的西蒙斯（Chris Sims），二人皆是经济数学化过程中的重要推手。而 2013 年诺贝尔经济学奖得主拉斯·汉斯（Las Peter Hansen）也是重要推手之一。

国内、国外“80 后”经济学工作者对萨金特异常熟悉。年轻的经济学者通过萨金特撰写的《递归宏观经济学》认识了他，被其深厚的数学功底折服。该书是国内、国外博士生必读的专著，也是高年级博士生的指定教材。萨金特被认为是较早地将动态随机思想引入经济分析中的学者之一。而西蒙斯最大的贡献，也就是诺贝尔委员会对他的评价，是在于他将 VAR 引入宏观经济政策分析中，特别是货币政策分析中。有很多学者认为，2011 年和 2013 年的诺贝尔经济学奖并非是颁给某些人或某种理论，而是颁给了一种方法论，也就是说，诺奖委员会变相地肯定了数学在经济学中的作用，并鼓励后来的学者应坚定不移地继续沿着经济学数学化的道路前进，纵使经济学在现实中显得如此不“接地气”并让人沮丧。

为何会这样呢？或许我们需要简单阐述一下，目前全球西方宏观经济学的主流理论建模的思路是什么？毋庸置疑，基于动态的、随机的、一般均衡的全局模型是西方经济学的主流模型，而这种模型被统称为动态随机一般均衡模型，但请注意，与其说 DSGE 是一种模型①，不如说 DSGE 的本质是一种方法论。也就是说，2011 年和 2013 年的诺贝尔经济学奖其实就是颁发给了 DSGE 方法论。

① 有时也将 DSGE 称为一种“理论”。

DSGE到底是什么？为了彻底说清楚，在这里我们简单梳理一下DSGE的发展历史。2004年的诺贝尔经济学奖得主爱德华·普雷斯科特（Edward Prescott）、基德兰德（F. E. Kydland）于1982年基于拉姆齐（Ramsey）模型构建起来的真实经济周期模型，被认为是第一代DSGE模型的雏形，美国宾夕法尼亚大学年轻的经济学者费尔南德斯－维拉维德（J. Fernández－Villaverde，2010）曾高度评价普雷斯科特和基德兰德开创性的工作，并做了一个非常生动的比喻："如果将现在西方宏观经济学的体系比作是发达的航天产业，那么普雷斯科特和基德兰德的贡献就如怀特兄弟发明的人类历史上第一架飞机一样重要。"

不夸张地说，西方经济学家认为DSGE理论是西方宏观经济学家经过三十多年孜孜不倦地在数学方面的努力，集各派西方经济学[①]思想之大成的经济学理论，有严密的数学理论基础，纵使其预测表现欠佳[②]，但因其有夯实的数学化背景的经济学理论基础作为支撑，仍使诺贝尔经济学奖评奖委员会对DSGE理论给出了极高的评价。如前面所述，2011年的诺贝尔奖便顺理成章地颁发给了两个对DSGE理论做出过奠基性贡献的经济学家萨金特和西蒙斯。而到了2013年，诺贝尔经济学奖再次颁给了另一位对DSGE理论做出重要贡献的经济学家——拉斯·汉斯。汉斯的主要贡献是将GMM应用到实证宏观经济学研究中，GMM的引入曾在相当长一个时期

---

① 利用DSGE理论构建完模型，到底是属于新凯恩斯主义学派，还是属于新古典学派，又或是属于货币学派，完全取决于模型的构建。以Prescott和Kydland（1982）的RBC模型为例，该模型中所有经济学变量皆为真实变量，该模型也未考虑价格因素，更未考虑厂商部门，无新菲利普斯曲线，故不属于新凯恩斯主义学派。而其后发展起来的DSGE理论，尤其是Smets，Wouters（2003，2007），包含欧拉方程、新菲利普斯曲线以及央行泰勒规则，故认为该模型属于新凯恩斯主义学派。Smets和Wouters的两篇文章后来被学者称为DSGE理论（新凯恩斯主义）的工作母机（workhorse）。由此可见，DSGE理论有极好的扩展性。

② DSGE理论建立起来的模型都过于复杂，于是在2008年美国金融危机爆发后，基于DSGE理论打造的央行预测模型都被大众广泛诟病。IMF、《经济学人》在金融危机后都有涉及DSGE理论的争论。此外，另一个更深层次的哲学问题是：经济学是一个在乎"预测能力"的学科吗？客观来讲，经济学是一个解释型的学科，经济学的本质是解释社会现象、理解社会现象，并且思考经济变量间因果性的学科。

里被看作是 DSGE 理论中参数估计的标准方法[①]。

由此可见，研究 DSGE 模型的哲学思想由来和哲学思想发展，对中国经济学家研究当代中国经济理论发展有重要的现实指导意义。目前国内经济学西化现象十分严重，尤其在宏观经济学领域，生搬硬套 DSGE 模型现象严重，如何纠正这种现象？如何把握借鉴与全部吸收的尺幅和分寸？最终如何为我国经济学者所用？诸如此类问题，值得深究。DSGE 理论的引入也曾遭到我国若干老一辈经济学家的反对和否定。笔者认为，这些观点也十分有道理，但如果要彻底否定 DSGE 理论，那我们是否又可以构建起替代 DSGE 理论的宏观分析框架呢？就目前而言，诺贝尔经济学奖评奖委员会对数学方法论的认同并没有改变，而大众和中国学者却认为西方经济学呈现过度数理化的趋势是有害的。目前我国学者对 DSGE 理论思想起源的思考不足，更多的是“拿来主义”，这样的结果导致我国经济学术圈要么对 DSGE 理论过分盲目崇拜，要么对 DSGE 理论极端厌恶。我国学术期刊对 DSGE 的态度也始终在崇拜和厌恶两个状态间不断转换。

应该客观看待 DSGE 理论。其实，DSGE 理论和社会主义经济学思想有诸多同根同源的联系。主要是国内经济学者遗漏了一些主导 DSGE 理论发展脉络的关键数学工具或思想，比如，自动控制理论在 DSGE 理论发展中的作用。自动控制理论作为应用数学的一个非常重要的分支，已在机器制造、电气工程等工程学领域有极为广泛的应用。而最早将自动控制理论引入社会经济分析研究的应该是苏联的经济学家（比如，兰格，1970）。

而萨金特和拉斯·汉森的著作中大量采用了自动控制领域的数学理论和成果。此外，基于 DSGE 建模思路，新凯恩斯主义实质上将经济体视为一个开环，而央行制定的货币规则（即：最优利率反应函数）则本质上就是控制论中的负反馈问题。简而言之，萨金特以及拉斯·汉森作为西方经济学的“大师级人物”，他们并不排斥使用自动控制领域的数学工具，也

---

① 在 2006 年前后，随着宾夕法尼亚大学的 Frank Schorfheide 等（S. An，F. Schorfheide，2007）将贝叶斯估计引入 DSGE 理论后，其后的 DSGE 模型一般采取贝叶斯估计方法，进而替代了 GMM 参数估计法，一个主要的原因是贝叶斯估计可以解决样本内数据使用的有效性问题。一般而言，我们认为 GMM 估计被称之为半信息法，该方法主要利用样本内数据拟合消费欧拉方程，其结果是往往导致参数估计效果不佳。贝叶斯估计方法被称为全信息法，该方法可以有效地利用样本的所有数据。

不排斥使用自动控制的思想研究社会经济问题。从这点来说（甚至不太夸张地说），他们的思想与苏联的社会主义经济学的思维模式非常近似，但是，反而是他们较为巧妙地让自动控制论的数学工具披上了西方经济学的学术外衣[①]。萨金特与Lars Ljungqvist合著的《递归宏观经济学》重点介绍了贝尔曼方程在动态经济学研究中的应用，而萨金特与拉斯·汉森所著三本宏观经济学理论巨著《稳健性》（*Robustness*），《动态线性经济学的递归模型》（*Recursive models of Dynamic Linear Economics*），以及《经济模型的不确定性》（*Uncertainty with Economic Models*），都是在阐述如何利用自动控制（社会经济控制论）思想解释经济学问题并制定最优政策。以《稳健性》一书为例，该书书名为“Robustness”，在自动控制领域该单词被翻译为鲁棒性[②]，而鲁棒性是一个在自动控制领域极具学科辨识性的概念。提到鲁棒性就会让工程师想到自动控制论，就如同提到边际、理性人、通货膨胀一定会让人想到是经济学中的概念一样。在《动态线性经济学的递归模型》一书中，两位诺奖得主重点介绍了线性动态系统下求解最优问题的原理和方法，该书还重点介绍了如何利用线性二次调节器（linear quadratic regulator，LQR）进行最优设计，而LQR方法是现代控制理论中最常用的工业控制设计方法。在《经济模型的不确定性》一书中，两位诺奖得主重点讨论的是如何对系统进行识别（system identification）的问题，这个问题本身也是自动控制领域研究的一个重要方向。不太夸张地说，两位诺奖得主的这三本宏观经济学理论巨著都是利用工业自动控制的设计原理展开的，如果追溯萨金特的科研轨迹，从20世纪70年代起他就开始借助自动控制思想研究经济学问题。由此可见，其实社会主义经济学的理论和西方经济学理论之间，并非完全“对立”“老死不相往来”。

二、DSGE未来发展及趋势预测

笔者对宏观经济学学科未来发展有以下大胆预测。

（一）经济学数学化趋势不断增强

经济学的数学化趋势不会减弱，只会不断加强。之所以不断加强是因

---

① 这可能与后来社会主义阵营受到颠覆、解体有关系，前社会主义经济学家未再沿着经济控制理论的思路走下去，反而是若干自动控制的新思想在美国被西方经济学家吸收。

② 在经济学领域，经济学家将该单词翻译为：稳健性。

为其中有两个助推动力，第一个助推动力来自控制论，该理论为未来宏观经济学的发展提供了足够多的数学弹药；第二个助推动力来自计算机模拟辅助技术的不断发展，尤其是 Dynare 软件这个宏观经济计算机建模平台。如果结合本书第三章的内容，结合 Benjamin Moll 等的研究，读者会发现过去几年，西方宏观经济学的理论水平又上了一个新的台阶。

（二）各个学科会进一步融合

年青一代经济学者对于学派之争展现出了极大的克制和包容，有学者称现在是学派间的“休战期”，各个学者都不排斥引入、吸纳其他学科和学派的精华，尤其是不排斥吸纳控制论的思想和工具以及计算机技术的应用，学科和学科间会不断动态融合，彼此互相促进，使得 DSGE 仍然有很强的生命力。Benjamin Moll 等的研究为宏观经济学研究提供了新思路，对 DSGE 理论造成一定的冲击，但是 Moll 等人的研究也还有待进一步完善，他们的异质性分析框架，笔者已在第三章仔细阐述。

（三）DSGE 理论自身的特点

DSGE 是一种分析宏观经济问题的思路，也是一种方法论，而非一种单一的理论。客观而言，任何经济学模型（无论是局部的还是静态的）只要能满足理性预期的思路，都可以将原模型进行扩展、转换，最终成为 DSGE 模型。DSGE 模型与 Moll 的连续事件模型相比，也有其不可替代的优势。在当下的算力条件下，个人计算机或小型服务器可以支持大型 DSGE 模型的开发，变量个数可以达到 400 多个，但是 Moll 的连续模型一般仅考虑 2～3 个变量，由此可见在涉及大量经济变量的情况下，DSGE 有明显的优势。

（四）有可能会出现替代性理论

就数学建模而言，DSGE 方法论几乎是万能的。但是它对经济政策研究的功效不是万能的，目前也还只是局限在对宏观经济变量的短期分析上，如在央行制定货币政策或政府财政政策研究上。此外，DSGE 对政策制定的功效有限。是否会彻底摒弃理性预期的框架，依赖计算机技术另辟蹊径？答案是有可能，在 2008 年前后，《经济学人》杂志曾预测前者最大的挑战可能来自 ABM（agent based model）。ABM 是金融危机后兴起的一个另类经济学学派。但是十多年过去了，该学派几乎没有在计算机科学领域和经济学领域掀起任何波澜，反而是 Moll 等提出的异质性分析框架脱颖

而出，连续时间模型开始重回学者视野[①]。此外，伴随着第四次人工智能浪潮的兴起，深度强化学习理论[②]的兴起，人工智能算法与经济学相结合的交叉研究开始增多，而强化学习理论和宏观经济学若干理论有一定近亲关系（比如，两个领域都使用 Bellman 方程），不排除宏观经济学理论会和人工智能科学深度融合的可能性。

（五）学科发展的路径依赖致使短时间内 DSGE 仍是主流

任何学科的建设经过 20～30 年的发展都会形成严重的路径依赖，西方经济学数学化之路由来已久，这是一种根深蒂固的、深入骨髓的学术文化情结和传统。DSGE 理论的数学大厦已经建立起来，应该来说西方学者要放弃利用 DSGE 的分析方法非常难，至少在短期内不现实。此外任何理论（乃至社会关系、方法论）自身都不会主动消亡，都会经历不断自我修复、自我进化以及自我救赎的过程，如 DSGE 理论吸纳金融摩擦理论，就是一个论自我修复、自我救赎的鲜活例子。

20 世纪最伟大的数学家之一、抽象概率论之父，A. N. Kolmogorov（安德雷·柯尔莫哥洛夫）[③] 曾注意到数学科学和历史科学的一个重要区别，柯尔莫哥洛夫认为，在数学中发现的事实一旦被发现就永远成立，而在历史中发现的事实却被每一代历史学家重新考虑。美国宾夕法尼亚大学教授、DSGE 领域的著名学者——费尔南德斯－维拉维德（J. Fernández－Villaverde，2010）在其文章中写道："如同马克斯·普朗克[④]或多或少提到的那样，一个新的方法论（乃至科学真理的诞生）并非来自说服你的反对

---

① 当然也和 2016 年克拉克奖得主 Yuliy Sannikov 教授的工作有关。

② 深度强化学习（deep reinforcement learning）理论是阿尔法围棋（AlphaGo）的主要工作原理。阿尔法围棋是由谷歌（Google）旗下的 DeepMind 公司研发的人工智能系统，该系统在 2016 年 3 月第一个击败了人类围棋世界冠军李世石（九段）。

③ 瓦普尼克（Vladimir Vapnik）著，张学工译：《统计学习理论的本质》，清华大学出版社，2000 年版，第 213 页。

④ 马克斯·普朗克（Max Planck），德国物理学家，量子论的奠基人，20 世纪两大最重要的物理学家之一（另一位是爱因斯坦）。普朗克曾对科学学派之争有"一个葬礼接着一个葬礼"的言论，普朗克认为，一个学派并非通过辩论赢得支持，而是通过站在别的学派的尸体上高歌前进。此外需要特别注意的是，在本书的第三章中，有一个被反复用到的重要数学工具——Fokker－Planck 方程。该方程名称中的"Planck"即是马克斯·普朗克。Fokker－Planck 方程是研究连续时间动态异质性理论问题的重要数学工具，本书的第五章还会有较大篇幅介绍此方程。

者，而是因为那些攻击逐渐死去，新的年轻人的大脑被你的理论养育，最终成长起来。”为何西方经济学家（乃至诺贝尔经济学奖评奖委员会）如此热衷地为 DSGE 理论正名？其实从费尔南德斯的这番言论中可以看出端倪。

第四节　新新贸易理论视角下 BGM2007 的拓展

Bilbiie，Ghironi，Melitz（2007）和 Ghironi，Melitz（2005）扩展了 Melitz（2003）的模型，是新新贸易理论在宏观经济分析中的具体应用。他们扩展了宏观经济学的内涵与外延，开创性地将新新贸易理论引入全局均衡分析框架中。Bilbiie，Ghironi 和 Melitz（2007）是在 Ghironi 和 Melitz（2005）基础上发展起来的，但研究视角和侧重点却各有千秋。Ghironi 和 Melitz（2005）基于新开放经济理论模型构建了两国模型，引入企业异质性并内生化企业的进入与退出过程，因此模型具有新新贸易理论应有的特性。当下主流的宏观模型采用类似克鲁格曼（1979）的设定，虽然考虑了产品的差异性且市场具有竞争垄断市场结构，但对产业内企业的设定却是同质的，因此，传统宏观经济模型较难考虑企业生产率异质性问题。虽然 Ghironi 和 Melitz（2005）的优势在于从新新贸易理论视角研究宏观开放经济问题和企业的异质性问题，但是其自身也有一定的劣势，即虽然该模型是一个动态随机一般均衡模型，却不能研究央行政策行为和宏观经济变量间的动态效应，也无法探讨短期冲击与经济周期问题。而当下宏观经济模型的主要应用领域是研究和真实经济周期、央行政策行为以及货币政策传导效应。如前文所述，动态一般均衡模型本质上隶属于真实经济周期理论。从经济学理论的发展史角度看，第一代动态一般均衡模型来自 Prescott 等开创性的研究，因此动态一般均衡模型如果不研究经济周期是说不过去的。因此，Bilbiie，Ghironi 和 Melitz（2007）的文献模型扩展了 Ghironi 和 Melitz（2005 的理论），仍然从宏观层面重点关注企业异质性问题和企业的动态进入与退出数量，但将焦点集中在封闭经济体下央行与异质性企业行为，重点研究经济周期、央行货币政策、企业异质性与内生化进入等问题。

本节所构建的模型主要基于 Bilbiie，Ghironi 和 Melitz（2007）的模型。为简洁起见，本节将 Bilbiie，Ghironi 和 Melitz（2007）所涉及的模型

简称为BGM2007。本节所构建的模型对 BGM2007 进行了一定的扩展，并结合中国国情进行了一定的改良。本节模型的基本假设继承了 BGM2007 的新新贸易理论设定，并对原模型的设定进行了一些适应中国国情的处理。首先，因为目前货币的增量仍是中国央行调控宏观经济的一种重要手段而原模型不含有货币，故引入了货币增量这一宏观变量，主要利用中国的 M2 货币量数据；其次，假设货币增量是其滞后项、通货膨胀以及产出缺口的方程；最后，基于中国国情，设定当下中国的货币政策是以数量规则为主，而非西方国家采用的泰勒准则。

本节的结构如下：创新地提出了改良扩展版的 BGM2007，模型包括三个经济个体，即：家庭、企业以及央行。对模型变量的稳态值和稳态关系进行了严格推导，并在后面严格推导出模型的对数线性化形式，因为模型的对数线性化形式是实现 Dynare 编程建模的关键。特别值得一提的是，在原 BGM2007 模型中，Melitz 等未对模型进行全面推导，在本节中，笔者给出了严格的推导，并利用 Dynare 软件对原模型的实验进行了恢复，因此也算是一个贡献，即提供了 BGM2007 的结论可复现（reproducibility）的证明。当下科学界非常重视研究的“可复现证明”[①]，因为如果某团队的研究成果无法被其他科研团队复现，将大大影响科研成果的传播和普及[②]。因此，本节的科研工作是十分重要而且具有公益性质。后来的科研人员可以根据本节的推导细致地掌握 BGM2007 的核心建模思想并可以迅速地根据 BGM2007 或本书的扩展版本展开其后的科研工作。

一、模型设定

（一）家庭建模设定

$$\mathbb{E}_0\left[\sum_{t=0}^{\infty}\beta^t u(C_t, L_t, M_t)\right]$$

---

① 以人工智能领域为例，《自然》杂志曾呼吁避免该领域科研结果的不可复制性，并警告该领域的科研人员，如果本领域的研究不具备复现性，则将导致该领域的学术科研面临危机。（资料来源：https：//www. wired. com/story/artificial – intelligence – confronts – reproducibility – crisis/）

② 当然前提是排除原团队弄虚作假的可能。原科研团队不公开源代码或原始数据是可以理解的，原因可能有：专利技术封锁、技术壁垒、事前保密协议等，但是原科研团队不公开源代码或原始数据往往会极大地影响研究成果的传播和知识的普及。

$$u(C_t,L_t) = \ln C_t - \chi\left(\frac{L_t^{1+\frac{1}{\varphi}}}{1+\frac{1}{\varphi}}\right) + \zeta\frac{\left(\frac{M_t}{P_t}\right)^{1+\psi}}{1+\psi}, \chi > 0, \varphi > 0$$

$$C_t = \left(\int_0^1 C_{it}^{\frac{\theta-1}{\theta}} d_i\right)^{\frac{\theta}{\theta-1}}, \theta > 1$$

$$P_t = \left(\int_0^1 P_{it}^{1-\theta} d_i\right)^{\frac{1}{1-\theta}}$$

$$C_{it} = \left(\frac{P_{it}}{P_t}\right)^{-\theta} C_t$$

家庭预算约束可表示为

$$B_{N,t+1} + V_t N_{H,t} x_{t+1} + P_t C_t = (1 + i_{t-1}) B_{N,t} + (D_t + V_t) N_t x_t + (1 + \tau_t^L) W_t L_t + T_t^L$$

本节假设家庭效用函数由名义消费 C_t 、劳动力 L_t 以及货币构成。模型认为，家庭是企业的股东，因此可获得单位企业名义利润为 V_t ，并认为单位企业真实 v_t 满足 $V_t \equiv P_t v_t$ ，其中，P_t 表示总量价格；$N_{H,t}$ 表示互助基金型企业数量，根据 BGM2007 的假设，Melitz 等认为，该数量与封闭经济体内现存企业数量 N_t 和当期新增企业数量 $N_{E,t}$ 之间满足线性加总关系，即 $N_{H,t} = N_t + N_{E,t}$ 。此外当期互助基金型企业数量 $N_{H,t}$ 与下一期封闭经济体内企业现存数量 N_{t+1} 之间存在 $N_{t+1} = (1 - \delta) N_{H,t}$ 的关系。其中，δ 表示外生退出冲击，而 x_{t+1} 表示在 $t+1$ 时刻家庭购入的股票数。简而言之，以上几个变量间应满足

$$\begin{cases} N_{H,t} = N_t + N_{E,t} \\ N_{t+1} = (1 - \delta) N_{H,t} \end{cases}, V_t \equiv P_t v_t$$

此外，D_t 表示名义分红，其与真实变量形式之间应满足 $D_t \equiv P_t d_t$ ；而 τ_t^L 表示劳动补偿；T_t^L 表示名义劳动税，其与名义工资 W_t 和劳动量 L_t 之间应满足 $T_t^L = \tau_t^L W_t L_t$ ，本节用 $t_t^L = \frac{T_t^L}{P_t}$ 表示真实劳动税率。$B_{t+1} = \frac{B_{N,t+1}}{P_t}$ ，表示家庭持有的真实债券数量；而 $(1 + r_t) = \frac{1 + i_{t-1}}{1 + \pi_t^C}$ 表示总量利率，$\pi_t^C = \frac{P_t}{P_{t-1}} - 1$ 表示通货膨胀。

基于以上分析，重写 $B_{N,t+1} + V_t N_{H,t} x_{t+1} + P_t C_t = (1 + i_{t-1}) B_{N,t} + (D_t + V_t) N_t x_t + (1 + \tau_t^L) W_t L_t + T_t^L$ 可得

$$\mathbb{E}_0\left\{\sum_{t=0}^{\infty} \beta^t \left[\ln C_t - \chi\left(\frac{L_t^{1+\frac{1}{\varphi}}}{1+\frac{1}{\varphi}}\right) + \zeta\frac{\left(\frac{M_t}{P_t}\right)^{1+\psi}}{1+\psi}\right]\right\}$$

$$M_t + B_{t+1} + v_t N_{H,t} x_{t+1} + C_t = (1+r_t) B_t + M_{t-1} + (d_t + v_t) N_t x_t + (1+\tau_t^L) w_t L_t + t_t^L$$

构建关于家庭的最优行为方程，即拉格朗日方程 $\mathcal{L}$,对$\mathcal{L}$ 求一阶导数，则有：

$$\mathcal{L} = \beta^t \left\{ \begin{array}{c} \left[\ln C_t - \chi \left(\dfrac{L_t^{1+\frac{1}{\varphi}}}{1+\dfrac{1}{\varphi}} \right) + \zeta \dfrac{\left(\dfrac{M_t}{P_t}\right)^{1+\psi}}{1+\psi} \right] \\ -\lambda_t^1 \left[\begin{array}{c} M_t + B_{t+1} + v_t N_{H,t} x_{t+1} + C_t \\ -(1+r_t) B_t - M_{t-1} - (d_t + v_t) N_t x_t - (1+\tau_t^L) w_t L_t - t_t^L \end{array} \right] \end{array} \right\}$$

$$\frac{\partial \mathcal{L}}{\partial C_t} = 0 \Leftrightarrow \frac{1}{C_t} = \lambda_t^1 \tag{4-7}$$

$$\frac{\partial \mathcal{L}}{\partial M_t} = 0 \Leftrightarrow \Rightarrow \zeta m_t^{\psi} + \lambda_t^1 = \beta \mathbb{E}_t \left(\frac{\lambda_{t+1}^1}{\pi_{t+1}} \right) \Rightarrow$$

$$\zeta m_t^{\psi} = \beta \mathbb{E}_t \left(\frac{\lambda_{t+1}^1}{\pi_{t+1}} \right) - \lambda_t^1 \tag{4-8}$$

式（4-8）为货币需求方程，在本模型中，笔者扩展了 BGM2007，引入了货币量，基于前文的实证考量，笔者指出中国目前的国情是央行采取的是货币量的增量，即 $\bar{\omega}_t$ 作为货币政策指引目标，此外笔者假设该值存在稳态且被表示为 $\bar{\omega}_{ss}$ 。因此，$\bar{\omega}_t$ 与名义货币量 M_t 以及真实货币量 m_t 之间存在 $\bar{\omega}_t := \dfrac{M_t}{M_{t-1}} = \dfrac{(m_t P_t)}{(m_{t-1} P_{t-1})} = \dfrac{m_t}{m_{t-1}} \pi_t$ 的关系。笔者利用此关系，消除名义货币量 M_t 以及真实货币量 m_t ，仅保留 $\bar{\omega}_t$ ，则

$$\zeta m_t^{\psi} = \beta \mathbb{E}_t \left(\frac{\lambda_{t+1}^1}{\pi_{t+1}} \right) - \lambda_t^1 \Rightarrow \frac{\zeta m_t^{\psi}}{\zeta m_{t-1}^{\psi}} = \left(\frac{m_t}{m_{t-1}} \right)^{\psi}$$

于是有

$$\left(\frac{\bar{\omega}_t}{\pi_t} \right)^{\psi} = \frac{\beta \mathbb{E}_t \left(\dfrac{\lambda_{t+1}^1}{\pi_{t+1}} \right) - \lambda_t^1}{\beta \left(\dfrac{\lambda_t^1}{\pi_t} \right) - \lambda_{t-1}^1} \tag{4-9}$$

在此笔者直接讨论其对应稳态，则

$$\left(\frac{\bar{\omega}_{ss}}{\pi_{ss}} \right)^{\psi} = \frac{\beta \left(\dfrac{\lambda_{ss}^1}{\pi_{ss}} \right) - \lambda_{ss}^1}{\beta \left(\dfrac{\lambda_{ss}^1}{\pi_{ss}} \right) - \lambda_{ss}^1} = 1$$

于是有

$$\bar{\omega}_{ss} = \pi_{ss} \tag{4-10}$$

式（4－10）的经济学含义十分明显，即如果此经济体中通货膨胀存在稳态，则货币量的稳态应与通货膨胀的稳态一致，即通货膨胀来临时导致货币量的增加。下面我们继续对拉格朗日算子求一阶导数，则有：

$\frac{\partial \mathcal{L}}{\partial B_{t+1}} = 0 \Leftrightarrow -\lambda_t^1 + \beta \lambda_{t+1}^1 (1 + r_{t+1}) = 0$，于是有

$$\frac{\lambda_t^1}{\lambda_{t+1}^1} = \beta(1 + r_{t+1}) = \frac{C_{t+1}}{C_t} \tag{4-11}$$

又因为 $(1 + r_{t+1}) = \frac{1 + i_t}{1 + \pi_{t+1}^C}$，因此可得

$$C_t^{-1} = \beta \mathbb{E}_t \left[\frac{1 + i_t}{1 + \pi_{t+1}^C} C_{t+1}^{-1} \right] \tag{4-12}$$

$$\frac{\partial \mathcal{L}}{\partial x_{t+1}} = 0 \Leftrightarrow \left\{ \begin{array}{c} -\lambda_t^1 v_t N_{H,t} + \beta \mathbb{E}_t \lambda_{t+1}^1 [(d_{t+1} + v_{t+1}) N_{t+1}] = 0 \\ N_{H,t} = \dfrac{N_{t+1}}{(1 - \delta)} \\ \dfrac{1}{C_t} = \lambda_t^1 \end{array} \right\}$$

于是有

$$v_t = \beta \mathbb{E}_t \left\{ \left(\frac{C_{t+1}}{C_t} \right)^{-1} (d_{t+1} + v_{t+1})(1 - \delta) \right\} \tag{4-13}$$

$$\frac{\partial \mathcal{L}}{\partial L_t} = 0 \Leftrightarrow \chi L_t^{\frac{1}{\varphi}} = (1 + \tau_t^L) \frac{w_t}{c_t} \tag{4-14}$$

（二）厂商建模设定

笔者假设该封闭经济体是一个高度发达的“经济体”。以下是关于厂商的设定，假定全要素生产率（索洛剩余）为 z_t 并满足一阶自回归随机过程，则简单表示为 $z_t \sim AR(1)$。我们假设厂商仅利用人力成本作为生产要素，同时我们考虑企业产出的异质性，工资价格不存在价格调整成本，即不考虑工资刚性问题，于是每个个体厂商的生产函数可表示为

$$y_{it} = z_t l_{it} \tag{4-15}$$

我们也认为真实工资率与名义工资率之间满足

$$w_t = \frac{W_t}{P_t} \tag{4-16}$$

需要注意的是，小写英文字母皆表示真实变量。

根据 Melitz（2003）新新贸易理论可知，任何企业进入某市场，在进入前将面对沉淀进入成本 $f_{E,t}$，并认为该变量为外生冲击变量，该变量的

稳态均值应受市场监管影响而改变。对个体企业产出利用 Rotemberg（1982）的思想，认为每个企业价格调整 pac_{it} 满足以下方程

$$pac_{it} = \left(\frac{\kappa}{2}\right)\left(\frac{P_{it}}{P_{it-1}} - 1\right)^2 \left(\frac{P_{it}}{P_t}\right) y_{it}^D \qquad (4-17)$$

$$y_{it}^D = \left(\frac{P_{it}}{P_t}\right)^{-\theta} (C_t + PCA_t) \qquad (4-18)$$

其中

$$P_{it-1} = P_{t-1}, \forall i$$

$$PCA_t = N_t \, pac_{it} \qquad (4-19)$$

$$\frac{P_{it}}{P_t} = \rho_{it} \qquad (4-20)$$

因为基于家庭是企业主人这一基本假定，家庭的利润方程可写为如下形式

$$d_{it} = \rho_{it} y_{it}^D - w_t l_{it} - \left(\frac{\kappa}{2}\right)\left(\frac{P_{it}}{P_{it-1}} - 1\right)^2 \rho_{it} y_{it}^D \qquad (4-21)$$

企业的生产是将生产范围（horizon）定义在无穷期，且每一期对应随机贴现因子，则有

$$v_{it} = \mathbb{E}_t \left[\sum_{s=t+1}^{\infty} \Lambda_{t+s} d_{is} \right]$$

其中，随机贴现因子被定义为

$$\Lambda_{t+s} := [\beta(1-\delta)]^{s-t} \left[\frac{u_c(c_s, l_s)}{u_c(c_t, l_t)} \right]$$

δ 表示外生消亡冲击（或死亡冲击），更多相关定义见家庭建模部分。

于是可以写出厂商的最优行为方程

$$\begin{cases} \max\limits_{\{l_{it}, p_{it}\}} \{d_{it} + v_{it}\} \\ \text{s. t}: y_{it} = y_{it}^D \end{cases}$$

若已知 $w_t, P_t, C_t, PAC_t, z_t$，则个体厂商最优方程可写为

$$\mathcal{L} = d_{it} + v_{it} + \lambda_{it}(y_{it} - y_{it}^D) \qquad (4-22)$$

对该最优方程求一阶导数，则有

$$\frac{\partial \mathcal{L}}{\partial l_{it}} = 0 \Rightarrow \lambda_{it} = \frac{w_t}{z_t} \qquad (4-23)$$

$$\frac{\partial \mathcal{L}}{\partial p_{it}} = 0 \Rightarrow P_{it} = \mu_{it} P_t \lambda_{it} \qquad (4-24)$$

$$\mu_{it} \equiv \frac{\theta y_{it}}{(\theta - 1) y_{it}\left[1 - \left(\frac{\kappa}{2}\right)\left(\frac{P_{it}}{P_{it-1}} - 1\right)^2\right] + \kappa \gamma_t} \qquad (4-25)$$

$$\gamma_t = \gamma_{it}\left(\frac{P_{it}}{P_{it-1}}\right)\left(\frac{P_{it}}{P_{it-1}}-1\right)-\mathbb{E}_t\left[\Lambda_{t+1}\,\gamma_{it+1}\left(\frac{P_t}{P_{t+1}}\right)\left(\left(\frac{P_{it+1}}{P_{it}}\right)^2\left(\frac{P_{it+1}}{P_{it}}-1\right)\right)\right] \quad (4-26)$$

可证，$\kappa = 0$ 时，加成变量 $\mu_{it} = \dfrac{\theta}{\theta - 1}$。

在 BGM 2007 模型中，Melitz 等定义了自由进出条件（free entry condition）变量 v_{it}，且满足

$$v_{it} = w_t\frac{f_{E,t}}{z_t} \quad (4-27)$$

该公式的经济学含义十分明显。

如果 $v_{it} < w_t\dfrac{f_{E,t}}{z_t}$ 则表示潜在进入者不愿意因进入该市场而导致沉没进入成本（sunk entry cost）。而封闭经济体内企业数总量由其滞后项以及前期新进入企业数量和外生死亡冲击参数所决定。外生死亡冲击参数类似于传统经济学中资本项的折旧率。特别值得一提的是，新新贸易理论视角下未考虑资本与投资的形成方程，则具体数量关系如下

$$N_t = (1-\delta)(N_{t-1} + N_{E,t-1}) \quad (4-28)$$

其中，N_t 为企业数，$N_{E,t-1}$ 为新进入企业数。

为简化讨论，突出经济学含义的重点，BGM2007 做了企业对称性假设：

$$\lambda_{it} = \lambda_t\ ,\ P_{it} = P_t\ ,\ \mu_{it} = \mu_t\ ,\ \rho_{it} = \rho_t$$

$$L_{it} = L_t\ ,\ y_{it} = y_t\ ,\ pac_{it} = pac_t\ ,\ d_{it} = d_t\ ,\ v_{it} = v_t$$

消费篮子口径端总量产出被定义为

$$Y_t^C = C_t + PAC_t = N_t\rho_t y_t = N_t\rho_t z_t l_t \quad (4-29)$$

$$\rho_t = \frac{p_t}{P_t} = (N_t)^{\frac{1}{\theta-1}} \quad (4-30)$$

令

$$\pi_t = \frac{p_t}{P_t} - 1 \quad (4-31)$$

表示厂商面对的通货膨胀。

利用以上条件重新组合可得加成变量的关系如下

$$\mu_t = \frac{\theta}{(\theta-1)\left[1-\left(\frac{\kappa}{2}\right)\pi_t^{\,2}\right]+\kappa\left\{(1+\pi_t)\,\pi_t-\beta(1-\delta)\,\mathbb{E}_t\left[\frac{C_t}{C_{t+1}}\frac{N_t}{N_{t+1}}\left(\frac{Y_{t+1}^C}{Y_t^C}\right)(1+\pi_{t+1})\,\pi_{t+1}\right]\right\}}$$

此外，根据 Rotemberg（1982）文章中的性质，易证

$$PAC_t = \kappa \pi_t^2 \frac{Y_t^C}{2} \tag{4-32}$$

因此，$C_t = (1 - \left(\frac{\kappa}{2}\right)\pi_t^2) Y_t^C$，将$\frac{C_t}{C_{t+1}}$和$\frac{Y_{t+1}^C}{Y_t^C}$消去，于是，加成变量$\mu_t$的动态化形式可以化为

$$\mu_t = \frac{\theta}{(\theta-1)\left[1-\frac{\kappa}{2}\pi_t^2\right]+\kappa\left\{(1+\pi_t)\pi_t-\beta(1-\delta)\mathbb{E}_t\left[\frac{\left(1-\frac{\kappa}{2}\pi_t^2\right)}{\left(1-\frac{\kappa}{2}\pi_{t+1}^2\right)}\frac{N_t(1+\pi_{t+1})\pi_{t+1}}{N_{t+1}}\right]\right\}} \tag{4-33}$$

（三）市场出清条件

Melitz 等认为，基于全局一般均衡的思想，经济中的债券市场应出清，即应满足 $B_{t+1} = B_t = 0$。此外，股票市场也应出清，即 $x_{t+1} = x_t = 1$，特别值得一提的是 x_{t+1} 表示在 $t+1$ 时刻家庭购入的股票数。

因此，商品市场也应出清，则有

$$Y_t \equiv C_t + N_{E,t}v_t = w_t L_t + N_t d_t \tag{4-34}$$

而劳动力市场出清方程为

$$N_t l_t + N_{E,t}\frac{f_{E,t}}{z_t} = L_t \tag{4-35}$$

（四）央行行为

西方发达国家中央银行通常将利率或通货膨胀作为中介目标，与此不同，中国央行通常将广义货币供给（M2 增速）作为操作目标。笔者用 $\overline{\omega}_t$ 表示货币增量，则央行政策调控可以由下式表示

$$\log(\overline{\omega}_t) = \rho_{\overline{\omega}}\log(\overline{\omega}_{t-1}) + (1-\rho_{\overline{\omega}})\left\{\log(\overline{\omega}_{ss}) + r_\pi(\log(\pi_t) - \log(\pi_{ss})) + r_y\left[\log\left(\frac{y_t}{y_{ss}}\right)\right]\right\} \tag{4-36}$$

（五）小结

我们汇总所有变量则有

$$\{\rho_t, w_t, \mu_t, \pi_t, N_t; d_t, Y_t^C, v_t, N_{E,t}, L_t; C_t, i_t, \pi_t^C, \overline{\omega}_t; z_t, f_{E,t}\}$$

本模型中仅含两个外生冲击，分别为全要素生产率 z_t 和沉淀进入成本 $f_{E,t}$，且认为此二外生冲击都满足 AR（1）过程。

此外，从对称条件可知 $p_{it} = p_t$，因此有

$$\left.\begin{cases} p_{it} = p_t, \mu_{it} = \mu_t, \lambda_{it} = \lambda_t \\ \lambda_{it} = \dfrac{w_t}{z_t} \\ p_{it} = \mu_{it} P_t \lambda_{it} \\ \rho_t = \dfrac{p_t}{P_t} \end{cases}\right\} \Rightarrow \rho_t = \mu_t \frac{w_t}{z_t} \tag{4-37}$$

由以上信息可得：

$$\rho_t = (N_t)^{\frac{1}{\theta-1}} \tag{4-38}$$

该方程关系式表示多样化效应（variety effect）。从式（4－17）、式（4－21）和式（4－25），则利润方程为

$$d_t = \left[1 - \frac{1}{\mu_t} - \frac{\kappa}{2}\pi_t^{\ 2}\right]\left(\frac{Y_t^C}{N_t}\right) \tag{4-39}$$

利用式（4－27）的结果，有

$$\nu_t = w_t \frac{f_{E,t}}{z_t} \tag{4-40}$$

该等式反映了企业进入某行业的自由进入条件。由此可见，企业进入某市场的条件与全要素生产率成反比，和工资水平成正比。

从式（4－28）有

$$N_t = (1-\delta)(N_{t-1} + N_{E,t-1}) \tag{4-41}$$

从家庭的最优方程关于劳动力的一阶条件可得劳动供给方程为式（4－14），即

$$\chi L_t^{\frac{1}{\varphi}} = (1 + \tau_t^L)\frac{w_t}{c_t} \tag{4-42}$$

此外我们也收集家庭的一阶消费条件（跨期欧拉方程），有式(4－12)，即

$$C_t^{-1} = \beta \mathbb{E}_t\left[\frac{1 + i_t}{1 + \pi_{t+1}^C} C_{t+1}^{-1}\right] \tag{4-43}$$

家庭关于持有企业股数的一阶条件为式（4－13），该等式也是本模型需要保留的方程

$$\nu_t = \beta \mathbb{E}_t\left\{\left(\frac{C_{t+1}}{C_t}\right)^{-1}(d_{t+1} + v_{t+1})(1-\delta)\right\} \tag{4-44}$$

从消费端总产出的式（4－29）、厂商价格通胀的式（4－31）和价格调整式（4－32）可导出以下方程

$$Y_t^C = C_t\left(1 - \left(\frac{\kappa}{2}\right)\pi_t^{\ 2}\right)^{-1} \tag{4-45}$$

从关于商品市场出清条件的式（4－34）有

$$C_t + N_{E,t}\, v_t = w_t\, L_t + N_t\, d_t \tag{4-46}$$

从 CPI 定义，有

$$\frac{1+\pi_t}{1+\pi_t^C} = \frac{\rho_t}{\rho_{t-1}} \tag{4-47}$$

BGM 2007 指出，根据最优税收理论，可知最优 τ_t^L 的解为常数，且是关于加成的方程

$$\tau_t^L = \frac{1}{\theta - 1} \tag{4-48}$$

而央行行为方程为

$$\log(\bar{\omega}_t) = \rho_{\bar{\omega}}\log(\bar{\omega}_{t-1}) + (1-\rho_{\bar{\omega}})\left\{\log(\bar{\omega}_{ss}) + r_\pi(\log(\pi_t) - \log(\pi_{ss})) + r_y\left[\log\left(\frac{y_t}{y_{ss}}\right)\right]\right\} \tag{4-49}$$

而货币需求方程为

$$\left(\frac{\bar{\omega}_t}{\pi_t}\right)^{\psi} = \frac{\beta\,\mathbb{E}_t\left(\frac{\lambda_{t+1}^1}{\pi_{t+1}}\right) - \lambda_t^1}{\beta\left(\frac{\lambda_t^1}{\pi_t}\right) - \lambda_{t-1}^1} \tag{4-50}$$

两个外生冲击变量满足如下关系①，笔者做了简化处理，认为这两个外生冲击皆满足一阶自回归过程，即为 AR（1）。

$$\ln z_t = \rho_z \ln z_{ss} + (1-\rho_z)\ln z_{t-1} + \epsilon_t^z \tag{4-51}$$

$$\ln f_{E,t} = \rho_{f_E} \ln f_{Ess} + (1-\rho_{f_E})\ln f_{E,t-1} + \epsilon_t^E \tag{4-52}$$

本模型所有动态方程汇总于表 4－4。

表 4－4　本模型动态随机方程汇总

经济学含义	数学公式	方程编号
价格加成方程	$\mu_t = \dfrac{\theta}{(\theta-1)\left[1-\frac{\kappa}{2}\pi_t^2\right] + \kappa\left\{(1+\pi_t)\pi_t - \beta(1-\delta)\,\mathbb{E}_t\left[\frac{\left(1-\frac{\kappa}{2}\pi_t^2\right)}{\left(1-\frac{\kappa}{2}\pi_{t+1}^2\right)}\frac{N_t(1+\pi_{t+1})\pi_{t+1}}{N_{t+1}}\right]\right\}}$	（4－33）

① BGM2009 原文中强调了其模型的稳健性和应用的广泛性，BGM2009 考虑两外生冲击之间还满足相关性，因此两冲击彼此并非独立随机过程，这是一般传统现代动态随机均衡模型所没有的设置。

续表

经济学含义	数学公式	方程编号
最优相对价格调整方程	$\rho_t = \mu_t \frac{w_t}{z_t}$	(4-37)
多样化效应方程	$\rho_t = (N_t)^{\frac{1}{\theta-1}}$	(4-38)
利润方程	$d_t = \left[1 - \frac{1}{\mu_t} - \frac{\kappa}{2}\pi_t^2\right]\left(\frac{Y_t^C}{N_t}\right)$	(4-39)
企业自由进入条件方程	$v_t = w_t \frac{f_{E,t}}{z_t}$	(4-40)
企业总数变化方程	$N_t = (1-\delta)(N_{t-1} + N_{E,t-1})$	(4-41)
劳动供给方程	$\chi L_t^{\frac{1}{\varphi}} = (1+\tau_t^L)\frac{w_t}{c_t}$	(4-42)
跨期欧拉方程	$C_t^{-1} = \beta \mathbb{E}_t\left[\frac{1+i_t}{1+\pi_{t+1}^C} C_{t+1}^{-1}\right]$	(4-43)
家庭关于持有企业股数的一阶条件	$\nu_t = \beta \mathbb{E}_t\left\{\left(\frac{C_{t+1}}{C_t}\right)^{-1}(d_{t+1} + v_{t+1})(1-\delta)\right\}$	(4-44)
消费需求关系	$Y_t^C = C_t\left[1 - \left(\frac{\kappa}{2}\right)\pi_t^2\right]^{-1}$	(4-45)
商品市场出清条件	$C_t + N_{E,t} v_t = w_t L_t + N_t d_t$	(4-46)
CPI 与通货膨胀的关系	$\frac{1+\pi_t}{1+\pi_t^C} = \frac{\rho_t}{\rho_{t-1}}$	(4-47)
最优税率方程	$\tau_t^L = \frac{1}{\theta - 1}$	(4-48)

续表

经济学含义	数学公式	方程编号
央行行为方程	$\log(\overline{\omega}_t)=\rho_{\overline{\omega}}\log(\overline{\omega}_{t-1})+(1-\rho_{\overline{\omega}})\left\{\log(\overline{\omega}_{ss})+r_\pi(\log(\pi_t)-\log(\pi_{ss}))+r_y\left[\log\left(\frac{y_t}{y_{ss}}\right)\right]\right\}$	(4-49)
货币需求方程	$\left(\frac{\overline{\omega}_t}{\pi_t}\right)^{\psi}=\frac{\beta\,\mathbb{E}_t\left(\frac{\lambda_{t+1}^1}{\pi_{t+1}}\right)-\lambda_t^1}{\beta\left(\frac{\lambda_t^1}{\pi_t}\right)-\lambda_{t-1}^1}$	(4-50)
全要素生产率冲击	$\ln z_t=\rho_z\ln z_{ss}+(1-\rho_z)\ln z_{t-1}+\epsilon_t^z$	(4-51)
沉没成本冲击	$\ln f_{E,t}=\rho_{f_E}\ln f_{Ess}+(1-\rho_{f_E})\ln f_{E,t-1}+\epsilon_t^E$	(4-52)

二、稳态分析与讨论

（一）稳态分析

因为 $z_{ss}=1$，故有 $\rho_{ss}=\mu_{ss}w_{ss}$。

令 $\pi_{ss}\neq 1$，

$$\mu_{ss}=\frac{\theta}{(\theta-1)\left[1-\frac{\kappa}{2}(\pi_{ss}-1)^2\right]+\kappa\left\{\pi_{ss}^{\ 2}-\pi_{ss}-\beta(1-\delta)\left[\frac{(1-\frac{\kappa}{2}(\pi_{ss}-1)^2)}{(1-\frac{\kappa}{2}(\pi_{ss}-1)^2)}\frac{N_{ss}}{N_{ss}}\pi_{ss}(\pi_{ss}-1)\right]\right\}}$$

$$=\frac{\theta}{(\theta-1)\left[1-\frac{\kappa}{2}(\pi_{ss}^{\ 2}-2\pi_{ss}+1)\right]+\kappa\{\pi_{ss}^{\ 2}-\pi_{ss}-\beta(1-\delta)[\pi_{ss}^{\ 2}-\pi_{ss}]\}}$$

$$=\frac{\theta}{C_1+C_2\pi_{ss}^{\ 2}+C_3\pi_{ss}}$$

$$C_1=(\theta-1)\left(1-\frac{\kappa}{2}\right)$$

$$C_2=\kappa[1-\beta(1-\delta)]-\frac{\kappa}{2}(\theta-1)$$

$$C_3=\kappa(\theta-1)+\kappa[\beta(1-\delta)-1]$$

若 $\pi_{ss}=1$，则可迅速化简 $\mu_{ss}=\frac{\theta}{\theta-1}$

$$\rho_{ss} = (N_{ss})^{\frac{1}{\theta-1}}$$

$$d_{ss} = \left[1 - \frac{1}{\mu_{ss}} - \frac{\kappa}{2}(\pi_{ss} - 1)^2\right]\left(\frac{Y_{ss}^C}{N_{ss}}\right)$$

由于$f_{Ess} = 1$，因此有

$$v_{ss} = w_{ss}$$

$$N_{ss} = (1 - \delta)(N_{ss} + N_{Ess}) \Rightarrow N_{Ess} = \frac{\delta}{1-\delta} N_{ss}$$

$$\chi L_{ss}^{\frac{1}{\varphi}} = (1 + \tau_{ss}^L)\frac{w_{ss}}{C_{ss}}$$

其中，$\tau_{ss}^L = \dfrac{1}{\theta - 1}$，

$$1 = \beta \frac{R_{ss}}{\pi_{ss}^C}$$

$$v_{ss} = \beta(d_{ss} + v_{ss})(1 - \delta) \Rightarrow v_{ss} = \frac{\beta(1-\delta)\, d_{ss}}{1 - \beta(1-\delta)}$$

$$Y_{ss}^C = \left(1 - \left(\frac{\kappa}{2}\right)(\pi_{ss} - 1)^2\right)^{-1} C_{ss}$$

$$C_{ss} + N_{Ess} v_{ss} = w_{ss} L_{ss} + N_{ss} d_{ss}$$

$\dfrac{\pi_{ss}}{\pi_{ss}^C} = 1 \Rightarrow \pi_{ss} = \pi_{ss}^C$，且从前面关于货币需求方程的讨论中我们还知道$\bar{\omega}_{ss} = \pi_{ss}$。

（二）化简与求解

BGM2007 假设通货膨胀的稳态值为$\pi_{ss} = 1$，则

稳态$\{\rho_{ss}, \mu_{ss}, w_{ss}, d_{ss}, Y_{ss}^C, N_{ss}, v_{ss}, L_{ss}, C_{ss}, R_{ss}, N_{Ess}\}$

$$\rho_{ss} = \mu_{ss} w_{ss} \tag{4-53}$$

$$\bar{\omega}_{ss} = \Pi_{ss} \tag{4-54}$$

$$\mu_{ss} = \frac{\theta}{\theta - 1} \tag{4-55}$$

$$\rho_{ss} = (N_{ss})^{\frac{1}{\theta-1}} \tag{4-56}$$

$$d_{ss} = \left[1 - \frac{1}{\frac{\theta}{\theta-1}}\right]\left(\frac{Y_{ss}^C}{N_{ss}}\right) = \frac{1}{\theta}\left(\frac{Y_{ss}^C}{N_{ss}}\right) \tag{4-57}$$

$$v_{ss} = w_{ss} \tag{4-58}$$

$$N_{Ess} = \frac{\delta}{1-\delta} N_{ss} \tag{4-59}$$

$$\chi L_{ss}^{\frac{1}{\varphi}} = \frac{\theta}{\theta - 1}\frac{w_{ss}}{c_{ss}} \tag{4-60}$$

$$R_{ss} = \frac{1}{\beta} \tag{4-61}$$

$$v_{ss} = \frac{\beta(1-\delta)\,d_{ss}}{1-\beta(1-\delta)} = \frac{\beta(1-\delta)}{1-\beta(1-\delta)}\frac{1}{\theta}\left(\frac{Y_{ss}^{C}}{N_{ss}}\right) \tag{4-62}$$

$$Y_{ss}^{C} = C_{ss} \tag{4-63}$$

注：因为

$$N_{ss}^{\frac{1}{\theta-1}} = \rho_{ss} = \frac{\theta}{\theta-1}w_{ss} \Rightarrow N_{ss} = \left[\frac{\theta}{\theta-1}w_{ss}\right]^{\theta-1} \tag{4-64}$$

$$C_{ss} + \frac{\delta}{1-\delta}N_{ss}\,v_{ss} = w_{ss}\,L_{ss} + N_{ss}\frac{1}{\theta}\left(\frac{Y_{ss}^{C}}{N_{ss}}\right) \tag{4-65}$$

$$\Rightarrow\left(1-\frac{1}{\theta}\right)C_{ss} = w_{ss}\,L_{ss} - \frac{\delta}{1-\delta}N_{ss}\,w_{ss}$$

$$\Leftrightarrow D\,C_{ss} = w_{ss}\,L_{ss} - E\,N_{ss}\,w_{ss} \Leftrightarrow (D-EB)\,C_{ss} = w_{ss}\,L_{ss}$$

上式中

$$N_{ss}\,w_{ss} = B\,C_{ss} \tag{4-66}$$

由此可见，我们有四个方程，有四个未知量（即：四个稳态值），可以利用基础线性代数知识以矩阵形式解出四个稳态值。

$$\{N_{ss}, w_{ss}, C_{ss}, L_{ss}\}$$

汇总四个方程

$$\begin{cases} N_{ss}^{\frac{1}{\theta-1}} = A\,w_{ss} \\ \chi\,L_{ss}^{\frac{1}{\varphi}} = A\dfrac{w_{ss}}{c_{ss}} \\ B\,C_{ss} = w_{ss}\,N_{ss} \\ (D-EB)\,C_{ss} = w_{ss}\,L_{ss} \end{cases}$$

其中，A，B，D，E 的定义为

$$\begin{cases} A = \dfrac{\theta}{\theta-1} \\ B = \dfrac{\beta(1-\delta)}{1-\beta(1-\delta)}\dfrac{1}{\theta} \\ D = 1-\dfrac{1}{\theta} \\ E = \dfrac{\delta}{1-\delta} \end{cases}$$

首先观察这四个稳态方程，这四个方程虽然表面上为非线性方程组，但若对此四个方程进行对数变化，可发现其本质上是线性方程组。

以上问题可利用 Matlab 或 Machematica 软件符号运算包解出此四个稳

态关于参数的表达式。下式为利用计算机软件解出的 N_{ss}，可完全由参数所示表示。如果所有参数值给定则可计算出 N_{ss} 的具体值。

$$N_{ss}=\frac{-(1-\delta)\beta}{\left[[(\theta-1)\beta+1]\theta\left[1-\frac{\delta\beta}{[(\theta-1)\beta+1]\theta}-\frac{1}{\theta}\right]^{\frac{1}{\varphi+1}}\left[\left(\frac{\theta-1}{\theta}\varphi\right)^{\frac{\varphi}{\varphi+1}}\right]\right]}\tag{4-66}$$

在得到 N_{ss} 的具体值后，再利用 $N_{ss}^{\frac{1}{\theta-1}}=\frac{\theta}{\theta-1}w_{ss}$，可迅速求得 w_{ss}。又因 $v_{ss}=w_{ss}$，且 $N_{Ess}=\frac{\delta}{1-\delta}N_{ss}$ 可计算出 v_{SS} 和 N_{Ess}。在得到 W_{SS} 和 N_{SS} 的值后，再利用 $w_{ss}N_{ss}=\frac{\beta(1-\delta)}{1-\beta(1-\delta)}\frac{1}{\theta}C_{ss}$ 的关系，可解出 C_{ss}。同理，又因为 $Y_{ss}^{C}=C_{ss}$，可得 Y_{ss}^{C}。再利用 $\chi L_{ss}^{\frac{1}{\varphi}}=\frac{\theta}{\theta-1}\frac{w_{ss}}{c_{ss}}$，解出 L_{ss}，由 $\rho_{ss}=\frac{\theta}{\theta-1}w_{ss}$，解出 ρ_{ss}；最后再利用 $d_{ss}=\frac{1}{\theta}\left(\frac{Y_{ss}^{C}}{N_{ss}}\right)$，解出 d_{ss}。于是所有变量的稳态都可以获得，此外可验证这些稳态都存在。

三、关于对数线性化的讨论

（一）DSGE 的分析流程

图 4－1 为动态随机一般均衡（DSGE）基本分析步骤的流程图。本模型的搭建也是按照该图进行的。一般而言，在完成了初步建模后，科研人员会获得很多随机动态非线性方程，在确保变量数等于方程数后，应寻找变量稳态，寻找稳态的过程其本质就是寻找到稳态关于模型参数的表达式，或者可认为，任何动态变量的稳态都应该是模型参数的函数，模型参数的取值决定了变量的稳态是否存在。在寻找到变量的稳态后，利用 Dynare 软件进行计算机求解。一般有两个途径：途径 1 是利用高阶近似求解，比如本章第五节中笔者提到的高阶近似方法，在此方法下，复杂的参数估计方法（比如：贝叶斯方法）不可直接使用，主要的原因是在低阶近似（即线性近似）时，如果利用贝叶斯法并结合观测数据，研究人员需要利用卡尔曼滤波器技术构建极大似然方程，进而获得关于参数的优化方程，再利用数值法（主要是利用西蒙斯提出的 BFGS 方法）得到估计参数的最优解。简而言之，卡尔曼滤波器是构建极大似然方程最重要的一环，而没有极大似然方程，最优参数估计将无从谈起，而卡尔曼滤波器只适用

于线性状态方程组，不适用于高阶非线性状态方程，因此，如果科研人员对原DSGE方程组进行了高阶近似，传统的贝叶斯估计方法将不适用，于是对于模型的参数只能采用校准法，如图4－1所示，如果基于途径1，DSGE分析步骤将直接进入实证政策模拟阶段。在本章第五节中，笔者采取途径1的思路。在本节中，笔者采取途径2的思路。在途径2中，科研人员获得了模型动态变量的稳态表达式后，需进入对数线性化的步骤。对数线性化流程需利用泰勒展开公式，在模型的稳态点进行一阶泰勒展开。特别值得一提的是，本模型可以利用贝叶斯法进行参数估计即途径2a，但在本书中笔者仅采用了校准法即途径2b。

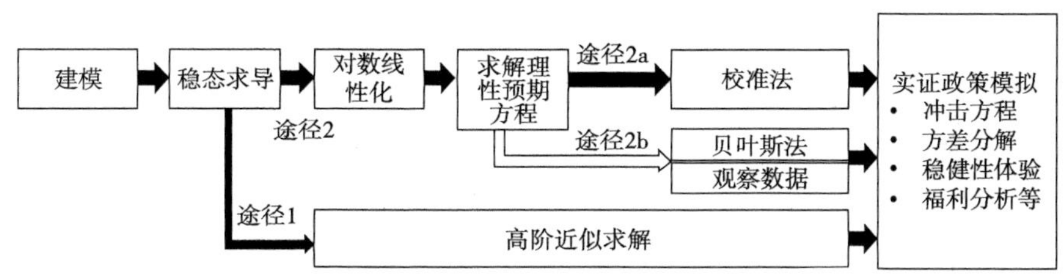

图4－1　DSGE基本分析步骤流程图

DSEG模型的参数估计方法大致分为两类：第一类，有限信息方法；第二类，完全信息方法。有限信息方法指在进行参数估计时，研究者认为因DSGE本身是对现实的一种抽象，必然存在某种程度的设定错误，研究者应该专注于模型是否在某些维度上与数据匹配有差异。因此在有限信息方法上，研究者只对一部分约束得到的参数进行估计。这样的坏处是损失了一定数据的效率，往往导致参数估计不能完全实现有效性，但好处是避免了模型其他部分先天的设定错误，从而导致估计的结果受到污染。一般来说有限信息方法得到的估计量比完全信息量要稳健，但数据样本量一般要大于完全信息法。另外一个统计学问题是其基于最大似然方程的方程值小于完全信息法，其统计学含义使其估计的有效性打了折扣。目前被学界称为有限信息的参数估计方法主要是GMM（一般矩估计法）和SVAR（结构向量自回归）。其中，GMM的使用较为常见，其主要的思路是对DSGE中的跨期消费欧拉方程和新菲利普斯曲线进行方程估计。基本上而言，模型信息也仅限于那些变量可能是方程组的工具变量。而SVAR主要是通过最小化DSGE模型和SVAR冲击响应方程之间的距离来估计参数。

完全信息法主要是基于最大似然法和贝叶斯方法。最大似然方程的具体实现需利用卡尔曼滤波器，然后结合贝叶斯估计的思想，寻找参数的先验分布，通过对似然函数或后验分布的优化，最终得到相应的参数估计结果。此外，完全信息法还需要（尤其是使用贝叶斯法时）研究人员提供对估计参数的先验概率分布，而这种概率基于研究人员的主观判断。一般理论认为，完全信息法比有限信息法更为有效，但缺点是对于数据和计算要求较高。此外，因为利用贝叶斯法时需要提供主观判断的先验分布，当设定存在误差时，最后会导致估计量的偏差（bias）或不一致（inconsistence），因为就统计估计而言，无偏性、有效性和一致性是参数估计的三大黄金审查标准。目前最新的研究成果，L. W. Christiano 等（2010）对于这种有限信息与完全信息的方法有一定疑义，认为二者无严格区分，并提出了一些他们的改良建议，更多讨论可见 L. W. Christiano 等（2011）的论文。此外，就完全信息法中建立似然方程的问题而言，尤其是在实现似然方法的过程中，J. Fernández – Villaverde（2010）提出了采用粒子滤波器方法取代常用的卡尔曼滤波器法。

如前文所言，本书侧重于宏观经济学理论，其创新之一是扩展了 Melitz 等的 BGM2007 和 GM2005，笔者最主要的贡献之一是在本书中给出了这两篇文章的所有推导技术细节，这使得该领域的科研人员复制 Melitz 等的实验结果和在其基础上开展研究提供了方便。动态随机一般均衡模型的计算机实现一般都利用 Dynare 软件，但 Dynare 软件包是一种高度标准拟合化的语言，编程过程步骤非常僵化，从另外一个侧面说就是需要建模人对 DSGE 理论了如指掌，对于模型的每一步推导须严格按照 DSGE 理论的范式进行，推导中的任何一小步如果没有经济学含义又或是建模人没深刻理解 DSGE 理论，都有可能导致整个 Dynare 程序报错，使建模人心血将付诸东流，功亏一篑。在 Dynare 报错的情况下，软件报错的提示信息并不会给建模当事人提供任何实质信息和建模修改意见。建模人不可能根据软件的报错信息对原代码进行修改以试图通过电脑编译。简而言之，利用 Dynare 软件包编程的关键不在于编程技术，而在于编写程序的科研工作者对 DSGE 理论的理解程度以及建模技术的熟练程度，找到且找对模型所有动态变量的正确的稳态值和求出其对应的对数线性化形式是实现 Dynare 软件编译的关键。本章的第四节给出了参数符号表达式下动态变量的稳态值形式，给出了所有变量的对数线性化形式，因此，稍有动态随机一般均衡

理论基础的科研人员，通过本章结果可轻而易举地利用 Dynare 软件实现和再现 BGM2007 模型和本节提出的基于 BGM2007 的扩展改良版模型。

（二）对数线性化

下面对本章 DSGE 的每一个方程（具体见表4－4）进行对数线性化转化，并给出相应的推导过程，希望读者从中体会 DSGE 对数线性化流程的推导技巧，并能举一反三。

首先，寻找式（4－37）的对数线性化形式

$$1=\frac{\mu_t w_t}{z_t \rho_t}\Rightarrow 1=\frac{\mu_{ss} w_{ss}}{z_{ss}\rho_{ss}}e^{\widehat{\mu_t}+\widehat{w_t}-\widehat{z_t}-\widehat{\rho_t}}\Leftrightarrow 1=\frac{\mu_{ss} w_{ss}}{z_{ss}\rho_{ss}}(1+\widehat{\mu_t}+\widehat{w_t}-\widehat{z_t}-\widehat{\rho_t})$$

$$\Rightarrow \widehat{\mu_t}+\widehat{w_t}-\widehat{z_t}-\widehat{\rho_t}=0 \tag{4-67}$$

利用类似的近似技术，我们可得到式（4－38）的对数线性化形式：

$$\rho_{ss}e^{\widehat{\rho_t}}=N_{ss}^{\frac{1}{\theta-1}}e^{\frac{1}{\theta-1}\widehat{N_t}}\Rightarrow \widehat{\rho_t}=\frac{1}{\theta-1}\widehat{N_t} \tag{4-68}$$

式（4－39）的对数线性化形式可通过以下方法求得

$$\frac{d_t N_t}{Y_t^C}=\left[1-\frac{1}{\mu_t}-\frac{\kappa}{2}(\pi_t-1)^2\right]$$

$$\frac{d_{ss}N_{ss}}{Y_{ss}^C}e^{\widehat{d_t}+\widehat{N_t}-\widehat{Y_t^C}}=\left[1-\mu_{ss}^{-1}e^{-\widehat{\mu_t}}-\frac{\kappa}{2}(\pi_{ss}^2e^{2\widehat{\pi_t}}-2\pi_{ss}e^{\widehat{\pi_t}}+1)\right]$$

因为 $\frac{d_{ss}N_{ss}}{Y_{ss}^C}=\frac{1}{\theta}$，且 $\pi_{ss}=1$，所以

$$\frac{1}{\theta}(1+\widehat{d_t}+\widehat{N_t}-\widehat{Y_t^C})=\left[1-\left(\frac{\theta}{\theta-1}\right)^{-1}(1-\widehat{\mu_t})-\frac{\kappa}{2}((1+2\widehat{\pi_t})-2(1+\widehat{\pi_t})+1)\right]$$

可印证上式的常数项左右相等，即 $\frac{1}{\theta}=1-\left(\frac{\theta}{\theta-1}\right)^{-1}$，于是我们可得利润方程的对数线性化形式为：$\frac{1}{\theta}(\widehat{d_t}+\widehat{N_t}-\widehat{Y_t^C})=\left(\frac{\theta-1}{\theta}\right)\widehat{\mu_t}$，于是整理得

$$\widehat{d_t}+\widehat{N_t}-\widehat{Y_t^C}=(\theta-1)\widehat{\mu_t} \tag{4-69}$$

从式（4－40）可知，利用相似的对数线性化方法，则企业自由进入方程的对数线性化形式为

$$\widehat{v_t}=\widehat{w_t}+\widehat{f_{E,t}}-\widehat{z_t} \tag{4-70}$$

利用式（4－41），讨论企业总数量变化方程的对数线性化形式

$$n_{ss}e^{\widehat{n_t}}=(1-\delta)n_{ss}e^{\widehat{n_{t-1}}}+(1-\delta)n_{ss}^E e^{\widehat{n_{E,t-1}}}$$

$$N_{Ess}=\frac{\delta}{1-\delta}N_{ss}$$

$$\Rightarrow(1+\widehat{n_t})=(1-\delta)(1+\widehat{n_{t-1}})+\delta(1+\widehat{n_{E,t-1}})$$

$$\Rightarrow \widehat{n}_t = (1-\delta)\,\widehat{n}_{t-1} + \delta\,\widehat{n}_{E,t-1} \tag{4-71}$$

利用式（4-42）讨论劳动力供给方程的对数线性化形式

因为$\tau_t^L = \dfrac{1}{\theta-1}$，所以$\chi L_{ss}^{\frac{1}{\varphi}}\,\mathrm{e}^{\frac{1}{\varphi}\widehat{L}_t} = \left(\dfrac{\theta}{\theta-1}\right)\dfrac{w_{ss}}{c_{ss}}\,\mathrm{e}^{\widehat{w}_t-\widehat{c}_t}$，于是

$$\chi L_{ss}^{\frac{1}{\varphi}}\left(\frac{\theta-1}{\theta}\right)\frac{c_{ss}}{w_{ss}} = \left(1+\widehat{w}_t-\widehat{c}_t-\frac{1}{\varphi}\widehat{L}_t\right)$$

$$\Rightarrow \widehat{w}_t - \widehat{c}_t - \frac{1}{\varphi}\widehat{L}_t = 0 \tag{4-72}$$

利用式（4-43）讨论跨期欧拉方程的对数线性化形式，则有

因为$1 = \beta\dfrac{R_{ss}}{\pi_{ss}^C}\left[\mathrm{e}^{\widehat{R}_t-\mathbb{E}_t\widehat{\pi}_{t+1}^C-\mathbb{E}_t\widehat{C}_{t+1}+\widehat{C}_t}\right] \approx \beta\dfrac{R_{ss}}{\pi_{ss}^C}\left(1+\widehat{R}_t-\mathbb{E}_t\,\widehat{\pi}_{t+1}^C-\mathbb{E}_t\,\widehat{C}_{t+1}+\widehat{C}_t\right)$

$$1 = \beta\frac{R_{ss}}{\pi_{ss}^C}$$

所以 $$\widehat{R}_t - \mathbb{E}_t\,\widehat{\pi}_{t+1}^C - \mathbb{E}_t\,\widehat{C}_{t+1} + \widehat{C}_t = 0$$

$$\Rightarrow \mathbb{E}_t\,\widehat{\pi}_{t+1}^C + \mathbb{E}_t\,\widehat{C}_{t+1} - \widehat{C}_t - \widehat{R}_t = 0 \tag{4-73}$$

下面讨论家庭关于持有企业股数的一阶条件方程的对数线性化形式

$$1 = \beta(1-\delta)\,\mathbb{E}_t\left\{\frac{d_{ss}}{v_{ss}}\,\mathrm{e}^{\widehat{C}_t-\mathbb{E}_t\widehat{C}_{t+1}+\widehat{d}_{t+1}-\widehat{v}_t} + \mathrm{e}^{\widehat{C}_t-\mathbb{E}_t\widehat{C}_{t+1}+\widehat{v}_{t+1}-\widehat{v}_t}\right\}$$

考虑并汇兑常数项，以下推导逻辑是先确认方程等式左右两边常数项是否相等，是否和稳态部分的结论相互一致，如果不一致表示模型推导错误。

$$1 = \beta(1-\delta)\left\{\frac{d_{ss}}{v_{ss}}+1\right\} \Rightarrow \frac{d_{ss}}{v_{ss}} = \frac{1}{\beta(1-\delta)} - 1$$

$$\Rightarrow \frac{v_{ss}}{d_{ss}} = \frac{1}{\dfrac{1}{\beta(1-\delta)}-1} = \frac{\beta(1-\delta)}{1-\beta(1-\delta)}$$

这与我们之前讨论的稳态方程一致，由此可印证我们工作的正确性，将变量稳态和参数之间的关系带入近似方程中，继续化简，最后可能式（4-74）。

$$0 = \widehat{C}_t - \mathbb{E}_t\,\widehat{C}_{t+1} + \mathbb{E}_t\,\widehat{d}_{t+1} - \widehat{v}_t + \widehat{C}_t - \mathbb{E}_t\,\widehat{C}_{t+1} + \mathbb{E}_t\,\widehat{v}_{t+1} - \widehat{v}_t$$

$$2\,\widehat{C}_t - 2\,\mathbb{E}_t\,\widehat{C}_{t+1} + \mathbb{E}_t\,\widehat{d}_{t+1} - 2\,\widehat{v}_t + \mathbb{E}_t\,\widehat{v}_{t+1} = 0$$

$$\mathbb{E}_t(\widehat{d}_{t+1} + \widehat{v}_{t+1}) = 2(\widehat{C}_t + \mathbb{E}_t\,\widehat{C}_{t+1} + \widehat{v}_t) \tag{4-74}$$

下面讨论消费需求关系方程的对数线性化形式，该方程的推导和前面的若干方程推导思路一致，故略去，其结果为

$$\widehat{Y}_t^C = \widehat{C}_t \tag{4-75}$$

下面讨论商品市场出清条件方程的对数线性化形式，化简思路和前文

类似。先写出和原方程对应的对数线性化近似表达式，则有

$$C_{ss}(1+\widehat{C}_t)+N_{Ess}v_{ss}(1+\widehat{N}_{E,t}+\widehat{v}_t)=w_{ss}L_{ss}(1+\widehat{w}_t+\widehat{L}_t)+N_{ss}d_{ss}(1+\widehat{N}_t+\widehat{d}_t)$$

$$\Rightarrow \widehat{C}_t+\frac{N_{Ess}v_{ss}}{C_{ss}}(\widehat{N}_{E,t}+\widehat{v}_t)=\frac{w_{ss}L_{ss}}{C_{ss}}(\widehat{w}_t+\widehat{L}_t)+\frac{N_{ss}d_{ss}}{C_{ss}}(\widehat{N}_t+\widehat{d}_t)$$

$$\widehat{C}_t=\frac{w_{ss}L_{ss}}{C_{ss}}(\widehat{w}_t+\widehat{L}_t)+\frac{N_{ss}d_{ss}}{C_{ss}}(\widehat{N}_t+\widehat{d}_t)-\frac{N_{Ess}v_{ss}}{C_{ss}}(\widehat{N}_{E,t}+\widehat{v}_t) \tag{4-76}$$

CPI 和通货膨胀之间线性对数化形式的求导也与前文方法类似，故省略，其表达式如下

$$\widehat{\pi}_t-\widehat{\pi}_t^C=\widehat{\rho}_t-\widehat{\rho}_{t-1} \tag{4-77}$$

以下部分，笔者专门讨论式（4-53），该方程的推导是整个模型的亮点，也是最有经济学含义的方程。

首先令 $1-\frac{\kappa}{2}(\pi_t-1)^2=tmp_t^1$，其中，$tmp$ 是 “temperate” 临时之意，则定义如下变量

$$1-\frac{\kappa}{2}(\pi_t-1)^2=tmp_t^1$$

$$\Rightarrow 1-\frac{\kappa}{2}(\pi_t^{\ 2}-2\pi_t+1)=tmp_t^1$$

我们先求其变量的对数线性化形式，则

$$1-\frac{\kappa}{2}(\pi_{ss}^{\ 2}\,\mathrm{e}^{2\widehat{\pi}_t}-2\pi_{ss}\,\mathrm{e}^{\widehat{\pi}_t}+1)=1$$

$$\Rightarrow 1-\frac{\kappa}{2}((1+2\widehat{\pi}_t)-2(1+\widehat{\pi}_t)+1)=1$$

所以$\frac{\kappa}{2}(\pi_t-1)^2$ 的对数线性化形式为 0，$\frac{\kappa}{2}(\pi_{t+1}-1)^2$ 的对数线性化形式也为 0，$\dfrac{1-\frac{\kappa}{2}(\pi_t-1)^2}{1-\frac{\kappa}{2}(\pi_{t+1}-1)^2}$ 的对数线性化形式为 1，μ_t 在 $\pi_{ss}=1$ 时可以化为

$$\mu_t=\frac{\theta}{(\theta-1)+\kappa\left\{\pi_t^{\ 2}-\pi_t-\beta(1-\delta)\,\mathbb{E}_t\left[\frac{N_t}{N_{t+1}}\pi_{t+1}^2\right]+\beta(1-\delta)\,\mathbb{E}_t\left(\frac{N_t}{N_{t+1}}\pi_{t+1}\right)\right\}}$$

于是

$$\mu_t(\theta-1)+\kappa\{\pi_t^{\ 2}\mu_t-\pi_t\mu_t-\beta(1-\delta)\,\mathbb{E}_t\left[\frac{N_t}{N_{t+1}}\mu_t\,\pi_{t+1}^{\ 2}\right]+\beta(1-\delta)\,\mathbb{E}_t\left(\frac{N_t}{N_{t+1}}\pi_{t+1}\right)\mu_t\}=\theta$$

$$\mu_{ss}(\theta-1)(1+\widehat{\mu}_t)+\kappa\left\{\frac{\mu_{ss}(1+2\widehat{\pi}_t+\widehat{\mu}_t)-\mu_{ss}(1+\widehat{\pi}_t+\widehat{\mu}_t)}{-\beta(1-\delta)\mu_{ss}(1+\widehat{N}_t-\widehat{N}_{t+1}+\widehat{\mu}_t+2\widehat{\pi}_{t+1})+\beta(1-\delta)\mu_{ss}(1+\widehat{N}_t-\widehat{N}_{t+1}+\widehat{\mu}_t+\widehat{\pi}_{t+1})}\right\}=\theta$$

$$\Rightarrow(\theta-1)(1+\widehat{\mu}_t)+\kappa\left\{\frac{(1+2\widehat{\pi}_t+\widehat{\mu}_t)-(1+\widehat{\pi}_t+\widehat{\mu}_t)}{-\beta(1-\delta)(1+\widehat{N}_t-\widehat{N}_{t+1}+\widehat{\mu}_t+2\widehat{\pi}_{t+1})+\beta(1-\delta)(1+\widehat{N}_t-\widehat{N}_{t+1}+\widehat{\mu}_t+\widehat{\pi}_{t+1})}\right\}=\frac{\theta}{\mu_{ss}}$$

因为$\mu_{ss}=\dfrac{\theta}{\theta-1}$。

我们先确认上式左右两边常数项是否相等

$(\theta-1)+\kappa\{1-1-\beta(1-\delta)+\beta(1-\delta)\}$ 应等于 $\dfrac{\theta}{\frac{\theta}{\theta-1}}=\theta-1$，$\theta-1\equiv\theta-1$，于是可以知道我们前面求导的稳态是对的，因此稳态得证。

于是上面的式子可以继续化简为

$$(\theta-1)\widehat{\mu}_t+\kappa\left\{\begin{array}{l}2\widehat{\pi}_t+\widehat{\mu}_t-\widehat{\pi}_t-\widehat{\mu}_t\\-\beta(1-\delta)(\widehat{N}_t-\widehat{N}_{t+1}+\widehat{\mu}_t+2\widehat{\pi}_{t+1}-\widehat{N}_t+\widehat{N}_{t+1}-\widehat{\mu}_t-\widehat{\pi}_{t+1})\end{array}\right\}=0$$

$$\Rightarrow(\theta-1)\widehat{\mu}_t+\kappa\{\widehat{\pi}_t-\beta(1-\delta)\mathbb{E}_t\widehat{\pi}_{t+1}\}=0$$

$$\Rightarrow(\theta-1)\widehat{\mu}_t+\kappa\widehat{\pi}_t-\kappa\beta(1-\delta)\mathbb{E}_t\widehat{\pi}_{t+1}=0$$

$$\Rightarrow\widehat{\pi}_t=\beta(1-\delta)\mathbb{E}_t\widehat{\pi}_{t+1}-\frac{(\theta-1)}{\kappa}\widehat{\mu}_t \tag{4-78}$$

特别值得一提的是，这是新新贸易理论视角下的新菲利普斯曲线的表达形式。该公式极为特殊：当期通货膨胀除了由通货膨胀预期决定外还由企业死亡率决定。

新新贸易理论视野下的新菲利普斯曲线和当代动态随机一般均衡分析框架下的、基于新凯恩斯主义理论的新菲利普斯曲线的表达式的区别十分明显，经济学含义也完全不同。

需要注意的是，新菲利普斯曲线是新凯恩斯主义理论中核心曲线之一，新凯恩斯主义理论的三大理论支柱分别是：动态化跨期欧拉曲线（即：动态 I－S 曲线）、新菲利普斯曲线和最优央行利率曲线（即：泰勒准则曲线）。

汇总所有变量 $\{\widehat{\mu}_t,\widehat{w}_t,\widehat{\rho}_t,\widehat{\pi}_t,\widehat{n}_t,\widehat{d}_t,\widehat{Y}_t^C,\widehat{v}_t,\widehat{n}_{E,t},\widehat{C}_t;\widehat{L}_t,\widehat{\pi}_t^C,\widehat{\omega}_t\}$ 的对数线性化方程

$$\widehat{\mu}_t + \widehat{w}_t - \widehat{z}_t - \widehat{\rho}_t = 0 \tag{4-67}$$

$$\widehat{\rho}_t = \frac{1}{\theta - 1}\widehat{N}_t \tag{4-68}$$

$$\widehat{d}_t + \widehat{N}_t - \widehat{Y}_t^C = (\theta - 1)\widehat{\mu}_t \tag{4-69}$$

$$\widehat{v}_t = \widehat{w}_t + \widehat{f}_{E,t} - \widehat{z}_t \tag{4-70}$$

$$\widehat{n}_t = (1-\delta)\widehat{n}_{t-1} + \delta\widehat{n}_{E,t-1} \tag{4-71}$$

$$\widehat{w}_t - \widehat{c}_t - \frac{1}{\varphi}\widehat{L}_t = 0 \tag{4-72}$$

$$\mathbb{E}_t\widehat{\pi}_{t+1}^C + \mathbb{E}_t\widehat{C}_{t+1} - \widehat{C}_t - \widehat{R}_t = 0 \tag{4-73}$$

$$\mathbb{E}_t(\widehat{d}_{t+1} + \widehat{v}_{t+1} = 2(\widehat{C}_t + \mathbb{E}_t\widehat{C}_{t+1} + \widehat{v}_t) \tag{4-74}$$

$$\widehat{Y}_t^C = \widehat{C}_t \tag{4-75}$$

$$\widehat{C}_t = \frac{w_{ss}L_{ss}}{C_{ss}}(\widehat{w}_t + \widehat{L}_t) + \frac{N_{ss}d_{ss}}{C_{ss}}(\widehat{N}_t + \widehat{d}_t) - \frac{N_{Ess}v_{ss}}{C_{ss}}(\widehat{N}_{E,t} + \widehat{v}_t) \tag{4-76}$$

$$\widehat{\pi}_t - \widehat{\pi}_t^C = \widehat{\rho}_t - \widehat{\rho}_{t-1} \tag{4-77}$$

$$\widehat{\pi}_t = \beta(1-\delta)\mathbb{E}_t\widehat{\pi}_{t+1} - \frac{(\theta-1)}{\kappa}\widehat{\mu}_t \tag{4-78}$$

四、政策模型及实证讨论

（一）参数讨论

基于以上推导，笔者利用 Dynare 软件，对本节模型进行了电脑模拟。本模型利用中国国情的数据，对模型的参数进行了校准。

若干文献（Smets and Wouters，2007）将主观贴现因子 β 值设定为 0.977，本节也将其设定为 0.977。δ 表示折旧率，本模型采取了较为常用的值 0.025。为考虑中间厂商市场集中度，本模型采用了 Dixit – Stiglitz 形式，并将市场集中度 θ 设为 4.8。φ 表示 Frisch 劳动力供给替代弹性，而 χ 表示跨期劳动力替代弹性，这两个参数来自家庭关于劳动力的效用函数方程，κ 是 Rotemberg（1982）中表示价格调整成本的参数，本书参考梅冬州和龚六堂（2011）以及刘斌（2008）的文章，将这三个值分别设为：50，0.924 和 77，表 4 – 5 汇总了这些参数的信息。

表 4 – 5　模型结构参数取值

参数	β	δ	θ	φ	χ	κ
取值	0.977	0.025	4.8	50	0.924	77
含义	贴现率	企业死亡率	聚集指数	Frisch 劳动力供给替代弹性	跨期劳动力替代弹性	价格调整成本

如前文所述，本模型中主要包括两个冲击并将二者假设为一阶自回归随机过程，表4-6表述了这两个外生冲击的统计特性以及其代表的经济学含义。

表4-6 外生冲击所涉及参数的取值

参数	(ρ_z，σ_z)	(ρ_{fE}，σ_{fE})
取值	(0.95，0.009)	(0.95，0.009)
含义	技术冲击	企业沉没进入成本冲击

（二）政策模拟

1. 参数变化对稳态的影响分析

本模型中，最重要的两个参数分别是市场集中度 θ 和企业死亡率 δ，如前文所述，动态随机一般均衡成立的条件之一是建立在模型对应的所有动态变量稳态存在，且唯一，其潜台词之一是指这些动态变量的稳态值应是关于模型参数的函数。

简而言之，导致动态变量的稳态值不恰当（improper），大致可以归纳为以下两种原因。

原因一：因模型变量稳态的性质完全是由参数的取值范围确定的，如果某动态变量的稳态值极易随某参数改变而改变，则模型往往可能存在内生不稳定性。

原因二：模型中动态变量稳态有时会因为参数值的改变产生复数，Dynare软件不接受某动态变量的稳态值出现复数的情形，此外某动态变量的稳态值为复数，也不符合经济学常识和常理。

改变模型中的重要参数，然后观测模型中重要变量稳态值的变化是衡量模型稳定性的重要步骤。

在本小节，笔者主要改变市场集中度 θ 和企业死亡率 δ 的取值，然后重点观测这两个参数的变化对现存企业数的稳态值 N_{ss}、新增企业数稳态值 N_{Ess}、消费稳态值①C_{ss} 和劳动力的稳态值 L_{ss} 的影响。笔者将市场集中度 θ 从1.25调整为4.00②，将企业死亡率 δ 的取值从0.02调整为0.85。值得一提的是，企业死亡率 δ 的取值虽然大于0.1已有点不大符合现实，但从理论研究视角是有必要的，因为理论研究需要研究和重点考察模型的极端

① 本模型比较特殊，消费的稳态等同于产出的稳态。

② 笔者发现，当改为大于4后，对主要变量的稳态值影响不大。

情形。

图 4－2 展示了市场集中度 θ 和企业死亡率 δ 对模型中四个主要变量稳态值的影响。首先分析现存企业数的稳态值 N_{ss} 随市场集中度 θ 和企业死亡率 δ 变化情况（见图 4－2 左上）。当 θ 较小时，δ 的变化对 N_{ss} 影响明显，且 δ 的变化与 N_{ss} 的变化呈反比关系。但当 θ 较小时，δ 的变化对 N_{ss} 几乎没有影响。当 δ 较小时，δ 的变化对 N_{ss} 影响明显，且 δ 的变化与 N_{ss} 的变化呈反比关系。θ 的变化与 N_{ss} 的变化呈负相关关系，在 δ 较小时，θ 的变化对 N_{ss} 的变化影响较大；而当 δ 较大值时，θ 的变化对 N_{ss} 的变化影响不明显。

下面分析新增企业数稳态值 N_{Ess} 随市场集中度 θ 和企业死亡率 δ 变化的情况（具体见图 4－2 右上）。当 θ 较小时，δ 较大时，θ 和 δ 的变化对 N_{Ess} 影响明显，且 θ 的变化与 N_{Ess} 的变化呈反比关系，而 δ 的变化与 N_{Ess} 的变化呈正比关系。但当 θ 较大时，δ 较小时，θ 和 δ 的变化对 N_{Ess} 几乎没有影响。

下面分析消费稳态值 C_{ss} 随市场集中度 θ 和企业死亡率 δ 变化的情况（具体见图 4－2 左下）。δ 的变化对 C_{ss} 影响不大，主要受 θ 影响，C_{ss} 与 θ 呈正比关系。

劳动力的稳态值 L_{ss} 的影响随市场集中度 θ 和企业死亡率 δ 变化情况（具体见图 4－2 右下）较为特殊。首先，劳动力的稳态值 L_{ss} 在市场集中度 θ 较小和企业死亡率 δ 较大时受影响明显，假设企业死亡率 δ 较大且恒定时，劳动力的稳态值 L_{ss} 随市场集中度 θ 的值减少呈现先陡峭下降，后缓慢上升，最后趋于稳态的变化趋势。

2. 模型的冲击响应分析

如前文所述，本模型主要包括两个冲击，分别为全要素生产率冲击（即技术冲击）$\widehat{z_t}$ 和企业沉没进入成本冲击 $\widehat{fE_t}$，笔者选取了本模型中重要的九个宏观经济变量：产出、利率、利润、通货膨胀、现存企业数、新增企业数、价格加成变量、CPI 和劳动力，并观察它们对两个外生冲击的响应，具体见图 4－3。

（1）产出。当受到全要素生产率冲击时，产出先增加然后开始下降，最终在 200 期左右趋于稳态。而当产出受到企业沉没进入成本冲击时，产出先下降，然后逐步达到稳态阶段，可以看出，技术冲击对于产出是正向冲击，而对于企业沉没进入成本冲击是负向冲击，此外，在受到同一单位冲击时，技术冲击的影响更大。

（2）利率。全要素生产率对利率是负向冲击，而企业沉没进入成本对

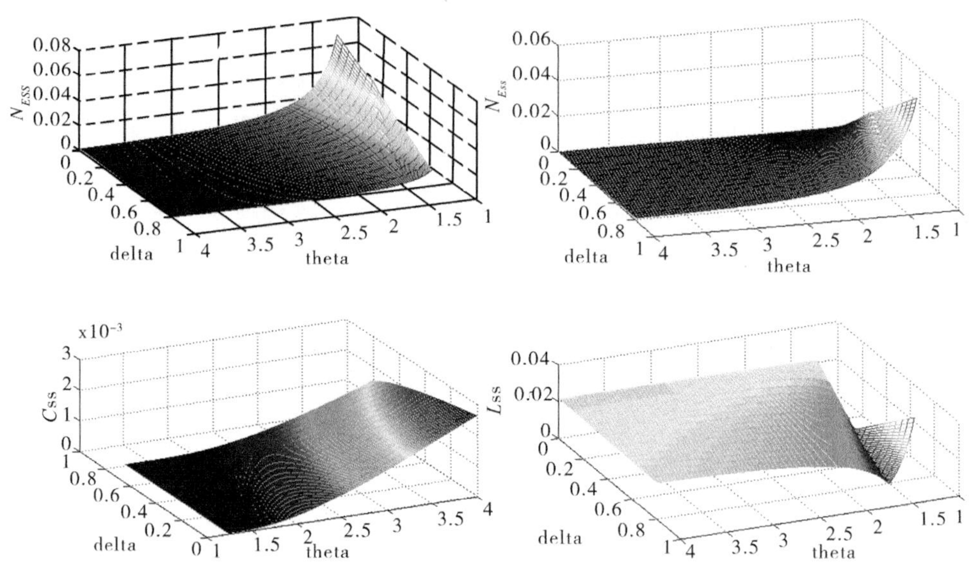

图 4－2　市场集中度以及企业死亡率改变对主要稳态的影响

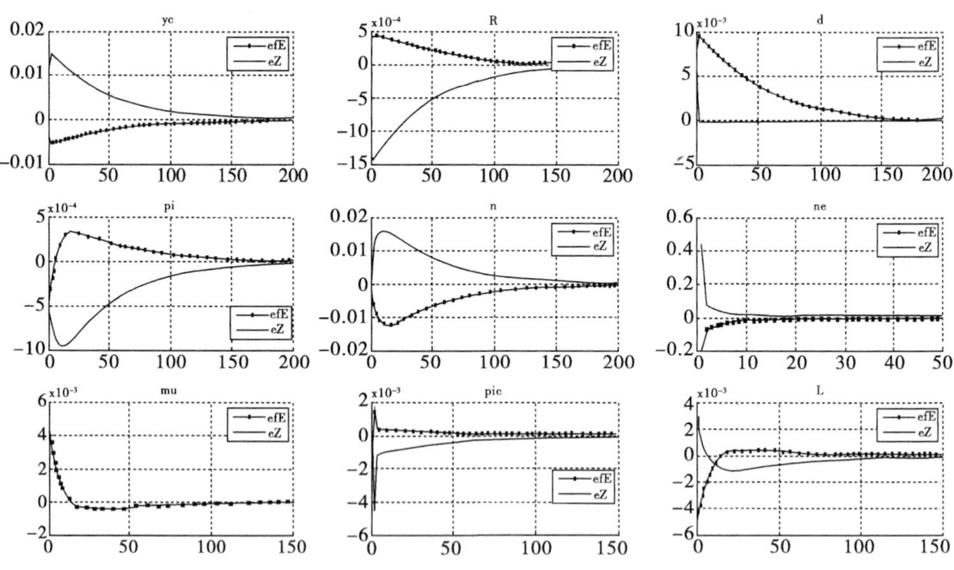

图 4－3　主要经济变量对技术冲击以及企业沉没进入成本冲击的脉冲响应图

利率是正向冲击，在外在受到同一单位冲击时，技术冲击的影响更大。利率在受到冲击后，大约在200期重回稳态。

（3）利润。技术冲击对利润有影响，但影响持续期极短，大约在10期内对利润的影响消除。企业沉没进入成本冲击对利润影响十分明显且影响大于技术冲击，而且持续性也十分强，需要经过200期使利润恢复稳态水平。此外，技术冲击和企业沉没成本冲击对利润都是正向冲击。这也可以理解，当突然的技术进步或企业进入成本突然高企，都将导致市场内企业技术的进步或竞争型企业的减少，从而利润增加。在新新贸易理论中，可以看出，企业进入沉没成本对行业内企业平均利润的影响是持续性的。

（4）通货膨胀。技术冲击对通货膨胀的影响呈“J”形曲线效应，即先持续减少，然后开始回升，总体而言技术冲击对通货膨胀是负冲击效应。企业进入沉没成本冲击对通货膨胀是先增加后减少，最终趋近于稳态。

（5）现存企业数。技术冲击意味着在短时间内技术优势显著，导致新企业产生并试图进入该市场，因此现存企业数增加，随着临时技术进步的消失，现存企业数也开始下降，最后达到稳态。而当现存企业面对企业进入沉没成本冲击时，现存企业数下降，二者呈显著负相关，此结论符合经济学原理和现实社会认知。此外，从图上还可看出，两冲击对现存企业数的影响较为均衡。

（6）新增企业数。全要素生产率对新增企业数是正向冲击，而企业沉没进入成本冲击对利率是负向冲击，在受到同一单位冲击时，技术冲击的影响更大，这有很好的经济学含义，也就是新新贸易理论认为的，新增企业数虽然会受到企业沉没进入成本的影响，但影响新增企业数量的主要是全要素生产率冲击，且后者对新增企业数变量的影响（以绝对值口径）大概是前者的两倍。还需要注意的是，两个冲击对新增企业的影响持续都不太长，基本上在20期后影响消除。

（7）价格加成。全要素生产率冲击和企业沉没进入成本冲击对于价格加成变量，都带来了一定的振荡效应，所谓振荡效应是指变量的冲击反应函数曲线至少一次穿过其稳态水平。以全要素生产率冲击对价格加成的影响为例，在第1期出现一个负跃阶，然后价格加成变量不断回升并超过其稳态，达到峰值后开始下降并缓慢地再次趋近稳态。

（8）消费价格指数。全要素生产率对消费价格指数是负向冲击，而企业沉没进入成本冲击对利率是正向冲击，在外受到同一单位冲击时，技术冲击的影响更大。利率在受到冲击后，大约在150期重回稳态。

（9）劳动力。全要素生产率冲击和企业沉没进入成本冲击对于劳动力变量带来了一定的振荡效应。以全要素生产率冲击对劳动力的影响为例，在第1期出现一个正跃阶，然后劳动力不断下降并超过其稳态，达到谷底后开始上升并缓慢地再次趋近稳态。

3. 变量基本统计特性分析

本部分汇总了本模型中所涉及的9个宏观经济变量，并对这9个宏观经济变量的基本统计特征进行归纳和分析。表4－7列出了9个宏观经济变量的理论均值、理论标准差和理论方差值。表4－8列出了9个变量的相关系数矩阵。图4－4绘制出9个变量从第1期到第10期自相关系数。

表4－7　变量的基本理论统计特性

	均值	标准差	方差
产出	0	0.081 6	0.006 7
利率	0	0.007 7	0.000 1
利润	0	0.051	0.002 6
通货膨胀	0	0.006 3	≈0.000 0
现存企业数	0	0.122 3	0.014 9
新增企业数	0	0.515 6	0.265 9
价格加成	0	0.011 2	0.000 1
消费价格指数	0	0.007 7	0.000 1
劳动力	0	0.011 4	0.000 1

表4－8　变量的相关系数矩阵

	产出	利率	利润	通货膨胀	现存企业数	新增企业数	价格加成	消费价格指数	劳动力
产出	1.00	－1.00	－0.35	－0.96	0.92	0.35	0.41	－0.88	－0.34
利率	－1.00	1.00	0.33	0.96	－0.91	－0.38	－0.42	0.88	0.34
利润	－0.35	0.33	1.00	0.27	－0.62	－0.14	0.11	0.29	－0.12
通货膨胀	－0.96	0.96	0.27	1.00	－0.92	－0.18	－0.66	0.81	0.60

续表

	产出	利率	利润	通货膨胀	现存企业数	新增企业数	价格加成	消费价格指数	劳动力
现存企业数	0.92	-0.91	-0.62	-0.92	1.00	0.19	0.49	-0.78	-0.43
新增企业数	0.35	-0.38	-0.14	-0.18	0.19	1.00	-0.42	-0.29	0.51
价格加成	0.41	-0.42	0.11	-0.66	0.49	-0.42	1.00	-0.28	-0.99
消费价格指数	-0.88	0.88	0.29	0.81	-0.78	-0.29	-0.28	1.00	0.22
劳动力	-0.34	0.34	-0.12	0.60	-0.43	0.51	-0.99	0.22	1.00

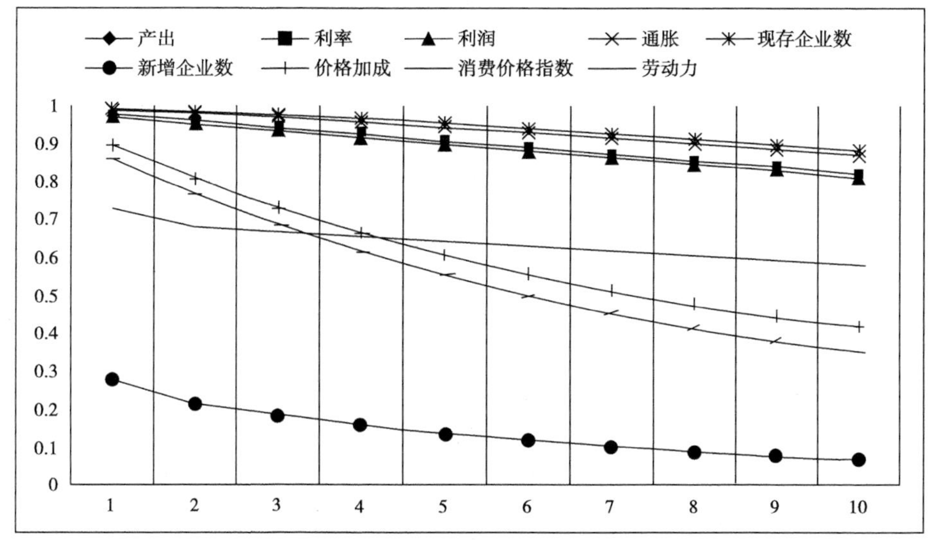

图4-4　主要宏观经济变量第1~10期的自相关系数

从图4-4可以看出，产出、利率、通货膨胀以及现存企业数变量都有极强的自相关效用。而价格加成变量和劳动力的自相关系数下降较快，消费价格指数自相关系数在60%~70%之间。新增企业数变量自相关系数较低，且持续下降，主要的原因是该变量表示的是一个增量概念，具有增量概念的变量其自相关系数不应太高，且自相关持续性也应较弱。

4. 关于方差分解的讨论

下面利用非条件方差[①]分析本模型中两个外生冲击对各主要宏观经济变量的影响情况，具体结论见图4－5。

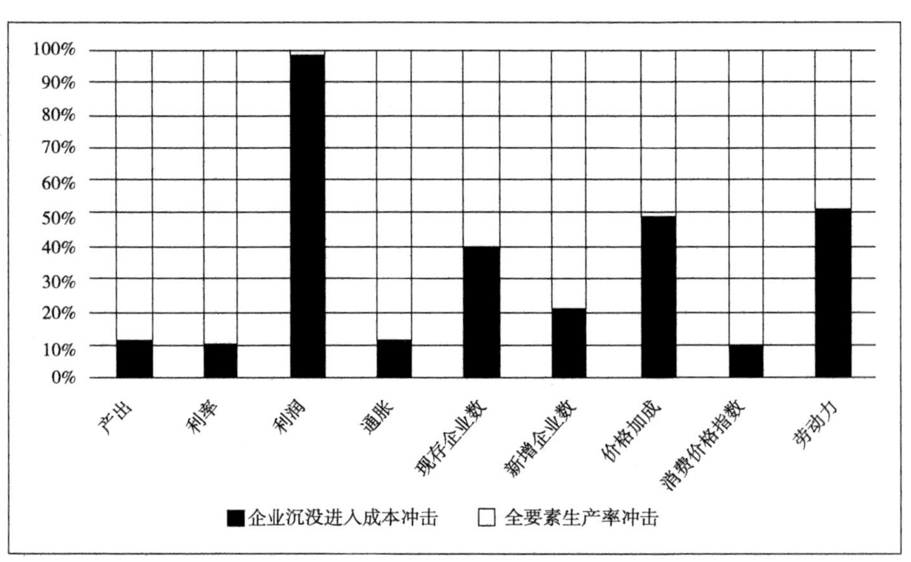

图4－5　外生冲击对主要宏观经济变量的方程分解

以产出为例，产出主要受到全要素生产率冲击的影响，占到总影响的88.22%，而企业沉没进入成本冲击仅占11.78%。利率也主要受到全要素生产率冲击的影响，占到89.32%，而企业沉没进入成本冲击对利率的影响仅占11.78%。利润几乎不受全要素生产率冲击的影响，从利润的方程分解图来看，98.31%的影响是企业沉没进入成本造成的。全要素生产率对通货膨胀的影响占主要地位，为87.96%。现存企业数和新增企业数是新新贸易理论中两个重要的指导变量，通过实证模拟分析，可见全要素生产率冲击对二者的影响占主导地位，分别为60.36%和78.62%，基本上是企业沉没成本冲击影响的两倍。企业沉没成本冲击和全要素生产率冲击对价格加成的影响较为平均，分别为49.34%和50.66%。居民消费价格指数

① Dynare软件还提供了考察条件方差分解的工具，因篇幅限制，本书未讨论。

主要受全要素生产率冲击的影响，占到总影响的89.68%。企业沉没成本冲击和全要素生产率冲击对劳动力的影响也较为平均，分别为41.37%和48.63%。

五、小结

本节基于Bilbiie，Ghironi和Melitz（2007）构建了一个小型封闭经济体下的、单一部门的动态随机一般均衡模型，笔者对Bilbiie，Ghironi和Melitz（2007）进行了一定的扩展。本部分的创新之处可以概括为：首先将货币引进模型中，重新构建了央行行为方程。如前文所述，西方学术圈采用泰勒准则下的央行货币反应函数不适用于中国。目前我国央行主要采取数量规则对宏观经济进行调控。因此本模型的央行行为采用的是数量规则进行建模。数量规则的意思指央行利用M2的增量作为政策调整的中介变量，并认为M2的增量（即：货币增长率）是关于其过去信息、通货膨胀以及产出缺口的方程。将货币增长率引入货币供给方程中（即：央行政策行为方程），就必须构建货币的需求方程，也就是需要构建货币市场，货币需求市场和货币供给市场必须均衡，必须出清。因此，本模型将货币引入家庭效用函数和预算约束方程中构建了货币的需求方。

此外，Bilbiie，Ghironi和Melitz（2007）文章较为晦涩，任何科研人员如果希望复制该文都将遇到大量的理论和技术障碍，而在本部分中，笔者给出了严格的推导和证明，使得相关领域的科研人员可以根据本部分第二至四节的方程并结合Dynare软件将Bilbiie，Ghironi和Melitz（2007）以及本章介绍的模型较容易地恢复出来。

本节的主要政策建议可归纳如下：

（1）新新贸易理论提出行业内的企业死亡参数、现存企业数变量、新增企业数变量等概念，这些概念对于宏观政策制定都非常重要，尤其对于像中国这样一个刚开始倡导大众创新、全民创业的国家。以服务业为例，生产性服务业中涉及高新技术咨询的企业往往属于小微企业，这些企业的产生、企业的存续周期、新增企业数以及这些企业进入行业的沉没成本、企业固定成本都直接反映了市场的活跃程度、行业创新程度、行业生产效率等重要市场信息，这些信息都是衡量经济是否健康正常运行、政策是否发挥其应有效力的重要指标，因此在新新贸易理论视角下诞生的这些经济

变量指标应引起国家统计部门的重视和关注，建议将其中一些重要指标纳入国家统计监测范围。

（2）根据新新贸易理论，行业的价格加成以及行业进入成本会影响企业的生产行为决策，内生企业进入（endogenous frim entry）会最终影响央行行为决策，而央行行为同样对企业进入行业也有反应，这一点似乎也是目前货币政策制定者在经济政策制定中所忽视的。

（3）基于新新贸易理论，经济体的供给端——企业数量并非固定，企业的进出并非为一常数，这与传统新凯恩斯主义理论的基本假定不一致。而不言自明的是，新新贸易理论的假设更符合现实经济的情形，也更符合常识。基于新新贸易理论关于企业进入为一内生动态变量的假设，企业死亡率会影响经济体的通货膨胀水平（及物价水平），进而会重构新菲利普斯曲线的表达式，于是也就会改变我们传统意义上对通货膨胀形成的认知。此外，根据新新贸易理论，央行的政策制定行为也会间接通过新新贸易理论视角下的新菲利普斯曲线而受到影响，由此可见，新新贸易理论对政策制定是非常有启发性的。政策制定者应对新新贸易理论给予更高的关注和重视，应鼓励更多的科研人员投入新新贸易理论的研究中。

第五节　新新贸易理论视角下 GM2005 的拓展

一、模型简介及相关背景介绍

Ghironi 和 Melitz（2005）利用动态随机一般均衡理论构建了一个基于新新贸易理论视角下的宏观经济分析框架。为简单起见，本部分将 Ghironi 和 Melitz（2005）所构建的模型称为 GM2005。该模型是基于克鲁格曼的分析框架，考虑了贸易摩擦和出口成本，并利用新开放经济模型的思路，构建两国模型，在国内和国外市场中内生化企业市场进入。特别强调一下，因为 GM2005 模型本质上存在着新开放经济模型的烙印，因此请读者详细参见笔者一篇介绍新开放经济模型基本原理和模型运作机制的文章（余颖丰，2016）。新开放经济模型的一个基本特征是基于两国经济模型。此外，GM2005 模型基于克鲁格曼的新贸易理论的分析框架，核心思想来自 Baldwin 和 Krugman（1989）的论文。Baldwin 和 Krugman（1989）的论文

最早利用一个简单的局部均衡模型考虑了国际市场中内生进入问题，并研究了诸如外汇冲击等市场冲击与市场结构（尤其是进出口市场）之间的关系。GM2005保留了Melitz（2003）的核心思想，即生成效率更高的企业设置更低的价格，却可获得更好的利润，因此，如假设每期在出口固定成本一定的情况下，只有产出超过一定的临界值（cutoff）的企业才会进行实际意义上的出口行为，GM2005和Melitz（2003）都认为这个“一定的临界值”是一个关于出口固定成本的函数。

因此，笔者的观点是：如果说新贸易理论是关于某局部市场价格加成（make-up）的理论，新新贸易理论的本质则是关于企业“选择”的理论。其中，“选择”指的是企业选择从事国内贸易业务或是选择进入国际市场从事出口业务，如何“选择”取决于企业的效率。而如要追根寻源贸易利得（gains from trade①）产生的原因，答案是：出口企业的效率是贸易收益发生的根本原因，即Melitz（2003）的观点——企业除了可获得因产品多样性带来的收益外，还会因企业的选择而产生收益。

根据目前该领域的前沿学术研究观点，“贸易利得”理论实质上可以来自三个渠道，首先来自克鲁格曼新贸易理论的思路，即来自产品多样性（variety）②；其次是基于Melitz（2003）的新新贸易理论中的企业“选择效应”；最后是Van Long，Raff and Stahler（2011）提出的内生市场效应③。

二、模型的基本设定

本模型基于Ghironi－Melitz（2005），但在模型上进行了一定的扩展。笔者的创新之处可以简单概括为两个方面：一是在模型设定层面的创新。

① Gains from trade有时也翻译为“贸易利得”“贸易利益分配”，本书将其翻译为“贸易利得”。

② 特别值得一提的是，产品的多样性本质上是由“加成”$\lambda_{makeup}=\frac{\theta}{\theta-1}$决定的。其中，“加成”一般都满足Stiglitz－Dixit连续统形式，以异质性消费为例，总量消费C_t与个体$C_t(j)$有$C_t=[\int_0^1 C_t(j)^{\frac{\theta-1}{\theta}}]^{\frac{\theta}{\theta-1}}$。

③ 简而言之，我们可以将局部均衡市场假设为一些特定的市场类型，以研究企业间的策略性互动（strategic interaction），产业经济学领域常见的特定市场类型包括：古诺（Cournot）竞争机制市场、贝特朗（Bertand）竞争机制市场和斯塔克伯格（Stackelberg）竞争机制市场。在一些特定的市场机制下，价格加成会异常的低，在这种情形下新贸易理论的适应性会受到挑战。

笔者在原模型基础上引入了货币，原模型非一般均衡模型，缺少央行部门，笔者加入了央行行为方程。二是在模型推导上的尝试和创新。动态一般均衡模型的本质是若干非线性的随机方程组。为研究变量与变量间的动态互动机理，一般将非线性随机方程组在其均衡点处进行对数线性化处理，即寻找线性方程组解。因为越来越多的实证研究结果表明，线性化处理往往会遗失掉经济中很多重要的现象，比如，股票市场的风险溢价等问题，于是高阶近似研究一直都是 DSGE 理论领域的研究热点，本节基于 Andreasen 等（2013）的方法，对模型进行高阶展开处理。目前国内利用 DSGE 展开经济问题研究较少使用此前沿方法，因此，这也可视为是本模型的应用创新。

本模型的基本假设是基于新新贸易理论，认为，一国是一个发达的经济体，国内产业主要有一个行业，该国可以从事国内贸易，也可以从事出口贸易。

下面首先讨论关于家庭建模的设定。

家庭在无穷期视野下，最大化其效用函数

$$\mathbb{E}_0\left[\sum_{t=0}^{\infty}\beta^t u(C_t,M_t)\right]$$

并认为家庭效用函数满足以下形式

$$u(C_t,L_t)=\left(\frac{C_t^{1-\gamma}}{1-\gamma}\right)+\zeta\frac{\left(\frac{M_t}{P_t}\right)^{1+\psi}}{1+\psi}$$

家庭存在异质性消费行为，并满足 Stiglitz – Dixit 的连续统形式：

$$C_t=\left(\int_0^1 C_{it}^{\frac{\theta-1}{\theta}}d_i\right)^{\frac{\theta}{\theta-1}},\theta>1$$

异质性消费对应异质性价格 P_{it}，异质性价格和总量价格之间的关系满足以下形式

$$P_t=\left(\int_0^1 P_{it}^{1-\theta}d_i\right)^{\frac{1}{1-\theta}}$$

Stiglitz – Dixit 形式的求解可见附录 A，则异质性消费量与个体价格、总量价格以及总量消费之间满足以下关系

$$C_{it}=\left(\frac{P_{it}}{P_t}\right)^{-\theta}C_t$$

家庭预算约束满足以下形式

$$B_{N,t+1}+\tilde{v}_t N_{H,t}x_{t+1}+C_t+M_t=(1+r_t)B_{N,t}+(\tilde{d}_t+\tilde{v}_t)N_t x_t+w_t L_t+M_{t-1}$$

本模型假设家庭效用函数由消费 C_t 、劳动力 L_t 以及货币构成。模型认为，家庭是企业的股东，因此可获得单位企业利润为 $\tilde{v}_t$ 。$N_{H,t}$ 表示互助基金型企业数量，Melitz 等认为，该数量与封闭经济体内现存企业数量 N_t 和当期新增企业数量 $N_{E,t}$ 之间满足线性加总关系，即 $N_{H,t} = N_t + N_{E,t}$ 。此外，当期互助基金型企业数量 $N_{H,t}$ 与下一期封闭经济体内企业现存数量 N_{t+1} 之间存在 $N_{t+1} = (1 - \delta) N_{H,t}$，其中，$\delta$ 表示外生退出冲击。而 x_{t+1} 表示购入的股票数，家庭每期也获得货币。简而言之，以上几个变量间应满足

$$\begin{cases} N_{H,t} = N_t + N_{E,t} \\ N_{t+1} = (1 - \delta) N_{H,t} \end{cases}$$

此外，$\tilde{d}_t$ 表示分红，工资用 W_t 表示，而劳动力用 L_t 表示。

和以往思路一致，在已知家庭效用函数、家庭预算约束以及企业数量运动方程后可建立家庭的拉格朗日表达式$\mathcal{L}$，然后可对消费、劳动力等重要变量求一阶导数，得到相应的 FOCs（first order conditions，一阶条件），此求导过程和 GM2005 完全一致，故略去。

本模型引入了货币变量，下面简单对此变量进行讨论，将货币量对家庭的拉格朗日表达式 L 求导可得到货币的需求方程，则：

$$\frac{\partial L}{\partial M_t} = 0 \Leftrightarrow \Rightarrow \zeta m_t^{\psi} + \lambda_t^1 = \beta \mathbb{E}_t\left(\frac{\lambda_{t+1}^1}{\pi_{t+1}}\right) \Rightarrow \zeta m_t^{\psi} = \beta \mathbb{E}_t\left(\frac{\lambda_{t+1}^1}{\pi_{t+1}}\right) - \lambda_t^1$$

此方程为货币需求方程，在本模型中笔者在 BGM2007 内加入了货币量，基于前文的实证事实，笔者指出，中国目前的国情是央行采取货币增量，即 $\bar{\omega}_t$ 作为货币政策指引目标，此外笔者假设该值存在稳态且被表示为 $\bar{\omega}_{ss}$ 。因此，$\bar{\omega}_t$ 与名义货币量 M_t 以及真实货币量 m_t 之间存在 $\bar{\omega}_t := \frac{M_t}{M_{t-1}} = \frac{(m_t P_t)}{(m_{t-1} P_{t-1})} = \frac{m_t}{m_{t-1}} \pi_t$ 的关系。笔者利用此关系，消除名义货币量 M_t 以及真实货币量 m_t ，仅保留 $\bar{\omega}_t$，则

$$\zeta m_t^{\psi} = \beta \mathbb{E}_t\left(\frac{\lambda_{t+1}^1}{\pi_{t+1}}\right) - \lambda_t^1 \Rightarrow \frac{\zeta m_t^{\psi}}{\zeta m_{t-1}^{\psi}} = \left(\frac{m_t}{m_{t-1}}\right)^{\psi} \Rightarrow \left(\frac{\bar{\omega}_t}{\pi_t}\right)^{\psi} = \frac{\beta \mathbb{E}_t\left(\frac{\lambda_{t+1}^1}{\pi_{t+1}}\right) - \lambda_t^1}{\beta\left(\frac{\lambda_t^1}{\pi_t}\right) - \lambda_{t-1}^1}$$

在此笔者直接讨论其对应稳态，则

$$\left(\frac{\overline{\omega}_{ss}}{\pi_{ss}}\right)^{\psi}=\frac{\beta\left(\frac{\lambda_{ss}^{1}}{\pi_{ss}}\right)-\lambda_{ss}^{1}}{\beta\left(\frac{\lambda_{ss}^{1}}{\pi_{ss}}\right)-\lambda_{ss}^{1}}=1\Rightarrow\overline{\omega}_{ss}=\pi_{ss}$$

该稳态等式经济学含义十分明显，即如果此经济体中通货膨胀存在稳态，则货币量的稳态应与通货膨胀的稳态一致，即通货膨胀来临时导致货币量的增加。值得一提的是，本模型不考虑通货膨胀因素，故真实货币量和名义货币量一致。

此外，我们假设央行习惯采用广义货币供给（M2 增速）作为操作目标。笔者用 $\overline{\omega}_t$ 表示货币增量，则央行政策调控可以由下式表示

$$\log(\overline{\omega}_t)=\rho_{\overline{\omega}}\log(\overline{\omega}_{t-1})+(1-\rho_{\overline{\omega}})\left\{\log(\overline{\omega}_{ss})+r_{\pi}(\log(\pi_t)-\log(\pi_{ss}))+r_{y}\left[\log\left(\frac{y_t}{y_{ss}}\right)\right]\right\}$$

其余的推导和 Ghironi and Melitz（2005）推导一致，故略去。下面讨论稳态关系。

三、关于稳态的分析和讨论

动态随机一般均衡模型要求存在稳态，而经济周期波动在稳态附近徘徊，因此寻找到本模型的稳态是实现 Dynare 软件模拟的关键，此外变量的稳态形式一般应是模型中参数的方程。前文已讨论了本模型引入的货币增量 $\overline{\omega}_t$ 的稳态值，本文除引入该变量没有引入其他变量，因此，其他变量的稳态求导不会因为货币增量的引入而受到影响，故其形式和 Melitz 原文一致。寻找本模型稳态值的突破口在于先解出 $\tilde{z}_X$ 。在已知 ξ_1 ，ξ_2 ，θ 和 κ 的情况下，可以解出 $\tilde{z}_X$ ，该方程是非线性方程，本人利用 Matlab 软件和牛顿迭代法，解出 $\tilde{z}_X=4.2244$ 。

所有的稳态或间接求得的参数为

$$\tilde{z}_D,\xi_1,\xi_2,\xi_3,\tilde{z}_X,\tilde{z}_X^*,kk,$$

$$\tilde{\rho}_X,w,w^*,N_D,N_D^*,N_E,N_E^*,$$

$$N_X,N_X^*,\tilde{\rho}_D,\tilde{\rho}_X^*,C,C^*,$$

$$\tilde{d}_D,\tilde{d}_X,\tilde{v},\tilde{v}^*,\tilde{r},\tilde{r}^*,$$

$$\tilde{d},\tilde{d}^*,\tilde{d}_D^*,\tilde{d}_X^*,$$

则所有重要的稳态方程汇总如下

$$\tilde{z}_X^* = \tilde{z}_X$$

$$kk = \left(\frac{\tau \tilde{z}_D}{\tilde{z}_X}\right)^{\theta-1} + \left(\frac{z_{\min}}{\tilde{z}_X}\right)^{\kappa}\left[\frac{\kappa}{\kappa-(\theta-1)}\right]^{\frac{\kappa}{\theta-1}}$$

$$\tilde{\rho}_X = \left[\left(\frac{\theta\kappa}{\kappa-(\theta-1)}\right)f_X - \left(\frac{1}{kk}\right)f_E\left(\frac{1-\beta}{(1-\delta)\beta}\right)\left(\frac{1}{L}\right)\right]^{\frac{1}{1-\theta}}$$

$$w = \frac{\tilde{\rho}_X(\theta-1)\tilde{z}_X}{\theta\tau} = w^*$$

$$N_D = (kk)^{-1}(\tilde{\rho}_X)^{\theta-1}$$

$$N_D = N_D^*$$

$$N_E = N_D\left(\frac{\delta}{1-\delta}\right)$$

$$N_E = N_E^*$$

$$N_X = N_D(z_{\min})^{\kappa}\tilde{z}_X^{-\kappa}\left[\frac{\kappa}{\kappa-(\theta-1)}\right]^{\frac{\kappa}{\theta-1}}$$

$$\tilde{\rho}_D = \left(\frac{\tilde{z}_X}{\tau \tilde{z}_D}\right)\tilde{\rho}_X$$

$$C = w\left[L + N_D^* f_E\left(\frac{1-\beta}{(1-\delta)\beta}\right)\right]$$

$$C^* = C$$

$$\tilde{d}_D = \frac{1}{\theta}\tilde{\rho}_D^{\,1-\theta}C$$

$$\tilde{d}_X = \frac{1}{\theta}\tilde{\rho}_X^{\,1-\theta}C - wf_X$$

$$\tilde{v} = wf_E$$

$$\tilde{v}^* = \tilde{v}$$

$$r = \frac{1}{\beta} - 1$$

$$r^* = r$$

$$\tilde{d} = \tilde{d}_D + \left(\frac{N_X}{N_D}\right)\tilde{d}_X$$

$$\tilde{d}^* = \tilde{d}$$

$$\tilde{\rho}_D^* = \tilde{\rho}_D$$

$$\tilde{\rho}_X^* = \tilde{\rho}_X$$

$$\tilde{d}_D^* = \tilde{d}_D$$

$$\tilde{d}_X^* = \tilde{d}_X$$

四、基于裁枝法下的高阶近似求解

我们汇总了本模型的所有动态随机方程

$$N_{D,t}\,(\tilde{\rho}_{D,t})^{1-\theta} + N_{X,t}^*\,(\tilde{\rho}_{X,t}^*)^{1-\theta} = 1$$

$$N_{D,t}^*\,(\tilde{\rho}_{D,t}^*)^{1-\theta} + N_{X,t}\,(\tilde{\rho}_{X,t})^{1-\theta} = 1$$

$$\tilde{d}_t = \tilde{d}_{D,t} + \left(\frac{N_{X,t}}{N_{D,t}}\right)\tilde{d}_{X,t}$$

$$\tilde{d}_t^* = \tilde{d}_{D,t}^* + \left(\frac{N_{X,t}^*}{N_{D,t}^*}\right)\tilde{d}_{X,t}^*$$

$$\tilde{v}_t = w_t\left(\frac{f_{E,t}}{Z_t}\right)$$

$$\tilde{v}_t^* = w_t^*\left(\frac{f_{E,t}^*}{Z_t^*}\right)$$

$$\tilde{d}_{X,t} = w_t\left(\frac{f_{X,t}}{Z_t}\right)\left(\frac{\theta-1}{\kappa-(\theta-1)}\right)$$

$$\tilde{d}_{X,t}^* = w_t^*\left(\frac{f_{X,t}^*}{Z_t^*}\right)\left(\frac{\theta-1}{\kappa-(\theta-1)}\right)$$

$$\frac{N_{X,t}}{N_{D,t}} = z_{\min}{}^{\kappa}\,(\tilde{z}_{X,t})^{-\kappa}\left[\frac{\kappa}{\kappa-(\theta-1)}\right]^{\frac{\kappa}{\theta-1}}$$

$$\frac{N_{X,t}^*}{N_{D,t}^*} = z_{\min}{}^{\kappa}\,(\tilde{z}_{X,t}^*)^{-\kappa}\left[\frac{\kappa}{\kappa-(\theta-1)}\right]^{\frac{\kappa}{\theta-1}}$$

$$N_{D,t} = (1-\delta)(N_{D,t-1} + N_{E,t-1})$$

$$N_{D,t}^* = (1-\delta)(N_{D,t-1}^* + N_{E,t-1}^*)$$

$$C_t^{-\gamma} = \beta(1+r_{t+1})\,\mathbb{E}_t[(C_{t+1})^{-\gamma}]$$

$$C_t^{*\,-\gamma} = \beta(1+r_{t+1}^*)\,\mathbb{E}_t[(C_{t+1}^*)^{-\gamma}]$$

$$C_t = w_t L + N_{D,t}\,\tilde{d}_t - N_{E,t}\,\tilde{v}_t$$

$$C_t^* = w_t^*\,L^* + N_{D,t}^*\,\tilde{d}_t^* - N_{E,t}^*\,\tilde{v}_t^*$$

$$Q_t\,N_{X,t}\,(\tilde{\rho}_{X,t})^{1-\theta}\,C_t^* = N_{X,t}^*\,(\tilde{\rho}_{X,t}^*)^{1-\theta}\,C_t$$

$$\tilde{\rho}_{D,t} = \left(\frac{\theta}{\theta-1}\right)\left(\frac{w_t}{\tilde{z}_D\,Z_t}\right)$$

$$\tilde{\rho}_{D,t}^* = \left(\frac{\theta}{\theta-1}\right)\left(\frac{w_t^*}{\tilde{z}_D\,Z_t^*}\right)$$

$$\tilde{\rho}_{X,t} = \left(\frac{\theta}{\theta-1}\right)\tau_t\,(\tilde{z}_{X,t}\,Z_t)^{-1}\,Q_t^{-1}\,w_t$$

$$\tilde{\rho}^*_{X,t} = \left(\frac{\theta}{\theta-1}\right)\tau^*_t\ (\tilde{z}^*_{X,t}\, Z^*_t)^{-1}\, Q_t\, w^*_t$$

$$\tilde{d}_{D,t} = \frac{1}{\theta}\left[\rho_{D,t}(\tilde{z}_D)\right]^{1-\theta} C_t$$

$$\tilde{d}^*_{D,t} = \frac{1}{\theta}\left[\rho^*_{D,t}(\tilde{z}_D)\right]^{1-\theta} C^*_t$$

$$\tilde{d}_{x,t} = \frac{Q_t}{\theta}\left[\rho_{X,t}(\tilde{z}_{X,t})\right]^{1-\theta} C^*_t - w_t\left(\frac{f_{X,t}}{Z_t}\right)$$

$$\tilde{d}^*_{X,t} = \frac{Q_t^{-1}}{\theta}\left[\rho^*_{X,t}(\tilde{z}^*_{X,t})\right]^{1-\theta} C_t - w^*_t\left(\frac{f^*_{X,t}}{Z^*_t}\right)$$

$$(\bar{\omega}_t)^{\psi} = \frac{\beta\,\mathbb{E}_t(C_{t+1}{}^{-\gamma}) - C_t{}^{-\gamma}}{\beta\, C_t{}^{-\gamma} - C_{t-1}{}^{-\gamma}}$$

$$(\bar{\omega}_t{}^*)^{\psi} = \frac{\beta\,\mathbb{E}_t(C^*_{t+1}{}^{-\gamma}) - C^*_t{}^{-\gamma}}{\beta\, C^*_t{}^{-\gamma} - C^*_{t-1}{}^{-\gamma}}$$

$$\log(\bar{\omega}_t) = \rho_{\bar{\omega}}\log(\bar{\omega}_{t-1}) + (1-\rho_{\bar{\omega}})\{\log(\bar{\omega}_{ss}) + r_y[\log C_t]\}$$

$$\log(\bar{\omega}_t{}^*) = \rho_{\bar{\omega}}\log(\bar{\omega}_{t-1}{}^*) + (1-\rho_{\bar{\omega}})\{\log(\bar{\omega}_{ss}) + r_y[\log C_t]\}$$

以下为本模型的八个外生冲击方程

$$\begin{cases} f_{E,t} = \rho_E f_{E,t-1} + \sigma_E \epsilon_{E,t} \\ f^*_{E,t} = \rho^*_E f^*_{E,t-1} + \sigma^*_E \epsilon^*_{E,t} \\ f_{X,t} = \rho_X f_{X,t-1} + \sigma_X \epsilon_{X,t} \\ f^*_{X,t} = \rho^*_X f^*_{X,t-1} + \sigma^*_X \epsilon^*_{X,t} \\ \tau_t = \rho_\tau \tau_{t-1} + \sigma_\tau \epsilon_{\tau,t} \\ \tau^*_t = \rho^*_\tau \tau^*_{t-1} + \sigma^*_\tau \epsilon^*_{\tau,t} \\ \begin{bmatrix} Z_t \\ Z^*_t \end{bmatrix} = \begin{bmatrix} 0.906 & 0.088 \\ 0.088 & 0.906 \end{bmatrix}\begin{bmatrix} Z_{t-1} \\ Z^*_{t-1} \end{bmatrix} + \begin{bmatrix} \sigma_Z & \epsilon_{Z,t} \\ \sigma^*_Z & \epsilon^*_{Z,t} \end{bmatrix} \end{cases}$$

本模型外生冲击数学符号及其经济学含义见表 4－9。

表 4－9　本模型外生冲击数学符号及其经济学含义

符号	经济学含义	Dynare 软件对应符号
Z_t	国内全要素生成率（技术进步）冲击	ezH
Z^*_t	国外全要素生成率（技术进步）冲击	ezF
$f_{E,t}$	国内沉没进入成本冲击	efeH
$f^*_{E,t}$	国外沉没进入成本冲击	efeF

续表

符号	经济学含义	Dynare 软件对应符号
$f_{X,t}$	国内固定成本冲击	efxH
$f_{X,t}^{*}$	国外固定成本冲击	efxF
τ_t	国内贸易的冰山融化成本冲击	etauH
τ_t^{*}	国外贸易的冰山融化成本冲击	etauF

下面讨论如何求解本部分的动态随机一般均衡方程组。在本章第四节，笔者采用了对数线性化来解动态随机一般均衡，本节的模型用该方法也完全可以，但笔者希望能够为读者展示新的科研前沿思路和方法，因此这也算是本书的创新之一。目前国内使用高阶计算方法对动态随机一般均衡的理论和理论应用的研究并不多，因此，本节介绍一种极具科研前沿的方法——“裁枝状态系统法”（pruning state - space system method），该方法由 Fernández - Villaverde 等于 2013 年提出，其原理是对动态随机一般均衡模型进行高阶近似计算以求解 DSGE 模型问题，而避免使用对数线性化方法。

较早的非线性化方法的研究可以追溯到 Judd 和 Guu（1997），两位作者较早地开始研究动态随机一般均衡方程组的高阶一般化解法，提出了用近似理论中常用的扰动法（perturbation methods）作为研究基础。其后有大量学者加入动态随机一般均衡模型的高阶近似解研究中。其中具有代表性的文献包括 J. Fernández - Villaverde（2010），Guerrun - Quintana，Rubio - RamIÌrez 和 Uribe（2011）以及 Binsbergen，Koijen 和 Rubio - Ramirez（2012）等。需要注意的是，扰动法解动态随机一般均衡模型，被认为是一种基于局部近似的方法，因此有时候可能出现如 Kim，Schaumburg 和 Sims（2008）所说的“爆炸路径问题（explosive path problem）”，为了解决这一问题，较常见的处理方法是采用裁枝状态系统法对原扰动法进行补充和修正。

下面简单介绍裁枝状态系统法的思想。

首先我们假设 $\boldsymbol{x}_t \in \mathbb{R}^{n_x}$ 表示系统的状态变量，$\boldsymbol{y}_t \in \mathbb{R}^{n_y}$ 表示控制变量的向量形式，同时假设 $\sigma \geqslant 0$ 。假如存在动态随机一般均衡的近似解，则控制变量应与状态变量有如下关系

$$\boldsymbol{y}_t = \boldsymbol{g}(\boldsymbol{x}_t, \sigma)$$

而状态变量之间应满足

$$\boldsymbol{x}_{t+1} = \boldsymbol{h}(\boldsymbol{x}_t, \sigma) + \sigma\boldsymbol{\eta}\,\boldsymbol{\epsilon}_{t+1}$$

其中，$\boldsymbol{\epsilon}_{t+1}$ 包含 n_ϵ 个均值为零的外生新息冲击，可简单认为所有冲击皆为 AR（1）随机过程。

我们用较为严谨的数学语言定义变量的问题，如果变量存在稳态，则其应满足如下数学性质，即：当 $\sigma = 0$ 时，$\lim\limits_{t\to\infty}\{\boldsymbol{x}_{t+1} = \boldsymbol{x}_t = \boldsymbol{x}_{ss}\}$。

原状态方程的二阶泰勒展开式可表示为

$$\underbrace{\boldsymbol{x}_{t+1}^{(2)}}_{(x_{t+1}^f+x_{t+1}^s)} = \boldsymbol{h}_x \underbrace{\boldsymbol{x}_t^{(2)}}_{(x_t^f+x_t^s)} + \frac{1}{2}\boldsymbol{H}_{xx}(\underbrace{\boldsymbol{x}_t^{(2)}}_{(x_t^f+x_t^s)} \otimes \underbrace{\boldsymbol{x}_t^{(2)}}_{(x_t^f+x^st)}) + \frac{1}{2}\boldsymbol{h}_{\sigma\sigma}\boldsymbol{\sigma}^2 + \sigma\boldsymbol{\eta}\,\boldsymbol{\epsilon}_{t+1}$$

$$\boldsymbol{x}_{t+1}^f = \boldsymbol{h}_x\boldsymbol{x}_t^f + \sigma\boldsymbol{\eta}\,\boldsymbol{\epsilon}_{t+1}$$

$$\boldsymbol{x}_{t+1}^s = \boldsymbol{h}_x\boldsymbol{x}_t^s + \frac{1}{2}\boldsymbol{H}_{xx}(\boldsymbol{x}_t^f \otimes \boldsymbol{x}_t^f) + \frac{1}{2}\boldsymbol{h}_{\sigma\sigma}\boldsymbol{\sigma}^2$$

裁枝法的创新之处在于其认为（$\boldsymbol{x}_t^f \otimes \boldsymbol{x}_t^s$）和（$\boldsymbol{x}_t^s \otimes \boldsymbol{x}_t^s$）是导致传统扰动法（perturbation methods）出现爆炸解（explosive problem）的主要问题项，而此二项在动态随机一般均衡理论中的经济学含义相比较起来并不重要（或本来就应省略），因此，Fernάndez – Villaverde 等提出应将此二项省略，这种省略就是 Fernάndez – Villaverde 等所说的“裁剪”（pruning）。而对于过渡方程，即控制变量和状态变量之间的关系方程，也可采用类似的裁剪方法，于是可得

$$\underbrace{\boldsymbol{y}_t^{(2)}}_{(y_t^f+y_t^s)} = \boldsymbol{g}_x \underbrace{\boldsymbol{x}_t^{(2)}}_{(x_t^f+x_t^s)} + \frac{1}{2}\boldsymbol{G}_{xx}(\underbrace{\boldsymbol{x}_t^{(2)}}_{(x_t^f+x_t^s)} \otimes \underbrace{\boldsymbol{x}_t^{(2)}}_{(x_t^f+x_t^s)}) + \frac{1}{2}\boldsymbol{g}_{\sigma\sigma}\boldsymbol{\sigma}^2$$

$$\boldsymbol{y}_t^f = \boldsymbol{g}_x\boldsymbol{x}_t^f$$

$$\boldsymbol{y}_t^s = \boldsymbol{g}_x(\boldsymbol{x}_t^f + \boldsymbol{x}_t^s) + \frac{1}{2}\boldsymbol{G}_{xx}(\boldsymbol{x}_t^f \otimes \boldsymbol{x}_t^f) + \frac{1}{2}\boldsymbol{g}_{\sigma\sigma}\boldsymbol{\sigma}^2$$

$$\underbrace{\boldsymbol{y}_t^{(2)}}_{(y_t^f+y_t^s)} = \boldsymbol{g}_x \underbrace{\boldsymbol{x}_t^{(2)}}_{(x_t^f+x_t^s)} + \frac{1}{2}\boldsymbol{G}_{xx}(\underbrace{\boldsymbol{x}_t^{(2)}}_{(x_t^f+x_t^s)} \otimes \underbrace{\boldsymbol{x}_t^{(2)}}_{(x_t^f+x_t^s)}) + \frac{1}{2}\boldsymbol{g}_{\sigma\sigma}\boldsymbol{\sigma}^2$$

$$\boldsymbol{y}_t^f = \boldsymbol{g}_x\boldsymbol{x}_t^f$$

$$\boldsymbol{y}_t^s = \boldsymbol{g}_x(\boldsymbol{x}_t^f + \boldsymbol{x}_t^s) + \frac{1}{2}\boldsymbol{G}_{xx}(\boldsymbol{x}_t^f \otimes \boldsymbol{x}_t^f) + \frac{1}{2}\boldsymbol{g}_{\sigma\sigma}\boldsymbol{\sigma}^2$$

此外，在实证模拟中，笔者发现使用一阶近似和利用裁枝法的三阶展开近似无太大差别。

五、政策模拟及实证讨论

本节的实证内容与第四节所采用的策略类似。现将模型中的国内消费

变量、国内企业数变量、国内出口企业数变量和真实汇率变量等本模型中8个冲击的脉冲响应函数列在图4－6至图4－9中。模型中出现的8个冲击的具体经济学含义见表4－9。

由图4－6可知，国内消费的冲击响应受国内企业沉没进入成本冲击、国外全要素生产率冲击以及国内技术冲击影响最为明显。国内企业沉没进出成本冲击和国内技术进步冲击对国内消费的影响都是正向冲击，而国外技术冲击对国内消费是负向冲击。国内外的贸易冰山融化成本冲击的影响远远小于前三个冲击的影响，其影响力仅占前三者的1/8左右，这两个冲击对国内冲击的影响都是负向的。而国外企业沉没成本冲击、国内外固定成本冲击对国内消费的影响十分微弱，可以忽略不计。

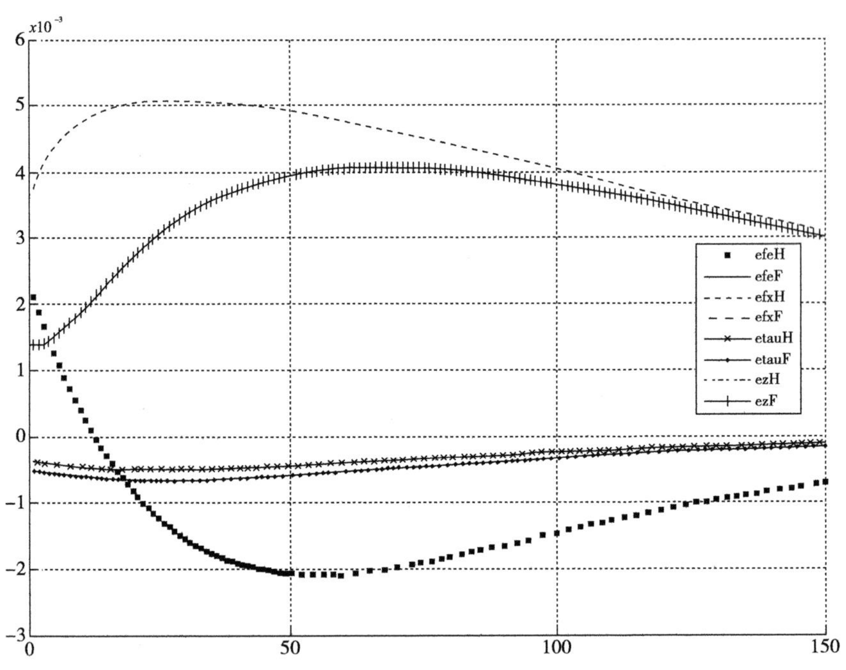

图4－6　国内消费对模型中8个冲击的响应函数

由图4－7可知，国内技术冲击、国外技术冲击以及国内企业沉没进入成本冲击是影响国内企业数变量的主要因素，国内技术冲击和国外技术冲击对国内企业变量都是正向冲击，虽然国内企业数变量在应对国外技术冲击时呈现了一定的振荡效应。国内企业沉没进入成本冲击对国内企业数

变量是负向冲击。国内外贸易的冰山融化成本冲击对国内企业数变量也有影响，且都为负向冲击，但其效应远远小于国内技术冲击、国外技术冲击以及国内企业沉没进入成本冲击。而国内外的固定成本冲击对国内企业数变量的影响非常小，几乎可以忽略不计。

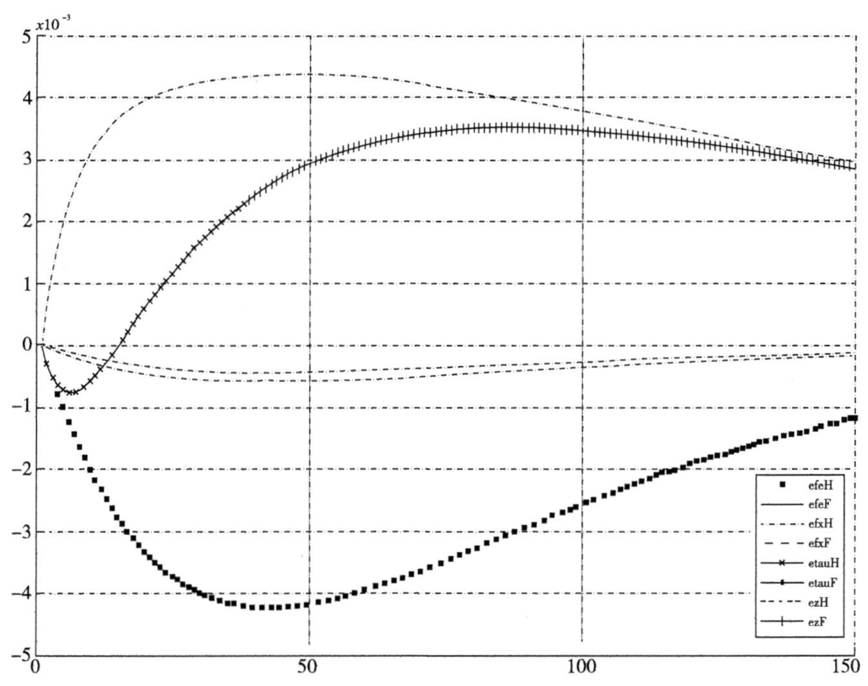

图 4 −7 国内企业数变量对模型中 8 个冲击变量的响应函数

从图 4 −8 可以发现，国内出口企业数变量受国内、外贸易冰山融化成本冲击以及国外固定成本冲击影响最为显著。此外，这 3 个冲击对国内出口企业都是负向冲击，这样的结果也符合经济学的常识认知。国外贸易冰山融化成本冲击的影响在所有冲击中最显著。国内贸易冰山融化成本冲击和国外固定成本冲击的影响效应较为一致。国内外技术冲击对国内企业出口数也有影响，但影响效力远小于前三个冲击，国内外技术冲击的影响基本上是正向的，但是影响持续效应十分长，冲击效应衰减缓慢。国内企业进入沉没成本冲击和国外企业进入沉没成本冲击对国内出口数变量的影响都是先增加，然后影响效力逐渐衰减，最后趋近于稳态。虽然这两个冲击的影响效应远远不如前面所述的 6 个冲击，但并不能忽略不计。

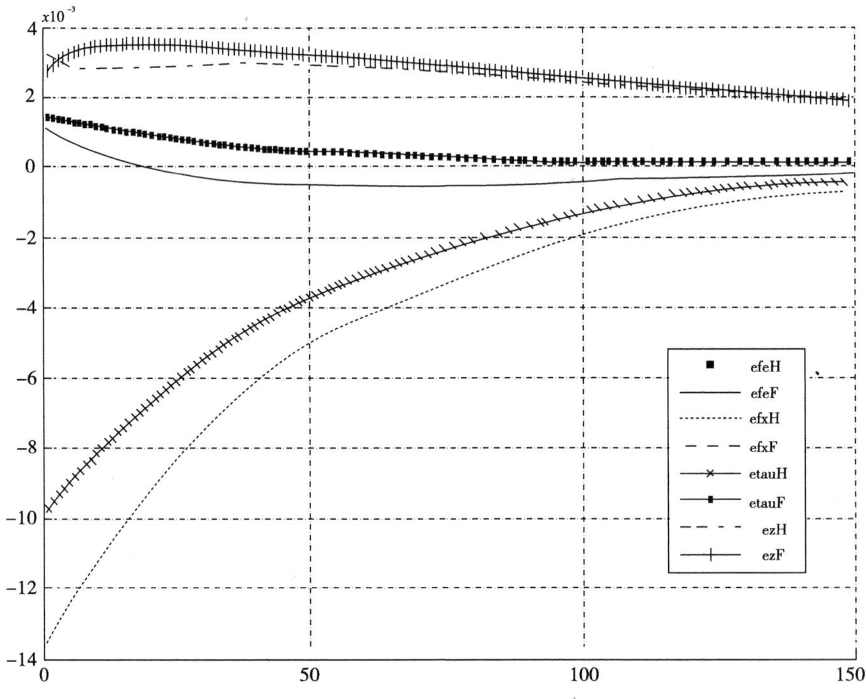

图 4 - 8　国内出口企业数变量对模型中 8 个冲击变量的响应函数

图 4 - 9 绘制了本模型的 8 个外生冲击对真实汇率的影响。基于模型的设计，两国（本国和外国）都是对称的，因此这个冲击的表现也呈现了明显的对称性。比如，国内贸易冰山融化成本冲击和国外贸易冰山融化成本冲击对真实汇率的影响正好相反，且冲击响应的幅度、递减速度都相等，仅反应函数的方向相反。从图 4 - 9 可以看出，贸易冰山融化成本冲击对真实汇率影响最大。其他冲击对真实汇率的影响几乎仅为贸易冰山融化成本冲击的 1/8。真实汇率关于贸易冰山冲击的响应函数呈现单调递增（或递减），而其他 6 个冲击对真实汇率的影响，都使真实汇率的冲击响应函数呈现振荡特性。

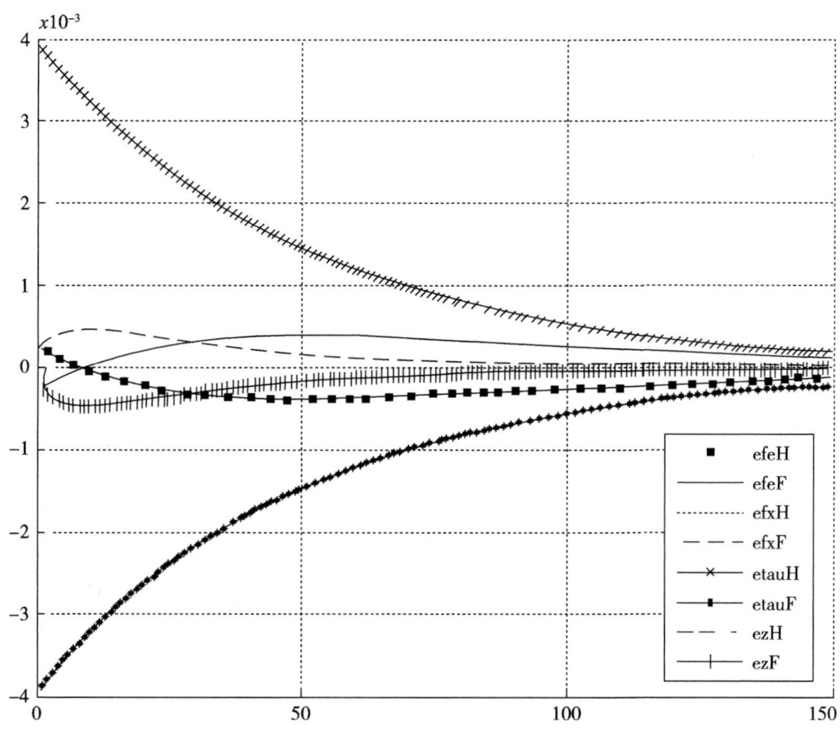

图4-9　真实汇率对本模型中8个冲击的响应函数

六、小结

本节基于Ghironi和Melitz（2005）构建了一个动态随机一般均衡模型。Ghironi和Melitz（2005）是一个基于新新贸易理论（主要是基于Melitz，2003）和新开放经济学思路构建的动态随机均衡模型，该模型假设经济体中存在两个国家，且完全对称，两国中都有国内贸易企业和出口企业，根据新新贸易理论，企业选择从事国内贸易还是进行出口主要取决于企业的生产率。整个经济体面临8种冲击，这8种冲击分别是：国外全要素生产率（技术进步）冲击、国内沉没进入成本冲击、国内固定成本冲击、国内贸易的冰山融化成本冲击、国外全要素生产率（技术进步）冲击、国外沉没进入成本冲击、国外固定成本冲击和国外贸易的冰山融化成本冲击。Ghironi和Melitz（2005）模型本质上并非动态随机一般均衡模型，该文主要是考察在动态随机均衡环境下（尤其是宏观经济视角层面）

贸易政策以及汇率影响。在本节中，笔者引入了央行部门，使得改良后的模型是一个动态随机一般均衡模型（DSGE）。传统的当代动态随机一般均衡模型（以 DSGE 理论中的“母机”模型——Smets 和 Wouters，2007 为例）中可不含货币变量，也无须构建货币的需求方程和供给方程，主要的原因是，这类理论认为货币仅是经济中的一层面纱，央行的行为方程在泰勒准则指导下，只需关注利率，而无须关注货币量或货币量的增长率（即无须构建货币供给方程），所以在家庭行为中也无须引入货币（即无须构建货币市场的需求方程）。而笔者认为，我国央行目前实施的是数量规则，即关注货币量增长率，故央行的供给方程与货币供给量息息相关。因此，在货币的需求端，须构建货币需求函数，一个简单的处理是在家庭的效用函数中和家庭预算约束方程中引入货币量。这是笔者对 Ghironi 和 Melitz（2005）模型主要的修正，也是本章的理论创新点所在。本节的另外一个创新是在解动态随机一般均衡方程组时利用了目前 DSGE 理论领域的前沿技术——裁枝状态空间法。本节的政策建议和结论与第四节类似，故不再冗述。

第六节　总结及讨论

本章致力于揭示新新贸易理论与宏观经济学之间的关系。新新贸易理论的开山之作——Melitz（2003）被视为局部均衡模型，该模型采取的分析方法主要是比较静态方法。而当下主流的宏观经济学分析范式采取全局随机动态一般均衡理论。

第四节、第五节，笔者基于新开放经济理论和新新贸易理论，在前人（Bilbiie，Ghironi and Melitz，2007 和 Ghironi and Melitz，2005）基础上基于中国的一些实际情况（主要是在央行政策制定行为层面）对模型进行了改良，构建了两个动态随机一般均衡模型。如前文所讨论，新新贸易理论在宏观领域的应用是基于新开放经济理论，因此笔者在第四节利用 Ghironi 和 Melitz（2005）的思想对新新贸易理论在宏观层面的应用进行了创新尝试，但 GM2005 本身并非严格意义上的动态随机一般均衡模型，其本质是一个动态一般随机模型，该模型符合新开放经济模型的基本范式，即其本质是一个两国模型，同时考虑了家庭满足 Stiglitz - Dixit 连续统形式。客观而言，Melitz 等这样的模型设定（model specification）有其很强的合理性，

因为基于国际贸易理论前沿的发展脉络，Melitz版本的新新贸易理论强调企业的生产效率异质性，对消费者的建模基于Stiglitz - Dixit的CES形式。GM2005的研究是开创性的，但缺少央行行为方程，因此算不上“全局均衡”，笔者对其进行了改良，在效用函数中引入了货币，并在家庭预算约束方程中加入了货币。Bilbiie，Ghironi和Melitz（2007）更接近于传统意义上的动态随机一般均衡，Melitz等开始考虑厂商的价格黏性问题，开始细致地分析央行货币政策行为（基于泰勒准则）与宏观经济主要变量（主要指产出缺口和通货膨胀）的动态互动影响，其后Bilbiie等（2011）开始思考在新新贸易理论视角下（内生化企业进入问题）的央行最优货币行为问题。Melitz等为了突出研究问题的精准性，将GM2007设定为封闭经济体模型，重点研究企业进入内生化后，央行货币行为的改变以及产生的影响。其后有若干学者基于这个思路进行了扩展性研究，虽然取得了一些进展，但Bilbiie，Ghironi和Melitz（2007）等其后的文章并未将资本引入到模型中来，此外对于劳工的工资建模，也未引入工资刚性的概念，这是Bilbiie，Ghironi和Melitz（2007）以及Ghironi和Melitz（2005）其后研究的局限性，因此截至目前，新新贸易理论在宏观经济学领域的研究还未完全融入正统的动态随机一般均衡的框架中。正统的动态随机一般均衡分析框架（比如，最为经典的SW07）认为，首先，模型中要考虑资本与投资的形成关系，此外该关系中还应考虑资本调整成本；再次，模型对于劳工的工资应考虑工资刚性；再次，模型中需要考虑价格黏性；最后，模型中至少需要包括三个经济行为主体，即家庭、企业以及央行。由此可见，目前基于新新贸易理论构建的动态随机一般均衡模型往往不具备前面两点。

因为有挑战，于是才有了后人从事研究的空间和研究的空地。笔者认为，基于新新贸易理论，结合动态随机一般均衡，在新新贸易理论视野下研究前人已研究的宏观经济问题应是一件大有可为的事情。笔者认为可以从以下几个方向进行突破：首先是继续研究如何将资本、投资以及工资刚性引入Bilbiie，Ghironi和Melitz（2007）模型中，可能的解决思路是考虑高阶非线性化近似，将动态波动率引入模型中，进而可以解决资本风险溢价问题以及海外资产配置等问题，具体的高阶非线性化技术可以利用本章第五节第四小节介绍的裁枝状态空间法来处理。另外一个视角是基于新新贸易理论的宏观经济视角（即采用动态一般均衡建模的思路）研究FDI和

ODI问题，目前Hirakata和Katagiri（2013）已经做了大量的尝试。第三个思路是研究服务外包问题。国外已有学者（Zlate，2010）基于Bilbiie，Ghironi和Melitz（2007）的扩展模型研究了服务外包问题。第四个思路是Etro（2009，2013）等基于Melitz的思路扩展了新新贸易理论的内涵和外延，构建了基于宏观经济学视角的“内生市场结构理论”，并利用Ghironi和Melitz（2005）的思想，基于动态一般均衡模型研究和分析了信息服务咨询业问题。

由此可见，利用新新贸易理论视角，借力新开放经济理论，依托强大的动态随机一般均衡分析框架（其本质就是一种强大的宏观经济分析工具）研究国际贸易问题以及研究服务业开放问题应大有可为，并能为经济学理论大厦注入新的血液。但是虽然前途永远是光明的，道路却也是异常曲折的，本书更多的是为读者展示一些前沿的学术思想，起到抛砖引玉的作用。

理解企业异质性理论所需数学工具汇总

第一节　本章存在的必要性

数学工具，如同武器。我们一旦确定了所研究问题的实质，就如同发现了“敌人”的“堡垒”。要攻克敌人的“堡垒”则需要思考采用何种数学武器。本章介绍的数学工具是为“攻陷”（即：解决）“企业异质性”问题所需要的武器。这些武器，散落于不同学科之中，如果读者单独审视本章介绍的每个数学工具，会发现这些数学工具在它们自己原本所属的数学领域都显得十分寻常，它们出现在常规的数学教材或者数学专著中，但是却没有一本专著或者一篇论文将这些数学工具结集成册。

按照 Benjamin Moll 的观点，第三代宏观经济学理论所依赖的数学工具有：偏微分方程、随机过程与随机微积分①，此外还需要借助这些工具前沿的理论方法：偏微分方程的粘性解（由 Pierre – Louis Lions 提出）、（含跳跃的）随机最优控制理论②、跳跃—扩散过程、Chapman – Kolmogorov 方程的微分形式（包括：Fokker – Planck 方程和 Feynman – Kac 方程）、停时理论、偏微分方程的数值解方法（有限差分方法、有限元方法③）、平均场博弈理论（mean field game theory）等。

一般而言，掌握罗默的《高级宏观经济学》仅需要常微分方程和初级随机过程的知识即可，几乎不涉及随机微分方程的知识，即使涉及也仅涉及简单的扩散过程（不会涉及跳跃—扩散过程）。而萨金特《递归宏观经济学》的分析框架构建在离散时间系统之上，该书所涉及的随机控制问题，都是中规中矩的 Bellman 方程形式。此外，一般认为将经济研究的问题构建于离散时间随机系统之上，比构建于连续时间随机系统之上要简单很多，这也是过去二三十年间，离散时间模型大行其道的原因。当下的西方宏观学者一般都较为熟练地掌握了萨金特所倡导的研究方法，较为熟练地掌握了打造离散时间宏观系统的数学工具。

而“第三代宏观经济学理论”建立在连续时间系统之上，Moll 等对随

---

① stochastic calculus，或翻译为随机分析。

② 除了涉及 HJB 方程外，还有可能涉及 PIDE（偏积分微分方程）和 SPDE（随机偏微分方程）。

③ 如果涉及有限元方法，又会涉及偏微分方程弱解（weak solutions）的概念，甚至会引出 Sobolev（索伯列夫）空间的概念。

机过程和随机控制问题的处理一般涉及跳跃过程、状态空间取值范围的约束等前沿数理统计模型，有时甚至还涉及平均场博弈理论。

笔者打一个比方，如果将宏观经济学的发展视为人类社会的发展，那么可以认为，Solow 模型如同人类所处的石器时代；Ramsey - Cass - Koopmans 模型让我们进入了青铜器时代；而真实商业周期（RBC）模型，如同人类进入了中世纪；萨金特所倡导的宏观经济学方法如同让人类进入文艺复兴时期；那么中型的 DSGE（比如，Smets and Wouters，2007）则如同让人类进入了工业文明社会；Moll 等提倡的第三代宏观经济学理论更像是让我们终于身处“当下科技时代”。平心而论，“当下科技时代”这一评述显得过于保守，Moll 等的研究，其实更像是直接把宏观经济学研究带进了“未来科幻世界”。因为 Moll 团队的理论研究标准是按照“菲尔兹奖”标准打造的，因此，他们的一些文章远远超出了普通经济学家（“average economists”）的认知范畴。注意“average economists”非笔者提出，而是 Moll 在其平均场博弈讲座中使用的词语。他在讲义中写道，他们的研究对“普通经济学家”而言非常具有挑战性。

前面的章节中，笔者也反复论证了 Moll 团队中 Gabaix 等（2016）论文的重要理论意义，但因该文由菲尔兹奖得主团队编写，对广大的普通经济学工作者“非常不友好”，显得晦涩难懂。导致晦涩难懂的原因是因为缺少相关的数学背景知识和数学工具的介绍。

科研人员寻找答案的过程如同一个侦探寻找真凶的探索过程，那么侦探探案除了需要工具外，也需要讲策略、有逻辑。如果把数学视为工具，科研人员光有工具，没有策略和逻辑，也是无法“破案”的。如何利用数学工具去“探案”，Moll 等不可能长篇大论地在他们的学术论文中进行基础性解释，即使在他们学术论文的附录中也不可能从事这样的工作。读者面对 Moll 等的论文，更像是面对冷冰冰的结案报告，而背后的破案策略与逻辑都不可能出现在报告里。于是，最终的结果就是让广大普通的经济学者望而却步。

本章不可或缺的原因就在于此，本章对 Moll 等的理论做了基础性的解释，并假设读者仅具有数理统计和随机过程的基础知识。

简而言之，要理解清楚 Gabaix 等（2016）的逻辑以及 Moll 等人提出的“异质性理论”的实质，本章是必不可少的。笔者相信读者在阅读完本书后，会发现本书的学术价值所在，以及本书的理论重要性。

第二节 帕累托分布

常用的帕累托分布分为四种，一般被称为帕累托分布的Ⅰ～Ⅳ型，Ⅱ型帕累托分布较为特殊，有一个Ⅱ型特例，被称为 Lomax 分布。下面以帕累托Ⅰ型分布为例，因为不管是在 Melitz 的新新贸易理论中还是在 Moll 的异质性研究中，仅涉及帕累托Ⅰ型分布。

一、帕累托Ⅰ型分布的定义

假设有一随机变量 X 满足帕累托Ⅰ型分布，则该随机变量的概率具有以下性质

$$\overline{F}(x) = P(X > x) = \begin{cases} \left(\dfrac{x_{\min}}{x}\right)^{\alpha}, x \geqslant x_{\min} \\ 1, x < x_{\min} \end{cases}$$

其中，$x_{\min}$ 表示 X 的最小可能取值，而 α 为一个正数，$\overline{F}(x)$ 满足常见的幸存函数[①]（或称为尾部函数）的概念，$x_{\min}$ 被称为帕累托Ⅰ型分布的尺度参数（scale parameter），而 α 被称为帕累托Ⅰ型分布的形状参数（shape parameter）或尾部指数（tail index）。帕累托分布常用于研究财富分配，若用于财富分配研究，α 常被称为帕累托指数。

二、帕累托Ⅰ型分布的相关特性

为便于读者阅读，表 5－1 汇总了帕累托Ⅰ型分布的所有重要特性。

表 5－1 帕累托Ⅰ型分布的相关特性

相关统计特性	公式（$\alpha > 0$，$x_{\min} > 0$）	说明
累积分布函数	$F_X(x) = \begin{cases} 1 - \left(\dfrac{x_{\min}}{x}\right)^{\alpha}, x \geqslant x_{\min} \\ 0, x < x_{\min} \end{cases}$	$\overline{F}(x) = 1 - F_X(x)$，且 $F_X(x) \equiv P(X \leqslant x)$

① 幸存函数（survival function）的概念可见本章第七节。

续表

相关统计特性	公式（$\alpha>0$，$x_{\min}>0$）	说明
概率密度函数	$f_X(x)=\begin{cases}\dfrac{\alpha x_{\min}^{\alpha}}{x^{\alpha+1}}, x\geqslant x_{\min}\\ 0, x<x_{\min}\end{cases}$	$F_X(x)\equiv\int_{-\infty}^{x}f_X(s)\mathrm{d}s$
期望值	$\mathbb{E}(X)=\begin{cases}\infty, \alpha\leqslant 1\\ \dfrac{\alpha x_{\min}}{\alpha-1}, \alpha>1\end{cases}$	根据马尔可夫不等式，始终有 $\bar{F}(x)\leqslant\dfrac{\mathbb{E}(X)}{x}$，该值常被用来表示平均规模。此外，该式还为我们计算 α 提供了思路，即（当 $\alpha>1$ 时）：$\alpha=\dfrac{1}{1-\left(\dfrac{x_{\min}}{\mathbb{E}(X)}\right)}$ 当然前提是，我们必须知道平均规模 $\mathbb{E}(X)$
中位数	$x_{\min}\sqrt[\alpha]{2}$	
众数	$x_{\min}$	与 α 无关
方差	$\operatorname{var}(X)=\begin{cases}\infty, \alpha\in(1,2]\\ \left(\dfrac{x_{\min}}{\alpha-1}\right)^2\left(\dfrac{\alpha}{\alpha-2}\right), \alpha>2\end{cases}$	当 $\alpha\leqslant 1$ 时，方差不存在
偏度	当 $\alpha>3$ 时，$\dfrac{2(1+\alpha)}{\alpha-3}\sqrt{\dfrac{\alpha-2}{\alpha}}$	与 $x_{\min}$ 无关
峰度	当 $\alpha>4$ 时，$\dfrac{6(\alpha^3+\alpha^2-6\alpha-2)}{\alpha(\alpha-3)(\alpha-4)}$	与 $x_{\min}$ 无关
矩母函数	$\begin{cases}M(t;\alpha,x_m)=\mathbb{E}[e^{tX}]=\alpha(-x_m t)^{\alpha}\\ \Gamma(-\alpha,-x_m t), t\neq 0\\ M(0;\alpha,x_m)=1\end{cases}$	其中，$\Gamma(\cdot,\cdot)$ 表示不完备伽马函数

注意：如果我们用 $P(X>x):=kx^{-\xi}$，且认为其满足帕累托 I 型分布，则 $k:=(x_{\min})^{\alpha}$，$\alpha=\xi$。此外，若有 $P(X>x):=kx^{-\xi}$，则 $P(X^a>x)=$

$P(X > x^{1/a}) = kx^{-\xi/a}$，因此有 $\xi_{X^a} = \dfrac{\xi_X}{a}$。

第三节　布朗运动

常见的布朗运动一般包括标准布朗运动、带漂移项的布朗运动、算术布朗运动和几何布朗运动。在本部分，先介绍标准布朗运动的特性，然后在第二部分介绍其他常见的布朗运动。

一、标准布朗运动

假设在一特定概率空间（$\Omega,\mathcal{F},\mathbb{P}$）下，若有随机过程 $\{W_t\}_{t=0}^{\infty}$ 满足以下性质，则称此随机过程为标准布朗运动①。

（1）增量的独立性。对于任意的 $s < t$，$W_t - W_s$ 需要独立于之前的过程 W_u，其中，$0 \leqslant u \leqslant s$；或者：对于任意的 $s < t$，$W_t - W_s$ 需要独立于之前的过程 $W_s - W_u$，其中，$0 \leqslant u \leqslant s < t$。

（2）增量的正态性。对于任意的 $t > s$，$W_t - W_s$ 满足均值为零，方差为 $t - s$ 的正态分布，即：$W_t - W_s \sim N(0,t - s)$。

（3）路径的连续性（无限可分性），指 W_t 在 $t \geqslant 0$ 是关于时间 t 的连续函数。固定一条路径，$W_t \to W_s$ 满足依概率收敛。

（4）初始状态为零，即 $W_0 = 0$ 或写为 $P(W_0 = 0) = 1$。

有时也用 $\{W_t\}_{t=0}^{T}$ 表示布朗运动（Brownian motion）。布朗运动也被称为维纳过程（Wiener process），在本书中，笔者视布朗运动和维纳过程是同一个概念。

（一）标准维纳过程的常见特性汇总

（1）标准布朗运动的积分定义和微分定义

$$W_t := \int_0^t \mathrm{d}W_s = \int_0^t \mathrm{d}W(s) = W_t - W_0 \quad \mathrm{d}W_t := \lim_{n\to\infty}(W_{t_{i+1}} - W_{t_i})$$

（2）标准布朗运动的离散化形式：$0 = t_0 < t_1 < t_2 \cdots < t_i < \cdots < t_{n-1} <$

---

① 特别需要注意的是，本书介绍的维纳过程，即布朗运动过程指的是标准维纳过程。“标准”的含义指的是 $W_0 = 0$。一般维纳过程并不一定要求 $W_0 = 0$，也不一定要求漂移项 μ 等于零，此外也无须其方差等于时间 t。

$t_n = t$，$n \in \mathbb{N}$，$i \in [0, n-1]$，那么 $\Delta t = \frac{t}{n}$，则 $t_i = \frac{it}{n}$，于是有 $\Delta W_{i+1} := W_{t_{i+1}} - W_{t_i}$，$i \in [0, n-1]$，$\Delta W_{i+1} = W_{\frac{(i+1)t}{n}} - W_{\frac{it}{n}}$ 为时间区间 $\left(\frac{it}{n}, \frac{(i+1)t}{n}\right)$，令 $\Delta W_{i+1} := W_{t_{i+1}} - W_{t_i}$。$\Delta W_{i+1}$ 服从独立同分布的正态分布，即 $\Delta W_{i+1} \sim \mathcal{N}\left(0, \frac{t}{n}\right)$。则 $\lim_{n\to\infty}(W_{t_{i+1}} - W_{t_i}) \sim \mathcal{N}\left(0, \lim_{n\to\infty}\left(\frac{(i+1)t}{n} - \frac{it}{n}\right)\right)$，$i \in [0, n-1]$

（3）标准布朗运动的基本特性：$\mathbb{E}(dW_t) = 0$，$\text{var}(dW_t) = dt$，且 $dW_t \sim \mathcal{N}(0, dt)$，$\mathbb{E}(W_t) = 0$，$\text{var}(W_t) = t$，且 $W_t \sim \mathcal{N}(0, t)$。

（4）一次变差特性、二次变差特性：$[W]_t := \langle W, W\rangle_t := \lim_{n\to\infty}\sum_{i=0}^{n-1}(W_{t_{i+1}} - W_{t_i})^2 \equiv t$，$(dW_t)^2 = dt$，$(dt)^2 = 0$，$dW_t \cdot dt = 0$，而当 $p > 2$，则 $(dW_t)^p = 0$，$(dt)^p = 0$。

（5）自协方差和相关系数：$\text{cov}(W_s, W_t) = \min\{s, t\}$，$\rho(W_t, W_s) = \sqrt{\frac{\min\{s,t\}}{\max\{s,t\}}}$。

（6）反射特性：$B_t := -W_t$，也是标准布朗运动。

（7）时间平移性（time shifting）：若定义 $B_t := W_{t+u} - W_u$，$u > 0$，则 B_t 也是一个标准维纳过程。

（8）尺度不变性（normal scaling）：$B_t = cW_{\frac{t}{c^2}}, c \neq 0$，$B_t$，也是标准布朗运动。

（9）时间倒置性（time inversion）：$B_t = \begin{cases} 0 & \text{if } t = 0 \\ tW_{\frac{1}{t}} & \text{if } t \neq 0 \end{cases}$，$B_t$ 也是标准布朗运动。

（10）时间反转性（time reversal）：$B_t := W_1 - W_{1-t}$，B_t 也是标准布朗运动。

（11）$(W_t, \int_0^t W_s ds)$ 的协方差矩阵是：$\boldsymbol{\Sigma} = \begin{bmatrix} t & \frac{1}{2}t^2 \\ \frac{1}{2}t^2 & \frac{1}{3}t^3 \end{bmatrix}$ 且它们的相关系数是 $\frac{\sqrt{3}}{2}$。

（12）马尔可夫特性：如有一个连续函数 f 作用于标准布朗运动 W_t，

则一定存在另外一个连续函数 g 使得式子 $\mathbb{E}[f(W_t) \mid \mathcal{F}_s] = g(W_s)$ 成立，其中，$s < t$，而 $\mathcal{F}_s$ 是一个域流过程。

（13）鞅特性：$\mathbb{E}[W_t \mid W_u] = W_u$。

（14）矩的性质：$\mathbb{E}[W_t] = 0$，$\mathbb{E}[W_t^2] = t$，$\mathbb{E}[W_t^3] = 0$，$\mathbb{E}[W_t^4] = 3t^2$，$\mathbb{E}[W_t^5] = 0$。

（15）标准布朗运动的基本统计性质见表 5－2。

表 5－2 标准布朗运动基本统计特性汇总

无条件期望值	$\mathbb{E}[W_t] = 0$
无条件方差	$\mathrm{var}(W_t) = t - (\sigma_{w_t})^2$
条件期望值	$\mathbb{E}[W_t \mid W_u] = W_u$
条件方差	$\mathrm{var}[W_t \mid W_u] = t - u$
协方差	$\mathrm{cov}(W_s, W_t) = \min(s,t)$， 或者等价于 $\mathbb{E}[W_t W_s] = \min(t,s)$
自相关系数	$\mathrm{corr}(W_s, W_t) = \dfrac{\mathrm{cov}(W_s, W_t)}{\sigma_{W_s}\sigma_{W_t}} = \dfrac{\min(s,t)}{\sqrt{st}} = \sqrt{\dfrac{\min(s,t)}{\max(s,t)}}$
高阶矩	$\mathbb{E}[W_t^3] = 0$，$\mathbb{E}[W_t^4] = 3t^2$，$\mathbb{E}[W_t^5] = 0$， $\mathbb{E}(W_t^n) = \begin{cases} \dfrac{n!\,t^{\frac{n}{2}}}{2^{\frac{n}{2}}\left(\frac{n}{2}\right)!} & n = 2,4,6,\cdots \\ 0 & n = 1,3,5,\cdots \end{cases}$ 或者写为 $\mathbb{E}(W_t^{2k}) = \dfrac{(2k)!\,t^k}{2^k k!}, k = 1,2,3\cdots$
概率密度函数	$p[W_t = x] = \dfrac{1}{\sqrt{2\pi t}} e^{-\frac{x^2}{2t}}$
转移密度函数	$p(t-s;x,y) = \dfrac{1}{\sqrt{2\pi(t-s)}} \exp\left[-\dfrac{(x-y)^2}{2(t-s)}\right]$，表示在 s 时刻固定点 x 到 y 位置在 t 时刻的转移密度函数，且 $s \leqslant t$
倒向特性 vs 前向特性	$W_T \mid W_t = x \sim \mathcal{N}(x, T-t)$（前向） $W_t \mid W_T = y \sim \mathcal{N}\left(\dfrac{yt}{T}, \dfrac{t(T-t)}{T}\right)$（倒向）

（16）标准维纳过程与偏微分方程之间的关系。

Fokker－Planck 方程。令 $p(x,t)$ 表示标准布朗运动的无条件概率密度函数，则 $\frac{\partial p(x,t)}{\partial t} - \frac{1}{2}\frac{\partial^2 p(x,t)}{\partial x^2} = 0$，这是标准维纳过程的 Fokker－Planck 方程。

Feynman－Kac 方程。因为标准布朗运动满足鞅过程，即 $\mathbb{E}[W_T \mid W_t] = W_t$，且具有马尔可夫特性，而 $\mathbb{E}[W_T \mid W_t]$ 的原始定义为 $\mathbb{E}[W_T \mid W_t] = \int_{-\infty}^{+\infty} W_T p(W_T \mid W_t) \mathrm{d}W_T$，若定义 $\mathbb{E}[W_T \mid W_t = y] := g(y,t)$，则 $\frac{\partial g(y,t)}{\partial t} + \frac{1}{2}\frac{\partial^2 g(y,t)}{\partial y^2} = 0$，这是标准维纳过程的 Feynman－Kac 方程。

（二）标准维纳过程的马尔可夫特性

令 $\{W_t : t \geqslant 0\}$ 表示标准布朗运动，再给定一个域流过程 $\mathcal{F}_s, s < t$，则 W_t 的条件分布由 W_s 决定。因为布朗运动具有增量的独立性，所以布朗运动也具有马尔可夫特性。此外即使是非标准的布朗运动 $X_t \sim \mathcal{N}(\mu t, \sigma^2 t)$ 也满足马尔可夫特性。我们启发式地说明一下标准维纳过程为何具有马尔可夫特性。

首先我们可以假定 $0 \leqslant t_1 < t_2 < \cdots < t_n = s$，利用布朗运动增量的独立性则有以下结果：

$$
\begin{aligned}
& P(X_{s+t} \leqslant y \mid X_s = x, X_{t_1} = x_1, \cdots, X_{t_n} = x_n) \\
&= P(X_{s+t} - X_s \leqslant y - x \mid X_s = x, X_{t_1} = x_1, \cdots, X_{t_n} = x_n) \\
&= P(X_{s+t} - X_s \leqslant y - x) = P(X_{s+t} \leqslant y \mid X_s = x) \\
& q(t;x,y) := \partial_y P(X_{t+s} \leqslant y \mid X_s = x) = \partial_y P(X_{t+s} - X_s \leqslant y - x) \\
&= \frac{1}{\sqrt{2\pi t \sigma}} \exp[-(y - x - \mu t)^2 / 2\sigma^2 t]
\end{aligned}
$$

由此可见，$q(t;x,y)$ 是在给定 $X_s = x$ 时，关于 X_{t+s} 的概率密度函数，所以我们也可以认为它是关于 X 的转移密度函数。需要特别注意的是，$q(t;x,y)$ 取决于 x,y，但是它却是关于 $(y-x)$ 的函数。还需要注意的是，$\partial_y P(X_{t+s} \leqslant y \mid X_s = x) := \frac{\partial P(X_{t+s} \leqslant y \mid X_s = x)}{\partial y}$。我们用符号 $\partial_x f(x) := \frac{\partial f(x)}{\partial x}$ 表示函数 $f(x)$ 关于 x 的偏导数。我们还会在本书中反复用到这样的数学符号来表示偏导数。

关于 $q(t;x,y)$ 有以下两个重要性质。

性质1：假设 $x\in(-\infty,\infty)$，则 $\partial_t q(t;x,y)=\mathcal{A}^*[q(t;x,y)],\forall t\geqslant 0$，$y\in(-\infty,\infty)$，其中，$\mathcal{A}^*[q(t;x,y)]:=-\mu\partial_y[q(t;x,y)]+\frac{1}{2}\sigma^2[\partial_{yy}q(t;x,y)]$。

性质2：假设 $y\in(-\infty,\infty)$，则 $\partial_t q(t;x,y)=\mathcal{A}[q(t;x,y)],\forall t\geqslant 0$，$x\in(-\infty,\infty)$，其中，$\mathcal{A}[q(t;x,y)]=\mu\partial_x q(t;x,y)+\frac{1}{2}\sigma^2\partial_{xx}q(t;x,y)$。

其中，$\mathcal{A}^*$ 和 $\mathcal{A}$ 都表示算子（operator）。关于算子的概念，我们会在后面涉及。这是最简单的 Fokker - Planck 方程和 Feynman - Kac 方程的形式，更多结论见本章第六节的第六小节。

此外需要注意以下推论：

如有一个连续函数 f 作用于标准布朗运动 W_t，则一定存在另外一个连续函数 g 使得下面式子成立：

$\mathbb{E}[f(W_t)\mid\mathcal{F}_s]=g(W_s)$，其中，$s<t$，而 $\mathcal{F}_s$ 是一个域流过程。

（三）标准布朗运动与单位根之间的关系

假设 $y_t=\rho y_{t-1}+u_t$，且认为 $\mathrm{u_t}\sim \mathrm{iid}\,\mathcal{N}(0,\sigma^2)$，$y_0=0$，当 $\rho=1$ 时，为单位根情形，易知 $y_t\sim\mathcal{N}(0,\sigma^2 t)$，于是有

（1）$T^{-1/2}\sum_{t=1}^{T}u_t\xrightarrow{d}\sigma\cdot W_1$；

（2）$T^{-1}\sum_{t=1}^{T}y_{t-1}u_i\xrightarrow{d}(1/2)\sigma^2\{[W_1]^2-1\}$；

（3）$T^{-3/2}\sum_{t=1}^{T}tu_t\xrightarrow{d}\sigma\cdot W_1-\sigma\cdot\int_0^1 W_s\mathrm{d}s$；

（4）$T^{-3/2}\sum_{t=1}^{T}y_{t-1}\xrightarrow{d}\sigma\cdot\int_0^1 W_s\mathrm{d}s$；

（5）$T^{-2}\sum_{t=1}^{T}y_{t-1}^2\xrightarrow{d}\sigma^2\cdot\int_0^1[W_s]^2\mathrm{d}s$；

（6）$T^{-5/2}\sum_{t=1}^{T}ty_{t-1}\xrightarrow{d}\sigma\cdot\int_0^1 sW_s\mathrm{d}s$；

（7）$T^{-3}\sum_{t=1}^{T}ty_{t-1}^2\xrightarrow{d}\sigma^2\int_0^1 s[W_s]^2\mathrm{d}s$；

（8）$T^{-(\nu+1)}\sum_{i=1}^{T}t^\nu\rightarrow 1/(\nu+1),v=0,1,\cdots$。

推论

$$\begin{bmatrix} T^{-1/2}\sum_{t=1}^{T} u_t \\ T^{-3/2}\sum_{t=1}^{T} y_{t-1} \end{bmatrix} \xrightarrow{d} \mathcal{N}\left(\begin{bmatrix} 0 \\ 0 \end{bmatrix}, \sigma^2 \begin{bmatrix} 1 & \frac{1}{2} \\ \frac{1}{2} & \frac{1}{3} \end{bmatrix}\right)$$

（四）带边界条件的布朗过程

最简单的随机微分方程应是维纳过程的随机微分形式，即：$dX_t = dW_t$，其初始点为 $X_0 = x_0$，维纳过程的转换概率密度函数可以写为：$p(t, x)dx := P[X_t \in dx \mid X_0 = x_0]$，则其对应的 Fokker－Planck 方程为

$$\text{PDE} \quad (-\partial + \mathcal{A}^*)\ p = 0$$

其中，$\mathcal{A}^* = \frac{1}{2}\partial_{xx}$。

IC：$p(0,x) = \delta(x - x_0)$，其中，$\delta(x)$ 表示 delta 函数（关于 delta 函数的讨论见本章第六节）。

根据第六节的讨论，可知该问题被称为具有初值条件的偏微分方程，或称为柯西问题，其解为

$$p(t;x) = \frac{1}{\sqrt{2\pi t}}\exp\left[-\frac{(x - x_0)^2}{2t}\right]$$

以上的结果是假设 $x \in (-\infty, \infty)$，如果将 x 的范围限制在 $[L, U]$ 的区间范围内，则 $p(t;x)$ 的结果会完全不同。一般常见的边界条件有三种：吸收边界、反射边界和周期边界。在经济学与金融学中，常用的边界是吸收边界和反射边界。

关于 Fokker－Planck 方程边界问题的更多讨论请参见本章第六节的第五小节。

1. 吸收边界

假设一个粒子满足布朗运动随机运动，粒子在到达 L 和 U 时被吸收，则表明在边界处概率为零，则应有 $p(t, L) = 0$ 和 $p(t, U) = 0$，此外仍假设初值条件满足 $p(0, x) = \delta(x - x_0)$，则偏微分方程为

$$\text{PDE} \quad \left(-\partial + \frac{1}{2}\partial_{xx}\right)p = 0,\ x \in (L,\ U)$$

$$\text{IC} \quad p\ (0,\ x)\ = \delta\ (x - x_0)$$

$$\text{BC} \quad p\ (t,\ L)\ = 0,\ p\ (t,\ U)\ = 0$$

利用分离变量法技术（参见本章第六节的第三小节），可得到解为

$$p(t,x) = \frac{2}{U-L}\sum_{n=1}^{\infty} e^{-\frac{t}{2}\lambda_n^2}\sin[\lambda_n(x-L)]\sin[\lambda_n(x_0-L)]$$

其中，$\lambda_n = \dfrac{n\pi}{U-L}$，这是特征函数。

当 $t \to \infty$，$p(t,x)$ 将趋近于零，这在数学上表明最终随机过程 X_t 被边界 L 或 U 吸收。

2. 反射边界

假设一个粒子满足布朗运动随机运动，粒子在到达 L 和 U 时被立即反射回到 $[L,U]$ 的区间范围内，这表明该粒子不会离开 $[L,U]$ 的区间范围内，在此若引入一个物理学概念——概率流量会更便于描述这种状态，具体见本章第六节的第四小节 Fokker - Planck 方程边界问题的讨论，在反射边界处，此时的通量（flux）应为零，即表示为：$\partial_x p(t,L) = \partial_x p(t,U) = 0$。于是在反射边界条件下布朗运动的偏微分方程形式为

$$\text{PDE} \quad \left(-\partial_t + \frac{1}{2}\partial_{xx}\right) p = 0,\ x \in (L,U)$$

$$\text{IC} \quad p(0,x) = \delta(x - x_0)$$

$$\text{BC} \quad \partial_x p(t,L) = \partial_x p(t,U) = 0$$

利用分离变量法技术，可得到解为

$$p(t,x) = \frac{1}{U-L} + \frac{2}{U-L}\sum_{n=1}^{\infty} e^{-\frac{t}{2}\lambda_n^2}\cos[\lambda_n(x-L)]\cos[\lambda_n(x_0-L)]$$

其中，$\lambda_n = \dfrac{n\pi}{U-L}$，这是特征函数（更多讨论见本章第六节的 Sturm - Liouville 问题）。

此外需要注意，当 $t \to \infty$，$p(t,x)$ 将趋近于在 $[L,U]$ 上的均匀分布。

（五）考虑特定时间区间内出现布朗运动极值的研究

1. 考虑特定时间区间内最大布朗运动的研究

定义一个极为特殊的随机过程 M_t，它满足 $M_t := \max_{0 \leqslant s \leqslant t} W_s$，则该随机过程有以下两个重要性质。

性质 1：

$$P(M_t \leqslant a, W_t \leqslant x) = \begin{cases} \Phi\left(\dfrac{x}{\sqrt{t}}\right) - \Phi\left(\dfrac{x-2a}{\sqrt{t}}\right), & a \geqslant 0, x \leqslant a \\ \Phi\left(\dfrac{a}{\sqrt{t}}\right) - \Phi\left(-\dfrac{a}{\sqrt{t}}\right), & a \geqslant 0, x \geqslant a \\ 0, & a \leqslant 0 \end{cases}$$

性质2：(M_t, W_t) 的联合密度函数为

$$f_{M_t,W_t}(a,x) = \begin{cases} \dfrac{2(2a-x)}{t\sqrt{2\pi t}} e^{-\frac{1}{2}\left(\frac{2a-x}{\sqrt{t}}\right)^2} & a \geqslant 0, x \leqslant a \\ 0 & \text{其他} \end{cases}$$

2. 考虑特定时间区间内最小布朗运动的研究

定义一个极为特殊的随机过程 m_t，它满足 $m_t = \min_{0 \leqslant s \leqslant t} W_s$，则该随机过程有以下两个重要性质。

性质1：

$$P(m_t \geqslant b, W_t \geqslant x) = \begin{cases} \Phi\left(-\dfrac{x}{\sqrt{t}}\right) - \Phi\left(\dfrac{2b-x}{\sqrt{t}}\right) & b \leqslant 0, b \leqslant x \\ \Phi\left(-\dfrac{b}{\sqrt{t}}\right) - \Phi\left(\dfrac{b}{\sqrt{t}}\right) & b \leqslant 0, b \geqslant x \\ 0 & b \geqslant 0 \end{cases}$$

性质2：(m_t, W_t) 的联合概率密度函数是

$$f_{m_t,w_t}(b,x) = \begin{cases} \dfrac{-2(2b-x)}{t\sqrt{2\pi t}} e^{-\frac{1}{2}\left(\frac{2k-x}{\sqrt{t}}\right)^2} & b \leqslant 0, b \leqslant x \\ 0 & \text{其他情况} \end{cases}$$

二、常见的布朗运动

常见的布朗运动指的是：起点不为零点的标准布朗运动、带漂移项的布朗运动、算术布朗运动（arithmetic Brownian motion）和几何布朗运动。几何布朗运动最为重要，我们在下一节专门介绍。

起点不为零的标准布朗运动可以表示为

$$W_t = w_0 + \int_0^t \mathrm{d}W_s$$

带漂移项的布朗运动表示为

$$\mathrm{d}X_t = r\mathrm{d}t + \mathrm{d}W_t$$

如果假设起始点为 x_0，则其积分形式为

$$X_t = x_0 + rt + W_t$$

而算术布朗运动的随机微分方程形式为

$$\mathrm{d}X_t = r\mathrm{d}t + \sigma\mathrm{d}W_t$$

如果假设起始点为 x_0，则其积分形式为

$$X_t = x_0 + rt + \sigma W_t$$

有时文献中还出现所谓“广义算数布朗运动”的概念，即：$\mathrm{d}X_t = r_t\mathrm{d}t +$

$\sigma_t \mathrm{d}W_t$，该概念指的是，在此设定下，假设 r_t 和 σ_t 为连续确定函数，此外我们仍然假设起始点在 x_0，$X_t = x_0 + \int_0^t r_s \mathrm{d}s + \int_0^t \sigma_s \mathrm{d}W_s$。

三、几何布朗运动

（一）基本性质

几何布朗运动 S_t 的随机微分方程形式为：$\mathrm{d}S_t = \mu S_t \mathrm{d}t + \sigma S_t \mathrm{d}W_t$，其中，$\{W_t\}_{t=0}^{T}$ 表示标准布朗运动。几何布朗运动的其他常用基本特性见表 5－3。

表 5－3　几何布朗运动的基本性质汇总

积分形式：$S_T = S_t \exp\left[\left(\mu - \frac{1}{2}\sigma^2\right)(T-t) + \sigma(W_T - W_t)\right]$
条件期望：$\mathbb{E}[S_T \mid S_t] = S_t \exp[\mu(T-t)]$
条件方差以及条件二阶矩： $\operatorname{var}[S_T \mid S_t] = S_t^2 e^{2\mu(T-t)}[e^{\sigma^2(T-t)} - 1] = [e^{\sigma^2(T-t)} - 1]\exp\{2[\ln S_t + \mu(T-t)]\}$ $\mathbb{E}[S_T^2 \mid S_t] = \mathbb{E}[S_T^2 \mid S_t^2] = S_t^2 \exp\left[2\left(\mu + \frac{1}{2}\sigma^2\right)(T-t)\right]$
在给定 S_t 时，S_T 的条件分布满足对数正态分布： $S_T \mid S_t \sim \log \mathcal{N}(\ln S_t + (\mu - \frac{1}{2}\sigma^2)(T-t), \sigma^2(T-t))$
条件概率密度函数： $f_{S_T \mid S_t}(s) = p(S_T = s \mid S_t)$ $= \frac{1}{s\sigma\sqrt{2\pi(T-t)}} \exp\left\{-\frac{1}{2}\left[\frac{\ln s - \left(\ln S_t + \left(\mu - \frac{1}{2}\sigma^2\right)(T-t)\right)}{\sigma\sqrt{(T-t)}}\right]^2\right\}$

（二）高级性质

1．几何布朗运动的特征函数

我们知道 $S_T = S_t \exp\left\{\left(\mu - \frac{1}{2}\sigma^2\right)(T-t) + \sigma(W_T - W_t)\right\}$，若令

$$X_t = \ln\left(\frac{S_t}{S_0}\right) \sim \mathcal{N}\left(\left(\mu - \frac{1}{2}\sigma^2\right)t, \sigma^2 t\right)$$

则其特征函数为

$$\varphi_{X_t}(u) = \mathbb{E}[e^{iuX_t}] = e^{t\psi(u)} = \exp\left\{\left[iu(\mu - \frac{1}{2}\sigma^2) - \frac{1}{2}u^2\sigma^2\right]t\right\}$$

其中

$$\psi(u) := \left[iu(\mu - \frac{1}{2}\sigma^2) - \frac{1}{2}u^2\sigma^2\right]$$

此外需要注意，几何布朗运动可以视为一种特殊的 Levy 过程，而 Levy 过程都满足 Levy - Khinchin 公式，即我们可以将几何布朗运动写成 Levy - Khinchin 公式的形式。

于是若令 $\alpha = \left(\mu - \frac{1}{2}\sigma^2\right)$，以下形式是 Levy 过程的基本形式

$$X(t) = \ln\{S(t)\} - \ln\{S(0)\} = \alpha t + \sigma W(t) + L(t)$$

在几何布朗运动的情形下，其中，$L(0) = 0$，因为 X 是 Levy 过程，则其特征函数为 $\mathbb{E}\{e^{iuX(t)}\} = e^{t\psi(u)}$，其中，$u \in \mathbb{R}$，则其对应的 Levy - Khinchin 公式为

$$\psi(u) = iu\alpha - u^2\frac{\sigma^2}{2} + \int\{e^{iux} - 1 - iux\,\mathbb{I}(|x| < 1)\}\nu(\mathrm{d}x)$$

2. 几何布朗运动的参数估计问题

讨论 Benjamin Moll 的模型时，最终也会涉及参数估计问题。连续随机过程的参数估计问题对广大经济学工作者而言相当陌生。几何布朗运动在分析企业异质性问题中扮演着重要角色，具体可见：Gabaix 等（2016）、Gabaix（2009）以及 MSS 框架（即：Malevergen Y，2013），因此有必要介绍几何布朗运动的参数估计问题。几何布朗运动的参数估计问题即使在金融数学的专著中也甚少涉及，主要的原因是，该领域主要采用校准法对模型系数进行赋值，而非采用参数估计的方法，因此有必要在此专门介绍。

基于前面的讨论可知，$\log\left(\frac{S_{t+\Delta t}}{S_t}\right) \sim \mathcal{N}((\mu - \frac{1}{2}\sigma^2)\Delta t, \sigma^2\Delta t)$，不妨定义 $R_{i|t} := \log\left(\frac{S_{t+i\Delta t}}{S_{t+(i-1)\Delta t}}\right), i = 1, 2, \cdots, N$。常见的参数估计方法有两种，一种为极大似然方法，另外一种为矩估计方法。

（1）极大似然方法。构建极大似然函数，也就是说我们试图寻找

$$p(R_{1|t}, R_{2|t}, \cdots, R_{N|t}) = p\left(\log\left(\frac{S_{t+\Delta t}}{S_t}\right), \log\left(\frac{S_{t+2\Delta t}}{S_{t+\Delta t}}\right), \log\left(\frac{S_{t+3\Delta t}}{S_{t+2\Delta t}}\right), \cdots, \log\left(\frac{S_{t+N\Delta t}}{S_{t+(N-1)\Delta t}}\right)\right)$$

的联合概率密度函数的表达式，其实质为

$$\ell(\mu,\sigma) = \prod_{i=1}^{N} \frac{1}{\sigma\sqrt{2\pi\Delta t}} \exp\left[-\frac{1}{2}\left(\frac{\log\left(\frac{S_{t+i\Delta t}}{S_{t+(i-1)\Delta t}}\right) - (\mu - \frac{1}{2}\sigma^2)\Delta t}{\sigma\sqrt{\Delta t}} \right)^2 \right]$$

$$= \prod_{i=1}^{N} \frac{1}{\sigma\sqrt{2\pi\Delta t}} \exp\left[-\frac{1}{2}\left(\frac{R_{i| t} - (\mu - \frac{1}{2}\sigma^2)\Delta t}{\sigma\sqrt{\Delta t}} \right)^2 \right]$$

两边同时取对数之后的结果为

$$\log\ell(\mu,\sigma) = -N\log\sigma - \frac{N}{2}\log(2\pi\Delta t) - \frac{1}{2\sigma^2\Delta t}\sum_{i=1}^{N}\left(R_{i| t} - (\mu - \frac{1}{2}\sigma^2)\Delta t\right)^2$$

注意在几何布朗运动模型仅含两个参数对，分别对 μ 和 σ 取偏导，且结果应为零，于是有

$$\frac{\partial\log\ell}{\partial\mu} = \frac{1}{\sigma^2}\sum_{i=1}^{N}(R_{i| t} - (\mu - \frac{1}{2}\sigma^2)\Delta t) = 0$$

$$\frac{\partial\log\ell}{\partial\sigma} = -\frac{N}{\sigma} + \frac{1}{\sigma^3\Delta t}\sum_{i=1}^{N}(R_{i| t} - (\mu - \frac{1}{2}\sigma^2)\Delta t)^2 - \frac{1}{\sigma}\sum_{i=1}^{N}(R_{i| t} - (\mu - \frac{1}{2}\sigma^2)\Delta t) = 0$$

$$\frac{\partial\log\ell}{\partial\mu} = 0 \Rightarrow (\hat{\mu} - \frac{1}{2}\hat{\sigma}^2)\Delta t = \bar{R}$$

其中

$$\bar{R} = \frac{1}{N}\sum_{i=1}^{N}R_{i| t}$$

$$\frac{\partial\log\ell}{\partial\sigma} = 0 \Rightarrow -\frac{N}{} + \frac{1}{\hat{\sigma}^3\Delta t}\sum_{i=1}^{N}(R_{i| t} - \bar{R})^2 - \frac{1}{}\sum_{i=1}^{N}(R_{i| t} - \bar{R}) = 0$$

最终得到

$$\hat{\mu} = \frac{1}{\Delta t}(\bar{R} + \frac{1}{2N}\sum_{i=1}^{N}(R_{i| t} - \bar{R})^2)$$

$$\hat{\sigma} = \sqrt{\frac{1}{N\Delta t}\sum_{i=1}^{N}(R_{i| t} - \bar{R})^2}$$

（2）矩估计方法。我们仍然令对数收益率为：$R_{i| t} = \log\left(\frac{S_{t+i\Delta t}}{S_{t+(i-1)\Delta t}}\right), i = 1,2,\cdots,N$，则我们找出对数收益率的一阶矩和二阶矩，应为

$$\mathbb{E}\left[\log\left(\frac{S_{t+\Delta t}}{S_t}\right)\middle|\mathcal{F}_t\right] = (\mu - \frac{1}{2}\sigma^2)\Delta t$$

$$\mathrm{var}\left[\log\left(\frac{S_{t+\Delta t}}{S_t}\right)\middle|\mathcal{F}_t\right] = \sigma^2\Delta t$$

其中 $i = 1,2,3,4,\cdots,N$，且认为在给定 t 时刻，任意的 i 下的对数收益率 $R_{i| t}$ 为独立同分布，然后利用样本数据可计算出均值和方差，因为理论矩的值和实证矩的值必须相匹配，即以下两个等式成立

$$\begin{cases}(\hat{\mu}-\frac{1}{2}\hat{\sigma}^2)\Delta t=\bar{R}\\ \hat{\sigma}^2\Delta t=\frac{1}{(N-1)\Delta t}\sum_{i=1}^{N}(R_{i|t}-\bar{R})^2\end{cases}$$

我们调整以下项的顺序，则有

$$\hat{\mu}=\frac{1}{\Delta t}(\bar{R}+\frac{1}{2(N-1)}\sum_{i=1}^{N}(R_{i|t}-\bar{R})^2)$$

$$\hat{\sigma}=\sqrt{\frac{1}{(N-1)\Delta t}\sum_{i=1}^{N}(R_{i|t}-\bar{R})^2}$$

其中，$\bar{R}=\frac{1}{N}\sum_{i=1}^{N}R_{i|t}$。

注意一下，矩匹配方法获得的结果和极大似然的方法不一致，这引出了有偏估计和无偏估计的问题。一般而言，矩估计是无偏估计，而极大似然估计是有偏估计。但当 $N\to\infty$ 时，两者没有区别。

第四节　泊松过程与复合泊松过程

一、泊松过程及相关特性

（一）泊松过程的定义

强度为 λ 的计数过程 $\{N(t),t\geqslant 0\}$ 为泊松过程，需要满足以下三个特性：

（1）$N(0)=0$；

（2）$N(t)$ 具有独立和平稳的增量；

（3）当 $s>0$ 时，$N(t)$ 的样本路径是跳跃且不连续的，并且其跳跃度的单位为1，并有

$$P\{N(t+s)=i+k\mid N(t)=i\}=\begin{cases}1-\lambda s+o(s), & k=0\\ \lambda s+o(s), & k=1\\ o(s), & k>1\end{cases}$$

泊松过程可以有第二种定义。

强度为 λ 的计数过程 $\{N(t),t\geqslant 0\}$ 为泊松过程，需要满足以下三个特性：

（1）$N(0)=0$。

（2）若将第 $n-1$ 次和第 n 次事件的间隔时间记作 τ_n，而令 $T_n := \sum_{i=1}^{n} \tau_i$ 为第 n 次事件的到达时间（arrival time）或等待时间，则 τ_n，$n=1,2,\cdots$ 是均值为 $\frac{1}{\lambda}$ 的独立同分布的指数随机变量。而 T_n，$n=1,2,\cdots$ 是参数为 n 和 λ 的 Γ 分布。其潜台词是：$P\{T_n \leqslant t\} = P\{N(t) \geqslant n\} = \sum_{j=n}^{\infty}\left(e^{-\lambda t}\frac{(\lambda t)^j}{j!}\right)$，即说明第 n 次时间发生的时刻 t 之前，或者换而言之，到时刻 t 已经至少发生了 n 件事情是等价的。

（3）当 $s>0$ 时，$N(t)$ 的样本路径是跳跃且不连续的，并且其跳跃度的单位为1，并有 $P\{N(t+s)=i+k \mid N(t)=i\} = \begin{cases} 1-\lambda s+o(s), & k=0 \\ \lambda s+o(s), & k=1 \\ o(s), & k>1 \end{cases}$。

（二）泊松过程与指数分布和 Γ 分布的关系

$\{\tau_n\}_{i=1,\cdots,n}$ 是均值为 $\frac{1}{\lambda}$ 的独立同分布的指数随机变量，指数分布的基本性质见表 5－4。

表 5－4　指数分布的基本性质

均值	$\mathbb{E}(\tau) = \frac{1}{\lambda}$
方差	$\mathrm{var}(\tau) = \frac{1}{\lambda^2}$
概率密度函数	$f_\tau(x;\lambda) = \begin{cases} \lambda e^{-\lambda x}; & x \geqslant 0 \\ 0; & x<0 \end{cases}$
累积分布函数	$F_\tau(x;\lambda) = \begin{cases} 1-e^{-\lambda x}; & x \geqslant 0 \\ 0; & x<0 \end{cases}$，

而若我们定义一个新的随机变量 $T_n := \sum_{i=1}^{n} \tau_i$，则该随机变量满足参数为 n 和 λ 的 Γ 分布，即：$T_n \sim \mathrm{Gamma}(n,\lambda)$，其对应的概率密度函数为：$f_{T_n(t)} = \frac{(\lambda t)^{n-1}}{(n-1)!}\lambda e^{-\lambda t}$。在 $k \geqslant 1$ 时，则下面等价于 $P\{T_k \leqslant t\} = P\{N(t) \geqslant k\} =$

$\sum_{j=k}^{\infty}\left(\mathrm{e}^{-\lambda t}\frac{(\lambda t)^{j}}{j!}\right)$；而当 $k=0$ 时，下面等价于 $P\{T_1>t\}=P\{\tau_1>t\}=P\{N(t)=0\}=\mathrm{e}^{-\lambda t}$。

（三）泊松过程的矩母函数

$M_{N(t)}(u,t):=\mathbb{E}(e^{uN(t)}):=\sum_{k=0}^{\infty}\mathrm{e}^{uk}P\{N(t)=k\}:=\sum_{k=0}^{\infty}\mathrm{e}^{uk}p_k(t)$。

此外，如果 $Z_t:=\exp(\mu_1N_t+\mu_2W_t)$，该随机过程的性质有：

（1）$\mathbb{E}(Z_t)=\exp[\lambda t(\mathrm{e}^{\mu_1}-1)]\cdot\exp\left(\frac{1}{2}\mu_2^2t\right)$；

（2）此外，若令 $m_t=\mathbb{E}(Z_t)$，则有以下 ODE：$\frac{\mathrm{d}m_t}{\mathrm{d}t}=\left[(\mathrm{e}^{\mu_1}-1)\lambda+\frac{1}{2}\mu_2^2\right]m_t$。

二、复合泊松过程及相关特性

（一）复合泊松过程的定义

令 $X_1,X_2,\cdots,X_i,\cdots$ 为独立同分布的随机变量，且均值和方差分别为 μ 和 σ^2，且认为 $\{X_t\}_{t=1}^{\infty}\perp N_t$，$M_t:=\sum_{i=1}^{N_t}X_i$，注意 M_t 的以下特性：

$$\mathbb{E}(M_t|F_s)\begin{cases}=M_s,\text{如果 }\mu=0\text{ 则为鞅}\\ \geqslant M_s,\text{如果 }\mu>0\text{ 则为下鞅。}\\ \leqslant M_s,\text{如果 }\mu<0\text{ 则为上鞅}\end{cases}$$

此外，还需要注意一个概念，补偿复合泊松过程为：$\hat{M}_t=M_t-\mu\lambda_t$。

（二）复合泊松过程的基本统计特性

$$\mathbb{E}(M_t)=\mathbb{E}(\sum_{i=1}^{N_t}X_i)=\mathbb{E}(N_t)\,\mathbb{E}(X_1)=\lambda t\,\mathbb{E}(X_1)$$

$$\begin{aligned}\mathrm{var}(M_t)&=\mathbb{E}(\mathrm{var}(M_t\mid N_t))+\mathrm{var}(\mathbb{E}(M_t\mid N_t))\\&=\mathbb{E}(N_t\mathrm{var}(X_t))+\mathrm{var}(N_t\,\mathbb{E}(X_t))\\&=\mathrm{var}(X_t)\,\mathbb{E}(N_t)+\mathbb{E}(X)^2\mathrm{var}(N_t)\\&=\mathrm{var}(X_t)\lambda t+\mathbb{E}(X)^2\lambda t\\&=\lambda t\,\mathbb{E}(X^2)\end{aligned}$$

$$P(M_t=k)=\sum_n P(M_t=k\mid N_t=n)P(N_t=n)$$

若复合泊松过程为：$M_t=\sum_{i=1}^{N_t}X_i,t\geqslant 0$，若再定义随机过程 $Z_t:=$

$\exp(u_1 M_t + u_2 W_t)$，则有以下性质：

（1）$\mathbb{E}(Z_t) = \exp[\lambda t(\varphi_X(u_1) - 1)] \cdot \exp\left(\frac{1}{2}(u_2^2 t), \varphi_X(u_1)\right) := \mathbb{E}[e^{u_1 X_t}]$ 为 X_t 的矩母生产函数；

（2）此外，若令 $m_t = \mathbb{E}(Z_t)$，则有 ODE：$\frac{dm_t}{dt} = \left[(\varphi_X(u_1) - 1)\lambda + \frac{1}{2}u_2^2\right] m_t$。

其中，$u_1, u_2 \in \mathbb{R}$，我们还假设 X_i 独立于泊松分布和标准维纳过程。

三、计数测度与标尺计数过程

最常见的标尺计数过程是累积泊松过程。下面解释标尺计数过程。本部分的定义和相关公式主要来自 Malevergene 等（2013）的附录 A 和 Deley 和 Vere－Jones（2007）的第六章。

序列 $\{t_i, S(t, t_i)\}_{i \in \mathbb{N}}$ 被定义为一个简单标尺计数过程。一般而言，约定 $t_0 \leqslant t$ 才有意义。如果 $t < t_i$ 则 $S(t, t_i) = 0$，此时无实际含义。$\{t_i\}_{i \in \mathbb{N}}$ 和 $\{S(t, t_i)\}_{i \in \mathbb{N}}$ 相互独立。在计数过程的定义中，有一个概念为“标尺核”（mark kernel）$F_m(s, t | t_i) := P[S(t, t_i) < s]$，Malevergene 等（2013）也把 $F_m(s, t | t_i)$ 直接写为 $F_{i,m}(s, t)$。在前面章节中，出现了 $F(s; t | t_i)$，此概念和 $F_m(s, t | t_i)$ 的联系，我们在后续讨论中会涉及。此外，请忽视括号中“;”与“,”的差别，我们认为无论使用“;”还是使用“,”是一回事。

令 $T \times \Sigma$ 表示 $[t_0, \infty) \times \mathbb{R}^+$ 的子集合，其中，$\mathbb{R}^+$ 表示正实数。则计数测度被定义为：$N_t(T \times \Sigma) := \#\{t_i \in T, S_i(t) \in \Sigma\}$，其中，符号“#”表示发生的次数，计数测度也可以写成 $N_t(T \times \Sigma) = \sum_{i \in \mathbb{N}: t_i \in T} \mathbb{I}(S_i(t) \in \Sigma)$ 的形式。

在 t 时刻，企业的规模大于 s 的总数量 $\tilde{N}(s, t)$，可用以下三个等式表示，且彼此等价

$$\tilde{N}(s, t) := N_t([t_0, t) \times [s, \infty))$$

$$\tilde{N}(s, t) = \int_{[t_0, t) \times [s, \infty)} N_t(du \times ds)$$

$$\tilde{N}(s, t) = \sum_{i \in \mathbb{N}: t_i \leqslant t} \mathbb{I}[S_i(t) \geqslant s]$$

更多讨论可见 Deley and Vere－Jones（2007）。

$\tilde{N}(s, t)$ 是一个计数过程，它的期望值 $N(s, t) = \mathbb{E}[\tilde{N}(s, t)]$ 存在，且

应满足

$$N(s,t)=\mathbb{E}[\tilde{N}(s,t)]\equiv\int_{t_0}^{t}[1-F_m(s,t\mid u)]\cdot\nu(u)\mathrm{d}u$$

需要强调的是，如果 $\{t_i\}_{i\in\mathbb{N}}$ 满足泊松过程，则 $\nu(t)$ 就代表泊松过程的强度函数。为了建模需要，我们定义 $M_1(\cdot):=\mathbb{E}[N_t(\cdot)]$，它表示的是标尺计数过程 $\{t_i,S(t,t_i)\}_{i\in\mathbb{N}}$ 的期望值，且满足 $M_1(\mathrm{d}u\times\mathrm{d}s)=\nu(u)\mathrm{d}u\cdot F_m(\mathrm{d}s,t\mid u)$，因此可以写出以下关系

$$N(s,t)=\mathbb{E}\Big[\int_{[(t_0,t)\times[s,\infty)}N_t(\mathrm{d}u\times\mathrm{d}s)\Big]=\int_{[t_0,t]\times[s,\infty)}M_1(\mathrm{d}u\times\mathrm{d}s);$$

$$N(s,t)=\int_{[t_0,t)\times[s,\infty)}\nu(u)\mathrm{d}u\cdot F_m(\mathrm{d}s,t\mid u)=\int_{t_0}^{t}[1-F_m(s,t\mid u)]\cdot v(u)\mathrm{d}u;$$

$$g(s,t)=\int_{t_0}^{t}v(u)f_m(s;t\,|\,u)\mathrm{d}u$$

如果考虑企业退出问题，则 $f_m(s;t\,|\,u):=\mathrm{e}^{-h\cdot(t-u)}f(s;t\,|\,u)$，即

$$g(s,t)=\int_{0}^{t}v(u)\mathrm{e}^{-h\cdot(t-u)}f(s;t\,|\,u)\mathrm{d}u,t>t_0>t_*$$

其中，t_* 表示经济模型的起始时间；如果不考虑企业的退出问题，则 $f_m(s;t\,|\,u)=f(s;t\,|\,u)$。同理也可以应用到 $F(s;t\mid t_i)$ 和 $F_m(s,t\,|\,t_i)$ 中。

此外，如果读者觉得关于标尺计数过程的讨论过于抽象，我们举一个例子。最常见的标尺计数过程是累积泊松过程，其强度测度为 $\Lambda(\mathrm{d}u\times\mathrm{d}s)=F_m(\mathrm{d}s,t\,|\,u)\cdot\nu(u)\mathrm{d}u$，在 MSS 框架中，$\{t_i,S(t,t_i)\}_{i\in\mathbb{N}}$ 其实是被设定为满足广义的累积泊松过程，其强度测度为 $\Lambda(\mathrm{d}u\times\mathrm{d}s)=F_m(\mathrm{d}s,t\,|\,u)\cdot\nu(u)\mathrm{d}u$，所以有

$$\begin{aligned}P[\tilde{N}(s,t)=n]&=P[N_t([t_0,t)\times[s,+\infty))=n]\\&=\frac{\Big[\int_{[t_0,t)\times[s,\infty)}F_m(\mathrm{d}s,t\mid u)v(u)\mathrm{d}u\Big]^n}{n!}\exp\Big[\int_{[t_0,t)\times[s,\infty)}F_m(\mathrm{d}s,t\mid u)v(u)\mathrm{d}u\Big]\\&=\frac{[N(s,t)]^n}{n!}\mathrm{e}^{-N(s,t)}\end{aligned}$$

$$\Rightarrow P[\tilde{N}(s,t)=n]=\frac{[N(s,t)]^n}{n!}\mathrm{e}^{-N(s,t)}$$

因此容易证明

$$\mathbb{E}\Big[\Big(\frac{\tilde{N}(s,t)}{N(s,t)}-1\Big)^2\Big]=\frac{1}{N(s,t)}$$

第五节　跳跃过程与随机微分方程

一、常见的金融资产价格建模技巧

（一）随机分析视角下的股票价格建模

以股票价格建模问题为例，我们可利用几何布朗运动来描述股票价格，即：$\frac{dS_t}{S_t}=\mu dt+\sigma dW_t$，其中，$S_t$表示股票价格，而$W_t$表示标准布朗运动。

大量的经验事实表明，金融资产标的物，比如，股票价格的波动率（volatility）σ并非常数，因此如果将股票价格假设为几何布朗运动是有极强的模型风险的，甚至可以认为是一种模型设定的先天缺陷。因此我们可以利用随机波动率（stochastic volatility，SV）模型来刻画波动率的随机特性，该模型涉及两个随机过程$\{S_t,\sigma_t\}_{t=0}^{T}$，用两个随机微分方程来描述：

$$\begin{cases}dS_t=\mu S_t dt+\sqrt{v_t}S_t dW_{s,t}\\ dv_t=k(\theta-v_t)dt+\sigma_v\sqrt{v_t}dW_{v,t}\end{cases}$$

其中，$\mathrm{corr}(dW_{s,t},dW_{v,t})=\rho$。

随机波动率模型的参数都有非常明确的金融学含义，比如，μ表示股票的漂移项（drift term），$k>0$表示方差的均值反转速度，$\theta>0$表示方差的均值反转水平，$\sigma_v>0$表示方差的波动率，而v_0表示方差的初始水平。

后来的学者发现这样的建模还是不能完全刻画股票价格的现实状况。因为在很多时候，我们发现股票价格是会发生跳跃现象的，因此有学者又进一步修正了上述模型，即加入了跳跃的情形进入模型中。为简单起见，我们先看看，如果在几何布朗运动中，仅考虑有跳跃的情形，即没有考虑随机波动情形的模型，这就是大名鼎鼎的Merton（1976）模型，该模型在连续动态企业异质性问题中经常被用到，具体可见Gabaix等（2016）、Gabaix（2009）以及MSS框架（即：Malevergen Y et al，2013）。

Merton（1976）模型的基本假设是：首先，我们假定跳跃次数满足泊松分布，用N_t表示；然后假设，跳跃的值用J_t表示，并认为J_t满足独立同分布且满足对数正态分布，即有$\log J_t\sim\mathcal{N}(\mu_J,\sigma_J^2)$；第三个假设是认为，

$J_t \perp N_t$；第四个假设是认为 $dN_t := \begin{cases}1, & \text{概率为 } \lambda dt \\ 0, & \text{概率为 } 1-\lambda dt\end{cases}$，其中，“ := ”表示“被定义为”，于是此时的 SDE 形式为：$\frac{dS_t}{S_{t^-}} = (\mu - D)dt + \sigma dW_t + (J_t - 1)dN_t$，其中，$N_t$ 表示泊松分布，且满足 $P\{N(t) = k\} = \frac{(\lambda t)^k \exp(-\lambda t)}{k!}$，即 $\mathbb{E}(N_t) = \text{var}(N_t) = \lambda t$。

此时，S_t 不再是一个单纯的扩散过程，而是一个跳跃—扩散过程。

后来的学者将股票价格的跳跃特性、扩散特性和随机波动特性整合到一个模型中，于是我们有“跳跃—扩散—随机波动模型”，用以下两个随机微分方程来刻画：

$$\frac{dS_t}{S_t} = (r - \lambda\kappa)dt + \sqrt{v_t}dW_{s,t} + U(\zeta)dN_t$$

$$dv_t = k(\theta - v_t)dt + \sigma_v \sqrt{v_t}dW_{v,t}$$

坦白地说，到了这一步，当下的金融学家对股票价格的建模是较为满意的。下面对“跳跃—扩散—随机波动模型”进行一些说明：

第一点，$\mathbb{E}(dW_{i,t}) = 0$，$\text{var}(dW_{i,t}) = dt$，其中，$i = s, v$。

第二点，此时我们仍假设 $\text{corr}(dW_{s,t}, dW_{v,t}) = \rho$。

第三点，$U(\zeta)$ 指泊松跳跃—幅度（Poisson jump－amplitude），而 $\zeta = \ln[U(\zeta) + 1]$，且 $U(\zeta)dN_t = \sum_{i=1}^{dN_t} U(\zeta_i) \Leftrightarrow \int_{t_1}^{t_2} U(\zeta)dN_t = \sum_{i=1}^{N_{t_2}-N_{t_1}} U(\zeta_i)$，$\sum_{i=1}^{0} U_i := 0$，$U(\zeta) > -1$，$\zeta_i$ 是第 i 个跳跃—幅度随机变量，这些随机变量之间彼此独立，ζ 的分布一般用 $\varphi_\zeta(q)$ 来表示，其分布可以是正态分布、均匀分布、双指数分布、双 Rayleigh 分布、双均匀分布。最常见的假设是认为 $\zeta_i \sim$ i. i. d $N(\mu_\zeta, \sigma_\zeta^2)$。

第四点，J_t 和 $U(\zeta)$ 满足 $J_t + 1 := U(\zeta)$ 的关系。

（二）随机利率模型

一般而言，均值回归模型都可以用来描述随机利率，比如，Vasciek 模型

$$dr_t = a(b - r_t)dt + \sigma r_t^{\beta} dW_t$$

其中，a 表示均值回归速度，b 表示长期利率水平，而 σr_t^β 表示利率变动的瞬时标准差（每单位时间 dt）。

（1）当$\beta=\frac{1}{2}$时被称为CIR模型。该模型有些情形会出现利率为零的情况，此外该模型不能准确描述利率期限结构，但若利用CIR对债券及利率期权定价，则可获得封闭解。

（2）当$\beta=0$则被称为Vasicek模型，即为：$dr_t=a(b-r_t)dt+\sigma dW_t$。该模型会出现利率为负的情况，与实践不符（注意：过去几年，全球尤其是欧洲确实出现过负利率），且无法准确描述利率期限结构。

（3）令$b=\beta=0$，成为Ho－Lee模型，该模型能描述利率期限结构，但因无利率均值回归项，利率可能会变成负数。

（4）Ho－Lee修正模型Ⅰ：$dr_t=[\theta(t)+a(t)(b-r_t)]dt+\sigma r_t^{\beta}dW_t$。

（5）Ho－Lee修正模型Ⅱ：$dr_t=a(t)\left[\frac{\theta(t)}{a(t)}+b-r_t\right]dt+\sigma r_t^{\beta}dW_t$，其中，$\frac{\theta(t)}{a(t)}+b$代表随时间变化的利率长期水平，可用$b'f(t)$表示；而$a(t)$代表利率回归速度，也会随着时间变动。因为模型的参数自由度增加，因此对描述现行利率期限结构及利率波动率期限结构的能力强，可准确表述这些期限结构，且能更好地对利率衍生品定价。以下模型皆可视为Ho－Lee修正模型Ⅱ的特例。

修正型的CIR模型：$dr_t=a(t)[b'(t)-r_t]dt+\sigma r_t^{1/2}dW_t$，其中，$b'f(t)$的定义见Ho－Lee修正模型Ⅱ中的定义；

修正型的Vasicek模型：$dr_t=a(t)[b'(t)-r_t]dt+\sigma dW_t$，其中，$b'f(t)$的定义同上；

修正型的简化Ho－Lee模型：$dr_t=a(t)dt+\sigma(t)dW_t$；

Black－Derman－Toy模型：$d\ln r_t=\left[\theta(t)-\frac{\partial\ \ln\sigma(t)}{\partial\ t}\ln r_t\right]dt+\sigma(t)dW_t$。

注意，有文献定义：$dr_t=\kappa(\theta-\log r_t)r_tdt+\sigma r_tdW_t$，将其称为几何均值反转模型（geometric mean－reverting process）。

（三）随机汇率模型

Bates（1996）构建了包含跳跃—扩散的随机汇率模型

$$\begin{cases}\frac{dS_t}{S_t}=(\mu-\lambda\kappa)dt+\sqrt{v_t}dW_{s,t}+U(\zeta)dN_t\\ dv_t=(\alpha-\beta v_t)dt+\sigma\sqrt{v_t}dW_{v,t}\end{cases}$$

并且假设

$$\mathrm{corr}(\mathrm{d}W_{s,t},\mathrm{d}W_{v,t}) = \rho \mathrm{d}t, \zeta_i \sim \mathrm{i.i.d}\ \mathcal{N}\left(\ln(1+\kappa) - \frac{1}{2}\sigma_\zeta^2, \sigma_\zeta^2\right)$$

其中，S_t 表示汇率，μ 表示瞬时预期汇率的均值，N_t 仍表示强度为 λ 的泊松分布。需要注意的是，这个模型和股票收益率的建模思路是完全类似的。

二、平稳性与遍历性

假设随机微分方程 $\mathrm{d}X_t = a(t,X_t)\mathrm{d}t + b(t,X_t)\mathrm{d}W_t$，则我们称 $a()$ 为漂移系数，而 $b()$ 为扩散系数。做以下约定：

（1）若我们想表达："s 时刻，随机过程 $X_s = x$"，则用数学语言记作 $(s,X_s = x)$，甚至可以简写为 $(s,X_s = x)$；

（2）我们约定 $s < t$；

（3）我们约定"t 时刻，随机过程 $X_t = y$"可记作 $(t,X_t = y)$；

（4）我们若要寻找从 s 时刻到 t 时刻的转移概念密度函数，则记为 $p(s,x;t,y)$。

根据 Fokker - Planck 方程，我们知道其转移概率密度函数为 $p(s,x;t,y)$，且满足以下偏微分方程：

$$\frac{\partial}{\partial t}p(s,x;t,y) = -\frac{\partial}{\partial y}[a(t,y)p(s,x;t,y)] + \frac{1}{2}\frac{\partial^2}{\partial y^2}[b(t,y)^2 p(s,x;t,y)], s < t$$

且认为 (s,x) 固定。

一般而言，我们还需要给定初值条件。在金融数学中，常认为初值条件满足 Dirac delta 函数，即

$$p(s=0,x;s=0,y) = \delta(y-x) = \begin{cases} \infty, & y = x \\ 0, & y \neq x \end{cases}$$

且 $\int_{-\infty}^{\infty}\delta(y-x)\mathrm{d}y = 1$。

（一）平稳分布

1. 不变概率测度

观察 Fokker - Planck 方程：

$$\frac{\partial}{\partial t}p(x,t;y,s) = -\frac{\partial}{\partial x}[a(x,t)p(x,t;y,s)] + \frac{1}{2}\frac{\partial^2}{\partial x^2}[b(x,t)^2 p(x,t;y,s)]$$

假设随机过程的漂移项和扩散项都不随时间变化，则

$$dX_t = a(X_t)dt + b(X_t)dW_t$$

我们假设 $t \to \infty$，如果该随机过程存在不变概率测度，则有 $p(x,t;y,s) \to \pi(x)$，此时 $\frac{\partial}{\partial t}p(x,t;y,s) \to 0$，则

$$2\frac{d[a(x)\pi(x)]}{dx} = \frac{d^2[b(x)^2\pi(x)]}{dx^2}$$

于是有

$$a(x) = \frac{1}{2\pi(x)}\frac{d^2[b(x)^2\pi(x)]}{dx^2} \Rightarrow b(x)^2 = \frac{2}{\pi(x)}\int_0^x a(s)\pi(s)ds$$

2. 平稳性

当 $t \to \infty$ 时，随机过程 X_t 的分布和时间无关，且有界，则说明该随机过程有平稳分布（stationary distribution）。O－U 过程具有平稳分布。需要注意的是，Fokker－Planck 方程对研究随机过程是否有平稳分布非常有帮助。一般而言，对于常见的扩散过程，Feynman－Kac 方程都适用，但 Fokker－Planck 方程却不一定适用。

因此，Fokker－Planck 方程最有用的性质其实是：如果已知某随机过程存在平稳分布 $\rho(x)$，则说明 $\mathcal{A}^*[\rho(x)] = 0$[①]一定存在，也就是说

$$0 = -\frac{d}{dx}[a(x)\rho(x)] + \frac{1}{2}\frac{d^2}{dx^2}[b(x)^2\rho(x)]$$

一定成立。

请特别注意，这是一个常微分方程。利用 $\mathcal{A}^*[\rho(x)] = 0$ 可以求得该随机过程的平稳分布 $\rho(x)$。

我们可以用标准布朗运动和 O－U 过程来验证以上结论。

假设随机过程的平稳分布存在，且为 $\bar{p}(y)$，则其应满足

$$\bar{p}(y) = \int_{-\infty}^{\infty} p(s,x;t,y)\bar{p}(x)dx$$

解此积分非常困难，故利用此性质找到随机过程的平稳分布不现实。利用 Fokker－Planck 方程，可以帮助我们找到随机过程 X_t 的平稳分布。若随机过程 X_t 的平稳分布存在，则 $\frac{\partial}{\partial t}p(s,x;t,y) = 0$，平稳版本的 Fokker－Planck 方程从一个偏微分方程退化为一个常微分方程，即

---

① $\mathcal{A}^*$ 被称为 Dykin 算子的伴随算子。更多讨论见下一小节和本章第六节关于 Dykin 算子的讨论。

$$\frac{\mathrm{d}}{\mathrm{d}y}[a(y)\bar{p}(y)] + \frac{1}{2}\frac{\mathrm{d}^2}{\mathrm{d}y^2}[b(y)^2\bar{p}(y)] = 0$$

此外，$\int_{-\infty}^{\infty}\bar{p}(y)\mathrm{d}y = 1$。

于是利用常微分方程的知识可知

$$\bar{p}(y) = \frac{C}{b^2(y)}\exp\left[2\int_{y_0}^{y}\frac{a(u)}{b^2(u)}\mathrm{d}u\right]$$

其中，C 必须保证平稳分布的积分为 1，而 y_0 的取值须使得该常微分方程的解有意义。

（二）遍历性

谈及随机过程的平稳性，则一般会立即涉及遍历性的概念。该概念指随机过程在“平均”这个概念上，具有空间和时间的等价性。我们说一个随机过程具有遍历性，是指该随机过程首先应该具有平稳分布 $\bar{p}(x)$，如果我们考察该随机过程在时间上的平均，应该和遍历它所有空间信息的平均等价，即

$$\lim_{T\to\infty}\left[\frac{1}{T}\int_0^T f(X_t)\mathrm{d}t\right] = \int_{-\infty}^{\infty}f(x)\bar{p}(x)\mathrm{d}x$$

其中，$f:\mathbb{R}\to\mathbb{R}$ 表示一个有界的可测函数，常见的 $f(\ )$ 的选取可以是

$$f(x) = x, f(x) = x^2$$

为了保证随机过程①具有遍历性，我们需要专门定义一个标尺测度（scale measure）的概念，即：$s:\mathbb{R}\to\mathbb{R}^+$，且 $s(x) := \exp\left[-2\int_{y_0}^{x}\frac{a(y)}{b^2(y)}\mathrm{d}y\right]$。此扩散过程的标尺测度需要满足以下两个性质。

性质 1：$\int_{y_0}^{\infty}s(x)\mathrm{d}x = \int_{-\infty}^{y_0}s(x)\mathrm{d}x = \infty$；

性质 2：$\int_{-\infty}^{\infty}\frac{1}{s(x)b^2(x)}\mathrm{d}x < \infty$。

（三）举例

1. ARCH 扩散模型的平方波动率

ARCH 模型是金融计量学最常见的模型，纽约大学的罗伯特·恩格尔

① 为避免复杂，在此处我们仅假设讨论的随机过程为扩散过程。但需要注意，在处理企业动态异质性问题时，我们面对的随机过程一般是跳跃—扩散过程，如果要讨论跳跃—扩散过程的遍历性是否存在或何种条件下存在，是一个非常困难的问题。

教授因创建 ARCH 模型而获得了 2003 年诺贝尔经济学奖。ARCH 模型原本是一个离散时间模型，但是它也可以有连续时间版本，即：ARCH 扩散模型的平方波动率 $|\theta_t|^2$ 满足以下随机微分方程

$$d|\theta_t|^2 = \kappa(\bar{\theta}^2 - |\theta_t|^2)dt + \gamma|\theta_t|^2 dW_t$$

则存在平稳分布 $\bar{p}(\theta^2)$，且该平稳分布满足逆伽马分布。

证明： 若有扩散过程 $dX_t = a(X_t,t)dt + b(X_t,t)dW_t$，则

$$\bar{p}(y) = \frac{C}{b^2(y)}\exp\left\{2\int_{\underline{y}}^{y}\frac{a(u)}{b^2(u)}du\right\}$$

在本例中

$$X_t: = |\theta_t|^2, a(X_t,t): = \kappa(\bar{\theta}^2 - |\theta_t|^2), b(X_t,t): = \gamma|\theta_t|^2$$

$$x: = |\theta|^2, a(x): = \kappa(\bar{\theta}^2 - |\theta|^2), b(x): = \gamma|\theta|^2$$

此外，假设 $\theta^2 \in [\underline{\theta}^2, +\infty]$。

于是将所有信息代入，则有

$$\begin{aligned}\bar{p}(\theta^2) &= \frac{C}{\gamma^2\theta^4}\exp\left\{2\int_{\underline{\theta}^2}^{\theta^2}\frac{\kappa(\bar{\theta}^2 - u)}{\gamma^2u^2}du\right\}\\ &= \frac{C}{\gamma^2\theta^4}\exp\left\{\frac{2\kappa\bar{\theta}^2}{\gamma^2}\int_{\underline{\theta}^2}^{\theta^2}\frac{1}{u^2}du - \frac{2\kappa}{\gamma^2}\int_{\underline{\theta}^2}^{\theta^2}\frac{1}{u}du\right\}\\ &= \frac{C}{\gamma^2\theta^4}\exp\left\{\frac{2\kappa}{\gamma^2}\left[\bar{\theta}^2\left(-\frac{1}{\theta^2} + \frac{1}{\underline{\theta}^2}\right) - (\ln(\theta^2) - \ln(\underline{\theta}^2))\right]\right\}\\ &= C_1\exp\left\{-\frac{2\kappa\bar{\theta}^2}{\gamma^2}\frac{1}{\theta^2}\right\}\left(\frac{1}{\theta^2}\right)^{\frac{2\kappa}{\gamma^2}+2}\end{aligned}$$

这是一个逆伽马分布，但须选择恰当的常数 $C_1 > 0$。

2. 修正改进后的平方波动率模型

假设有一个平方波动率 $|\theta_t|^2$ 满足以下随机微分方程

$$d|\theta_t|^2 = \kappa|\theta_t|^2(\bar{\theta}^2 - |\theta_t|^2)dt + \gamma|\theta_t|^3 dW_t$$

它的平稳分布 $\bar{p}(\theta^2)$ 满足逆伽马分布。

证明：

$$\begin{aligned}\bar{p}(\theta^2) &= \frac{C}{\gamma^2\theta^6}\exp\left\{2\int_{\underline{\theta}^2}^{\theta^2}\frac{\kappa(\bar{\theta}^2 - u)u}{\gamma^2u^3}du\right\}\\ &= \frac{C}{\gamma^2\theta^6}\exp\left\{\frac{2\kappa}{\gamma^2}\left[\bar{\theta}^2\int_{\underline{\theta}^2}^{\theta^2}\frac{1}{u^2}du - \int_{\underline{\theta}^2}^{\theta^2}\frac{1}{u}du\right]\right\}\\ &= \frac{C}{\gamma^2\theta^6}\exp\left\{\frac{2\kappa}{\gamma^2}\left[-\bar{\theta}^2\left(\frac{1}{\theta^2} - \frac{1}{\underline{\theta}^2}\right) - (\ln(\theta^2) - \ln(\underline{\theta}^2))\right]\right\}\end{aligned}$$

$$= \frac{C}{\gamma^2\theta^6}\exp\left\{\frac{2\kappa}{\gamma^2}\left[-\bar{\theta}^2\left(\frac{1}{\theta^2}-\frac{1}{\underline{\theta}^2}\right)-\ln(\theta^2)+\ln(\underline{\theta}^2)\right]\right\}$$

$$= C_1\exp\left\{-\frac{2\kappa}{\gamma^2}\bar{\theta}^2\,\frac{1}{\theta^2}\right\}\left(\frac{1}{\theta^2}\right)^{\frac{2\kappa}{\gamma^2}+3}$$

是一个逆伽马分布。

3. Heston 模型

以下是大名鼎鼎的 Heston 模型的随机微分方程形式

$$\mathrm{d}\,|\theta_t|^2 = \kappa(\bar{\theta}^2-|\theta_t|^2)\,\mathrm{d}t+\gamma\,|\theta_t|\,\mathrm{d}W_t$$

它的平稳分布 $\bar{p}(\theta^2)$ 存在且满足伽马分布。

证明：

$$\bar{p}(\theta^2) = \frac{C}{\gamma^2\theta^2}\exp\left\{2\int_{\underline{\theta}^2}^{\theta^2}\frac{\kappa(\bar{\theta}^2-u)}{\gamma^2 u}\mathrm{d}u\right\}$$

$$= \frac{C}{\gamma^2\theta^2}\exp\left\{\frac{2\kappa\bar{\theta}^2}{\gamma^2}\int_{\underline{\theta}^2}^{\theta^2}\frac{1}{u}\mathrm{d}u-\frac{2\kappa}{\gamma^2}(\theta^2-\underline{\theta}^2)\right\}$$

$$= C_1\exp\left\{-\frac{2\kappa}{\gamma^2}\bar{\theta}^2\right\}(\theta^2)^{\frac{2\kappa\bar{\theta}^2}{\gamma^2}-1}$$

是一个伽马分布。

三、伊藤积分

（一）伊藤积分的基本概念和性质

假设有一可测函数 $f(\,)$ 是关于标准维纳过程 W_t 和时间 t 的函数，即 $f(W_t,t)$，定义一个随机过程 I_t，令其满足

$$I_t := \int_0^t f(W_s,s)\,\mathrm{d}W_s := \lim_{n\to\infty}\sum_{i=0}^{n-1}f(W_{t_i},t_i)(W_{t_{i+1}}-W_{t_i})$$

伊藤积分规定 $f(W_{t_i},t_i)$，而非 $f(W_{t_{i+1}},t_{i+1})$，即取时间区间 $\left(\frac{it}{n},\frac{(i+1)t}{n}\right)$ 的左侧，这也正是伊藤积分的独到之处。随机过程 I_t 具有以下重要性质。

性质 1：我们定义伊藤积分的形式是

$$I_t := \int_0^t f(W_s,s)\,\mathrm{d}W_s = \lim_{n\to\infty}\sum_{i=0}^{n-1}f(W_{t_i},t_i)(W_{t_{i+1}}-W_{t_i})$$

I_t 连续，且在 t 时间点上，它是关于 $\mathcal{F}_t$ 可测的，$\mathcal{F}_t$ 表示为信息集。

性质 2：如果

$$I_t := \int_0^t f(W_s,s)\,\mathrm{d}W_s \text{ 和 } J_t := \int_0^t g(W_s,s)\,\mathrm{d}W_s$$

都是伊藤积分，那么

$$I_t \pm J_t = \int_0^t f(W_s,s) \pm g(W_s,s)\mathrm{d}W_s$$

假如有一常数 c，则有

$$cI(t) = \int_0^t cf(W_s,s)\mathrm{d}W_s$$

性质 3：I_t 是一个鞅过程。也就是说，对包含维纳过程的函数 $f(W_t,t)$ 进行伊藤积分，得到一个鞅过程。

性质 4：$\mathbb{E}[I_t] := \mathbb{E}\left[\int_0^t f(W_s,s)\mathrm{d}W_s\right] = 0$。

推论（关于鞅过程）：$\mathbb{E}\left[\int_0^t g(M_s,s)\mathrm{d}M_s\right] = 0$，如果 M_t 是一个鞅过程。

性质 5：伊藤等距（Itô Isometry）

$$\mathbb{E}(I_t^2) = \mathbb{E}\left[\int_0^t f(W_s,s)^2\mathrm{d}s\right] = \mathbb{E}\left[\int_0^t (f(W_s,s)\mathrm{d}W_s)^2\right]$$

性质 6：伊藤积分的二次变差特性（Itô integration quadratic variation）

$$< I,I >_t := \int_0^t f(W_s,s)^2\mathrm{d}s$$

因为

$$I_t := \int_0^t f(W_s,s)\mathrm{d}W_s$$

性质 7：伊藤等距性质的扩展

$$\mathbb{E}(I_tI_s) = \mathbb{E}\left\{\left[\int_0^t (f(W_u,u)\mathrm{d}W_u)\right]\left[\int_0^s (f(W_v,v)\mathrm{d}W_v)\right]\right\} = \mathbb{E}\left\{\left[\int_0^{\min(t,s)} f(W_u,u)^2\mathrm{d}u\right]\right\}$$

该性质主要用于求随机过程的自协方差。

（二）常见的伊藤积分的结果汇总

常见的涉及维纳过程的随机积分结果有：

（1）$\int_0^t \mathrm{d}W_s = W_t$；

（2）$\int_0^t W_s\mathrm{d}W_s = \frac{1}{2}W_t{}^2 - \frac{1}{2}t$；

（3）$\int_a^b c\mathrm{d}W_s = c(W_b - W_a)$；

（4）$\int_a^b W_s\mathrm{d}W_s = \frac{1}{2}(W_b^2 - W_a^2) - \frac{1}{2}(b-a)$；

（5）$\int_0^t s\mathrm{d}W_s = tW_t - \int_0^t W_s\mathrm{d}s$；

(6) $\int_0^t W_s^2 \mathrm{d}W_s = \frac{1}{3}W_t^3 - \int_0^t W_s \mathrm{d}s$；

(7) $\int_0^t \mathrm{e}^{W_s} \mathrm{d}W_s = \mathrm{e}^{W_t} - 1 - \frac{1}{2}\int_0^t \exp(W_s)\mathrm{d}s$；

(8) $\int_0^t W_s \mathrm{e}^{W_s} \mathrm{d}W_s = 1 + W_t \mathrm{e}^{W_t} - \mathrm{e}^{W_t} - \frac{1}{2}\int_0^t \exp(W_s)(1 + W_s)\mathrm{d}s$；

(9) $\int_0^t s W_s \mathrm{d}W_s = \frac{t}{2}\left(W_t^2 - \frac{t}{2}\right) - \frac{1}{2}\int_0^t W_s^2 \mathrm{d}s$；

(10) $\int_0^t (W_s^2 - s)\mathrm{d}W_s = \frac{1}{3}W_t^3 - tW_t$；

(11) $\int_0^t \mathrm{e}^{-\frac{s}{2}+W_s} \mathrm{d}W_s = \mathrm{e}^{-\frac{t}{2}+W_t} - 1$；

(12) $\int_0^t \sin W_s \mathrm{d}W_s = 1 - \cos W_t - \frac{1}{2}\int_0^t \cos W_s \mathrm{d}s$。

四、常见扩散过程及其相关性质

（1）几何布朗运动（见前面的讨论）。

（2）Ornstein – Uhlenbeck 过程（以下简称：O – U 过程）的随机微分方程形式为

$$\mathrm{d}Z_t = -aZ_t\mathrm{d}t + \sigma \mathrm{dW}_t, Z_0 = 1$$

O – U 过程的重要性质见表 5 – 5。

表 5 – 5　O – U 过程的重要性质汇总

O – U 过程的 SDE	$\mathrm{d}Z_t = -aZ_t\mathrm{d}t + \sigma\mathrm{d}W_t$
Z_t	$Z_t = \mathrm{e}^{-at}Z_0 + \sigma\int_0^t \mathrm{e}^{-a(t-s)}\mathrm{d}W_s$
Z_T	$Z_T = \mathrm{e}^{-a(T-t)}Z_t + \int_t^T \sigma \mathrm{e}^{-a(T-s)}\mathrm{d}W_s$
$\mathbb{E}(Z_t)$	$\mathbb{E}(Z_t) = \mathrm{e}^{-at}Z_0$
$\mathrm{var}(Z_t)$	$\mathrm{var}(Z_t) = \frac{\sigma^2}{2a}(1 - \mathrm{e}^{-2at})$

续表

$\mathrm{cov}(Z_s,Z_t)$	$\mathrm{cov}(Z_s,Z_t)=\frac{\sigma^2}{2a}(\mathrm{e}^{-a(t-s)}-\mathrm{e}^{-a(t+s)}),\forall s\leqslant t$ 或者 $\mathrm{cov}(Z_s,Z_t)=\frac{\sigma^2}{2a}(\mathrm{e}^{-a\mid t-s\mid}-\mathrm{e}^{-a(t+s)})$
$\mathbb{E}(Z_T\mid Z_t=z)$	$\mathbb{E}(Z_T\mid Z_t=z)=\mathrm{e}^{-a(T-t)}z$
$\mathrm{var}(Z_T\mid Z_t=z)$	$\mathrm{var}(Z_T\mid Z_t=z)=\frac{\sigma^2}{2a}(1-\mathrm{e}^{-2a(T-t)})$
$Z_T\mid Z_t=z$	$\mathcal{N}\left(\mathrm{e}^{-a(T-t)}z,\frac{\sigma^2}{2a}[1-\mathrm{e}^{-2a(T-t)}]\right)$

（3）Vasciek 过程的随机微分方程形式为

$$\mathrm{d}r_t=(\theta-ar_t)\mathrm{d}t+\sigma\mathrm{d}W_t$$

或者写为

$$\mathrm{d}r_t=a(b-r_t)\mathrm{d}t+\sigma\mathrm{d}W_t$$

其中，$b=\theta/a$。

表5－6总结了在金融数学中，两种不同版本的 Vascieck 过程的重要性质。

表5－6　两种不同版本的 Vascieck 过程的重要特性汇总

$\mathrm{d}r_t=(\theta-ar_t)\mathrm{d}t+\sigma\mathrm{d}W_t$	$\mathrm{d}r_t=a(b-r_t)\mathrm{d}t+\sigma\mathrm{d}W_t$
$r_t=\mathrm{e}^{-at}r_0+\frac{\theta}{a}(1-\mathrm{e}^{-at})+\sigma\int_0^t\mathrm{e}^{-a(t-s)}\mathrm{d}W_s$ $r_t=\mathrm{e}^{-a(t-u)}r_u+\frac{\theta}{a}(1-\mathrm{e}^{-a(t-u)})+\sigma\int_{u=s}^t\mathrm{e}^{-a(t-s)}\mathrm{d}W_s$ $\mathbb{E}(r_t\mid\mathcal{F}_u)=\mathrm{e}^{-a(t-u)}r_u+\frac{\theta}{a}(1-\mathrm{e}^{-a(t-u)})$ $\lim\limits_{t\to\infty}\mathbb{E}(r_t\mid\mathcal{F}_u)=\frac{\theta}{a}$ $\mathrm{var}(r_t\mid\mathcal{F}_u)=\frac{\sigma^2}{2a}[1-\mathrm{e}^{-2a(t-u)}]$ $\lim\limits_{t\to\infty}\mathrm{var}(r_t\mid\mathcal{F}_u)=\frac{\sigma^2}{2a}$ $r_t\mid\mathcal{F}_u\sim\mathcal{N}\left\{\begin{array}{l}\mathrm{e}^{-a(t-u)}r_u+\frac{\theta}{a}(1-\mathrm{e}^{-a(t-u)}),\\\frac{\sigma^2}{2a}[1-\mathrm{e}^{-2a(t-u)}]\end{array}\right\}$ 因此，在 $t\to\infty$ 时，$r_t\sim\mathcal{N}\left(\frac{\theta}{a},\frac{\sigma^2}{2a}\right)$	$r_t=\mathrm{e}^{-at}r_0+b(1-\mathrm{e}^{-at})+\sigma\int_0^t\mathrm{e}^{-a(t-s)}\mathrm{d}W_s$ $=\mathrm{e}^{-at}(r_0+b(\mathrm{e}^{at}-1))+\sigma\int_0^t\mathrm{e}^{-a(t-s)}\mathrm{d}W_s$ $\mathbb{E}(r_t)=\mu_t:=\mathrm{e}^{-at}(r_0+b(\mathrm{e}^{at}-1))$ 易证：$\frac{\mathrm{d}}{\mathrm{d}t}\mu_t=a(b-\mu_t)$ $\sigma_t^2:=\mathrm{var}[r_t]$ $=\mathbb{E}\left[(\sigma\mathrm{e}^{-at}\int_0^t\mathrm{e}^{au}\mathrm{d}W_u)^2\right]$ $=\sigma^2\left(\frac{1-\mathrm{e}^{-2at}}{2a}\right)$

注：$\mathcal{F}_u$ 是一个域流过程，且满足 $t>u$。

五、伊藤公式

（一）扩散过程的伊藤公式

假设有

$$dS_t = a(S_t,t)\,dt + b(S_t,t)\,dW_t \tag{5-1}$$

则

$$dF(S_t,t) = \frac{\partial F(S_t,t)}{\partial t}dt + \frac{\partial F(S_t,t)}{\partial S_t}dS_t + \frac{1}{2}\frac{\partial F^2(S_t,t)}{\partial S_t^2}(dS_t)^2 \tag{5-2}$$

这就是伊藤公式。

利用维纳过程的二次变差特性，可知 $(dS_t)^2 = b(S_t,t)^2 dt$，再将此结果结合式（5－1）代入式（5－2），则有：

$$dF(S_t,t) = \left[\frac{\partial F(S_t,t)}{\partial t} + a(S_t,t)\frac{\partial F(S_t,t)}{\partial S_t} + \frac{1}{2}b(S_t,t)^2\frac{\partial F^2(S_t,t)}{\partial S_t^2}\right]dt + \left[b(S_t,t)\frac{\partial F(S_t,t)}{\partial S_t}\right]dW_t \tag{5-3}$$

一般而言，式（5－2）和式（5－3）皆被称为伊藤公式。

（二）跳跃—扩散随机过程的伊藤公式

1. 一维情形

对 $dX_t = \mu(X_{t^-},t)\,dt + \sigma(X_{t^-},t)\,dW_t + J(X_{t^-},t)\,dN_t$ 积分，则有

$$X_t = X_0 + \int_0^t \mu(X_{s-},s)\,ds + \int_0^t \sigma(X_{s-},s)\,dW_s + \int_0^t J(X_{s-},s)\,dN_t$$

其中积分若成立，跳跃—扩散过程的系数需满足

$$\int_0^t \{|\mu(X_{s-},s)| + \sigma(X_{s-},s)^2\}\,ds < \infty$$

若假定随机过程满足 $Y_t = f(X_t,t)$，则有

$$\begin{aligned} dY_t &= \frac{\partial f}{\partial t}(X_{t-},t)\,dt + \frac{\partial f}{\partial X_t}(X_{t-},t)\,dX_t + \frac{1}{2!}\frac{\partial^2 f}{\partial X_t^2}(X_{t-},t)(dX_t)^2 + \frac{1}{3!}\frac{\partial^3 f}{\partial X_t^3}(X_{t-},t)(dX_t)^3 + \cdots \\ &= \left\{ \begin{aligned} &\left[\frac{\partial f}{\partial t}(X_{t-},t) + \mu(X_{t-},t)\frac{\partial f}{\partial X_t}(X_{t-},t) + \frac{1}{2}\sigma(X_{t-},t)^2\frac{\partial^2 f}{\partial X_t^2}(X_{t-},t)\right]dt \\ &+ \sigma(X_{t-},t)\frac{\partial f}{\partial X_t}(X_{t-},t)\,dW_t + [f(X_{t-}+J_{t-},t) - f(X_{t-},t)]\,dN_t \end{aligned} \right\} \end{aligned}$$

我们定义 $J_{t^-} := J(X_{t^-},t)$，而 $(dX_t)^m, m = 1,2,\cdots$ 根据以下法则展开

$$(dt)^2 = (dt)^3 = \cdots = 0,\ (dW_t)^2 = dt, (dW_t)^3 = (dW_t)^4 = \cdots = 0$$

此外有以下版本的新微分关系：$(dN_t)^2 = (dN_t)^3 = (dN_t)^4 = (dN_t)^p = dN_t$，

当$p \geqslant 2$，$\mathrm{d}W_t\mathrm{d}t = \mathrm{d}N_t\mathrm{d}t = \mathrm{d}N_t\mathrm{d}W_t = 0$，由$Y_t = f(X_t, t)$，则其积分形式为

$$Y_t = \left\{\begin{aligned} & Y_0 + \int_0^t \frac{\partial f}{\partial t}(X_{s-}, s)\mathrm{d}s + \int_0^t \frac{\partial f}{\partial X_t}(X_{s-}, s)\mathrm{d}X_s \\ & + \frac{1}{2!}\int_0^t \frac{\partial^2 f(X_{s-}, s)}{\partial X_t^2}(X_{s-}, s)(\mathrm{d}X_s)^2 + \frac{1}{3!}\int_0^t \frac{\partial^3 f}{\partial X_t^3}(X_{s-}, s)(\mathrm{d}X_s)^3 + \cdots \end{aligned}\right\}$$

进一步化简可得

$$Y_t = \left\{\begin{aligned} & Y_0 + \int_0^t \left[\frac{\partial f}{\partial t}(X_{s-}, s) + \mu(X_{s-}, s)\frac{\partial f}{\partial X_t}(X_{s-}, s) + \frac{1}{2}\sigma(X_{s-}, s)^2 \frac{\partial^2 f}{\partial X_t^2}(X_{s-}, s)\right]\mathrm{d}s \\ & + \int_0^t \sigma(X_{s-}, s)\frac{\partial f}{\partial X_t}(X_{s-}, s)\mathrm{d}W_s \\ & + \int_0^t [f(X_{s-} + J_{s-}, s) - f(X_{s-}, s)]\mathrm{d}N_s \end{aligned}\right\}$$

其中

$$\begin{aligned} & \int_0^t [f(X_{s-} + J_{s-}, s) - f(X_{s-}, s)]\mathrm{d}N_s \\ & = \sum_{0 \leqslant s < t}[f(X_s, s) - f(X_{s-}, s)]\Delta N_s \\ & = \sum_{s=1}^{N_t}[f(X_s, s) - f(X_{s-}, s)] \end{aligned}$$

于是有

$$Y_t = \left\{\begin{aligned} & Y_0 + \int_0^t \left[\frac{\partial f}{\partial t}(X_{s-}, s) + \mu(X_{s-}, s)\frac{\partial f}{\partial X_t}(X_{s-}, s) + \frac{1}{2}\sigma(X_{s-}, s)^2 \frac{\partial^2 f}{\partial X_t^2}(X_{s-}, s)\right]\mathrm{d}s \\ & + \int_0^t \sigma(X_{s-}, s)\frac{\partial f}{\partial X_t}(X_{s-}, s)\mathrm{d}W_s \\ & + \sum_{s=1}^{N_t}[f(X_s, s) - f(X_{s-}, s)] \end{aligned}\right\}$$

2. 多维情形

下面介绍多维版本的跳跃—扩散过程的伊藤公式。假设有随机过程$X_t^{(i)}, i = 1, 2, \cdots, n$，并且满足以下随机微分方程

$$\mathrm{d}X_t^{(i)} = \mu(X_{t-}^{(i)}, t)\mathrm{d}t + \sigma(X_{t-}^{(i)}, t)\mathrm{d}W_t + J(X_{t-}^{(i)}, t)\mathrm{d}N_t$$

则其积分形式为

$$X_t^{(i)} = X_0^{(i)} + \int_0^t \mu(X_s^{(i)}, s)\mathrm{d}s + \int_0^t \sigma(X_{s-}^{(i)}, s)\mathrm{d}W_s + \int_0^t J(X_s^{(i)}, s)\mathrm{d}N_s$$

并且满足

$$\int_0^t \{ |\mu(X_s^{(i)}, s)| + \sigma(X_s^{(i)}, s)^2 \} \mathrm{d}s < \infty$$

假如有一个函数 $f(X_t^{(1)}, X_t^{(2)}, \cdots, X_t^{(n)}, t)$，并将此函数定义为随机过程

$$Y_t = f(X_t^{(1)}, X_t^{(2)}, \cdots, X_t^{(n)}, t)$$

则其满足

$$\begin{aligned}
\mathrm{d}Y_t &= \frac{\partial f}{\partial t}(X_{t-}^{(1)}, X_{t-}^{(2)}, \cdots, X_{t-}^{(n)}, t)\mathrm{d}t + \sum_{i=1}^{n} \frac{\partial f}{\partial X_t^{(i)}}(X_{t-}^{(1)}, X_{t-}^{(2)}, \cdots, X_{t-}^{(n)}, t)\mathrm{d}X_t^{(i)} \\
&+ \sum_{i=1}^{n}\sum_{j=1}^{n} \frac{1}{2!} \frac{\partial^2 f}{\partial X_t^{(i)} \partial X_t^{(j)}}(X_{t-}^{(1)}, X_{t-}^{(2)}, \cdots, X_{t-}^{(n)}, t)\mathrm{d}X_t^{(i)}\mathrm{d}X_t^{(j)} + \cdots \\
&= \Big[\frac{\partial f}{\partial t}(X_t^{(1)}, X_t^{(2)}, \cdots, X_t^{(n)}, t) + \sum_{i=1}^{n} \mu(X_t^{(i)}, t) \frac{\partial f}{\partial X_t}(X_t^{(1)}, X_{t-}^{(2)}, \cdots, X_{t-}^{(n)}, t) \\
&+ \sum_{i=1}^{n}\sum_{j=1}^{n} \frac{1}{2}\sigma(X_t^{(i)}, t)\sigma(X_{t-}^{(j)}, t) \frac{\partial^2 f}{\partial X_t^{(i)} \partial X_t^{(j)}}(X_{t'}^{(1)}, X_{t-}^{(2)}, \cdots, X_{t-}^{(n)}, t) \Big]\mathrm{d}t \\
&+ \sum_{i=1}^{n} \sigma(X_{t'}^{(i)}, t) \frac{\partial f}{\partial X_t^{(i)}}(X_{t2}^{(1)}, X_{t-}^{(2)}, \cdots, X_{t-}^{(n)}, t)\mathrm{d}W_t \\
&+ [f(X_{t-}^{(1)} + J_{t-}^{(1)}, X_{t-}^{(2)} + J_{t-}^{(2)}, \cdots, X_{t-}^{(n)} + J_{t-}^{(n)}, t) - f(X_{t-}^{(1)}, X_{t-}^{(2)}, \cdots, X_{t-}^{(n)}, t)]\mathrm{d}N_t
\end{aligned}$$

我们将 $J_{t^-}^{(i)} = J(X_{t^-}^{(i)}, t), (\mathrm{d}X_t)^m, m = 1, 2, \cdots$，利用以下法则

$$(\mathrm{d}t)^2 = (\mathrm{d}t)^3 = \cdots = 0$$

$$(\mathrm{d}W_t)^2 = \mathrm{d}t, (\mathrm{d}W_t)^3 = (\mathrm{d}W_t)^4 = \cdots = 0$$

$$(\mathrm{d}N_t)^2 = (\mathrm{d}N_t)^3 = \cdots = \mathrm{d}N_t$$

$$\mathrm{d}W_t\mathrm{d}t = \mathrm{d}N_t\mathrm{d}t = \mathrm{d}N_t dW_t = 0$$

进行化简，则有

$$\begin{aligned}
Y_t &= Y_0 + \int_0^t \frac{\partial f}{\partial t}(X_{s-}^{(1)}, X_{s-}^{(2)}, \cdots, X_{s-}^{(n)}, s)\mathrm{d}s + \int_0^t \Big[\sum_{i=1}^{n} \frac{\partial f}{\partial X_t^{(i)}}(X_{s-}^{(1)}, X_{s-}^{(2)}, \cdots, X_{s-}^{(n)}, s)\mathrm{d}X_s^{(i)} \Big] \\
&+ \int_0^t \Big[\sum_{i=1}^{n}\sum_{j=1}^{n} \frac{1}{2!} \frac{\partial^2 f}{\partial X_t^{(i)} \partial X_t^{(j)}}(X_{s-}^{(1)}, X_{s-}^{(2)}, \cdots, X_{s-}^{(n)}, s)\mathrm{d}X_s^{(i)} dX_s^{(j)} \Big] + \cdots \\
&= Y_0 + \int_0^t \Big[\frac{\partial f}{\partial t}(X_{s-}^{(1)}, X_{s-}^{(2)}, \cdots, X_{s-}^{(n)}, s) + \sum_{i=1}^{n} \mu(X_{s-}^{(i)}, s) \frac{\partial f}{\partial X_t}(X_{s-}^{(1)}, X_{s-}^{(2)}, \cdots, X_{s-}^{(n)}, s) \\
&+ \sum_{i=1}^{n}\sum_{j=1}^{n} \frac{1}{2}\sigma(X_{s-}^{(i)}, s)\sigma(X_{s-}^{(j)}, s) \frac{\partial^2 f}{\partial X_t^{(i)} \partial X_t^{(j)}}(X_{s-}^{(1)}, X_{s-}^{(2)}, \cdots, X_{s-}^{(n)}, s) \Big]\mathrm{d}s \\
&+ \int_0^t \Big[\sum_{i=1}^{n} \sigma(X_{s-}^{(i)}, s) \frac{\partial f}{\partial X_t^{(i)}}(X_{s-}^{(1)}, X_{s-}^{(2)}, \cdots, X_{s-}^{(n)}, s)\mathrm{d}W_s \Big] \\
&+ \int_0^t [f(X_{s-}^{(1)} + J_{s-}^{(1)}, X_{s-}^{(2)} + J_{s-}^{(2)}, \cdots, X_{s-}^{(n)} + J_{s-}^{(n)}, s) - f(X_{s-}^{(1)}, X_{s-}^{(2)}, \cdots, X_{s-}^{(n)}, s)]\mathrm{d}N_s
\end{aligned}$$

其中

$$\int_0^t [f(X_{s-}^{(1)} + J_{s-}^{(1)}, X_{s-}^{(2)} + J_{s-}^{(2)}, \cdots, X_{s-}^{(n)} + J_{s-}^{(n)}, s) - f(X_{s-}^{(1)}, X_{s-}^{(2)}, \cdots, X_{s-}^{(n)}, s)]\mathrm{d}N_s$$

$$= \sum_{0<s\leq t} [f(X_s^{(1)}, X_s^{(2)}, \cdots, X_s^{(n)} s) - f(X_{s-}^{(1)}, X_{s-}^{(2)}, \cdots, X_{s-}^{(n)}, s)] \Delta N_s$$

$$= \sum_{s=1}^{N_t} [f(X_s^{(1)}, X_s^{(2)}, \cdots, X_s^{(n)} s) - f(X_{s-}^{(1)}, X_{s-}^{(2)}, \cdots, X_{s-}^{(n)}, s)]$$

此外，需要说明一下常见的标准随机过程（即：纯跳过程、符合泊松跳过程和标准维纳过程）之间的变差特性可见表 5 - 7。

表 5 - 7　常见的标准随机过程之间的变差特性汇总

	dt	dW_t	dN_t	dM_t
dt	$dt \cdot dt = 0$	$dW_t dt = 0$	$dN_t \cdot dt = 0$	$dM_t \cdot dt = 0$
dW_t	$dW_t dt = 0$	$(dW_t)^2 = dt$, $(dW_t)^k = 0$ $k = 3, \cdots$	$dW_t \cdot dN_t = 0$	$dW_t \cdot dM_t = 0$
dN_t	$dN_t \cdot dt = 0$	$dW_t \cdot dN_t = 0$	$(dN_t)^k = dN_t$, $k = 1, 2, 3, \cdots$	$dM_t \cdot dN_t = X_t dN_t$
dM_t	$dM_t \cdot dt = 0$	$dW_t \cdot dM_t = 0$	$dM_t \cdot dN_t = X_t dN_t$	$(dM_t)^k = X_t^k dN_t$, $k = 1, 2, 3, \cdots$

六、Dynkin 算子

Dynkin 算子是一个非常重要的概念，该概念的重要性在于它可以将伊藤积分和鞅过程联系起来。此外，Dynkin 算子还常用于 Feynman - Kac 方程的讨论中。

（一）基本概念介绍

假设扩散过程的随机微分方程形式为，$dX_t = a(t, X_t)dt + b(t, X_t)dW_t$，若我们对 $F(t, X_t)$ 感兴趣，可利用伊藤定理写出 $dF(t, X_t)$ 关于 dt 和 dW_t 的关系，即

$$dF(t, X_t) = \left\{ \frac{\partial F}{\partial t} + \mathcal{A}[F] \right\} dt + b(t, X_t) \nabla_x F dW_t \tag{5-4}$$

其中，$\mathcal{A}$ 被称为 Dynkin 算子，也叫伊藤算子，或称其为 Kolmogorov 倒向（backward）算子。倒向算子和 Feynman - Kac 方程有关，更多讨论可

见本章第六节的 Feynman - Kac 方程。

Dynkin 算子的定义是

$$\mathcal{A}:=a(t,x)\frac{\partial}{\partial x}+\frac{1}{2}b^2(t,x)\frac{\partial^2}{\partial x^2}$$

即

$$\mathcal{A}F:=a(t,x)\frac{\partial F}{\partial x}+\frac{1}{2}b^2(t,x)\frac{\partial^2 F}{\partial x^2}$$

其中，$\nabla_x F:=\frac{\partial F}{\partial x}$。

（二）Dykin 算子与鞅过程的关系

对式（5－4）做伊藤积分，则有

$$F(T,X_T)=F(t,X_t)+\int_t^T\left\{\frac{\partial F(s,X_s)}{\partial t}+AF(s,X_s)\right\}\mathrm{d}s+\int_t^T b(s,X_s)\nabla_x F\mathrm{d}W_s \quad (5-5)$$

如果 $F(t,X_t)$ 满足鞅过程，那么则应该有以下性质

$$\mathbb{E}_{t,x}[F(T,X_T)]:=\mathbb{E}[F(T,X_T)\mid\mathcal{F}_{t,x}]=F(t,X_t)$$

若对式（5－5）两边同时取条件期望，则等式左边仍为 $F(t,X_t)$，而右边则为

$$F(t,X_t)+\mathbb{E}_{t,x}\left[\int_t^T\left[\frac{\partial F(s,X_s)}{\partial t}+\mathcal{A}F(s,X_s)\right]\mathrm{d}s\right\}+\mathbb{E}_{t,x}\left[\int_t^T b(s,X_s)\nabla_x F\mathrm{d}W_s\right] \quad (5-6)$$

于是（5－6）的后面两项必须为零，才能使 $E_{t,x}[F(T,X_T)]=F(t,X_t)$，而 $\mathbb{E}_{t,x}(\int_t^T b(s,X_s)\nabla_x F\mathrm{d}W_s)\equiv 0$，这来自伊藤积分的基本性质。

因此，下面的关键是要讨论 $\mathbb{E}_{t,x}\left(\int_t^T\left\{\frac{\partial F(s,X_s)}{\partial t}+\mathcal{A}F(s,X_s)\right\}\mathrm{d}s\right)=0$ 成立的条件。

若 $\frac{\partial F(t,X_t)}{\partial t}+\mathcal{A}F(t,X_t)=0$，则表明如果 $F(t,X_t)$ 满足此偏微分方程，$F(t,X_t)$ 必然是鞅过程。

$\frac{\partial F(t,X_t)}{\partial t}+\mathcal{A}F(t,X_t)=0$ 被称为是随机版本的热传导定理。常规的热传导方程为 $\frac{\partial u}{\partial t}=\lambda\Delta u$，在中高级偏微分理论中常引入算子的写法，将热传导方程写为 $\frac{\partial u}{\partial t}=-L[u]\Rightarrow\frac{\partial u}{\partial t}+L[u]=0$，其中，$L[\cdot]$ 表示一个算子，

关于算子的讨论可见本章第六节。

（三）小结

需要注意以下几点：

第一点，$F(t,X_t)$ 若是鞅过程，需要满足 $\frac{\partial F(t,X_t)}{\partial t}+\mathcal{A}F(t,X_t)=0$。

第二点，引入 Dykin 算子的好处。要注意 Dykin 偏微分算子一定要配合一个函数一起使用，在此处是 $F(t,X_t)$，该函数要一阶、二阶可导。

第三点，如果要验证一个随机函数是否满足鞅过程，可用 $\frac{\partial F(t,X_t)}{\partial t}+\mathcal{A}F(t,X_t)=0$ 来验证。

第四点，Dynkin 算子可以帮助我们从一个扩散过程中构建鞅过程。具体操作如下：假设有 $dX_t=a(X_t)dt+b(X_t)dW_t$，则如果 $M_t:=f(X_t)-\int_0^t \mathcal{A}f(X_s)ds$，那么 M_t 是一个鞅过程。

第五点，强调一下 Dynkin 算子的严格定义：假设有函数 $F:\mathbb{R}^n\rightarrow\mathbb{R}$，如果 F 一阶、二阶导数皆存在，则

$$\mathcal{A}F=\lim_{s\rightarrow 0}\left\{\frac{\mathbb{E}[F(X_{t+s})]-F(X_t)}{s}\right\}$$

如果该极限存在，则在多维情况下的 Dykin 算子为

$$\mathcal{A}F(t,x)=\sum_{i=1}^{n}a_i(t,x)\frac{\partial F(t,\boldsymbol{x})}{\partial x_i}+\frac{1}{2}\sum_{i=1}^{n}\sum_{j=1}^{n}C_{i,j}(t,x)\frac{\partial^2 F(t,\boldsymbol{x})}{\partial x_i\partial x_j}$$

其中，$C(t,\boldsymbol{x})=\mathrm{b}(t,\boldsymbol{x})\mathrm{b}(t,\boldsymbol{x})^{\mathrm{T}}$。

七、Merton 模型的设定

在本章第五节介绍股票价格建模时，提到了 Merton（1976）模型，本部分，我们系统地介绍该模型，可以视 Merton（1976）模型是一个分析跳跃—扩散随机过程的基准模型，它的应用不仅局限于金融学领域，它还可以帮助我们理解 Gabaix 等（2016）和 Malevergene 等（2013）的思想。

（一）模型的基本设定

假定 $\{W_t:t\in[0,T]\}$ 为标准布朗运动，而 $\{N_t:t\in[0,T]\}$ 表示强度为 λ 的泊松过程，且这两个随机过程彼此独立，J_t 表示随机跳跃的规模（size），假定它们都定义在域流（filtered）概率空间 $(\Omega,\mathcal{F},\mathbb{P},\{\mathcal{F}_t:t\in[0,$

$T]\})$ 之上。$\mathcal{F}_t = \mathcal{F}_t^W \vee \mathcal{F}_t^N$①和 $\mathcal{F} = \mathcal{F}_t$，$\mathcal{F}_t^W$ 和 $\mathcal{F}_t^N$ 表示由 $\{W_t:t \in [0,T]\}$ 和 $\{N_t:t \in [0,T]\}$ 分别生成的、最小的右连续完备 σ - 代数。

关于 J_t 的设定问题：最常见的设定是将其设置为独立同分布，且满足对数正态分布，即 $\log J_t \sim \mathcal{N}(\mu_J,\sigma_J^2)$，并认为 $J_t \perp N_t$，此外我们还假设

$$dN_t := \begin{cases} 1,\text{概率为 } \lambda dt \\ 0,\text{概率为 } 1-\lambda dt \end{cases}$$

于是 Merton（1976）模型可以写为

$$\frac{dS_t}{S_{t-}} = (\mu - D)dt + \sigma dW_t + (J_t - 1)dN_t$$

$$\Rightarrow S_T = S_t\left(\exp\{(\mu - D - \frac{1}{2}\sigma^2)(T-t) + \sigma W_{T-t}\}\right)\left(\prod_{i=1}^{N_{T-t}} J_i\right)$$

$$\Rightarrow \ln\frac{S_T}{S_t} = (\mu - D - \frac{1}{2}\sigma^2)(T-t) + \sigma W_{T-t} + \sum_{i=1}^{N_{T-t}} \ln J_i \tag{5-7}$$

（二）模型的概率密度函数

1. 模型的概率密度函数：从对数收益率入手

我们先介绍一种从对数收益率入手构建极大似然函数的方法。将式（5-7）写为：

$$\ln\frac{S_{t+dt}}{S_t} = \left(\mu - D - \frac{1}{2}\sigma^2\right)dt + \sigma dW_t + d\left[\sum_{i=1}^{N_t}\ln J_i\right]$$

定义 $R_{t+dt}^{GBM} := (\mu - D - \frac{1}{2}\sigma^2)dt + \sigma dW_t$ 表示几何布朗运动的对数收益率，令

$$\mu_{GBM} := (\mu - D - \frac{1}{2}\sigma^2) \text{ 和 } \sigma_{GBM} := \sigma$$

Merton（1976）模型本质上是跳跃—扩散模型，通过以下写法，我们可以将该随机过程的对数收益率 R_{t+dt}^J 分解为两个部分：一部分收益率完全由几何布朗运动所决定，即 R_{t+dt}^{GBM}；而另外一部分完全因纯跳跃过程所引起，即 $d[\sum_{i=1}^{N_t}\zeta_i]$。于是有

$$R_{t+dt}^J = \log\left[\frac{S_{t+dt}}{S_t}\right] = \left(\mu - D - \frac{1}{2}\sigma^2\right)dt + \sigma dW_t + d\left[\sum_{i=1}^{N_t}\zeta_i\right] = R_{t+dt}^{GBM} + d\left[\sum_{i=1}^{N_t}\zeta_i\right]$$

而 $\zeta_i := \ln J_i \sim \mathcal{N}(\mu_J,\sigma_J^2)$。

① “$\vee$”的含义是，$a \vee b := \max(a, b)$。

在 Merton（1976）模型中，$D=\lambda\kappa$，且 $\kappa:=e^{\mu_J+\frac{\sigma_J^2}{2}}-1$。

证明：

$$\kappa:=\mathbb{E}(U_i)=\mathbb{E}(J_i-1)=\mathbb{E}(e^{\zeta_i})-1=e^{\mu_J+\frac{\sigma_J^2}{2}}-1=\frac{D}{\lambda},i\geqslant 1$$

于是有

$$\mu_{GBM}:=\left(\mu-\lambda(e^{\mu_J+\frac{\sigma_J^2}{2}}-1)-\frac{1}{2}\sigma^2\right)$$

跳跃—扩散模型的对数收益率可以分解为两部分，如果单独对几何布朗运动讨论其参数问题可见第三节，利用第三节的结论，再仔细研究 R_{t+dt}^J，可发现，R_{t+dt}^J 本质上是若干独立同分布的随机变量累加的结果，即

$$(R_{t+dt}^J\mid dN_t=k)=\begin{cases}R_{t+dt}^{GBM}, & k=0\\ R_{t+dt}^{GBM}+\zeta_1+\zeta_2+\cdots+\zeta_k, & k>0\end{cases}$$

其中，$\mathbb{E}[R_{t+dt}^{GBM}]=\mu_{GBM}\Delta$，$\mathrm{var}[R_{t+dt}^{GBM}]=\sigma^2\Delta$，于是易知，在假设 k 次跳跃为已知时，$(R_{t+dt}^J\mid dN_t=k)$ 满足 $N(\mu_{GBM}+k\mu_J,\sigma_{GBM}^2+k\sigma_J^2)$，则对数收益率的概率密度函数为

$$f_{R_{t+dt}^J}(x)=p(R_{t+dt}^J=x)=\sum_{k=0}^{\infty}\{p(R_{t+dt}^J=x\mid\Delta N_t=k)P(\Delta N_t=k)\}$$

其中

$$\begin{aligned}p(R_{t+dt}^J\mid\Delta N_t=k)&=\left(\frac{1}{\sqrt{2\pi(\sigma_{GBM}^2\Delta+k\sigma_J^2)}}\right)\left(e^{-\frac{1}{2}\frac{[x-(\mu_{GBM}\Delta+k\mu_J)]^2}{(\sigma_{GBM}^2\Delta+k\sigma_J^2)}}\right)\\&=f_N(x;\mu_{GBM}\Delta+k\mu_J,\sigma_{GBM}^2\Delta+k\sigma_J^2)\end{aligned}$$

又因为

$$P(\Delta N_t=k)=e^{-\lambda\Delta}\left(\frac{(\lambda\Delta)^k}{k!}\right)$$

注意 $dt:=\Delta$，于是联立以上结果可写出

$$f_{R_{t+dt}^J}(x)=\sum_{k=0}^{\infty}\left\{e^{-\lambda\Delta}\left(\frac{(\lambda\Delta)^k}{k!}\right)\left(\frac{1}{\sqrt{2\pi(\sigma_{GBM}^2\Delta+k\sigma_J^2)}}\right)\left(e^{-\frac{1}{2}\frac{[x-(\mu_{GBM}\Delta+k\mu_J)]^2}{(\sigma_{GBM}^2\Delta+k\sigma_J^2)}}\right)\right\}$$

此外，如果我们认为在 Δ 时间内发生跳跃的次数大于 1 次的概率完全可以忽略不计，则 $f_{R_{t+dt}^J}(x)$ 的表达式可以化简为

$$\begin{aligned}f_{R_{t+dt}^J}(x)&\simeq\sum_{k=0}^{1}\left\{e^{-\lambda\Delta}\left(\frac{(\lambda\Delta)^k}{k!}\right)\left(\frac{1}{\sqrt{2\pi(\sigma_{GBM}^2\Delta+k\sigma_J^2)}}\right)\left(e^{-\frac{1}{2}\frac{[x-(\mu_{GBM}\Delta+k\mu_J)]^2}{(\sigma_{GBM}^2\Delta+k\sigma_J^2)}}\right)\right\}\\&=e^{-\lambda\Delta}\left\{\left(\frac{\exp\left(-\frac{[x-\mu_{GBM}\Delta]^2}{2\sigma_{GBM}^2\Delta}\right)}{\sqrt{2\pi(\sigma_{GBM}^2\Delta)}}\right)+\left(\frac{\lambda\Delta\exp\left(-\frac{1}{2}\frac{[x-(\mu_{GBM}\Delta+\mu_J)]^2}{(\sigma_{GBM}^2\Delta+\sigma_J^2)}\right)}{\sqrt{2\pi(\sigma_{GBM}^2\Delta+k\sigma_J^2)}}\right)\right\}\end{aligned}$$

$$= e^{-\lambda\Delta}f_N(x;\mu_{GBM}\Delta,\sigma_{GBM}^2\Delta)+(\lambda\Delta)f_N(x;\mu_{GBM}\Delta+\mu_J,\sigma_{GBM}^2\Delta+\sigma_J^2)$$

又因为

$$e^{-\lambda\Delta}=1-\lambda\Delta+\frac{1}{2!}(\lambda\Delta)^2-\frac{1}{3!}(\lambda\Delta)^3+\cdots\approx(1-\lambda\Delta)$$

于是有

$$f_{R_{t+dt}^J}(x)\simeq(1-\lambda\Delta)f_{\mathcal{N}}(x;\mu_{GBM}\Delta,\sigma_{GBM}^2\Delta)+(\lambda\Delta)f_N(x;\mu_{GBM}\Delta+\mu_J,\sigma_{GBM}^2\Delta+\sigma_J^2)$$

或者直接利用 $\mathrm{d}N_t:=\begin{cases}1, & P[\mathrm{d}N_t=1]=\lambda\mathrm{d}t\\0, & P[\mathrm{d}N_t=0]=1-\lambda\mathrm{d}t\end{cases}$ 的性质，也可以直接写出以下结果

$$f_{R_{t+dt}^J}(x)\simeq(1-\lambda\Delta)f_{\mathcal{N}}(x;\mu_{GBM}\Delta,\sigma_{GBM}^2\Delta)+(\lambda\Delta)f_{\mathcal{N}}(x;\mu_{GBM}\Delta+\mu_J,\sigma_{GBM}^2\Delta+\sigma_J^2)$$

2. 模型的概率密度函数：从积分形式入手

前面的方法是将 $t+\mathrm{d}t$ 视为终止时刻 T，而起始时刻还是视为 t，于是

$$\ln\frac{S_T}{S_t}=\left(\mu-D-\frac{1}{2}\sigma^2\right)(T-t)+\sigma W_{T-t}+\sum_{i=1}^{N_{T-t}}\ln J_i\Rightarrow$$

$$\ln\frac{S_{t+dt}}{S_t}=\left(\mu-D-\frac{1}{2}\sigma^2\right)\mathrm{d}t+\sigma\mathrm{d}W_t+\mathrm{d}\left[\sum_{i=1}^{N_t}\ln J_i\right]$$

下面介绍的方法是将 t 视为终止时刻 T，而将 0 视为起始时刻 t，于是

$$\ln\frac{S_T}{S_t}=(\mu-D-\frac{1}{2}\sigma^2)(T-t)+\sigma W_{T-t}+\sum_{i=1}^{N_{T-t}}\ln J_i\Rightarrow$$

$$\ln\frac{S_t}{S_0}=(\mu-D-\frac{1}{2}\sigma^2)t+\sigma W_t+\sum_{i=1}^{N_t}\ln J_i$$

我们仍然采用 $\zeta_i:=\ln J_i\sim\mathcal{N}(\mu_J,\sigma_J^2)$，$D=\lambda\kappa$，且 $\kappa:=\mathbb{E}(U_i)=\mathbb{E}(J_i-1)=\mathbb{E}(e^{\zeta_i})-1=e^{\mu_J+\frac{\sigma_J^2}{2}}-1=\frac{D}{\lambda},i\geqslant 1$ 的设定。

为了简单起见，我们需要定义一个新的过程 $X_t:=\ln\frac{S_t}{S_0}$，即

$$X_t=(\mu-D-\frac{1}{2}\sigma^2)t+\sigma W_t+\sum_{i=1}^{N_t}\ln J_i$$

我们还延续前面一节所使用的同样的定义，即：$\mu_{GBM}:=(\mu-D-\frac{1}{2}\sigma^2)$ 和 $\sigma_{GBM}:=\sigma$，所以 $X_t=\mu_{GBM}t+\sigma_{GBM}W_t+\sum_{i=1}^{N_t}\ln J_i$，于是可以知道

$$X_t\sim\mathcal{N}(\mu_{GBM}t+k\mu_J,\sigma_{GBM}^2t+k\sigma_J^2)$$

此外，注意比较其与前一节提到的

R_{t+dt}^J 的分布，$R_{t+dt}^J\sim\mathcal{N}(\mu_{GBM}+k\mu_J,\sigma_{GBM}^2+k\sigma_J^2)$

则 X_t 的概率密度函数是

$$f_{X_t}(x) = \sum_{k=0}^{\infty}\left\{e^{-\lambda t}\left(\frac{(\lambda t)^k}{k!}\right)\left(\frac{1}{\sqrt{2\pi(\sigma_{GBM}^2 t + k\sigma_J^2)}}\right)\left(e^{-\frac{1}{2}\frac{[x-(\mu_{GBM}t+k\mu_J)]^2}{(\sigma_{GBM}^2 t+k\sigma_J^2)}}\right)\right\}$$

此外需要注意两点：

第一点，请和

$$f_{R_{t+dt}^J}(x) = \sum_{k=0}^{\infty}\left\{e^{-\lambda\Delta}\left(\frac{(\lambda\Delta)^k}{k!}\right)\left(\frac{1}{\sqrt{2\pi(\sigma_{GBM}^2\Delta + k\sigma_J^2)}}\right)\left(e^{-\frac{1}{2}\frac{[x-(\mu_{GBM}\Delta+k\mu_J)]^2}{(\sigma_{GBM}^2\Delta+k\sigma_J^2)}}\right)\right\}$$

进行比较。

第二点，概率密度函数 $f_{X_t}(x)$ 随时间变化。

第六节　偏微分方程基本概念

下面简单介绍偏微分方程。和常微分方程不同，偏微分方程的未知函数一般包含多个变量，一般我们习惯于用“ $u()$ ”表示位置函数。最常见的常微分方程为 $dB_t = rB_t d_t$，可以认为满足以下形式 $du(t) = ru(t)dt$，由此可见，此常微分方程是关于时间 t 的函数。我们以最常见的偏微分方程——热传导方程（heat equation）为例，温度 $u(t,x)$ 是关于时间 t 和空间位置 x 的函数。

需要特别说明，本书中，但凡一个函数，比如 u，既涉及时间 t，又涉及 x，笔者不专门区分 t 和 x 出现在 $u(,)$ 括号中的前后顺序，也即是说 $u(t,x)$ 和 $u(x,t)$ 无差异。请读者自行区分。

下面列出一个广义的二阶线性偏微分方程形式

$$A\frac{\partial^2 u}{\partial x^2} + B\frac{\partial^2 u}{\partial x\partial y} + C\frac{\partial^2 u}{\partial y^2} + D\frac{\partial u}{\partial x} + E\frac{\partial u}{\partial y} + Fu = G$$

一般而言，偏微分方程可以分为三类：即抛物线（parabolic）方程组、双曲线（hyperbolic）方程组和椭圆形（elliptic）方程组（见表5－8），具体分类规则如下。

表5－8　偏微分方程的分类标准

$B^2 - 4AC = 0$	抛物线方程组
$B^2 - 4AC > 0$	双曲线方程组
$B^2 - 4AC < 0$	椭圆形方程组

偏微分方程在自然科学、工程学以及金融学中有极其广泛的应用。不夸张地说，偏微分方程的研究成果是人类文明的伟大瑰宝之一，往往一个偏微分方程就概括了整个学科的基本知识和基本规律，由此可见偏微分方程对人类科技文明发展所做出的伟大贡献。常见的偏微分方程有：薛定谔方程、弹性方程、地转方程、纳维—斯托克方程、亥姆霍兹方程、麦克斯韦方程、爱因斯坦方程、浅水波方程、非线性波方程、Perona - Malik 方程、Cahn - Hillard 方程以及布莱克—斯科尔斯—莫顿（Black - Scholes - Merton）方程。这些方程揭示了自然科学以及社会科学的规律。在化学与量子力学中，科学家常用薛定谔方程研究相关问题，而弹性方程在结构力学中经常使用。在预报天气过程中，科学家经常使用的地转方程也属于偏微分方程，纳维—斯托克方程常在涡轮机的设计中使用，在声学中的亥姆霍兹方程也属于偏微分方程问题。此外，在远程通信领域，工程师常使用麦克斯韦方程；在宇宙学中，科学家常使用爱因斯坦方程；在海啸预测中，科学家常使用浅水波方程；在光纤研究中，科学家和工程师常使用非线性波方程；在机器视觉学中，科学家和工程师解决图像增强问题时，会使用 Perona - Malik 方程；在冶金业中，工程师常使用 Cahn - Hillard 方程，以上列举的这些“方程”都属于偏微分方程。当然，在金融研究中，在研究衍生品定价问题时，Black - Scholes - Merton 方程也是一个偏微分方程。表 5 - 9 汇总了常见的偏微分方程。

表 5 - 9　常见偏微分方程汇总

方程名称	常见公式的表现形式
运输方程	$\partial_t u + c\partial_x u = 0$
热传导方程（3D）	$\partial_t u = k\Delta u := k\left(\frac{\partial^2 u}{\partial x^2} + \frac{\partial^2 u}{\partial y^2} + \frac{\partial^2 u}{\partial z^2}\right)$ (3D) $\frac{\partial u}{\partial t} := \partial_t u = k\Delta u := k\left(\frac{\partial^2 u}{\partial x^2}\right)$ (1D)
拉普拉斯方程	$\Delta u := \left(\frac{\partial^2 u}{\partial x^2} + \frac{\partial^2 u}{\partial y^2} + \frac{\partial^2 u}{\partial^2 Z^2}\right) = 0$ (3D) $\partial_{xx} u = 0$ (1D)
波动方程	$\partial_{tt} u - c^2 \Delta u = 0$ $\frac{\partial^2 u}{\partial t^2} - c^2\left(\frac{\partial^2 u}{\partial x^2} + \frac{\partial^2 u}{\partial y^2} + \frac{\partial^2 u}{\partial z^2}\right) = 0$ (3D) $\frac{\partial^2 u}{\partial t^2} - c^2 \frac{\partial^2 u}{\partial x^2} = 0$ (1D)

续表

方程名称	常见公式的表现形式
薛定谔方程	$i\partial_t u+\Delta u=0$ 或写为： $ih-\frac{\partial}{\partial t}\Psi(\boldsymbol{r},t)=\left[\frac{-\hbar^2}{2m}\nabla^2+V(\boldsymbol{r},\mathrm{t})\right]\Psi(\boldsymbol{r},t)$， 其中，$\boldsymbol{r}:=[x,y,z]$，$i$ 表示虚数。
麦克斯韦方程	$\partial_t\boldsymbol{E}-c\nabla\times\boldsymbol{H}=0$ $\partial_t\boldsymbol{H}+c\nabla\times\boldsymbol{E}=0$，其中 $\partial_t\boldsymbol{E}:=\frac{\partial\boldsymbol{E}}{\partial t}$，$\partial_t\boldsymbol{H}:=\frac{\partial\boldsymbol{H}}{\partial t}$ $\nabla\cdot\boldsymbol{E}=\nabla\cdot\boldsymbol{H}=0$
纳维叶—斯托克斯（Navier－Stokes）方程	$\rho\partial_t\boldsymbol{v}+(\boldsymbol{v}\cdot\nabla)\rho\boldsymbol{v}-\boldsymbol{\nu}\Delta v=-\nabla p,\nabla\cdot\boldsymbol{v}=0$ 其中，$\boldsymbol{v}$ 表示速度，p 表示压力，而当 v 时，方程退化为欧拉方程。 注意：$\partial_t v:=\frac{\partial\boldsymbol{v}}{\partial t}$
布莱克—斯科尔斯—莫顿欧式期权定价公式	$\begin{cases}C(t,S_t)=\frac{1}{r}\left(\frac{\partial C}{\partial t}+(r-D)S_t\frac{\partial C}{\partial S}+\frac{1}{2}\sigma^2S_t^2\frac{\partial^2 C}{\partial S^2}\right)\\ t\in[0,T],S_t\in+\\ \mathrm{TC}\quad C(T,S_T)=\max\{S_T-K,0\}\\ \mathrm{BC}\quad C(t,0)=0,C(t,S_t\to\infty)\approx S_t\end{cases}$ *

＊其中的 TC 表示终值条件（terminal condition），而 BC 表示边界条件（boundary condition）。此外需要注意的是，一般而言（即使在研究企业异质性理论当中），研究人员会涉及初值条件（initial condition，即：IC）。但是布莱克—斯科尔斯—莫顿欧式期权定价公式和传统的偏微分方程研究思路不同，它本质上是一个“倒向（backward）”问题，这是金融资产定价理论一个非常独特的特性。一般而言，我们遇到的都是“前向（forward）”问题。关于前向问题和倒向问题，更多的讨论见 Fokker－Planck 方程和 Feynman－Kac 方程的讨论。

在金融数学中，常用到的偏微分方程类型主要是热传导方程，它属于抛物线形偏微分方程。此外，椭圆形偏微分方程非常适合讨论平稳状态问题，所以当我们讨论热传导方程的稳态时，往往会遇到拉普拉斯方程。拉普拉斯方程是最常见的一种椭圆形偏微分方程。利用表格中的例子我们可以发现，热传导方程被定义为 $\frac{\partial u}{\partial t}=k\Delta u$，当 $k=1$ 时，$\frac{\partial u}{\partial t}=\Delta u$。当热传导方程达到稳态时有：$\frac{\partial u}{\partial t}=0$，也就是 $\Delta u=0$，这就是拉普拉斯方程。拉普拉斯方程还可以帮助我们分析停时问题和首达问题[①]。此外，需要注意的是，波动方程是一种双曲线形的偏微分方程。

在研究企业异质性时，如果随机过程是一个扩散过程，则其概率密度函数可以用偏微分方程来描述，主要是利用热传导方程（或广义的运流扩散方程），如果需要研究停时问题或者首达问题，也可以借助拉普拉斯方程。

一、热传导方程的基本性质

（一）基本推导

首先假设有一个标量场（scaler field）$f(t,x,y,z)\in\mathbb{R}$[①]，那么梯度

$$\text{grad}(f):=\nabla f:=\frac{\partial f}{\partial x}\boldsymbol{i}+\frac{\partial f}{\partial y}\boldsymbol{j}+\frac{\partial f}{\partial z}\boldsymbol{k}:=\left[\frac{\partial f}{\partial x},\frac{\partial f}{\partial y},\frac{\partial f}{\partial z}\right]$$

由此可见梯度是一种让标量场转化为向量场的运算。

下面讨论散度（divergence）的概念

$$\text{div}(F):=\nabla\cdot\boldsymbol{F}:=\frac{\partial F_x}{\partial x}+\frac{\partial F_y}{\partial y}+\frac{\partial F_z}{\partial z}$$

其中，$F=[F_x,F_y,F_z]$，以下标“x”为例，表示在 x 轴上的分量。散度在直角坐标系下的基本定义：假设 $F(t,x,y,z)=a\boldsymbol{i}+b\boldsymbol{j}+c\boldsymbol{k}:=[a,b,c]$，则

$$\text{div}(F):=\nabla\cdot F=\left(\frac{\partial}{\partial x},\frac{\partial}{\partial y},\frac{\partial}{\partial z}\right)\cdot(a,b,c)=\frac{\partial a}{\partial x}+\frac{\partial b}{\partial y}+\frac{\partial c}{\partial z}$$ [②]

我们再介绍 Laplacian 算子的概念

$$\Delta f:=(\nabla^2 f)=\nabla\cdot\nabla f=\frac{\partial^2 f}{\partial x^2}+\frac{\partial^2 f}{\partial y^2}+\frac{\partial^2 f}{\partial z^2}$$

需要注意的是三个算子之间的关系：梯度算子把一个标量变为向量

---

① 但在本书中，没有涉及关于拉普拉斯方程的讨论，也没介绍拉普拉斯方程与首达问题的关系，感兴趣的读者可参阅 Salsa（2016，ch. 2）。

② 散度还有一种和坐标系无关的定义：$\text{div}F:=\lim_{V\to 0}\frac{1}{V}\oint_{\partial V}F\cdot dS$。由散度的定义可知，$\text{div}F$ 表示在某点时单位体积散发出来的矢量 F 的通量，所以 $\text{div}F$ 描述了通量源的密度。举例来说，假设将太空中各个点的热辐射强度向量视为一个向量场，那么某个热辐射源（比如太阳）周边的热辐射强度向量都指向外，说明太阳是不断产生新的热辐射的源头，其散度大于零。从定义中还可以看出，散度是向量场的一种强度性质，就如同密度、浓度、温度一样，它对应的广延性质是一个封闭区域表面的通量。

场，而散度是把一个向量场变为标量场。拉普拉斯算子可以看成是把一个标量变成向量场后，再利用散度的概念，把向量场变成了标量场。

当然常用的向量微积分还包括：$\mathrm{curl}(F) = \nabla \times F$ 以及向量拉普拉斯算子 $\nabla^2 F = \nabla(\nabla \cdot F) - \nabla \times (\nabla \times F)$，这两个概念在金融数学中较为少见，相关知识可见维基百科的知识链接①。

下面介绍通量（flux）的概念，该概念可能是本部分最重要的一个概念。任何粒子在通量场（flux filed）中都遵守连续方程（continuity equation）特性。该特性指：任何粒子，不可能在该场中毁灭或创生，即：粒子总的个数不会发生变化——守恒②。

如果我们考虑一个流（flow），比如流体的质量，或者热，那么它必然遵守连续方程特性，假设 $F(t,x,y,z)$ 表示向量场，那么它的通量在此时也就是它的散度，被表示为 $\nabla \cdot F$，其物理含义是在单位时间里，在特别小的体积内，流出的质量是多少。在物理世界里，我们一般把空间考虑为三维，所以有 (x,y,z) 坐标，如果仅考虑一维，那么 $\nabla \cdot F = \frac{\partial F}{\partial x}$ 即为在 x 轴上的速度。在热传导方程中，F 的物理含义是在此特定小体积内总的热量，单位是 calories③，$u(t,x)$ 的单位是温度。

我们用 $u(t,x,y,z)$ 表示密度，那么根据连续方程特性，有以下重要公式

$$\frac{\partial}{\partial t}\int_{x \in \Omega} u(x,t)\,\mathrm{d}x = -\int_{x \in \Omega} \mathrm{div}(F)\,\mathrm{d}x \Rightarrow \frac{\partial u}{\partial t} = -\mathrm{div}(F) \Leftrightarrow \frac{\partial u}{\partial t} = -\nabla \cdot F$$

---

① https：//en. wikipedia. org/wiki/Vector_ calculus_ identities

② 这是后面要提到的常见的 Fokker - Planck 方程的假设基础。在讨论异质性问题时，如果将每个企业的价值想象为一个粒子，那么整个行业的价值就是由大量“粒子”构成的，但是行业内的企业会有生灭现象，此外，企业的产生，也不能是同一时间发生，由此可见，如果将连续方程特性作为研究异质性问题的基本假设或立论基础，明显不符合实际情况。因此，传统意义上的 Fokker - Planck 方程并不适合研究异质性问题。需要对传统意义上的 Fokker - Planck 方程进行修正，Gabaix（2009），Gabaix 等（2016），Malevergene 等（2013）以及其他学者都做了大量的工作。以 Gabaix 等的研究为例，他们采用了使用广义的 Fokker - Planck 方程的思路来研究企业异质性问题，具体可见本书第三章的式（3 - 33）。此外，还需要注意，在 Fokker - Planck 方程中，有一个概率通量的概念，此概念和本部分介绍的通量的概念是等价的。关于概率通量的概念，请见本章第六节的详细讨论。

③ 卡路里，是定义在 1 个大气压下，将 1 克水提升 1 摄氏度所需要的热量，它是能量单位，国际标准的能量单位是焦耳（joule）。

这个公式描述了连续方程的特性。其含义是：在单位时间内，在一定小的体积内流出的质量将等于在此体积内密度的减少量。

在金融学上，我们要处理的问题较为简单，我们的问题是一维的，所以仅考虑 x 轴，根据连续方程特性可以简写为

$$\frac{\partial F(t,x)}{\partial x} = -\frac{\partial u(t,x)}{\partial t}$$

在物理学上，我们有一种习惯，试图在 $F(t,x)$ 和 u,u_x 或者 u_{xx} 之间构建函数关系。我们不妨假设 $F(t,x) = -\lambda\frac{\partial u}{\partial x} = -\lambda\nabla u$，其含义是“热”更愿意去密度不是那么“密集”的地方。

因为

$$F(t,x) = -\lambda\frac{\partial u(t,x)}{\partial x}$$

所以

$$\frac{\partial F(t,x)}{\partial x} = \frac{\partial\left(-\lambda\frac{\partial u(t,x)}{\partial x}\right)}{\partial x} = -\lambda\frac{\partial^2 u(t,x)}{\partial x^2}$$

于是有 $\frac{\partial u(t,x)}{\partial t} = \lambda\frac{\partial^2 u(t,x)}{\partial x^2}$①。需要注意的是 $u(t,x)$ 的物理含义是“温度”。

此外，我们前面介绍了拉普拉斯算子，热传导方程可写为：

$$\partial_t u = \lambda\Delta u \text{ 或 } u_t = \lambda\nabla^2 u \text{ 或 } \partial_t u = \lambda\partial_{xx}u \text{ 或 } \begin{cases}\frac{\partial u}{\partial t} = -\mathrm{div}F \\ F = -\lambda\nabla u\end{cases}$$

其中，$\frac{\partial u}{\partial t}$ 表示温度相对于时间的变化率，而 $\partial_{xx}u$ 表示的物理含义是温度的凹度（concavity），即某点与周围点的温度的关系。

假设已知 $u(x_0,t=0)$，表示在初始时间 $t=0$，且在位置 x_0 时，u 的值为 $u(x_0,t=0)$，该值是关于 x 的函数，被称为初值条件（initial condition，或翻译为“初始条件”，简写为：IC）。$u(x_0,t=0)$ 常被写为 $u(x_0)$ 或

①λ 可以随 x 变化而变化，即 $\lambda(x)$ 不是常数，这种情形被称为异质性媒质（heterogeneous media），在这种情况下热传导方程为：$\frac{\partial u(t,x)}{\partial t} = \frac{\partial}{\partial x}\left(\lambda(x)\frac{\partial u(t,x)}{\partial x}\right)$。

$u_0(x)$，甚至有教材直接引入一个不含时间信息的任意函数，比如 $\varphi(x)$ 来表示 $u(x_0,t=0)$。

于是可以写为

$$\text{PDE}\quad \frac{\partial u(x,t)}{\partial t}=\lambda\frac{\partial^2 u(x,t)}{\partial x^2}$$

$$\text{IC}\quad u(x,0)=\phi(x)$$

这被称为热传导方程的柯西问题（具体见本节关于柯西问题的讨论）。

（二）广义的运流扩散方程

当知道通量 F 与 u 的具体关系后，则利用连续方程特性，可消去 F 获得一个偏微分方程。以热传导方程为例，F 与 u 的具体关系是 $F(t,x)=-\lambda\nabla u$，根据遵守连续方程特性，即可写出热传导公式 $\frac{\partial u}{\partial t}=\lambda\nabla^2 u$，热传导公式也叫扩散方程。

需要注意的是，我们还可以令 $F(t,x)$ 具有其他的形式，然后再与 $u(t,x,y,z)$ 建立关系，比如 $F(t,x)=u\boldsymbol{v}$，其中，$\boldsymbol{v}$ 表示在给定位置的速度，我们不妨推导一下最终的偏微分方程等于什么？因为 $\frac{\partial u}{\partial t}=-\mathrm{div}F=-\mathrm{div}(u\boldsymbol{v})$，利用散度的基本特性，即有 $\mathrm{div}(u\boldsymbol{v})=u\mathrm{div}(\boldsymbol{v})+\nabla u\cdot\boldsymbol{v}$。

在物理学中，认为一种流体，比如水，它的体积是不会随时间变化的，则可令 $\mathrm{div}(\boldsymbol{v})=0$，则此时的偏微分方程为

$$\frac{\partial u}{\partial t}=-\nabla u\cdot\boldsymbol{v}\Leftrightarrow\frac{\partial u}{\partial t}=-\boldsymbol{v}\cdot\nabla u\Leftrightarrow\left(\frac{\partial}{\partial t}+\boldsymbol{v}\cdot\nabla\right)u=0$$

这就是著名的运流方程①。

在三维空间中，如果 $\boldsymbol{v}:=[v_x,v_y,v_z]$，若 $u:=u(t,x,y,z)$，则

$$\left(\frac{\partial}{\partial t}+\boldsymbol{v}\cdot\nabla\right)u=0\Rightarrow\frac{\partial u}{\partial t}+\left(v_x\frac{\partial u}{\partial x}+v_y\frac{\partial u}{\partial y}+v_z\frac{\partial u}{\partial z}\right)=0$$

一般而言，我们将 $\boldsymbol{v}\cdot\nabla:=v_x\frac{\partial}{\partial x}+v_y\frac{\partial}{\partial y}+v_z\frac{\partial}{\partial z}$ 称为运流算子（advection operator）。

我们还可以令

① 一般而言，advection 翻译为平流或运流，而 convection 翻译为对流。运流方程有时也翻译为对流方程或平流方程。

$$F(t,x) = -\lambda \nabla u + u\boldsymbol{v} \Leftrightarrow \frac{\partial u}{\partial t} = \lambda \nabla^2 u - \mathrm{div}(u\boldsymbol{v}) \Leftrightarrow \frac{\partial u}{\partial t} + \mathrm{div}(u\boldsymbol{v}) = \lambda \nabla^2 u$$

这就是大名鼎鼎的运流扩散方程（convection - diffusion 或为 advection - diffusion）。

最后总结一下广义的运流扩散方程 $\frac{\partial u}{\partial t} = \nabla\cdot(D\nabla u) - \nabla\cdot(\boldsymbol{v}u) + R$ 的特点：

第一，u 是我们关注的变量，比如，在质量交换中表示密度，而在热交换中，表示温度，它是该偏微分方程的解。

第二，D 被称为扩散性（diffusivity）或者被称为扩散系数。

第三，$\boldsymbol{v}$ 表示的是速度，它是关于时间和空间的函数。

第四，R 描述的是为 u 所提供或沉没的量，比如一个化学物质，如果 $R > 0$ 表示化学过程是在创造更多的物质；而如果 $R < 0$ 表示化学过程在使一些物质消失。在热交换中，$R > 0$ 表示可能因为摩擦而导致热能增加。

第五，∇表示梯度，$\nabla\cdot$ 表示散度。在此方程中 ∇u 表示浓度或者温度的梯度。

（三）卷积

卷积（convolution）这一概念对经济学者异常的陌生，但是在处理企业动态异质性问题时，但凡涉及偏微分方程，如果没有卷积这一概念，我们可能完全无法理解热传导方程通解的表现形式，因此，必须介绍卷积这一概念。

卷积是数学分析中一种重要的运算。它的基本定义是：假设 f,g 是在 $\mathbb{R}^n$ 上的可测函数（measurable function），f 与 g 做卷积记作 $f * g$ ，即：

$$(f*g)(x) := \int_{\mathbb{R}^n} f(s)g(x-s)\,\mathrm{d}s = \int_{\mathbb{R}^n} f(x-s)g(s)\,\mathrm{d}s$$

仔细分析这个运算，可以发现它是其中一个函数翻转并平移后与另一个函数乘积的积分，是一个关于平移量的函数。

（四）Dirac Delta 函数

Diarc Delta（狄拉克 δ 函数）或简称 δ 函数（译名德尔塔函数、得耳他函数）或者 Diarc 函数或称为 Delta 函数，是在实数线上定义的一种广义函数或分布。它在除零以外的点上都等于零，且其在整个定义域上的积分等于 1。在电气工程学中（尤其在信号处理上），δ 函数常被称为单位脉冲符号或单位脉冲函数。

Delta 函数被广泛地应用在工程学、物理学、计量经济学和金融数学中。定义 Delta 函数的视角有若干种，初学者可以认为每种视角的定义都正确。

我们先来看第一种最常见的定义，但是需要注意，这并不是对经济管理类学生而言最有用的一种定义。对经济管理类学生而言，最有用的一种定义是第二种定义，即“退化的随机变量”视角下的定义。

1. Delta 函数的基本定义

（1）Delta 函数的第一种定义

$$\delta(x-a)=\begin{cases}0, x \neq a \\ \infty, x=a\end{cases}$$

Delta 函数有以下基本性质。

性质 1：$\int_{-\infty}^{\infty}\delta(x)\mathrm{d}x=1$。

性质 2：偶函数特性，即：$\delta(x-a)=\delta(a-x)$。

性质 3：尺度特性，即：$\delta(c(x-a))=\frac{1}{|c|}\delta(x-a)$。

性质 4：转换特性，即：$\int_{-\infty}^{+\infty}f(x)\delta(x-a)\mathrm{d}x=f(a)$ 或者 $\int_{-\infty}^{+\infty}f(s)\delta(x-s)\mathrm{d}s=f(x)$

或者写成测度的形式：$\int_{-\infty}^{+\infty}f(x)\delta(\mathrm{d}x)=f(0)$。

性质 5：$\int_{-\infty}^{+\infty}f(x)\frac{\mathrm{d}^n}{\mathrm{d}x^n}\delta(x-a)\mathrm{d}x=(-1)^n\frac{\mathrm{d}^n}{\mathrm{d}x^n}f(x)\Big|_{k=a}$。

Delta 函数还可以有其他的定义方式，比如以下这种定义更为常用。

（2）Delta 函数的第二种定义

$$\delta(x-a)=\lim_{\sigma\to 0}\frac{1}{\sqrt{2\pi\sigma^2}}\exp\left\{-\frac{1}{2\sigma^2}(x-a)^2\right\}$$

这种定义，对经济学研究更为重要。在这种定义下，我们可以视任意的确定变量 X 是一个退化的随机变量，即此时它的均值为 a，而其标准差为零。由此可见，我们可以用概率学的视角来审视确定变量，并认为确定变量是随机变量的一个特例，是随机变量“退化”到极致的结果。这样的处理会让我们在讨论一些高级计量经济学问题时事半功倍。

此外，我们还可以用如下的方法定义 Delta 函数。

（3）Delta 函数的三种定义

$$\delta(x-a)=\lim_{\mu\to\infty}\frac{1}{2}\mu\exp\{-\mu|x-a|\}$$

（4）Delta 函数的第四种定义，又被称作基于傅里叶变化视角的定义

$$\delta(x-a)=\int_{-\infty}^{+\infty}\frac{1}{2\pi}e^{ik(x-a)}\mathrm{d}k$$

此外还需要注意一些数学家常用的写法，以及这些写法之间的等价性，比如，$\delta_0(x):=\delta(x)$，而 $\delta_\xi(x):=\delta(x-\xi)$。

上面介绍的定义 Delta 函数主要是通过极限的方法。此外，数学家还习惯于通过对偶的形式定义 Delta 函数，即：当 $a<\xi<b$ 时，$\int_a^b\delta_\xi(x)u(x)\equiv u(\xi)$，因为 $x\neq\xi$，所以积分完全取决于 $x=\xi$ 时 u 的值，于是有

$$\int_a^b\delta_\xi(x)u(x)\mathrm{d}x=\int_a^b\delta_\xi(x)u(\xi)\mathrm{d}x=u(\xi)\int_a^b\delta_\xi(x)\mathrm{d}x=u(\xi)$$

2. Delta 函数的半群定义方法

采用极限的方法定义 Delta 函数，往往是希望其具有分布函数的特性，不管在偏微分方程中还是在概率论中，往往都希望函数具有卷积的特性。卷积是一种常见的半群，也被称为卷积半群。而半群具有很多优秀的数学特性。有数学文献中将这种定义方法称为：新生 Delta 函数（nascent delta function）η_ε。如能找到一个在实数域绝对积分为 1 的函数 η，则可以定义：$\eta_\varepsilon=\varepsilon^{-n}\eta\left(\frac{x}{\varepsilon}\right)$，其中 $x\in\mathbb{R}^n$，于是一般而言，给定函数 f，则可以通过对函数所在空间［比如 $L^1(\mathbb{R}^n)$ 空间］做一些限制，比如，当 $\varepsilon\to0$ 时成立，使得 $f*\eta_\varepsilon\to f$。常见的 η 的选择可以是 $\eta(x)=\begin{cases}e^{-\frac{1}{1-|x|^2}} & \text{if } |x|<1\\ 0 & \text{if } |x|\geqslant 1\end{cases}$。

在新生 Delta 函数的定义下，给定 η_ε 和 η_δ 并进行卷积，则有 $\eta_\delta*\eta_\varepsilon=\eta_{\varepsilon+\delta}$。在实际应用中，这种关于 Delta 函数的定义可以作为偏微分的初始值，因为半群可以视为是一个线性时不变系统的输出，用偏微分方程的数学语言则是：如果 $\mathcal{L}^*$ 是一个作用于函数 x 的线性算子，则可利用卷积半群的思想来看待柯西初值问题。

$$\text{PDE}\quad \partial_t\eta(t,x)=\mathcal{L}^*[\eta(t,x)],t>0$$

$$\text{IC}\quad \lim_{t\to0^+}\eta(t,x)=\delta(x)$$

而最常见的线性算子 $\mathcal{L}^*[\ ]=\frac{1}{2}\partial_{xx}^{2}[\ ]$，如果将此算子代入上面的偏微分方程，则可发现其本质为热传导方程，则 $\eta_{\varepsilon}(x)=\frac{1}{(2\pi\varepsilon)^{\frac{n}{2}}}e^{-\frac{x\cdot x}{2\varepsilon}}$，其中，$x\in\mathbb{R}^{n}$，注意，$\varepsilon\to 0$，$\eta_{\varepsilon}(x)\to\delta(x)$。

于是基于这样的原因，柯西问题一般都采用以下的方法来描述

$$\text{PDE}\quad \partial_t\eta(t,x)=\mathcal{L}^*[\eta(t,x)],t>0$$

$$\text{IC}:\eta(0,x)=\delta(x)$$

3. Delta 函数与维纳过程初始点的关系

$\delta(x-x_0)$ 表示在 x_0 位置处的 Delta 函数。其定义是

$$\delta(x-x_0)=\begin{cases}\infty,x=x_0\\0,x\neq x_0\end{cases}，且满足\int_{-\infty}^{+\infty}\delta(x-x_0)\mathrm{d}x:=1$$

基本性质：

(1) $\int_{-\infty}^{+\infty}f(x)\delta(x-a)\mathrm{d}x=f(a)$ 或者 $\int_{-\infty}^{+\infty}f(s)\delta(x-s)\mathrm{d}s=f(x)$。

(2) $\delta(x-x_0)=\lim\limits_{\sigma\to 0}\frac{1}{\sqrt{2\pi\sigma^2}}\exp\left\{-\frac{1}{2\sigma^2}(x-x_0)^2\right\}$。

Delta 函数可以帮助我们把一个确定值和随机变量的概念统一起来。我们可以认为任意的确定值都是一个退化的随机变量，即它的方差应该等于零，而其均值应等于它自己，它的概率密度函数就应该是 $\delta(x)$。

以我们的问题为例，可以认为在 $t=0$ 时，且给定初始位置 x_0，则维纳过程是一个确定值，且等于零，即：$W_{t=0}=x_0$。W_t 是随机过程，在固定时间后，W_0 是一个随机变量，如果我们使得 x_0 为该维纳过程的起始位置，则 $W_0=x_0$，那么 $W_{t=0}=x_0$ 是一个确定值，或者认为它是一个退化的随机变量，它的概率密度函数可以用 $\delta(x-x_0)$ 表示，由 $\int_{-\infty}^{+\infty}\delta(x-x_0)\mathrm{d}x:=1$ 可知，它本质的数学含义应是

$$W_0=x_0\Rightarrow P(W_0=x_0)=1=\int_{-\infty}^{+\infty}p(x,t=0)\mathrm{d}x=\int_{-\infty}^{+\infty}\delta(x-x_0)\mathrm{d}x:=1$$

4. Heaviside 阶梯函数

下面再介绍一个和 Delta 函数紧密相关的概念：Heaviside 阶梯函数，也称为阶跃函数。

首先介绍 Detla 函数和 Heaviside 阶梯函数的关系。

关系 1：$\int_{-\infty}^{b} \delta(x-a)\mathrm{d}x = H(b-a);b>a$

$\Rightarrow \int_{-\infty}^{a} \delta(x-a)\mathrm{d}x = H(0) = \frac{1}{2}$。

关系 2：$\frac{\mathrm{d}}{\mathrm{d}x}H(x-a) = \delta(x-a)$。

此外，Heavisde 阶梯函数的定义方式也有很多种，常见的方式是

$$H(t) = \begin{cases} 1, & t>0 \\ \frac{1}{2}, & t=0 \\ 0, & t<0 \end{cases}$$

我们在这里举一个例子说明其应用。

一般而言，在研究欧式看涨期权定价时，对欧式期权的终值 $\max(S_T-K,0)$ 做恰当变换，我们可以将期权价格的终值，在新的时间和状态空间坐标下，转换为关于新状态变量 x 的初值 $K(\mathrm{e}^{\max\{x,0\}}-1)$。于是有 $u(x,0):=u_0(x):=K(\mathrm{e}^{\max\{x,0\}}-1)$，我们发现 $K(\mathrm{e}^{\max\{x,0\}}-1)$ 可以写成关于 Heavisde 阶梯函数的形式，即：$u_0(x)=K(\mathrm{e}^x-1)H(x)$，其中，$H(x):=\frac{\mathrm{d}}{\mathrm{d}x}\max\{x,0\}$，且 $x\neq 0$，或利用 Delta 函数来定义：$H(x):=\int_{-\infty}^{x}\delta(s)\mathrm{d}s$，于是我们可以写出 $u_0(x)$ 关于 Delta 函数的形式，即 $u_0(x)=K(\mathrm{e}^x-1)\int_{-\infty}^{x}\delta(s)\mathrm{d}s$。

（五）Gauss – Weierstrass 核与热传导方程的解

我们专门定义一个函数 $G(x,t):=\frac{1}{\sqrt{4\pi t}}\exp\left\{-\frac{x^2}{4t}\right\}$，并称其为格林函数，更多关于格林函数的讨论见本节的格林函数与算子专题。

该函数还可以写成 $G(x-\xi,t)=\frac{1}{\sqrt{4\pi t}}\exp\{-\frac{(x-\xi)^2}{4t}\}$ 的形式。格林函数是热传导方程 $\partial_t u=\alpha^2\partial_{xx}u$ 的通解，如果已知 $u(x,t)$ 的初始条件，比如：$u_0(x)$，则我们可以迅速地写出 $u(x,t)$ 的封闭解，即为 $u(x,t)=\frac{1}{\sqrt{4\pi t}}\int_{-\infty}^{\infty}\mathrm{e}^{-\frac{(x-\xi)^2}{4t}}u_0(\xi)\mathrm{d}\xi$。关于为何这个公式成立，我们会在后面介绍，在本小节，我们仅关注 $G(x,t)$ 的基本性质。

1. Gauss – Weierstrass 核和高斯分布的关系

格林函数 $G(x,t;\xi,0) = \frac{1}{\sqrt{2\pi(2\alpha^2 t)}}\exp\left\{-\frac{(x-\xi)^2}{2\times(2\alpha^2 t)}\right\}$ 还被称为 Gauss – Weierstrass 核或者叫影响函数（influence function）。

高斯分布的概率密度函数表达式为 $f(x;\mu,\sigma^2) = \frac{1}{\sqrt{2\pi\sigma^2}}\exp\left\{-\frac{(x-\mu)^2}{2\sigma^2}\right\}$。于是，可将 $G(x,t;\xi,0)$ 视为高斯分布的概率密度函数，且均值为 $\mu := \xi$，而方差为 $\sigma^2 = 2\tau\alpha^2$。

2. Gauss – Weierstrass 核是热传导方程的通解

当提及偏微分方程的解时，需要注意，偏微分方程有两种解：通解和特殊解。

Gauss – Weierstrass 核是热传导方程 $\partial_t u = \alpha^2\partial_{xx}u$ 的通解。通解（fundemental solution），也被称为基本解。请注意热传导方程的通解和特殊解的区别。

读者可以自行验证 $u(x,t) = A(x^2+2\alpha^2 t)+B$，$u(x,t) = A(x^3+6\alpha^2 tx)+B$ 又或者 $u(x,t) = A\exp(-\alpha^2\mu^2 t)\sin(\mu x)+B$ 都是热传导方程的解，但是它们不是热传导方程的基本解，而是热传导方程的特殊解。其中的 A,B,μ 为任意常数。也就是说，热传导方程可以有无数的特殊解，但是通解却只有一种形式。

下面继续我们的讨论，我们不妨令

$$G(x,t;\xi,0) = \frac{1}{\sqrt{2\pi(2\alpha^2 t)}}\exp\left\{-\frac{(x-\xi)^2}{2\times(2\alpha^2 t)}\right\}$$

$G(x,t;\xi,0) := k(\lambda;t,y) = \frac{1}{\sqrt{2\pi(2\lambda t)}}\exp\left\{-\frac{y^2}{2\times(2\lambda t)}\right\}$，其中 $y := x-\xi$，$\lambda = \alpha^2$。

其中，$k(\lambda;t,y) = \frac{\exp\left(-\frac{y^2}{4\lambda t}\right)}{2\sqrt{\pi\lambda t}}$ 被称为热力核（heat kernel），这是热动力学中一个非常重要的概念。我们首先验证，热力核是热传导方程的通解。

我们先验证等式左边，有

$$\frac{\partial k}{\partial t}(\lambda;t,y) = \frac{\partial}{\partial t}\left(\frac{\exp\left(-\frac{y^2}{4\lambda t}\right)}{\sqrt{4\pi\lambda t}}\right) = -\frac{\exp\left(-\frac{y^2}{4\lambda t}\right)}{2t^{3/2}\sqrt{4\pi\lambda}}+\frac{y^2}{4\lambda t^2}\frac{\exp\left(-\frac{y^2}{4\lambda t}\right)}{\sqrt{4\pi\lambda t}}$$

$$\Rightarrow \frac{\partial k}{\partial t}(\lambda;t,y) = \left(-\frac{1}{2t}+\frac{y^2}{4\lambda t^2}\right)k(\lambda;t,y)$$

$$\frac{\partial k}{\partial y}(\lambda;t,y) = \frac{\partial}{\partial y}\left(\frac{\exp\left(-\frac{y^2}{4\lambda t}\right)}{\sqrt{4\pi\lambda t}}\right) = -\frac{y}{2\lambda t}k(\lambda;t,y)$$

$$\frac{\partial^2 k}{\partial y^2}(\lambda;t,y) = \frac{\partial}{\partial y}\left(-\frac{y}{2\lambda t}k(\lambda;t,y)\right) = \lambda^{-1}\left(-\frac{1}{2t}+\frac{y^2}{4\lambda t^2}\right)k(\lambda;t,y)$$

于是我们发现

$$\frac{\partial k}{\partial t}(\lambda;t,y) = \lambda\frac{\partial^2 k}{\partial y^2}(\lambda;t,y)$$

此外，需要注意，$k(\lambda;t,y) = \dfrac{\exp\left(-\frac{y^2}{4\lambda t}\right)}{2\sqrt{\pi\lambda t}}$具有以下性质

性质1：$k(\lambda;t,y) = \frac{1}{\sqrt{t}}k\left(\lambda;1,\frac{y}{\sqrt{t}}\right)$。

性质2：$\int_{-\infty}^{\infty} k(\lambda;t,y)\mathrm{d}y = 1$。

（六）热传导方程的解：从柯西问题与傅里叶变换视角

在前面的讨论中，我们说如果给定初值 $u_0(x)$，利用 Gauss - Weierstrass 核，我们可以迅速找到 $\partial_t u = \alpha^2\partial_{xx}u$ 的封闭解为 $u(x,t) = \frac{1}{\sqrt{4\pi t}}\int_{-\infty}^{\infty} e^{-\frac{(x-\xi)^2}{4t}}u_0(\xi)\mathrm{d}\xi$，这种基于偏微分方程和假设已知初值条件的问题，被统称为热传导方程的初值问题（initial - value problem，IVP）也叫作热传导方程的柯西问题，该问题的数学描述见下：

PDE　$\partial_t u-\alpha^2\partial_{xx}u=0$，其中，$-\infty<x<\infty, 0<t<\infty$，

IC　$u(x,0)=\varphi(x)=u_0(x)$，其中，$-\infty<x<\infty$

读者会好奇如何获得$u(x,t) = \frac{1}{\sqrt{4\pi t}}\int_{-\infty}^{\infty} e^{-\frac{(x-\xi)^2}{4t}}u_0(\xi)\mathrm{d}\xi$？一种简单的方法是利用傅里叶变换来快速地解出柯西问题。先简单介绍傅里叶变换。

1. 傅里叶变换（Fourier Transform）的基础知识

$$\mathcal{F}[f(x)] = F(\omega) := \frac{1}{\sqrt{2\pi}}\int_{-\infty}^{\infty} f(x)\exp(-i\omega x)\mathrm{d}x$$

或者写为

$$[\mathcal{F}f(x,t)]=F(\omega,t):=\frac{1}{\sqrt{2\pi}}\int_{-\infty}^{\infty}f(x,t)\exp(-i\omega x)\,\mathrm{d}x$$

于是结合热传导有

$$\mathcal{F}[\partial_x u]=\frac{1}{\sqrt{2\pi}}\int_{-\infty}^{\infty}\partial_x u(x,t)\exp(-i\omega x)\,\mathrm{d}x=i\omega\,\mathcal{F}[u]$$

证明：

$$\mathcal{F}[\partial_x f]=i\omega\,\mathcal{F}[f]=i\omega F(\omega,t)$$

因为首先需要注意 $\frac{\partial F(\omega,t)}{\partial x}=0$，$F(\omega,t)$ 不是关于 x 的函数

但是，$F(\omega,t):=\frac{1}{\sqrt{2\pi}}\int_{-\infty}^{\infty}f(x,t)\exp(-i\omega x)\,\mathrm{d}x$，

如果我们对该等式的右边求关于 $\frac{\partial}{\partial x}[\ ]$ 的偏导数则有

$$\Rightarrow\frac{\partial F(\omega,t)}{\partial x}=\frac{1}{\sqrt{2\pi}}\int_{-\infty}^{\infty}\frac{\partial f(x,t)}{\partial x}\exp(-i\omega x)\,\mathrm{d}x$$

$$+\frac{1}{\sqrt{2\pi}}\int_{-\infty}^{\infty}f(x,t)\,\frac{\partial\exp(-i\omega x)}{\partial x}\mathrm{d}x$$

$$\Rightarrow\frac{1}{\sqrt{2\pi}}\underbrace{\int_{-\infty}^{\infty}\partial_x f(x,t)\exp(-i\omega x)\,\mathrm{d}x}_{\mathcal{F}[\partial_x f]}+\frac{(-i\omega)}{\sqrt{2\pi}}\underbrace{\int_{-\infty}^{\infty}f(x,t)\exp(-i\omega x)\,\mathrm{d}x}_{\mathcal{F}[f(x,t)]=F(\omega,t)}$$

$$\Rightarrow\mathcal{F}[\partial_x f]-i\omega\,\mathcal{F}[f]\text{（该式子等于零），}$$

于是有

$$\mathcal{F}[\partial_x f]-i\omega\,\mathcal{F}[f]=0\Rightarrow\mathcal{F}[\partial_x f]=i\omega F(\omega,t)$$

则

$$\mathcal{F}[\partial_{xx}u]=\frac{1}{\sqrt{2\pi}}\int_{-\infty}^{\infty}\partial_{xx}u(x,t)\exp(-i\omega x)\,\mathrm{d}x=-\omega^2\,\mathcal{F}[u]$$

同理可知

$$\mathcal{F}[\partial_t u]=\frac{1}{\sqrt{2\pi}}\int_{-\infty}^{\infty}\partial_t u(x,t)\exp(-i\omega x)\,\mathrm{d}x=\frac{\partial}{\partial t}\mathcal{F}[u]$$

$$\mathcal{F}[\partial_{tt}u]=\frac{1}{\sqrt{2\pi}}\int_{-\infty}^{\infty}\partial_{tt}u(x,t)\exp(-i\omega x)\,\mathrm{d}x=\frac{\partial^2}{\partial t^2}\mathcal{F}[u]$$

2. 利用傅里叶变换解柯西问题

我们再次回到柯西问题

PDE　$\partial_t u = \alpha^2 \partial_{xx} u$，其中，$-\infty < x < \infty$，$0 < t < \infty$

IC　$u(x, 0) = \phi(x)$，其中 $-\infty < x < \infty$[①]

下面，我们对 PDE 和 IC 两边分别求傅里叶变换。

首先，对 PDE 的左边进行傅里叶变换，则有

$$\mathcal{F}[\partial_t u] = \frac{\partial}{\partial t}\mathcal{F}[u]$$

然后对 PDE 的右边进行傅里叶变换

$$\alpha^2 \mathcal{F}[\partial_{xx} u] = -\alpha^2 \omega^2 \mathcal{F}[u]$$

第三步，对 IC 的两边同时进行傅里叶变换，得

$$\mathcal{F}[u(x,0)] = \mathcal{F}[\phi(x)]$$

为了计算方便，我们定义 $U(t):=\mathcal{F}[u(x,t)]$，综合前面的结果，我们有：$\frac{\mathrm{d}U(t)}{\mathrm{d}t} = -\alpha^2\omega^2 U(t)$，这变成了一个简单的常微分方程，但需要特别注意，其实 $U(\ )$ 是关于时间 t 和 ω 的函数。则 $U(0) = \Phi(\omega)$，其中 $\phi(x) \xrightarrow{\mathcal{F}} \Phi(\omega)$，即：$\Phi(\omega):=\mathcal{F}[\phi(x)]$。下面进行第四步，我们解出变换问题，$U(t) = \Phi(\omega)\exp(-\alpha^2\omega^2 t)$；然后进行第五步，即寻找逆问题，则有

$$u(x,t) = \mathcal{F}^{-1}[U(\omega,t)] = \mathcal{F}^{-1}[\Phi(\omega)\exp(-\alpha^2\omega^2 t)]$$

后续的求导还需要利用一些傅里叶变换的逆变换的基本性质

$$\begin{aligned} u(x,t) &= \mathcal{F}^{-1}[\Phi(\omega)\exp(-\alpha^2\omega^2 t)] \\ &= \mathcal{F}^{-1}[\Phi(\omega)] * \mathcal{F}^{-1}[\exp(-\alpha^2\omega^2 t)] \\ &= \phi(x) * \left[\frac{1}{2\alpha\sqrt{\pi t}}\exp\left(-\frac{x^2}{4\alpha^2 t}\right)\right] \\ &= \int_{-\infty}^{\infty}\left[\phi(\xi)\frac{\exp\left(-\frac{(x-\xi)^2}{4\alpha^2 t}\right)}{2\alpha\sqrt{\pi t}}\mathrm{d}\xi\right] \end{aligned}$$

其中，“ * ”表示卷积，而

$$G(x,\xi;t):=G(x-\xi,t):=\frac{\exp\left(-\frac{(x-\xi)^2}{4\alpha^2 t}\right)}{2\alpha\sqrt{\pi t}}$$

---

① 其实还有两个隐含限制条件，即：当 $x \to \pm\infty$ 时，$u \to 0$ 和 $\partial_x u \to 0$。当然，初学者可忽略此二隐含限制条件。如有读者感兴趣可参见本章第六节第四小节关于 Fokker - Planck 方程的边界出现在无穷远处的情形。

是格林函数，于是和前面的结果完全一样。

（七）热传导方程的基本特性

不变特性（invariance）是热传导方程最重要的特性，它又可以分解为以下五个特性。

特性一：空间转换性（spatial translation）。如果 $u(x,t)$ 是热传导方程的解，则在固定任意 y 时，$u(x-y,t)$ 也是热传导方程的解。

特性二：微分特性（differentiation）。该特性指如果 u 是热传导方程的解，则 $\partial_t u$，$\partial_x u$ 以及 $\partial_{xx} u$ 也是热传导方程的解。这个性质非常有用，尤其是在推导 Gauss - Weierstrass 核的时候非常有用。

特性三，线性组合特性。如果 $u_1, u_2, u_3, \cdots, u_n$ 都是热传导方程的解，则 $u = c_1u_1 + c_2u_2 + c_3u_3 + \cdots + c_nu_n = \sum_{i=1}^{n} c_iu_i$ 也是热传导方程的解，其中 $c_1, \cdots, c_n$ 为任意常数。

特性四，积分特性。如果 $S(x,t)$ 是热传导方程的解，则给定任意函数 $g(y)$，只要以下积分收敛，则 $v(x,t)$ 也是热传导方程的解，其中，$v(x,t)$ 满足 $v(x,t):=\int_{-\infty}^{\infty} S(x-y,t)g(y)\mathrm{d}y$。

特性五：尺度性（scaling）或称为膨胀性（dilation）。我们称 $v(x,t):=u(\sqrt{a}x,at)$ 为膨胀函数，只要 $a>0$，该函数也是热传导方程的解。

下面我们需要对以上性质做一些说明。

前面三个特性较容易验证，第四个特性需要说明一下。第四个特性，其实可以认为是第三个特性的一种极限形式。因为如果我们利用 $u^y(x,t):=S(x-y,t)$，并用 $c^y:=g(y)\Delta y$ 定义系数，则利用特性一，我们知道如果 $S(x,t)$ 是热传导方程的解，则 $u^y(x,t):=S(x-y,t)$ 也是热传导方程的解，我们将 $c^y:=g(y)\Delta y$ 视为常数系数，则：$\sum_y c^yu^y$ 也是热传导方程的解，若我们令 $\Delta y \to 0$，则 $\lim_{\Delta y\to\infty}\sum_y c^yu^y = \int_{-\infty}^{\infty} S(x-y,t)g(y)\mathrm{d}y = v(x,t)$ 也是热传导方程的解。当然，这样的写法可能不太严谨，不妨我们用黎曼和（Riemann sum）的形式给出严谨的定义

$$\int_{-\infty}^{\infty} S(x-y,t)g(y)\mathrm{d}y = \lim_{b\to\infty}\int_{-b}^{b} S(x-y,t)g(y)\mathrm{d}y = \lim_{b\to\infty}\lim_{n\to\infty}\sum_{i=1}^{n} S(x-y_i)g(y_i)\Delta y$$

其中，$-b = y_1 < y_2 < \cdots y_n = b$，且 $\Delta y = y_{i+1} - y_i, i = 1, \cdots, n-1$。

（八）格林函数与算子

1. 从卷积到格林函数

格林函数法是解数学物理方程时的一种常用方法。格林函数是物理学中的一个重要函数。在数学物理方法论中，格林函数又称为源函数或影响函数，该函数由英国人 G. 格林于 1828 年引入。

在数学中，格林函数是一种用来解有初始条件或边界条件的非齐次微分方程的函数。在物理学的多体理论中，格林函数常常指各种关联函数，有时并不符合数学上的定义。

从物理上看，一个数学物理方程表示一种特定的“场”和产生这种场的“源”之间的关系。例如，热传导方程表示温度场和热源之间的关系，泊松方程表示静电场和电荷分布的关系，等等。这样，当源被分解成很多点源的叠加时，如果能设法知道点源产生的场，利用叠加原理，我们可以求出同样边界条件下任意源的场，这种求解数学物理方程的方法就叫格林函数法。而点源产生的场就叫作格林函数。

2. 格林函数与算子

算子（operator），又叫算符。在数学领域，常翻译为算子；而在物理学领域，常翻译为算符。企业异质性理论本质上十分依赖 Fokker – Planck 方程，而在涉及 Fokker – Planck 方程的高级版本的讨论中，往往直接利用算子展开讨论。如前文所述，Fokker – Planck 方程是一个前向方程，而 Feymman – Kac 方程为倒向方程，通过“伴随算子（adjoint operator）”的概念将二者联系在了一起。Gabaix 等的近期研究（比如，Gabaix 等，2016）都涉及伴随算子的概念。因此，有必要专门设立一个章节，从（几乎）“零基础”介绍算子运算的思想。

最常见的算子是微分算子和线性算子①。热传导方程可以写成算子的形式，

$$L[\,]:=\partial_t[\,]-\alpha^2\partial_{xx}[\,]$$

这是一个典型的微分线性算子。

在金融数学中，较为常用的算子有 Dykin 算子。有时为了方便，金融数学的科研人员还专门将 BSM 的偏微分方程用算子来定义，比如

① 线性算子的概念请参见本节第五小节的伴随算子专题。

$$\frac{\partial C}{\partial t}+\frac{1}{2}\sigma^2 S^2\frac{\partial^2 C}{\partial S^2}+(r-D)S\frac{\partial C}{\partial S}-rC=0$$

$$\Rightarrow L_{BSM}[\ ]:=\partial_t[\ ]+\frac{1}{2}\sigma^2 S^2\partial_{SS}[\ ]+(r-D)S\partial_S[\ ]-r[\ ]$$

$$\Rightarrow L_{BSM}[C]=0$$

继续我们的讨论。如果 u 表示我们关注的解，又如果 L 这个微分算子中，既含有时间的微分关系，又含有空间的微分关系，则 $L[u]=f$ 就可以认为是一种更为抽象的关于偏微分方程的描述，有时也直接写成 $Lu=f$。

如果 $Lu=0$ ，可以认为是一种特殊的偏微分方程。我们会在本节后面提到，这种形式的偏微分方程被称为齐次偏微分方程。

微分线性算子 L 、格林公式和 Delta 函数之间有以下有趣的性质。

首先，我们知道 $LG(x,t;\xi,0)=\delta(x-\xi)$ ，即

$$\partial_t G-\alpha^2\partial_{xx}G=\delta(x-\xi)$$

这是 Delta 函数的基本性质。

假设有某函数 $f(x;t)$ ，则根据 Delta 函数的性质我们有

$$(\delta * f)(x)=\int\delta(x-\xi)f(\xi;0)\,\mathrm{d}\xi=f(x;t)$$

其中，“ * ” 表示卷积运算。

又因为 $\delta(x-\xi)=LG(x,t;\xi,0)$ ，将结果代入上式，则有

$$\int LG(x,t;\xi,0)f(\xi;0)\,\mathrm{d}\xi=f(x;t)$$

我们需要利用一下线性算子的性质，即

$$\int LG(x,t;\xi,0)f(\xi;0)\,\mathrm{d}\xi=L[\int G(x,t;\xi,0)f(\xi;0)\,\mathrm{d}\xi]$$

如果我们专门令 $u(x,t):=\int G(x,t;\xi,0)f(\xi;0)d\xi$ ，则有：$L[u(x,t)]=f(x;t)$ 或者直接简写为：$\Leftrightarrow Lu=f$。

注意1：当 $Lu=0$ 时，这是齐次热传导方程；当 $f\neq 0$ 时，则为非齐次热传导方程。

注意2：如果读者翻阅维基百科关于“格林函数”的词条，会看到一张非常长的“格林函数表”，我们仅举例说明热传导方程的情形，见表5－10。

表 5-10　热传导方程中微分算子与格林函数的关系

微分算子 L	格林函数 G	应用举例
$\partial_t - \alpha^2\partial_{xx}$	$H(t)\left(\frac{1}{4\pi\alpha^2 t}\right)^{1/2}\exp\{-\frac{x^2}{4\alpha^2 t}\}$	一维扩散问题（即热传导方程）
$\partial_t - \alpha^2\Delta_{2D}$	$H(t)\left(\frac{1}{4\pi\alpha^2 t}\right)^{1/2}\exp\{-\frac{\rho^2}{4\alpha^2 t}\}$	二维扩散问题
$\partial_t - \alpha^2\Delta_{3D}$	$H(t)\left(\frac{1}{4\pi\alpha^2 t}\right)^{1/2}\exp\{-\frac{r^2}{4\alpha^2 t}\}$	三维扩散问题

我们唯一需要解释的地方是 $H(t)$，这是 Heaviside 阶梯函数，在这里出现是为了说明我们仅讨论时间 t 不小于零的情形。此外，Δ 表示拉普拉斯算子，而 $\rho = \sqrt{x^2+y^2}$，$r = \sqrt{x^2+y^2+z^2}$。

一般而言，我们熟悉的物理学、工程学以及金融数学的问题都可以和格林函数联系起来。即我们熟悉的物理学、工程学以及金融数学问题都可以写成算子的形式，而不同的算子都和特定的格林函数相对应。

3. 小结

用算子视角结合 Delta 函数说明为何格林函数是热传导方程的通解。假如初值条件可以用 Delta 函数来描述，则齐次热传导方程可以写为

$$\begin{cases}\text{PDE} \quad \partial u_t(x,t) - \alpha^2 u_{xx}(x,t) = 0 \qquad (x,t) \in \mathbb{R}^n \times (0,\infty) \\ \text{IC} \quad u(x,0) = \delta_0(x)\end{cases}$$

则其通解为

$$u(x,t) = \int G(x-s,t)\delta_0(s)\,ds = (G*\delta_0)(x) = G(x,t)$$

其中

$$G(x,t) = \frac{1}{\sqrt{2\pi(2\alpha^2 t)}}\exp\left\{-\frac{x^2}{2\times(2\alpha^2 t)}\right\}$$

即 $G(x,t)$ 为齐次热传导方程的通解。

$$L[u] = 0 \Rightarrow L[G*\delta] = 0 \Rightarrow (LG)*\delta = 0 \Rightarrow L[G] = \delta$$

二、热传导方程的边界问题

在学习偏微分方程的知识时，一般而言，除了关注偏微分方程外，我们还需要考虑偏微分方程的边界问题（boundary condition，也叫边值条件）和初值问题（initial condition）。在我们目前的讨论中，一般忽略了偏微分

方程（尤其是热传导方程）的边界问题，而仅是讨论热传导方程的初值问题。导致这样的原因是：偏微分方程在经济与金融学中最广泛的应用是在研究金融资产价格时，尤其是衍生品定价，而关于金融资产定价的模型（几乎）都可以写成布莱克—斯科尔斯—莫顿的偏微分方程形式，时间变量为 $t \in [0,T]$，而空间状态变量为标的物价格 S_t，该偏微分方程问题是一个“倒向问题”，因为我们是利用 S_T 的信息倒推出衍生品 C_0 的价格，而常见的热传导方程 $\frac{\partial u}{\partial \tau}=\frac{\partial^2 u}{\partial x^2}$ 是一个“前向问题”，即给定 $u_0(x)$，可推导出 $u(x_\tau,\tau)$。为了计算便利，往往要对原来的时间—状态空间组合（t，S_t）做变换，转换为新的时间—状态空间组合（τ,x_τ），此时状态空间信息 x 的值域（几乎一般都）在（$-\infty$，$+\infty$）。

为了便于讨论，我们认为我们关注的解为 u，其可以用某偏微分方程描述，其空间信息 x 定义在 Ω 内，则其边界定义在 $\partial\Omega$ 上，即：我们用 $\partial\Omega$ 表示边界。在金融数学中，（t,S_t）经历变换进而得到（x_τ,τ），然后得到 $\partial_\tau u=\alpha^2\partial_{xx}u$。但一般而言，讨论热传导方程时，习惯用 t 表示时间，而非 τ，为了符合习惯，在以下的讨论中，还是用 t 表示时间。

下面讨论 x 的取值范围。

在实际应用中（比如，物理学、工程学、化学等领域）空间信息 x 的值域被限制在一个特定的范围中。此外需要注意的是，在金融资产定价研究中，在讨论奇异期权（exotic options）时，标的物价格的取值范围会被严格限定，导致空间信息 x 会被限制在一个特定的范围内，比如，$x \in [a,b]$，$a<b$，在这种情况下，就涉及讨论边界条件问题①。需要注意的是，在实际应用中，x 被限制在一定范围中是常态，而 $x \in(-\infty,+\infty)$ 反而是极少见到的。

边界条件是指在求解区域边界上所求解的变量或其导数随时间和地点的变化规律。边界条件是控制方程有确定解的前提，对于任何问题，都需要给定边界条件。边界条件的处理，直接影响了计算结果的精度。而解微分方程（包括偏微分方程）要有定解，就一定要引入条件，这些附加条件

① 在金融数学中，我们一般将标的物价格设置为扩散随机过程，当将随机过程限制在某特定区域内，这一般属于吸收边界问题或反射边界问题。这类问题可见 Fokker－Planck 方程专题。在讨论企业动态异质性问题时，我们常需要考虑有边界条件设定的 Fokker－Planck 方程问题。

称为定解条件。

以热传导方程为例，常见的边界问题有三类：狄利克雷（Dirichlet）条件、诺伊曼（Neumann）条件、Robin 条件（也叫放射条件，即：radiation）。它们又被称为：第一类边界条件、第二类边界条件和第三类边界条件。简而言之，第一类边界条件指给出未知函数在边界上的数值；第二类边界条件指给出未知函数在边界外法线的方向导数；第三类边界条件指给出未知函数在边界上的函数值和外法线的方向导数的线性组合。

当然，我们还在后面讨论了两类比较容易和 Robin 条件混淆的边界问题：柯西边界问题和混合边界问题。

以热传导方程为例，我们先举一个最简单的例子：$\partial_t u = \alpha^2 \partial_{xx} u$，如果 $0 < x < l, 0 < t < \infty$，我们可以如此设定该偏微分方程的条件

狄利克雷条件：$u(t,0) = h_1(t); u(t,l) = h_2(t)$。

诺伊曼条件：$-\dfrac{\partial u(t,0)}{\partial x} = h_1(t); \dfrac{\partial u(t,l)}{\partial x} = h_2(t)$。

Robin 条件（也叫放射条件）：$\begin{cases} \alpha u(t,0) - \dfrac{\partial u(t,0)}{\partial x} = h_1(t); \alpha > 0 \\ \alpha u(t,l) + \dfrac{\partial u(t,l)}{\partial x} = h_2(t)。\end{cases}$

当 $h_1(t) = h_2(t) = 0$ 时，我们称为齐次边界条件。

需要注意的是，一般而言，如果 $-\infty < x < +\infty$，我们一般不需要讨论边界条件。如果 $0 < x < +\infty$，则一般会考虑狄利克雷条件或者诺伊曼条件。

（一）常见的不同边界条件下的热传导方程的解

（1）给定初值条件下的齐次热传导方程的定义和解（1D 和多维情形）。

第一，初值条件在（0，+∞）时，齐次热传导方程在齐次狄利克雷条件的情形：

$$\begin{cases} \text{PDE} \quad \partial_t u = \alpha^2 \partial_{xx} u \ (x,t) \in (0,\infty) \times (0,\infty) \\ \text{IC} \quad u(x,0) = g(x) \\ \text{BC} \quad u(0,t) = 0 \end{cases} \Rightarrow$$

$$u(x,t) = \frac{1}{\sqrt{4\pi\alpha^2 t}} \int_0^\infty \left[\exp\left(-\frac{(x-y)^2}{4\alpha^2 t} \right) - \exp\left(-\frac{(x+y)^2}{4\alpha^2 t} \right) \right] g(y) \mathrm{d}y$$

第二，初值条件在（0，+∞）时，齐次热传导方程在齐次诺伊曼条件

的情形：

$$\begin{cases}\text{PDE} \quad \partial_t u = \alpha^2 \partial_{xx} u(x,t) \in (0,\infty) \times (0,\infty) \\ \text{IC} \quad u(x,0) = g(x) \\ \text{BC} \quad \partial_x u(0,t) = 0\end{cases} \Rightarrow$$

$$u(x,t) = \frac{1}{\sqrt{4\pi\alpha^2 t}} \int_0^\infty \left[\exp\left(- \frac{(x-y)^2}{4\alpha^2 t} \right) + \exp\left(- \frac{(x+y)^2}{4\alpha^2 t} \right) \right] g(y)\,\mathrm{d}y$$

（2）齐次初值条件且定义在（0，+∞）时，齐次热传导方程在非齐次狄利克雷条件的情形

$$\begin{cases}\text{PDE} \quad \partial_t u = \alpha^2 \partial_{xx} u\ (x,t) \in (0,\infty) \times (0,\infty) \\ \text{IC} \quad u(x,0) = 0 \\ \text{BC} \quad u(0,t) = h(t)\end{cases} \Rightarrow$$

$$u(x,t) = \int_0^t \frac{x}{\sqrt{4\pi\alpha^2\ (t-s)^3}} \exp\left(- \frac{x^2}{4\alpha^2 (t-s)} \right) h(s)\,\mathrm{d}s, \quad \forall x > 0$$

（3）非齐次热传导方程，但初值条件属于齐次初值条件的情形，且定义在（-∞，+∞）时。特别注意这种情形，我们不讨论边界条件。

$$\begin{cases}\text{PDE} \quad \partial_t u = \alpha^2 \partial_{xx} u + f(x,t)(x,t) \in \mathbb{R}^n \times (0,\infty) \\ \text{IC} \quad u(x,0) = 0\end{cases} \Rightarrow$$

$$u(x,t) = \int_0^t \int_{-\infty}^\infty \frac{1}{\sqrt{4\pi\alpha^2 (t-s)}} \exp\left(- \frac{(x-y)^2}{4\alpha^2 (t-s)} \right) f(y,s)\,\mathrm{d}y\mathrm{d}s$$

如果我们定义

$$G(x,t) = \frac{1}{\sqrt{2\pi(2\alpha^2 t)}} \exp\left\{ - \frac{x^2}{2 \times (2\alpha^2 t)} \right\}$$

则利用算子和卷积的性质我们有

$$\begin{aligned} & \partial_t u = \alpha^2 \partial_{xx} u + f(x,t) \\ & \Rightarrow \partial_t u - \alpha^2 \partial_{xx} u = f(x,t) \\ & \Rightarrow (\partial_t - \alpha^2 \partial_{xx}) u = f \\ & \Rightarrow L[u] = f \end{aligned}$$

特别注意，因为有 $L[G] = \delta$，所以有 $L[G * f] = f$。此外，还须注意，请和初值条件为 $u(x,0) = u_0(x) = g(x)$ 的齐次热传导方程的算子运算进行比较。

（4）非齐次热传导方程问题，但时间定义在［0，+∞）上，初值条件属于齐次初值条件且边界条件属于齐次狄利克雷条件的情形。

$$\begin{cases}\text{PDE} \quad \partial_t u = \alpha^2 \partial_{xx} u + f(x,t)(x,t) \in (0,\infty) \times (0,\infty) \\ \text{IC} \quad u(x,0) = 0 \\ \text{BC} \quad u(0,t) = 0\end{cases} \Rightarrow$$

$$u(x,t)=\int_0^t\int_0^\infty \frac{1}{\sqrt{4\pi\alpha^2(t-s)}}\left[\exp\left(-\frac{(x-y)^2}{4\alpha^2(t-s)}\right)-\exp\left(-\frac{(x+y)^2}{4\alpha^2(t-s)}\right)\right]f(y,s)\,\mathrm{d}y\mathrm{d}s$$

（5）非齐次热传导方程问题，但时间定义在 $[0,+\infty)$ 上，初值条件属于齐次初值条件且边界条件属于齐次诺伊曼条件的情形。

$$\begin{cases}\text{PDE} & \partial_t u=\alpha^2\partial_{xx}u+f(x,t)\ (x,t)\in(0,\infty)\times(0,\infty)\\ \text{IC} & u(x,0)=0\\ \text{BC} & \partial_x u(0,t)=0\end{cases}\Rightarrow$$

$$u(x,t)=\int_0^t\int_0^\infty \frac{1}{\sqrt{4\pi\alpha^2(t-s)}}\left(\exp\left(-\frac{(x-y)^2}{4\alpha^2(t-s)}\right)+\exp\left(-\frac{(x+y)^2}{4\alpha^2(t-s)}\right)\right)f(y,s)\,\mathrm{d}y\mathrm{d}s$$

最后推广一下本部分的结论，因为热传导方程具有线性特性，所以我们有以下的推广。如果我们要解以下问题：

$$\begin{cases}\text{PDE} & \partial_t u=\alpha^2\partial_{xx}u+f(x,t)\ (x,t)\in\mathbb{R}^n\times(0,\infty)\\ \text{IC} & u(x,0)=g(x)\end{cases}$$

则可以分解为以下两个问题。

问题一：$\begin{cases}\text{PDE} & \partial_t v=\alpha^2\partial_{xx}v+f(x,t)\in\mathbb{R}^n\times(0,\infty)\\ \text{IC} & v(x,0)=0\end{cases}$；

问题二：$\begin{cases}\text{PDE} & \partial_t w=\alpha^2\partial_{xx}w\ (x,t)\in\mathbb{R}^n\times(0,\infty)\\ \text{IC} & w(x,0)=g(x)\end{cases}$。

在分别找到 $v(x,t)$ 和 $w(x,t)$ 的解之后，利用线性可叠加性，有：

$$u(x,t)=w(x,t)+v(x,t)$$

于是最终解为

$$u(x,t)=\begin{Bmatrix}\int_{-\infty}^{\infty}\frac{1}{\sqrt{4\pi\kappa t}}\exp\left[-\frac{(x-\xi)^2}{4\kappa t}\right]g(\xi)\,\mathrm{d}\xi+\\ \int_0^t\int_{-\infty}^{\infty}\frac{1}{\sqrt{4\pi\kappa(t-\tau)}}\exp\left[-\frac{(x-\xi)^2}{4\kappa(t-\tau)}\right]f(\xi,\tau)\,\mathrm{d}\xi\mathrm{d}\tau\end{Bmatrix}$$

$$=\begin{Bmatrix}\int_{-\infty}^{\infty}G(x-\xi,t)g(\xi)\,\mathrm{d}\xi+\\ \int_0^t\int_{-\infty}^{\infty}G(x-\xi,t-\tau)f(\xi,\tau)\,\mathrm{d}\xi\mathrm{d}\tau\end{Bmatrix}$$

其中，$\kappa=\alpha^2$。同理，如果我们遇到以下问题

$$\begin{cases}\text{PDE} & \partial_t u=\alpha^2\partial_{xx}u+f(x,t)\ (x,t)\in(0,\infty)\times(0,\infty)\\ \text{IC} & u(x,0)=g(x)\\ \text{BC} & u(0,t)=h(t)\end{cases}$$

则我们可以把该问题拆分为以下问题

$$\begin{cases} \text{PDE} \quad \partial_t v = \alpha^2 \partial_{xx} v + f, \partial_t w = \alpha^2 \partial_{xx} w, \partial_t r = \alpha^2 \partial_{xx} r \ (x,t) \in (0,\infty) \times (0,\infty) \\ \text{IC} \quad v(x,0) = 0, w(x,0) = g(x), r(x,0) = 0 \\ \text{BC} \quad v(0,t) = 0, w(0,t) = 0, r(0,t) = h(t) \end{cases}$$

则

$$u(x,t) = w(x,t) + v(x,t) + r(x,t)$$

（二）其他边界问题

1. 再论柯西边界条件

有些偏微分方程的教程中还涉及柯西边界条件。这个概念和 Robin 边界条件容易产生混淆。柯西边界条件有两部分，第一部分是在边界区域 $\partial\Omega$ 上的函数值，即：狄利克雷条件；第二部分是在边界区域 $\partial\Omega$ 上的法向导数（normal derivative），即：诺伊曼条件。而 Robin 条件则只有一个部分，即：函数（狄利克雷条件）和法向导数（诺伊曼条件）的线性组合。

有教材指出，金融数学的问题属于全局柯西问题，即将（时间的）初值问题和（空间的）边界问题统称为柯西边界问题。

2. 混合边界问题

混合边界问题指的是假设 u 为某偏微分方程的解，其定义域在 Ω 上，而边界为 $\partial\Omega$，我们说其具有混合边界指的是如果边界 $\partial\Omega$ 具有不相交的两部分，比如，Γ_1 和 Γ_2，即：$\partial\Omega = \Gamma_1 \cup \Gamma_2$，而在 Γ_1 上 $u|_{\Gamma_1} = u_0$，在 Γ_2 上 $\frac{\partial u}{\partial n}|_{\Gamma_2} = g$，其中，$u_0$ 和 g 都是在边界上给定的函数。这种边界问题被称为混合边界问题。注意将此边界问题和 Robin 边界问题进行比较，可以发现二者的区别，因为 Robin 边界问题是一种线性组合，它是对整个边界而言的。

（三）含边界条件的热传导方程的算子表达形式

假设 x 为一维实数，时间 $0 \leqslant t < T$，而 $x \in [0,1]$，我们认为 $x \in (0,1)$ 表示区域内 Ω，而边界 $\partial\Omega$ 为 $x = \{0,1\}$ ①。当 $x \in (0,1)$ 时，热传导方程为 $\partial_t u - \alpha^2 \partial_{xx} u = 0$。

假设在 $x = 0$ 时，边界条件满足狄利克雷条件，即：$u(0,t) = h_0(t)$；而在 $x = 1$ 时，边界条件满足诺伊曼条件，即：$\partial_x u|_{x=1} = h_1(t)$。而初值条件为 $u(x,0) = g(x)$。

① 表示 x 能取 0 或者 1。

基于以上陈述，我们可以写出以下热传导方程的柯西边界问题

$$\begin{cases} \text{PDE} \quad \partial_t u - \alpha^2 \partial_{xx} u = 0,\ (x,t) \in (0,1) \times (0,T) \\ \text{IC} \quad u(x,0) = g(x), t = 0, x \in [0,1] \\ \text{BC} \quad \begin{cases} u(0,t) = h_0(t) \\ \partial_x u(1,t) = h_1(t), (x,t) \in \{0,1\} \times (0,T) \end{cases} \end{cases}$$

如果用算子思想来描述偏微分方程，采取的策略是：

首先讨论 PDE，对关于 u 求空间变量导数信息的部分可以定义一个算子，比如，$L[\ ]$。以热传导方程为例，在我们的例子中，此时 $L[\ ]:= -\alpha^2\partial_{xx}[\ ]$，于是 PDE 部分可写为 $(\partial_t + L)[u] = 0$，或者 $\partial_t u + Lu = 0$。

然后我们讨论 BCs[①] 部分，我们可以专门定义边界算子，常用的符号是 $\mathcal{B}$，在我们的例子中边界算子应被定义为

$$\mathcal{B}u := \begin{cases} u(0,t) & (x,t) \in \{0\} \times (0,T) \\ \partial_x u(1,t) & (x,t) \in \{1\} \times (0,T) \end{cases}$$

若令

$$h(x,t) := \begin{cases} h_0(t) & (x,t) \in \{0\} \times (0,T) \\ h_1(t) & (x,t) \in \{1\} \times (0,T) \end{cases}$$

于是有 $\mathcal{B}u = h(x,t)$，且 $(x,t) \in \{0,1\} \times (0,T)$。

最后讨论初值条件 IC，在此部分，我们无须做任何修改处理，整理一下以上的讨论，原热传导方程的柯西边界问题可以写成以下算子形式

$$\begin{cases} \text{PDE} \quad \partial_t u - Lu = 0\ (x,t) \in (0,1) \times (0,T) \\ \text{IC} \quad u(x,0) = g(x) t = 0, x \in [0,1] \\ \text{BC} \quad \mathcal{B}u = h(x,t) \quad (x,t) \in \{0,1\} \times (0,T) \end{cases}$$

但上面这种写法还是不太令数学家满意，认为还是太抽象，于是还可以做如下处理。

首先，将 PDE，IC 和 BCs 的左边专门定义，有

$$\mathcal{L}u(x,t) := \begin{cases} 1(\partial_t - L)u(x,t)\ (x,t) \in (0,1) \times (0,T) \\ u(x,0)\ t = 0, x \in [0,1] \\ \mathcal{B}u(x,t)\ (x,t) \in \{0,1\} \times (0,T) \end{cases}$$

然后将 PDE，IC 和 BCs 的右边专门定义，于是有

---

① BC 后加“s”表示多个边界条件，设 P 为“BC”的复数形式。

$$\mathcal{F}(x,t):=\begin{cases}0 & (x,t)\in(0,1)\times(0,T)\\ g(x) & t=0,x\in[0,1]\\ h(x,t) & (x,t)\in\{0,1\}\times(0,T)\end{cases}$$

综合一下得到 $\mathcal{L}u=\mathcal{F}$。

三、Sturm – Liouville 问题

（一）Sturm – Liouville 问题的历史和其基本设定

Sturm – Liouville 问题（或称为 Sturm – Liouville 理论）是由两位法国数学家雅克·斯图姆（Jacques Charles François Sturm）和约瑟夫·刘维尔（Joseph Liouville）提出的，它的本质是有边界条件的一个二阶线性微分方程，在数学上，该理论对处理偏微分方程求解问题有极为重要的应用。不夸张地说，他们的研究是 19 世纪数学界的一个重要里程碑。他们的工作为求解常微分方程的边界问题构建了一个极度良好的框架，致使其后的 100 多年里，数学家仅仅是对这个框架进行修补完善并加以推广。

物理学的发展一直和数学的发展紧密为伴，常微分方程的出现就是为了回答若干物理问题而兴起的。随着物理问题不断地通过建立微分方程来描述，进而如何系统地求解微分方程成为数学家不断努力的领域。尽管 18 世纪关于微分方程有很多较为重要的研究成果，但是这类的研究多是围绕具体特殊问题进行求解。进入 19 世纪，物理学家研究的物理问题变得更为细致，进而转入偏微分方程的理论研究。物理学家发现，在研究偏微分方程时，如果利用分离变量法求解偏微分方程，将使得偏微分方程转化为常微分方程。而这类从偏微分方程转化成的常微分方程往往具有一定的特殊性，即因为这些偏微分方程都来自物理学，有其特定的物理含义，必须满足特定的边界条件，利用分离变量法将使得原偏微分方程分解为两个或者多个常微分方程，这导致研究常微分方程和它对应的边界条件之间的关系变得异常重要。

数学家 Sturm 和 Liouville 对这一问题开展了较为系统的研究，这就是 Sturm – Liouville 问题。

现介绍 Sturm – Liouville 问题的基本设定。假设有一个常微分方程用以下等式来描述，并满足 BC1 和 BC2 两个边界条件。

$$\text{ODE}\quad \frac{\mathrm{d}}{\mathrm{d}x}\left[p(x)\frac{\mathrm{d}\xi}{\mathrm{d}x}\right]+[q(x)+\lambda w(x)]\xi(x)=0\ ,\ x\in(a,b)$$

$$\text{BC1} \quad k_1 \frac{\mathrm{d}\xi}{\mathrm{d}x} + h_1\xi = 0 \text{ at } x = a$$

$$\text{BC2} \quad k_2 \frac{\mathrm{d}\xi}{\mathrm{d}x} + h_2\xi = 0 \text{ at } x = b$$

其中，$p(x)$，$q(x)$，$w(x)$ 和 $\frac{\mathrm{d}p}{\mathrm{d}x}$ 为实值连续函数，且 $p(x)$，$w(x)$ 为正，而 $q(x) \leqslant 0$。此外，还需要注意，λ 独立于 x。而常数 k_1, k_2, h_1, h_2 为实数且独立于 λ。$w(x)$ 一般被称为权重函数。以上问题即为 Sturm - Liouville 问题。

我们也可以利用前一小节的方法，写出 Sturm - Liouville 问题的算子表现形式

$$\text{ODE} \quad L[\xi] + \lambda w\xi = 0,\ x \in (a,b)$$

$$\text{BCs} \quad \mathcal{B}[\xi] = 0,\ x \in \{a,b\}$$

其中

$$L[\cdot] := \frac{\mathrm{d}}{\mathrm{d}x}\left[p(x)\frac{\mathrm{d}[\cdot]}{\mathrm{d}x}\right] + q(x)[\cdot],\quad \mathcal{B}[\xi] := \begin{cases} k_1 \dfrac{\mathrm{d}[\xi]}{\mathrm{d}x} + h_1[\xi],\ x = a \\ k_2 \dfrac{\mathrm{d}[\xi]}{\mathrm{d}x} + h_2[\xi],\ x = b \end{cases}$$

Sturm - Liouville 问题的本质是试图回答：当 λ 取何值时，才能让 Sturm - Liouville 问题得到有意义的解。而 λ 取值的原则是找到 Sturm - Liouville 问题的特征函数 $\xi_n(x)$，该特征函数对应的特征值为 λ_n。也就是说，只有取诸如 λ_n 这样的 λ 值，Sturm - Liouville 问题才会获得有意义的解。如何找到这一系列符合的特征函数值 λ_n，需要用到泛函分析中频谱（spectrum）的知识。利用泛函分析的知识可以证明标准的 Sturm - Liouville 问题有无穷多的特征函数值 λ_n，也就是表明 Sturm - Liouville 问题有无穷多个特征值函数 $\xi_n(x)$。注意，我们习惯于称 $\{\xi_n(x)\}_{n=1,2,\cdots}$ 为 Sturm - Liouville 问题的特征函数系统。

我们也可以换一种方式来理解 Sturm - Liouville 问题的本质。Sturm - Liouville 问题重点研究（回答）了三大问题。第一，特征值 $\{\lambda_n\}_{i=1,\cdots}$ 的性质；第二，特征函数 $\{\xi_n(x)\}_{n=1,2,\cdots}$ 的性质；第三，任何函数都可以利用特征函数的无穷级数展开。其中，Sturm 回答了第一个问题和第二个问题。Liouville 检查了第三个问题，并在此过程中找到了关于第一和第二个问题的更为广泛的结论。

此外，还需要注意 Sturm - Liouville 问题对泛函分析发展的重要推动作

用。在解决常微分方程的边界问题的过程中，人类也开始仔细思考其背后更为深邃的数学哲学含义，进而为正交函数理论奠定了基础，从某种意义上说也预示了后来的谱分析理论、自伴性算子理论、希尔伯特空间理论的发展，甚至可以认为因为该理论的贡献，进而成为算子谱理论的先导理论，继而成为泛函分析发展历史中举足轻重的理论基石。

下面我们启发式的证明一下，以上结论为何正确。

假设有两个完全不同的特征值 λ_n 和 λ_m ，它们分别对应的特征函数为 $\xi_n(x)$ 和 $\xi_m(x)$ ，则它们应满足 Sturm - Liouville 问题的 ODE 方程，即

$$\frac{\mathrm{d}}{\mathrm{d}x}\left[p(x)\frac{\mathrm{d}\xi_m}{\mathrm{d}x}\right]+[q(x)+\lambda_m w(x)]\xi_m(x)=0$$

$$\frac{\mathrm{d}}{\mathrm{d}x}\left[p(x)\frac{\mathrm{d}\xi_n}{\mathrm{d}x}\right]+[q(x)+\lambda_n w(x)]\xi_n(x)=0$$

以上两个式子两边同时分别乘以 $\xi_n(x)$ 和 $\xi_m(x)$ ，然后再相减，则得到

$$\xi_n\frac{\mathrm{d}}{\mathrm{d}x}\left[p(x)\frac{\mathrm{d}\xi_m}{\mathrm{d}x}\right]-\xi_m\frac{\mathrm{d}}{\mathrm{d}x}\left[p(x)\frac{\mathrm{d}\xi_n}{\mathrm{d}x}\right]+[\lambda_m-\lambda_n]\xi_n\xi_m(x)w(x)=0$$

然后我们做一下简化，可得到

$$(\lambda_m-\lambda_n)\xi_n\xi_m(x)w(x)=\frac{\mathrm{d}}{\mathrm{d}x}\left[p(x)\left(\xi_n\frac{\mathrm{d}\xi_m}{\mathrm{d}x}-\xi_m\frac{\mathrm{d}\xi_n}{\mathrm{d}x}\right)\right]$$

我们假设 $x\in[a,b]$ ，然后对上面式子进行积分，则有

$$(\lambda_m-\lambda_n)\int_a^b\xi_n\xi_m(x)w(x)\mathrm{d}x=\left[p(x)\left(\xi_n\frac{\mathrm{d}\xi_m}{\mathrm{d}x}-\xi_m\frac{\mathrm{d}\xi_n}{\mathrm{d}x}\right)\right]_a^b$$

下面我们讨论边界条件 BC1 和 BC2，看看是否有可以利用的信息。

假设有特征函数 ξ_m 和 ξ_n 满足 BC1 边界条件，则有

$$k_1\frac{\mathrm{d}\xi_n(a)}{\mathrm{d}x}+h_1\xi_n(a)=0\text{ 和 }k_1\frac{\mathrm{d}\xi_m(a)}{\mathrm{d}x}+h_1\xi_m(a)=0$$

两等式分别乘以 $\xi_m(x)$ 和 $\xi_n(x)$ ，然后再相减，则有

$$k_1\left(\xi_n\frac{d\xi_m}{dx}-\xi_m\frac{d\xi_n}{dx}\right)=0,\text{当 }x=a$$

需要注意不管 k_1 是否等于零

$$\left(\xi_n(a)\frac{\mathrm{d}\xi_m(a)}{\mathrm{d}x}-\xi_m(a)\frac{\mathrm{d}\xi_n(a)}{\mathrm{d}x}\right)=0$$

同样的推导过程也可以作用于 b 点，则有

$$\left(\xi_n(b)\frac{\mathrm{d}\xi_m(b)}{\mathrm{d}x}-\xi_m(b)\frac{\mathrm{d}\xi_n(b)}{\mathrm{d}x}\right)=0$$

因为 $\lambda_m \neq \lambda_n$ 则有

$$\langle \xi_n, \xi_m \rangle_{w(x)} = \int_a^b \xi_n(x)\xi_m(x)w(x)\mathrm{d}x = 0$$

而当为 $\lambda_m = \lambda_n$ 则有

$$\langle \xi_n, \xi_n \rangle_{w(x)} = \int_a^b \xi_n(x)\xi_n(x)w(x)\mathrm{d}x = \int_a^b |\xi_n(x)|^2 w(x)\mathrm{d}x = 1$$

最后，我们用算子的思想重新定义 Sturm – Liouville 问题。

因为 Sturm – Liouville 问题的 ODE 为以下形式，我们可以做以下的化简，于是有

$$\frac{\mathrm{d}}{\mathrm{d}x}\left[p(x)\frac{\mathrm{d}\xi}{\mathrm{d}x}\right]+[q(x)+\lambda w(x)]\xi(x) = 0 \Rightarrow -\frac{1}{w(x)}\left\{\frac{\mathrm{d}}{\mathrm{d}x}\left[p(x)\frac{\mathrm{d}\xi}{\mathrm{d}x}\right]+q(x)\xi\right\} = \lambda\xi$$

如果定义

$$\hat{L}[\cdot]: = -\frac{1}{w(x)}\left(\frac{\mathrm{d}}{\mathrm{d}x}\left[p(x)\frac{\mathrm{d}[\cdot]}{\mathrm{d}x}\right]+q(x)[\cdot]\right.$$

则 Sturm – Liouville 问题可写为 $\hat{L}[u] = \lambda u$ 的形式。$\hat{L}[\cdot]$ 是 Sturm – Liouville 问题的算子。

此外，$\hat{L}[\cdot]$ 还可以简化为

$$\hat{L}[\cdot] = -\frac{p(x)}{w(x)}\frac{\mathrm{d}^2}{\mathrm{d}x^2}[\cdot] - \frac{1}{w(x)}\frac{\mathrm{d}[\cdot]}{\mathrm{d}x} - \frac{q(x)}{w(x)}[\cdot]$$

（二）Sturm – Liouville 问题在偏微分方程中的应用

假设有以下线性二阶偏微分方程

$$\text{PDE} \quad f(x)\frac{\partial^2 u}{\partial x^2}+g(x)\frac{\partial u}{\partial x}+h(x)u=\frac{\partial u}{\partial t}+k(t)u$$

$$\text{BC} \quad u(a, t)=u(b, t)=0,$$

$$\text{IC} \quad u(x, 0)=s(x)$$

分离变量法是一种经典的处理偏微分方程的方法。利用分离变量法，则认为 $u(x,t) = X(x)T(t)$，其中，$X(\cdot)$ 函数仅与空间信息有关，而 $T(\cdot)$ 仅与时间有关。

于是有

$$\frac{\hat{L}[X(x)]}{X(x)} = \frac{\hat{M}[T(t)]}{T(t)} = \lambda$$

其中

$\hat{L}[\cdot] = f(x)\frac{\mathrm{d}^2}{\mathrm{d}x^2}[\cdot]+g(x)\frac{\mathrm{d}}{\mathrm{d}x}[\cdot]+h(x)[\cdot]$，$\hat{M}[\cdot] = \frac{\mathrm{d}}{\mathrm{d}t}[\cdot]+k(t)[\cdot]$，$\hat{L}[\cdot]$ 和 $\hat{M}[\cdot]$ 分别为空间算子和时间算子。

于是我们必须满足：$\hat{L}[X(x)]=\lambda[X(x)]$，$X(a)=X(b)=0$，$\hat{M}[T(t)]=\lambda[T(t)]$ 其中的 $\hat{L}[X(x)]=\lambda[X(x)]$ 就是一个 Sturm - Liouville 问题。

表 5 - 11 对比了前一小节我们定义的 Sturm - Liouville 问题的算子 $\hat{L}[\cdot]$ 和本小节的算子 $\hat{L}[\cdot]$，二者是同一概念，仅是采用了不同的函数符号。

表 5 - 11　符号比较

上一小节的 $\hat{L}[\cdot]$	本小节的 $\hat{L}[\cdot]$
$-\frac{p(x)}{w(x)}$	$f(x)$
$-\frac{1}{w(x)}\frac{\mathrm{d}p}{\mathrm{d}x}$	$g(x)$
$-\frac{q(x)}{w(x)}$	$h(x)$
$\xi(x)$	$X(x)$

回到正题，$\hat{L}[X(x)]=\lambda[X(x)]$ 是一个 Sturm - Liouville 问题，即我们可以找到若干满足该问题的 $\{\lambda_n, X_n(x)\}_{n=1,\cdots,\infty}$，其中，$\lambda_n$ 表示 Sturm - Liouville 问题的特征值和其对应的特征函数 $X_n(x)$。找到 $\{\lambda_n, X_n(x)\}_{n=1,\cdots,\infty}$ 反而是容易的，因为涉及 Sturm - Liouville 问题的专著都给出了详细的解答。下面的讨论都假设 $\{\lambda_n, X_n(x)\}_{n=1,\cdots,\infty}$ 已知。

此外，λ_n 也满足 $\hat{M}[T(t)]=\lambda[T(t)]$。我们很容易找到 $\hat{M}[T(t)]=\lambda[T(t)]$ 的结果，特别注意：每一个 λ_n 将对应一个 $T_n(t)$，下面我们开始推导。

因为

$$\frac{\mathrm{d}}{\mathrm{d}t}T_n(t)=(\lambda_n-k(t))T_n(t)$$

利用常微分方程的基本知识我们可以得到

$$T_n(t)=a_n\exp\left(\lambda_n t-\int_0^t k(\tau)\mathrm{d}\tau\right)$$

其中，a_n 为一常数，至于如何找到 a_n，我们在后面会涉及。

特别需要注意，每一个 λ_n，对应一个空间的特征函数 $X_n(x)$，而在讨论 $\hat{M}[T(t)]=\lambda[T(t)]$ 的解时，我们又会得到对应的 $T_n(t)=$

$a_n \exp\left(\lambda_n t - \int_0^t k(\tau)\,d\tau\right)$，也就是说：$u_n(x,t) = X_n(x)T_n(t)$ 是原偏微分方程的解，而因为原偏微分方程为线性偏微分方程，则 $u(x,t) = \sum_{n=1}^{\infty} u_n(x,t) = \sum_{n=1}^{\infty} X_n(x)T_n(t)$ 也是原偏微分方程的解。

于是原偏微分方程的解为

$$u(x,t) = \sum_n X_n(x)T_n(t) = \sum_n a_n X_n(x)\exp\left(\lambda_n t - \int_0^t k(\tau)\,d\tau\right)$$

下面讨论如何确定 a_n 的值。目前，我们还没有使用初值条件 $u(x,0) = s(x)$ 的信息来研究我们的问题。现在需要使用初值条件信息进行后续的推导。我们需要注意

$$u(x,0) = s(x) = \sum_n X_n(x)T_n(0) = \sum_n a_n X_n(x)$$

即

$$s(x) = \sum_n a_n X_n(x)$$

我们可以利用傅里叶级数的知识得到

$$a_n = \frac{\langle s(x), X_n(x)\rangle_{w(x)}}{\langle X_n(x), X_n(x)\rangle_{w(x)}}$$

其中，$\langle\,,\rangle$ 表示两个函数的内积，即：若有两个函数 f,g，则其内积的定义为

$$\langle f(x), g(x)\rangle_{w(x)} := \int_a^b f(x)g(x)w(x)\,dx,\ w(x)$$

表示该内积的权重①。

四、Fokker – Planck 方程

（一）Fokker – Planck 方程与标准维纳过程的由来

1. Fokker – Planck 方程的简单介绍

给定一个多维扩散过程的随机微分方程形式

$$d\boldsymbol{X}_t = a(\boldsymbol{X}_t, t)\,dt + \boldsymbol{b}(\boldsymbol{X}_t, t)\,d\boldsymbol{W}_t$$

其中，$\boldsymbol{X}_t$ 和 $\boldsymbol{a}(\boldsymbol{X}_t, t)$ 都是 N 维的随机向量，则 $\boldsymbol{b}(\boldsymbol{X}_t, t)$ 和 $\boldsymbol{B}(\boldsymbol{X}_t, t)$ 的维度是 $(N \times M)$ 维，而 $\boldsymbol{W}_t$ 表示 M 维的标准维纳过程。

① 关于权重的讨论可见 Logan（2015 p. 188）。

其中，漂移向量为 $\boldsymbol{a} := [a_1, a_2, \cdots, a_N]$，而 $\boldsymbol{D}$ 为扩散张量（diffusion tensor），即

$$\boldsymbol{D} := \frac{1}{2}\boldsymbol{b}\,\boldsymbol{b}^T \Leftrightarrow D_{ij}(\boldsymbol{x},t) := \frac{1}{2}\sum_{k=1}^{M} b_{ik}(\boldsymbol{x},t)\,b_{jk}(\boldsymbol{x},t)$$

则多维的 Fokker – Planck 方程为

$$\frac{\partial p(\boldsymbol{x},t)}{\partial t} = -\sum_{i=1}^{N}\frac{\partial}{\partial x_i}[a_i(\boldsymbol{x},t)p(\boldsymbol{x},t)] + \sum_{i=1}^{N}\sum_{j=1}^{N}\frac{\partial^2}{\partial x_i \partial x_j}[D_{ij}(\boldsymbol{x},t)p(\boldsymbol{x},t)]$$

2. Fokker – Planck 方程与标准维纳过程的关系

Fokker – Planck 方程的思想其实和爱因斯坦有关。Fokker 于 1914 年开始研究布朗运动，而 Planck 在 1917 年开始研究。数学上给出严格定义的是柯尔莫哥洛夫，他定义的方程更为广泛一些，涉及前向和倒向问题。众所周知，Fokker – Planck 方程是前向方程，而 Feynman – Kac 方程是倒向方程。

最简单的 Fokker – Planck 方程和热传导方程具有相同的形式，即：$\frac{\partial p}{\partial t} = D \cdot \frac{\partial^2 p}{\partial x^2}$。

D 是物理学家专门使用的一个符号，我们在后面会讲到。该方程可以用来描述标准维纳过程的概率密度函数 p 关于时间和空间演进的关系。

下面介绍最基本的 Fokker – Planck 方程，即：$\frac{\partial \rho}{\partial t} = D \cdot \frac{\partial^2 \rho}{\partial x^2}$ 的由来。

该思想的由来和爱因斯坦有关，下面介绍爱因斯坦的建模思想。

假设有一粒子，在 t 时刻，我们在 x 位置观测此粒子，我们再假设该粒子位置的增量为 Δ，且假设 Δ 是一个随机变量，其对应的概率密度函数为 $\varphi(\Delta)$，于是一定有 $\int_{-\infty}^{+\infty}\varphi(\Delta)\,\mathrm{d}\Delta \equiv 1$。

物理学家关注单位体积内的粒子数目，假设用 $v := \rho(x,t)$ 表示。

我们基于上述假设，可以得到以下四个等式。

（1）利用泰勒展开公式，对时间 t 进行展开：

$$\rho(x,t+\tau) = \rho(x,t) + \tau\frac{\partial \rho}{\partial t} + o(\tau) \tag{5-8}$$

等式中的 $o(\cdot)$ 在数学分析中被称为 “little o of z”，其含义是：当 $z \to 0$ 时，$o(z)$ 表示 $\frac{o(z)}{z} \to 0$。

（2）利用泰勒展开公式，对空间 x 进行展开：

$$\rho(x+\Delta,t)=\begin{Bmatrix}\rho(x,t)\\ +\Delta\dfrac{\partial\rho(x,t)}{\partial x}+\dfrac{\Delta^2}{2!}\dfrac{\partial^2\rho(x,t)}{\partial x^2}+o(\Delta^2)\end{Bmatrix}\tag{5-9}$$

（3）利用质量守恒的性质写出等式

$$\{\mathbb{E}_\Delta[\rho(x+\Delta,t)]\}\cdot dx\approx\rho(x,t+\tau)\mathrm{d}x\tag{5-10}$$

式（5－10）的含义是：如果我们试图计算 $t+\tau$ 时刻粒子的密度，即 $\rho(x,t+\tau)$，我们可以利用 t 时刻的密度信息。具体方法是利用 $\varphi(\Delta)$ 去求 $\rho(x+\Delta,t)$ 的平均值，也就是说在 $t+\tau$ 时刻的粒子数应该等价于观测 $x\to x+\mathrm{d}x$ 通过的粒子数的平均值。

（4）因为 $\mathbb{E}_\Delta[\rho(x+\Delta,t)]:=\int_{-\infty}^{+\infty}\rho(x+\Delta,t)\cdot\varphi(\Delta)\mathrm{d}\Delta$。结合式（5－10），则有

$$\{\mathbb{E}_\Delta[\rho(x+\Delta,t)]\}\cdot\mathrm{d}x=\{\int_{-\infty}^{+\infty}\rho(x+\Delta,t)\cdot\varphi(\Delta)\mathrm{d}\Delta\}\mathrm{d}x\equiv\rho(x,t+\tau)\mathrm{d}x$$

$$\Rightarrow\{\int_{-\infty}^{+\infty}\rho(x+\Delta,t)\cdot\varphi(\Delta)\mathrm{d}\Delta\}\equiv\rho(x,t+\tau)\tag{5-11}$$

需要注意，式（5－11）的结论即：$\rho(x,t+\tau)=\left\{\int_{-\infty}^{+\infty}\rho(x+\Delta,t)\cdot\varphi(\Delta)\mathrm{d}\Delta\right\}$ 必须成立（否则没有后续的推导）。

将式（5－11）与式（5－9）相结合，则有

$$\int_{-\infty}^{+\infty}\rho(x+\Delta,t)\cdot\varphi(\Delta)\mathrm{d}\Delta=\rho(x,t+\tau)\cong\rho+\tau\frac{\partial\rho}{\partial t}$$

下面我们对式（5－9）右边的每一项都乘以 $\varphi(\Delta)$，再对该结果做关于 $\mathrm{d}\Delta$ 的积分，即

$$\int_{-\infty}^{+\infty}\left[\begin{pmatrix}\rho(x,t)\\ +\Delta\dfrac{\partial\rho(x,t)}{\partial x}+\dfrac{\Delta^2}{2!}\dfrac{\partial^2\rho(x,t)}{\partial x^2}\end{pmatrix}\varphi(\Delta)\right]\mathrm{d}\Delta$$

于是有

$$\int_{-\infty}^{+\infty}\{\rho(x,t)\varphi(\Delta)\}\mathrm{d}\Delta=\rho(x,t)\int_{-\infty}^{+\infty}\varphi(\Delta)\mathrm{d}\Delta=\rho(x,t)\tag{5-12}$$

因为

$$\int_{-\infty}^{+\infty}\varphi(\Delta)\mathrm{d}\Delta\equiv1$$

所以

$$\int_{-\infty}^{+\infty}\left[\left(\Delta\frac{\partial\rho(x,t)}{\partial x}\right)\varphi(\Delta)\right]\mathrm{d}\Delta=\frac{\partial\rho(x,t)}{\partial x}\int_{-\infty}^{+\infty}[\Delta\varphi(\Delta)]\mathrm{d}\Delta\tag{5-13}$$

$$\int_{-\infty}^{+\infty}\left(\frac{\Delta^2}{2!}\frac{\partial^2\rho(x,t)}{\partial x^2}\right)\varphi(\Delta)\mathrm{d}\Delta = \frac{\partial^2\rho(x,t)}{\partial x^2}\int_{-\infty}^{+\infty}\frac{\Delta^2}{2}\varphi(\Delta)\mathrm{d}\Delta \tag{5-14}$$

需要特别说明一下，因为 $\rho(x,t)$ ，$\frac{\partial\rho(x,t)}{\partial x}$ ，$\frac{\partial^2\rho(x,t)}{\partial x^2}$ 和 $\mathrm{d}\Delta$ 无关，因此这三项可以从积分中移出，故有此结果。

我们将式（5－12）～式（5－14）右边的结果相加，则有

$$\Rightarrow\left\{\begin{matrix}\rho+\frac{\partial\rho}{\partial x}\cdot\int_{-\infty}^{+\infty}\Delta\cdot\varphi(\Delta)\mathrm{d}\Delta \\ +\frac{\partial^2\rho}{\partial x^2}\cdot\int_{-\infty}^{+\infty}\frac{\Delta^2}{2}\cdot\varphi(\Delta)\mathrm{d}\Delta+\cdots\end{matrix}\right\}$$

再将此结果和 $\int_{-\infty}^{+\infty}\rho(x+\Delta,t)\cdot\varphi(\Delta)\mathrm{d}\Delta=\rho+\tau\frac{\partial\rho}{\partial t}$ 结合，则有

$$\rho+\tau\frac{\partial\rho}{\partial t}\simeq\rho+\frac{\partial\rho}{\partial x}\cdot\int_{-\infty}^{+\infty}\Delta\cdot\varphi(\Delta)\mathrm{d}\Delta+\frac{\partial^2\rho}{\partial x^2}\cdot\int_{-\infty}^{+\infty}\frac{\Delta^2}{2}\cdot\varphi(\Delta)\mathrm{d}\Delta$$

消去等式两边的 ρ ，则有

$$\frac{\partial\rho}{\partial t}=\frac{1}{\tau}\left\{\frac{\partial\rho}{\partial x}\cdot\int_{-\infty}^{+\infty}\Delta\cdot\varphi(\Delta)\mathrm{d}\Delta+\frac{\partial^2\rho}{\partial x^2}\cdot\int_{-\infty}^{+\infty}\frac{\Delta^2}{2}\cdot\varphi(\Delta)\mathrm{d}\Delta+\cdots\right\} \tag{5-15}$$

我们不妨定义

$$\mathbb{E}_\Delta[\Delta]:=\int_{-\infty}^{+\infty}\Delta\cdot\varphi(\Delta)\mathrm{d}\Delta\ ,\ \mathbb{E}_\Delta[\Delta^2]:=\int_{-\infty}^{+\infty}\Delta^2\cdot\varphi(\Delta)\mathrm{d}\Delta\ ,\ \mathbb{E}_\Delta[\Delta^m]:=\int_{-\infty}^{+\infty}\Delta^m\cdot\varphi(\Delta)\mathrm{d}\Delta$$

其中，$m\geqslant 2$。

需要注意以下四点。

第一，我们无需对随机变量做任何特殊的关于分布的限制，不需要设置诸如一定需要满足正态分布的假定，但是根据基本的物理直觉，我们可以知道该粒子 $\mathbb{E}_\Delta[\Delta]=0$ 而 $\mathbb{E}_\Delta[\Delta^2]\neq 0$ 。此外，物理学家一般认为 $\varphi(x)=\varphi(-x)$，即分布满足对称性，$\mathbb{E}_\Delta[\Delta^3]=0$ ，虽然这个设定对我们最终推导的结果帮助不大。因为 $\mathbb{E}_\Delta[\Delta]=0\Leftrightarrow\int_{-\infty}^{+\infty}\Delta\cdot\varphi(\Delta)\mathrm{d}\Delta=0$ ，于是（5－15）可以写为

$$\frac{\partial\rho}{\partial t}=\frac{1}{\tau}\left\{\frac{\partial^2\rho}{\partial x^2}\cdot\int_{-\infty}^{+\infty}\frac{\Delta^2}{2}\cdot\varphi(\Delta)\mathrm{d}\Delta+\cdots\right\}$$

第二，只要 $\tau\to 0$ ，且 $\Delta\to 0$ 时，同时保证 $\frac{\Delta^2}{\tau}\to 1$ ，式（5－15）右边的高阶项消失。因为式（5－15）的准确写法应是

$$\tau\frac{\partial\rho}{\partial t}+o(\tau)=\frac{\partial\rho}{\partial x}\cdot\int_{-\infty}^{+\infty}\Delta\cdot\varphi(\Delta)\mathrm{d}\Delta+\frac{\partial^{2}\rho}{\partial x^{2}}\cdot\int_{-\infty}^{+\infty}\frac{\Delta^{2}}{2}\cdot\varphi(\Delta)\mathrm{d}\Delta+o(\Delta^{2})\Rightarrow$$

$$\frac{\partial\rho}{\partial t}+\frac{o(\tau)}{\tau}=\lim_{\tau\to0}\left[\frac{1}{\tau}\left(\frac{\partial\rho}{\partial x}\cdot\int_{-\infty}^{+\infty}\Delta\cdot\varphi(\Delta)\mathrm{d}\Delta+\frac{\partial^{2}\rho}{\partial x^{2}}\cdot\int_{-\infty}^{+\infty}\frac{\Delta^{2}}{2}\cdot\varphi(\Delta)\mathrm{d}\Delta+o(\Delta^{2})\right)\right]$$

$$=\lim_{\tau\to0}\left[\left(\frac{\partial\rho}{\partial x}\cdot\int_{-\infty}^{+\infty}\frac{\Delta}{\tau}\cdot\varphi(\Delta)\mathrm{d}\Delta++\frac{\partial^{2}\rho}{\partial x^{2}}\cdot\int_{-\infty}^{+\infty}\frac{\Delta^{2}}{2\tau}\cdot\varphi(\Delta)\mathrm{d}\Delta\right)+\frac{o(\Delta^{2})}{\tau}\right]$$

因为 $\frac{o(\tau)}{\tau}\to0$，且我们保证 Δ 和 τ 之间满足 $\frac{\Delta^2}{\tau}\to1$ [①]，则 $\frac{o(\tau)}{\tau}=\frac{o(\Delta^2)}{\tau}=\frac{o(\Delta^2)}{\Delta^2}\to0$，于是上面式子的 $\frac{o(\tau)}{\tau}$，$\frac{o(\Delta^2)}{\tau}$ 会消失。

我们还可以发现 $\frac{\Delta}{\tau}\to0$。因此，即使我们不使用第一点中的 $\mathbb{E}_{\Delta}[\Delta]=\int_{-\infty}^{+\infty}\Delta\cdot\varphi(\Delta)\mathrm{d}\Delta=0$ 这个假设，仍能得到 $\lim_{\tau\to0}\int_{-\infty}^{+\infty}\frac{\Delta}{\tau}\cdot\varphi(\Delta)\mathrm{d}\Delta=0$ 的结论。综合一下，我们可以得到

$$\frac{\partial\rho}{\partial t}=\frac{\partial^{2}\rho}{\partial x^{2}}\cdot\lim_{\tau\to0}\left[\int_{-\infty}^{+\infty}\frac{\Delta^{2}}{2\tau}\cdot\varphi(\Delta)\mathrm{d}\Delta\right]$$

物理学家假设

$$\lim_{\tau\to0}\left[\frac{1}{2}\int_{-\infty}^{+\infty}\frac{\Delta^{2}}{\tau}\cdot\varphi(\Delta)\mathrm{d}\Delta\right]:=D$$

则最后的结果即为

$$\frac{\partial\rho}{\partial t}=D\cdot\frac{\partial^{2}\rho}{\partial x^{2}}$$

这就是一个最基本的 Fokker – Planck 方程，这是一个偏微分方程，且具有和标准热传导方程一样的形式。

第三，从 $\frac{\Delta^2}{\tau}\to1$ 也可以凭直觉知道为何有 $(\mathrm{d}W_t)^2=\mathrm{d}t$ 这一结果。

第四，如果 $D=1/2$，且 $\frac{\Delta^2}{\tau}\to1$，则 $\int_{-\infty}^{+\infty}\varphi(\Delta)\mathrm{d}\Delta=1$。因为我们一直假设 Δ 非常小，即：$\Delta\approx0$，我们可以把 $\varphi(\cdot)$ 设定为 Delta 函数 $\delta(\cdot)$。

① 如果用不太严谨的数学，即可理解为 $\Delta^2\approx\tau$。

3. O－U 过程的 Fokker－Planck 方程形式

已知 O－U 过程的随机微分方程形式为：$dz_t = -az_t dt + \sigma dW_t$，则它的转移概率密度函数为

$$p(z_t,t|z_s,s = \mathcal{N}\left(z_t; e^{-a(t-s)}z_s, \frac{\sigma^2}{2a}[1-e^{-2a(t-s)}]\right)$$

$$= \frac{1}{\sqrt{2\pi\left|\frac{\sigma^2}{2a}[1-e^{-2a(t-s)}]\right|}}\exp\left(-\frac{(z_t - e^{-a(t-s)}z_s)^2}{2\left\{\frac{\sigma^2}{2a}[1-e^{-2a(t-s)}]\right\}}\right)$$

可证明：当 $a > 0$，若令 $p(z,t)$ 表示 Z_t 的概率密度函数，则有：

$$\frac{\partial p(z,t)}{\partial t} = a\frac{\partial}{\partial z}(zp(z,t)) + \frac{\sigma^2}{2}\frac{\partial^2 p(z,t)}{\partial z^2}$$

存在稳态解，即：$\frac{\partial p(z,t)}{\partial t} = 0$，则

$$p_{ss}(z) = \sqrt{\frac{a}{\pi\sigma^2}}\exp\left(-\frac{az^2}{\sigma^2}\right)$$

（二）Fokker－Planck 方程的边界问题

给定一个多维的扩散过程 $\boldsymbol{X}_t$ 的随机微分方程形式

$$d\boldsymbol{X}_t = a(\boldsymbol{X}_t,t)dt + \boldsymbol{b}(\boldsymbol{X}_t,t)d\boldsymbol{W}_t = \boldsymbol{a}(\boldsymbol{X}_t,t)dt + \sqrt{\boldsymbol{B}(\boldsymbol{X}_t,t)}d\boldsymbol{W}_t$$

其中，$\boldsymbol{X}_t$ 和 $a(\boldsymbol{X}_t,t)$ 都是 N 维的随机向量，而 $\boldsymbol{b}(\boldsymbol{X}_t,t)$ 和 $\boldsymbol{B}(\boldsymbol{X}_t,t)$ 的维度都是（$N\times M$）维，$\boldsymbol{W}_t$ 表示 M 维的标准维纳过程。

其中，漂移向量为 $\boldsymbol{a}:=[a_1,a_2,\cdots,a_N]$，而 $\boldsymbol{D}$ 为扩散张量（diffusion tensor），即：

$$\boldsymbol{D}:=\frac{1}{2}\boldsymbol{b}\,\boldsymbol{b}^T \Leftrightarrow D_{ij}(\boldsymbol{x},t):=\frac{1}{2}\sum_{k=1}^{M} b_{ik}(\boldsymbol{x},t)b_{jk}(\boldsymbol{x},t)$$

则多维的 Fokker－Planck 方程为

$$\frac{\partial p(\boldsymbol{x},t)}{\partial t} = -\sum_{i=1}^{N}\frac{\partial}{\partial x_i}[a_i(\boldsymbol{x},t)p(\boldsymbol{x},t)] + \sum_{i=1}^{N}\sum_{j=1}^{N}\frac{\partial^2}{\partial x_i\partial x_j}[D_{ij}(\boldsymbol{x},t)p(\boldsymbol{x},t)]$$

有时也用以下方式定义 Fokker－Planck 方程

$$\frac{\partial p(\boldsymbol{x},t)}{\partial t} = -\sum_{i=1}^{N}\frac{\partial}{\partial \boldsymbol{x}_i}[a_i(\boldsymbol{x},t)p(\boldsymbol{x},t)] + \frac{1}{2}\sum_{i=1}^{N}\sum_{j=1}^{N}\frac{\partial^2}{\partial x_i\partial x_j}[B_{ij}(\boldsymbol{x},t)p(\boldsymbol{x},t)] \tag{5-16}$$

1. 概率流量

首先介绍概率流量（probability current）的概念。根据式（5－16），可以写为

$$\frac{\partial p(\boldsymbol{x},t)}{\partial t}+\sum_{i=1}^{N}\frac{\partial}{\partial x_i}\boldsymbol{J}_i(\boldsymbol{x},t)=0\Leftrightarrow\frac{\partial p(\boldsymbol{x},t)}{\partial t}+\nabla\cdot J(\boldsymbol{x},t)=0$$

而$\boldsymbol{J}(\boldsymbol{x},t)$被定义为概率流量（或概率通量，即 probability flux），其中

$$\begin{aligned}\boldsymbol{J}_i(\boldsymbol{x},t)&=a_i(\boldsymbol{x},t)p(x,t)-\frac{1}{2}\sum_{j=1}^{N}\frac{\partial}{\partial x_j}B_{ij}(\boldsymbol{x},t)p(\boldsymbol{x},t)\\&=a_i(\boldsymbol{x},t)p(\boldsymbol{x},t)-\frac{1}{2}\nabla\cdot[\boldsymbol{B}(x,t)p(\boldsymbol{x},t)]\end{aligned}$$

（1）以一维的扩散过程为例，$\boldsymbol{X}_t=X_t$，$\boldsymbol{a}(\boldsymbol{X}_t,t)=a(X_t,t)$，$\boldsymbol{b}(\boldsymbol{X}_t,t)=b(X_t,t)$，$\boldsymbol{B}(\boldsymbol{X}_t,t)=b^2(X_t,t)$，于是 Fokker－Planck 方程为

$$\frac{\partial p}{\partial t}=-\frac{\partial}{\partial x}[a(x,t)p]+\frac{1}{2}\frac{\partial^2}{\partial x^2}[b(x,t)^2p]\Rightarrow\frac{\partial p(x,t)}{\partial t}+\frac{\partial}{\partial x}J(x,t)=0$$

其中

$$J(x,t)=a(x,t)p(x,t)-\frac{1}{2}\frac{\partial}{\partial x}[b(x,t)^2p(x,t)]$$

（2）以一维的齐次过程为例，$\boldsymbol{X}_t=X_t$，$\boldsymbol{a}(\boldsymbol{X}_t,t)=a(X_t)$，$\boldsymbol{b}(\boldsymbol{X}_t,t)=b(X_t)$，$\boldsymbol{B}(\boldsymbol{X}_t,t)=b^2(X_t)$，于是 Fokker－Planck 方程为

$$\frac{\partial p}{\partial t}=-\frac{\partial}{\partial x}[a(x)p]+\frac{1}{2}\frac{\partial^2}{\partial x^2}[b(x)^2p]\Rightarrow\frac{\partial p(x,t)}{\partial t}+\frac{\partial}{\partial x}J(x,t)=0$$

其中

$$J(x,t)=a(x)p(x,t)-\frac{1}{2}\frac{\partial}{\partial x}[b(x)^2p(x,t)]$$

（3）以算术布朗运动为例，$\boldsymbol{X}_t=x_t$，$\boldsymbol{a}(\boldsymbol{X}_t,t)=r$，$\boldsymbol{b}(\boldsymbol{X}_t,t)=\sigma$，$\boldsymbol{B}(\boldsymbol{X}_t,t)=\sigma^2$，于是 Fokker－Planck 方程为

$$\frac{\partial p}{\partial t}=-\frac{\partial}{\partial x}[rp]+\frac{1}{2}\frac{\partial^2}{\partial x^2}[\sigma^2p]\Rightarrow\frac{\partial p(x,t)}{\partial t}+\frac{\partial}{\partial x}J(x,t)=0$$

其中

$$J(x,t)=rp(x,t)-\frac{1}{2}\frac{\partial}{\partial x}[\sigma^2p(x,t)]$$

当然，因为算术布朗运动比较简单，Fokker－Planck 方程可写为

$$\frac{\partial p}{\partial t}=-r\frac{\partial}{\partial x}p+\frac{\sigma^2}{2}\frac{\partial^2}{\partial x^2}p\,,\ J(x,t)=rp(x,t)-\frac{\sigma^2}{2}\frac{\partial p(x,t)}{\partial x}$$

（4）以几何布朗运动为例，$\boldsymbol{X}_t=S_t$，$\boldsymbol{a}(\boldsymbol{X}_t,t)=rS_t$，$\boldsymbol{b}(\boldsymbol{X}_t,t)=\sigma S_t$，$\boldsymbol{B}(\boldsymbol{X}_t,t)=\sigma^2S_t^2$，于是 Fokker－Planck 方程为

$$\frac{\partial p}{\partial t}=-\frac{\partial}{\partial s}[rsp]+\frac{1}{2}\frac{\partial^2}{\partial s^2}[\sigma^2s^2p]\Rightarrow\frac{\partial p(s,t)}{\partial t}+\frac{\partial}{\partial s}J(s,t)=0$$

其中

$$J(s,t) = rsp(s,t) - \frac{1}{2}\frac{\partial}{\partial s}[\sigma^2 s^2 p(s,t)]$$

（5）以 O－U 过程为例，则 $\boldsymbol{a}(\boldsymbol{X}_t,t) = -az_t$，$\boldsymbol{b}(\boldsymbol{X}_t,t) = \sigma$，$\boldsymbol{B}(\boldsymbol{X}_t,t) = \sigma^2$，于是

$$\frac{\partial p}{\partial t} = \frac{\partial}{\partial z}[azp] + \frac{1}{2}\frac{\partial^2}{\partial z^2}[\sigma^2 p] \Rightarrow \frac{\partial p(z,t)}{\partial t} + \frac{\partial}{\partial z}J(z,t) = 0$$

其中

$$J(z,t) = -azp(z,t) - \frac{1}{2}\frac{\partial}{\partial z}[\sigma^2 p(z,t)]$$

在研究 Fokker－Planck 方程的边界问题时，概率流量这一概念将发挥非常重要的作用。

2. 边界问题

当状态变量的取值被限制在一定范围内，需要考虑 Fokker－Planck 方程的边界条件。常见的边界条件概括起来一共有六种：反射障碍（reflecting barrier）边界、吸收障碍（absoring barrier）边界、周期边界、规定边界（prescribed boundares）、出现不连续点的边界以及边界出现在无穷远处的边界。

（1）反射障碍边界。假设随机过程 $\boldsymbol{X}_t$ 始终出现在区域 Ω 内，而用 $\partial\Omega$ 表示区域 Ω 的边界，则反射障碍边界的含义是指：如果随机过程 $\boldsymbol{X}_t$ 触及 $\partial\Omega$，它会反射回区域 Ω 内，总之 $\boldsymbol{X}_t$ 不会离开区域 Ω，也就是说在任意时刻无“流出”，也就是 $\boldsymbol{n}\cdot\boldsymbol{J}(\boldsymbol{x},t) = 0$，当 $\boldsymbol{x}\in\partial\Omega$，而 $\boldsymbol{n}$ 表示垂直于 $\partial\Omega$ 的法向量。

a. 以标准维纳过程为例。该问题我们在本章第三节介绍带边界条件的标准布朗运动时提及过。也就是说，如果 $W_t = x \in [L,U]$，则其 Fokker－Planck 方程为 $\frac{\partial p}{\partial t} = \frac{1}{2}\frac{\partial^2 p}{\partial x^2}$，则其反射障碍条件为 $\begin{cases} J(L,t) = 0 \\ J(U,t) = 0 \end{cases} \Rightarrow \begin{cases} \partial_x p(x,t)\big|_{x=L} = 0 \\ \partial_x p(x,t)\big|_{x=U} = 0 \end{cases}$。

b. 以算术布朗运动为例。我们考虑 $\mathrm{d}X_t = r\mathrm{d}t + \sigma\mathrm{d}W_t$，并假设 $X_0 = x_0 > 0$，$x \in [0,+\infty)$，则其在 0 点反射，这与前面的例子略有不同，前面的例子是 $x\in[L,U]$，现在我们考虑的是包含零的正实数轴，则其反射障碍条件发生在零点，即要求

$$J(0,t) = 0 \Rightarrow J(x,t)\big|_{x=0} = \left[rp(x,t) - \frac{\sigma^2}{2}\frac{\partial p(x,t)}{\partial x}\right]\Bigg|_{x=0} = rp(0,t) - \frac{\sigma^2}{2}\frac{\partial p(0,t)}{\partial x}$$

此时的柯西边界问题可以写成

$$\begin{cases} \text{PDE} \quad \dfrac{\partial p}{\partial t} = -r\dfrac{\partial}{\partial x}p + \dfrac{\sigma^2}{2}\dfrac{\partial^2}{\partial x^2}p \ (x,t) \in [0,\infty) \times (0,\infty) \\ \text{IC} \quad p_0(x) = \delta(x - x_0) \\ \text{BC} \quad -rp + \dfrac{\sigma^2}{2}\dfrac{\partial p}{\partial x}\Big|_{x=0} = 0 \end{cases}$$

具体解法可见 Cox 和 Miller（1965，p. 224），采用的方法主要是镜像法（the method of image），则其解为

$$p(x,t) = \frac{1}{\sigma\sqrt{2\pi t}}\left\{\begin{array}{l} \exp\left[-\dfrac{(x - x_0 - rt)^2}{2\sigma^2 t}\right] + \exp\left[-\dfrac{4x_0 rt - (x + x_0 - rt)^2}{2\sigma^2 t}\right] \\ + \dfrac{2r}{\sigma^2}\exp\left(\dfrac{2rx}{\sigma^2}\right)\left[1 - \Phi\left(\dfrac{x + x_0 + rt}{\sigma\sqrt{t}}\right)\right] \end{array}\right\}$$

其中，$\Phi(x)$ 表示标准正态分布的累积分布函数，即

$$\Phi(x) = \int_{-\infty}^{x}\frac{1}{\sqrt{2\pi}}e^{-\frac{1}{2}u^2}du$$

利用以上结果，可讨论 $p(x,t)$ 是否存在平稳分布。如需讨论平稳分布是否存在，仅需考察 $t \to \infty$ 时，$p(x,\infty)$ 是否存在。我们发现当 $r \geqslant 0$ 时，$p(x,\infty) = 0$；当 $r < 0$ 时，有 $p(x,\infty) := p_{ss}(x) = \dfrac{2|r|}{\sigma^2}\exp\left(\dfrac{-2|r|x}{\sigma^2}\right)$，$x > 0$。需要注意该结果与初始点 x_0 无关。

以 O – U 过程为例。如果 $z_t = z \in [L,U]$，则其 Fokker – Planck 方程为 $\dfrac{\partial p}{\partial t} = \dfrac{\partial}{\partial z}[azp] + \dfrac{1}{2}\dfrac{\partial^2}{\partial z^2}[\sigma^2 p]$，则其反射障碍条件为

$$\begin{cases} J(L,t) = 0 \\ J(U,t) = 0 \end{cases} \Rightarrow \begin{cases} \left\{-azp(z,t) - \dfrac{1}{2}\dfrac{\partial}{\partial z}[\sigma^2 p(z,t)]\right\}\Big|_{z=L} = 0 \\ \left\{-azp(z,t) - \dfrac{1}{2}\dfrac{\partial}{\partial z}[\sigma^2 p(z,t)]\right\}\Big|_{z=U} = 0 \end{cases}$$

（2）吸收障碍边界。假设 $\boldsymbol{X}_t$ 运动到 $\partial\Omega$，则令其消失，也就是可以认为它被 $\partial\Omega$ 吸收，即 $p(x,t) = 0$，当 $x \in \partial\Omega$。

a. 以标准维纳过程为例。该问题我们在本章第三节介绍带边界条件的标准布朗运动时提及过。也就是说，如果 $W_t = x \in [L,U]$，则其 Fokker – Planck 方程仍为 $\dfrac{\partial p}{\partial t} = \dfrac{1}{2}\dfrac{\partial^2 p}{\partial x^2}$，则其吸收障碍条件为 $p(L,t) = p(U,t) = 0$。

b. 以算术布朗运动为例。我们考虑 $dX_t = rdt + \sigma dW_t$，并假设 $X_0 = 0$。

我们先考虑单障碍情形，即假设吸收边界出现在 $x = a$，则此时的柯西边界问题可以写为

$$\begin{cases} \text{PDE} & \dfrac{\partial p}{\partial t} = -r\dfrac{\partial}{\partial x}p + \dfrac{\sigma^2}{2}\dfrac{\partial^2}{\partial x^2}p(x,t) \in [0,a) \times (0,\infty) \\ \text{IC} & p_0(x) = \delta(x) \\ \text{BC} & p(a,t) = 0t > 0 \end{cases}$$

具体解法可见 Cox and Miller（1965，p. 221），结果为

$$p(x,t) = \frac{1}{\sigma\sqrt{2\pi t}}\left[\exp\left\{-\frac{(x-rt)^2}{2\sigma^2 t}\right\} + \exp\left\{\frac{2ar}{\sigma^2} - \frac{(x-2a-rt)^2}{2\sigma^2 t}\right\}\right]$$

当我们讨论吸收障碍边界时，我们会对以下概念特别感兴趣，即首达时间密度 $f(t)$，其定义为：$f(t) := f(t|0,a) = -\dfrac{d}{dt}\int_{-\infty}^{a} p(x,t)dx$，利用以上结果，则有

$$f(t) := f(t|0,a) = -\frac{d}{dt}\int_{-\infty}^{a} p(x,t)dx = -\frac{d}{dt}\left[\Phi\left(\frac{a-rt}{\sigma\sqrt{t}}\right) - \exp\left(\frac{2ra}{\sigma^2}\right)\Phi\left(\frac{-a-rt}{\sigma\sqrt{t}}\right)\right]$$

$$\Rightarrow f(t) = \frac{a}{\sigma\sqrt{2\pi t^3}}\exp\left\{\frac{-(a-rt)^2}{2\sigma^2 t}\right\}$$

其中，$\Phi(x)$ 表示标准正态分布的累积分布函数。

更多讨论可见本章第七节关于首达过程的讨论。

下面讨论双障碍吸收情形，即随机过程仅能在 $(-b,a)$ 区间移动，若触及 $x = -b$ 或 $x = a$ 则被吸收，此外请注意我们设定 $b > 0$。则此时的柯西边界问题可以写为

$$\begin{cases} \text{PDE} & \dfrac{\partial p}{\partial t} = -r\dfrac{\partial}{\partial x}p + \dfrac{\sigma^2}{2}\dfrac{\partial^2}{\partial x^2}p(x,t) \in (-b,a) \times (0,\infty) \\ \text{IC} & p_0(x) = \delta(x) \\ \text{BC} & p(-b,t) = p(a,t) = 0t > 0 \end{cases}$$

在 Cox 和 Miller（1965，p. 222）中，仍采用了镜像法，最终结果等于

$$p(x,t) = \frac{1}{\sigma\sqrt{2\pi t}}\sum_{n=-\infty}^{\infty}\left[\exp\left\{\frac{rx_n'}{\sigma^2} - \frac{(x-x_n'-rt)^2}{2\sigma^2 t}\right\} - \exp\left\{\frac{rx_n''}{\sigma^2} - \frac{(x-x_n''-rt)^2}{2\sigma^2 t}\right\}\right]$$

其中

$$\begin{cases} x_n' = 2n(a+b) \\ x_n'' = 2a - x_n' \end{cases}, n = 0, \pm 1, \pm 2, \cdots$$

此外，Cox 和 Miller（1965，p. 222）中还指出可用傅里叶级数的方

法求解，基本思想是利用分离变量法后借助 Sturm – Liouville 方法，则结果为

$$p(x,t) = \sum_{n=1}^{\infty} a_n e^{-\lambda_n t} e^{rx/\sigma^2} \sin\left\{\frac{n\pi(x+b)}{a+b}\right\}$$

其中，特征值 $\lambda_n = \frac{1}{2}\left(\frac{r^2}{\sigma^2} + \frac{n^2\pi^2\sigma^2}{(a+b)^2}\right)$，而 a_n 由初始条件所决定，在本问题的设定下 $a_n = \frac{2}{a+b}\sin\left(\frac{n\pi b}{a+b}\right)$。

若初始条件变为 $p_0(x) = \delta(x - x_0)$，则需将 a 置换为 $a - x_0$，将 b 置换为 $b + x_0$，而将 x 置换为 $x - x_0$。

（3）周期边界条件。这种情况在金融与经济学中极少见到，我们仅举简单的例子。假设 $\boldsymbol{X}_t$ 的取值限制在 $x \in [L,U]$。周期边界条件指边界上的两点 L 和 U 性质完全相等，也就是说：

$$\begin{cases} \lim\limits_{x\to U^-} p(x,t) = \lim\limits_{x\to L^+} p(x,t) \\ \lim\limits_{x\to U^-} \boldsymbol{J}(x,t) = \lim\limits_{x\to L^+} \boldsymbol{J}(x,t) \end{cases}$$

（4）规定边界。假设随机过程 x_t 的随机微分方程为 $dx_t = a(x,t)dt + \sqrt{B(x,t)}dW_t$，并假设 $x > L$。

规定边界指的是，假设边界点为 L，则扩散系数在边界点消失，比如，$\partial_x B(L,t) = 0$，在这种情况下又可分为三种情况，且由 $a(L,t)$ 的正负号决定，具体见表 5－12。

表 5－12　规定边界的三种细分边界

漂移系数	边界名称	解释
$a(L,t) < 0$	退出边界	当随机过程运动到点 L，因不考虑 $x < L$，因此被称为“退出边界”
$a(L,t) > 0$	进入边界	$a(L,t) > 0$ 能保证随机过程触及点 L 后再进入 $x > L$ 的区域，此外，也能保证随机过程不会超出 $x > L$ 的区域，因此被称为“进入边界”
$a(L,t) = 0$	自然边界	在这种情况下，一旦达到 $x = L$，随机过程会停在此处。但是可以证明它其实到达不了此点。该边界使我们既不能吸收，也不能引入任何其他的随机过程点

著名概率论专家 Feller 曾指出，一般而言，边界应该属于四种类型：常规（regular）、进入、退出和自然边界。根据 Feller 的建议，为了区分这四种类型的边界，需要引入一些函数

$$f(x) = \exp\left[-2\int_{x_0}^{x} \frac{a(s)}{B(s)} ds\right]$$

$$g(x) = 2/[B(x)f(x)]$$

$$h_1(x) = f(x)\int_{x_0}^{x} g(s)ds$$

$$h_x(x) = g(x)\int_{x_0}^{x} f(s)ds$$

其中 $x_0 \in (L,U)$，并认为 x_0 被固定。定义 $\ell(x_1,x_2)$ 是所有在区间 (x_1,x_2) 上可积分的函数的空间，则在点 L 的边界可以分为四大类，具体见表 5－13。

表 5－13 根据 Feller 的边界分类标准

编号	类型	成立条件
Ⅰ	常规	当 $f(x) \in \ell(a,x_0)$，且 $g(x) \in \mathcal{L}(a,x_0)$
Ⅱ	退出	当 $g(x) \notin \ell(a,x_0)$，且 $h_1(x) \in \mathcal{L}(a,x_0)$
Ⅲ	进入	当 $g(x) \in \ell(a,x_0)$，且 $h_2(x) \in ?(a,x_0)$
Ⅳ	自然	所有其他情形

一般而言，在退出边界情况下，利用 Fokker－Planck 方程没有可标准化的平稳解，但该随机过程到达边界的平均时间为有限值。类似的，如果边界是退出边界，则其平稳解可能存在，但到达边界的平均时间可能为无穷大。在常规边界下，到达边界的平均时间为有限值，但在点 L 的反射边界的平稳解却可以存在。自然边界情形是非常难分析的情形。此部分主要参考了 Gardiner（2003，p. 121－139）。

（5）出现不连续点的边界。“不连续”边界指的是随机过程的系数 $a_i(\boldsymbol{x},t)$ 和 $B_{ij}(\boldsymbol{x},t)$ 在 $\partial\Omega$ 上不连续，但假设随机过程在 $\partial\Omega$ 上可自由移动，则需满足

$$\begin{cases} p(\boldsymbol{x})|_{\partial\Omega_+} = p(\boldsymbol{x})|_{\partial\Omega_-} \\ \boldsymbol{n}\cdot\boldsymbol{J}(\boldsymbol{x})|_{\partial\Omega_+} = \boldsymbol{n}\cdot\boldsymbol{J}(\boldsymbol{x})|_{\partial\Omega_-} \end{cases}$$

其中，$\partial\Omega_+$ 和 $\partial\Omega_-$ 表示从表面左侧和右侧分别逼近所获得的极限。

（6）边界出现在无穷远处。这种情况在金融与经济学中出现得较多。

在前面的讨论中，我们假设 $x\in[L,U]$，我们也可以假设边界出现在无穷远处。这种边界条件一般要求 $\lim\limits_{x\to\infty}p(x,t)=0$ 或者要求 $\lim\limits_{x\to\infty}\partial_x p(x,t)=0$。

五、Feynman - Kac 方程与 Feynman - Kac 描述定理

（一）Feynman - Kac 方程从概率视角到偏微分方程视角

随机过程 X_t 在某测度 $\mathbb{Q}$ 下具有随机微分方程 $dX_t=a(t,X_t)dt+b(t,X_t)dW_t$ 的形式。

如果 $u(t,x)$ 在测度 $\mathbb{Q}$ 下为鞅过程，则有 $u(t,x):=\mathbb{E}^{t,x}[\psi(X_T)]$，其中 $\mathbb{E}^{t,x}[\psi(X_T)]$ 表示 $\mathbb{E}^{t,x}[\psi(X_T)]:=\mathbb{E}[\psi(X_T)\mid X_t=x]$。于是利用伊藤定理，则有

$$du(t,X_t)=\frac{\partial u(t,X_t)}{\partial t}dt+\frac{\partial u(t,X_t)}{\partial x}dX_t+\frac{1}{2}\partial_{xx}u(t,X_t)(dX_t)^2\Rightarrow$$

$$du(t,X_t)=\frac{\partial u(t,X_t)}{\partial X_t}b(t,X_t)dW_t+\left[\frac{\partial u(t,X_t)}{\partial t}+a(t,X_t)\partial_x u+\frac{1}{2}b(t,X_t)^2\partial_{xx}u\right]dt$$

因为 $u(t,x)$ 是鞅过程，于是 dt 前的漂移项必须为零，即

$$\left[\frac{\partial u(t,X_t)}{\partial t}+a(t,X_t)\partial_x u+\frac{1}{2}b(t,X_t)^2\partial_{xx}u\right]=0$$

此外也请注意 $u(T,X_T):=\psi(X_T)$，于是我们得到一个柯西问题

$$\text{PDE}\quad \partial_t u+a(t,x)\partial_x u+\frac{1}{2}b(t,x)^2\partial_{xx}u=0$$

$$\text{TC}^{①}\quad u(T,x):=\psi(x)$$

而其解为一种概率形式，即：$u(t,x):=\mathbb{E}^{t,x}[\psi(X_T)]$。这就是 Feynman - Kac 描述定理，而 $\partial_t u+a(t,x)\partial_x u+\frac{1}{2}b(t,x)^2\partial_{xx}u=0$ 被称为 Feynman - Kac 方程。

（二）扩展版本

在实际的金融理论中，我们更关注的是 $u(t,X_t)$ 与其终值 $\psi(X_T)$ 之间具有以下关系

$$u(t,x):=\mathbb{E}^{t,x}[e^{-r(T-t)}\psi(X_T)]=\mathbb{E}[e^{-r(T-t)}\psi(X_T)\mid X_t=x]$$

则此概率解和以下柯西问题对应

$$\text{PDE}\quad \left[\partial_t u+a(t,x)\partial_x u+\frac{1}{2}b(t,x)^2\partial_{xx}u\right]=ru$$

① 终值条件（terminal condition）。

$$\text{TC}^{①} \quad u(T, x) := \psi(x)$$

而此时的 Feynman – Kac 方程为

$$\partial_t u + a(t, X_t)\partial_x u + \frac{1}{2} b(t, X_t)^2 \partial_{xx} u = ru$$

以欧式看涨期权的定价问题为例，X_t 表示欧式看涨期权价格 $u(t, X_t)$ 所对应的标的物的价格。$\psi(X_T)$ 表示欧式看涨期权的支付函数，即 $\psi(X_T) = \max(X_T - K, 0)$，其中，$K$ 为欧式看涨期权的行权价。在欧式看涨期权的定价公式（即：布莱克—斯科尔斯—莫顿公式）中，标的物价格 X_t 被假设满足几何布朗运动，即：$\mathrm{d}X_t = rX_t\mathrm{d}t + \sigma X_t \mathrm{d}W_t$，于是可知 $a(t, X_t) = rX_t$，而 $b(t, X_t) = \sigma X_t$，其中，r 表示无风险利率，σ 表示波动率。如果令 $S_t = X_t$，$C(t, S_t) = u(t, X_t)$，然后把以上讨论的结果代入 Feynman – Kac 方程即可得布莱克—斯科尔斯—莫顿公式的偏微分方程形式 $C(t, S_t) = \frac{1}{r}\left(\frac{\partial C}{\partial t} + rS_t \frac{\partial C}{\partial S} + \frac{1}{2}\sigma^2 S_t^2 \frac{\partial^2 C}{\partial S^2}\right)$，请读者自行验证。

在金融经济学的实际应用中，我们一般可以考虑无风险利率 r 随时间 t 和标的物价格 X_t 的变化而变化，即利率用 $V(t, X_t)$ 表示，则前面讨论的问题变为

$$u(t, x) = \mathbb{E}\left[\mathrm{e}^{-\int_t^T V(s, X_s)\mathrm{d}s} \psi(X_T) \mid X_t = x\right]$$

则此概率解和以下柯西问题对应

$$\text{PDE} \quad \frac{\partial u}{\partial t} + a(t, x)\frac{\partial u}{\partial x} + \frac{1}{2} b(t, x)^2 \frac{\partial^2 u}{\partial x^2}(x, t) - V(t, x)u = 0$$

$$\text{TC} \quad u(T, X_T) := \psi(X_T)$$

则此时的 Feynman – Kac 方程为

$$\partial_t u + a(t, X_t)\partial_x u + \frac{1}{2} b(t, X_t)^2 \partial_{xx} u - V(t, X_t)u = 0$$

最后介绍 Feynman – Kac 描述定义的高级版本（终极版本）。在前面的讨论中，我们没有考虑 $q \in (t, T)$ 中间的情形。以上的讨论其实仅关注了终值时刻，即 $q = T$。如果要考虑 $q \in (t, T)$ 的情形，也就是说我们关注 X_q 在 $q \in (t, T)$ 运行的路径也会影响 $u(t, x)$，则前面的概率问题就应改写为以下形式

$$u(t, x) = \mathbb{E}\left[\int_t^T \mathrm{e}^{-\int_t^r V(s, X_s)ds} f(X_q, q)\mathrm{d}q + \mathrm{e}^{-\int_t^r V(s, X_s)ds} \psi(X_T) \mid X_t = x\right]$$

则此概率解和以下柯西问题对应：

① 终值条件（terminal condition）。

$$\text{PDE}\quad \frac{\partial u}{\partial t}(t,x)+a(t,x)\frac{\partial u}{\partial x}(t,x)+\frac{1}{2}b^2(t,x)\frac{\partial^2 u}{\partial x^2}(t,x)$$

$$-V(t,x)u(t,x)+f(t,x)=0$$

$$\text{TC}\quad u(x,T)=\psi(x)$$

而此时的 Feynman - Kac 方程为

$$\partial_t u+a(t,X_t)\partial_x u+\frac{1}{2}b(t,X_t)^2\partial_{xx}u-V(t,X_t)u=-f(t,x)$$

和前面讨论的 Feynman - Kac 方程形式比较可以发现，此时的 Feynman - Kac 方程为一个非齐次偏微分方程，而前面的 Feynman - Kac 方程形式都是齐次偏微分方程。也就是说，如果我们不考虑 X_q 在 $q\in(t,T)$ 运行路径也会影响 $u(t,x)$，则 $u(t,x)$ 的柯西问题中的 Feynman - Kac 方程都是齐次的（偏微分方程）。在金融衍生品定价研究中，亚式期权的价格会受到标的物价格 $q\in(t,T)$ 运行路径的影响，因此，希望读者注意“终极版本”的 Feynman - Kac 描述定义的重要性。

六、Feynman - Kac 方程和 Fokker - Planck 方程

（一）基本设定

Fokker - Planck 方程是前向方程，而 Feynman - Kac 方程是倒向方程，它们都是偏微分方程，都与某个随机过程，比如 X_t 有关。如果 X_t 满足 $dX_t=a(t,X_t)dt+b(t,X_t)dW_t$，只要加上恰当的限制，一般而言都可以写出该随机过程的 Fokker - Planck 方程和 Feynman - Kac 方程形式。也就是说，我们从研究概率问题（随机过程问题）出发，最后结束于两个偏微分方程。这是一种研究随机过程的重要策略，目前我们仅将随机过程假设为扩散过程，而这种研究随机过程的策略还适用于研究 X_t 是跳跃—扩散过程（比如：Merton，1976 的跳跃—扩散模型）甚至是更为广义的跳跃—扩散过程，即 Levy 过程①。

如果仔细研究 Benjamin Moll 团队的研究策略，可以发现，他们大量地采用了随机过程（主要指随机微分方程知识）与偏微分方程相结合的研究策略。

下面有必要进一步揭示 Fokker - Planck 方程和 Feynman - Kac 方程与随机过程 X_t 更深层次的关系。需要说明的是，以下的讨论其实来自

① 关于 Levy 过程的讨论，超出了本书讨论的范畴，本书中，有极少数部分提到了 Levy 过程。

Gabaix 等（2016）。但 Gabaix 等（2016）缺乏相关的背景知识介绍，而本书在为读者补充了大量的相关背景知识之后，采用能让读者接受的语言，为读者解读 Gabaix 等（2016）中的一些关键逻辑和相关概念（比如，伴随算子）。

假如有 $dX_t = a(X_t,t)dt + b(X_t,t)dW_t$ ①，若令 $p(X_t = x,t;X_s = y,s)$，且 $0 \leqslant s \leqslant t$，为简单起见，我们令 $p(X_t = x,t;X_s = y,s):= p(x,t;y,s)$，则 Fokker－Planck（前向）方程可写为②

$$\frac{\partial}{\partial t}p(x,t;y,s) = -\frac{\partial}{\partial x}[a(x,t)p(x,t;y,s)] + \frac{1}{2}\frac{\partial^2}{\partial x^2}[b(x,t)^2 p(x,t;y,s)]$$

而以下方程被称为 Feynman－Kac（倒向）方程③

$$\frac{\partial p(x,t;y,s)}{\partial s} = -a(y,s)\frac{\partial p(x,t;y,s)}{\partial y} - \frac{1}{2}b(y,s)^2\frac{\partial^2 p(x,t;y,s)}{\partial y^2}$$

请读者将此处的 Feynman－Kac 方程和前面关于 Feynman－Kac 方程的介绍进行对比。

注意，我们前面介绍了 Dykin 算子的概念，即

$$\mathcal{A}[\,]:= a(y,s)\frac{\partial[\,]}{\partial y} + \frac{1}{2}b^2(y,s)\frac{\partial^2[\,]}{\partial y^2}$$

所以 Feynman－Kac 方程可以用 Dykin 算子来定义，即

$$\frac{\partial p(x,t;y,s)}{\partial s} = -A[p(x,t;y,s)]_{y,s}$$

这样书写太美观，常见的写法是假定在 x,t 给定时，尤其是在当 X_T,T 给定时，考察 y,s 变化如何引起 $p(x,t;y,s)$ 的变化，于是认为

$$p(x,t;y,s):= p(y,s \mid X_T = x,T = t) = u(y,s),\ s < t$$

则 Feynman－Kac 方程写为

$$\begin{aligned} \text{PDE}\quad & \partial_s u(y,s) = -\mathcal{A}[u(y,s)],0 < s \leqslant T,y \in \mathbb{R}^n \\ \text{TC}\quad & u(y,T) = \psi(x) \end{aligned} \tag{5-17}$$

利用以上的写法，Fokker－Planck 方程也可以写成算子的形式

在给定初始值 $X_0 = y = x_0, s = 0$ 时

① 这种随机微分方程的写法被称为非时间齐次扩散过程（time－homogeneous diffusion process）。如果随机过程的系数与时间独立，则写为：$dX_i = a(X_i)dt + b(X_t)dW_t$，我们称其为时间齐次扩散过程。

② 此时，视 $X_s = y$，s 为已知。

③ 此时，视 $X_t = x$，t 为已知。

$$p(x,t;y,s):=p(x,t\mid X_0=y,s=0):=\rho(x,t):=p(x_0,x;t)$$

则

$$\begin{aligned}\text{PDE}\quad &\partial_t\rho(x,t)=\mathcal{A}^*[\rho(x,t)],0<t\leqslant T,x\in\mathbb{R}^n\\ \text{IC}\quad &\rho(x,0)=\delta(x-x_0)\end{aligned}\tag{5-18}$$

请一定特别注意算子 $\mathcal{A}[\ ]$ 和 $\mathcal{A}^*[\ ]$ 的定义，它们非常相似，但是不相等，这也注定它们有更深的数学联系。

请特别注意

$$\begin{cases}\mathcal{A}[\ ]:=a(x,t)\dfrac{\partial}{\partial x}[\ ]+\dfrac{1}{2}b^2(x,t)\dfrac{\partial^2}{\partial x^2}[\ ]\\ \mathcal{A}^*[\ ]:=-\dfrac{\partial}{\partial x}(a(x,t)[\ ])+\dfrac{1}{2}\dfrac{\partial^2}{\partial x^2}(b^2(x,t)[\ ])\end{cases}$$

最后，且需注意 $\mathcal{A}^*[\ ]$ 被称为 Dykin 算子 $\mathcal{A}[\ ]$ 的伴随算子，下一小节介绍伴随算子的概念。

（二）CM 版本的 Kolmogorov 倒向方程

在此处，“CM”为 Cox and Miller 的缩写。

在式（5－17）和式（5－18）中，我们关于 Fokker－Planck 方程和 Feynman－Kac 方程的写法，“时间”是不同的，前者是关于“t”而后者是关于“s”，有文献（比如，Cox and Miller，1965）指出，在实际中如果将两个方程都写为是关于“t”，在给定初始值 $X_0=y=x_0,s=0$ 时，则写为 $\partial_t u(y,t)=$ 式$[u(y,t)]$，即

$$\frac{\partial p(x,t;y,s)}{\partial t}=a(y,t)\frac{\partial p(x,t;y,s)}{\partial y}+\frac{1}{2}b(y,t)^2\frac{\partial^2 p(x,t;y,s)}{\partial y^2}\tag{5-19}$$

此外，Gabiaix 等（2016）也用了这种写法的倒向方程。更多讨论见 Cox and Miller（1965，p. 230），CM 利用这种版本的 Kolmogorov 倒向方程来推导首达过程问题。

首先假设随机过程 X_t 满足齐次扩散过程，即有 $\mathrm{d}X_t=a(X_t)\mathrm{d}t+b(X_t)\mathrm{d}W_t$，随机过程的初始值为 $X_0=x_0$，则 X_t 的概率密度函数为 $p(x_0,x;t)$，则 Cox 版本的 Kolmogorov 倒向方程为

$$\frac{p(x_0,x;t)}{\partial t}=a(x_0)\frac{\partial p(x_0,x;t)}{\partial x_0}+\frac{1}{2}b(x_0)^2\frac{\partial^2 p(x_0,x;t)}{\partial {x_0}^2}\tag{5-20}$$

更多讨论见本章第七节讨论的首达过程。

（三）伴随算子

在介绍伴随算子（adjoin operator）之前，我们先介绍线性算子的

概念。

所谓“线性算子”，其本意是：假设有两个任意函数f,g（且它们都在自己的定义域上），假设有一算子L作用在$(f+g)$时，即：$L[f+g]$等于该算子分别作用在f,g的和，即：$L[f]+L[g]=L[f+g]$。如果u_1和u_2都满足一个齐次线性方程，即$L[u_1]=0$和$L[u_2]=0$，则它们的任意线性组合$c_1u_1+c_2u_2$也满足同一个齐次线性方程，这就是叠加原理，即

$$L[c_1u_1+c_2u_2]=c_1L[u_1]+c_2L[u_2]$$

一般而言：$L[u]=\frac{\partial}{\partial x}\left[\kappa(x)\frac{\partial u}{\partial x}\right]$是线性算子，而$L[u]=\frac{\partial}{\partial x}\left[\kappa(x,u)\frac{\partial u}{\partial x}\right]$一般不是线性算子。

为何 Fokker－Planck 方程的偏微分算子要定义为$\mathcal{A}^*[\ ]$，主要是因为它被称为 Feynman－Kac 方程的偏微分算子$\mathcal{A}[\ ]$的伴随算子，根据相关数学知识的定义和概念：如果我们用$\langle\varphi,f\rangle(x):=\int\varphi(x)f(x)\mathrm{d}x$定义为两个函数的内积，则我们可以把

$$\langle u,\rho\rangle:=\langle u(x,t),\rho(x,t)\rangle:=\int_{x\in\Omega}u(x,t)\rho(x,t)\mathrm{d}x$$

定义为$u(x,t),\rho(x,t)$的内积①。

我们先说结果：在恰当定义内积的情况下，且在恰当的边界条件限制时，如果有两个偏微分算子$\mathcal{A}^*[\ ]$和$\mathcal{A}[\ ]$满足$\langle u,\mathcal{A}^*\rho\rangle\equiv\langle\mathcal{A}u,\rho\rangle$，我们说$\mathcal{A}^*[\ ]$是$\mathcal{A}[\ ]$的伴随算子。下面的证明，我们需要反复用到分步积分公式：

$$\int_a^b m(x)n'(x)\mathrm{d}x+\int_a^b n(x)m'(x)\mathrm{d}x=m(x)n(x)\Big|_a^b$$

$$\Leftrightarrow\langle m,n'\rangle=m(x)n(x)\big|_a^b-\langle n,m'\rangle$$

证明：

因为

$$\langle u,\mathcal{A}^*\rho\rangle:=\int_{x\in\Omega}u(x,t)\left[-\frac{\partial}{\partial x}[a(t,x)\rho(x,t))+\frac{1}{2}\frac{\partial^2}{\partial x^2}b^2(t,x)\rho(x,t)\right]\mathrm{d}x$$

① 关于内积的严格定义是：假设$(S,\sum,\mu)$是一个测度空间。则在$L^2(S,\Sigma,\mu)$上的内积被定义为：$\langle f,g\rangle:=\int_S fg\mathrm{d}\mu$，其中$f,g\in L^2(S,\sum,\mu)$。则$\left(L^2(S,\sum,\mu)\right.$，$\langle\cdots\rangle)$是一个完备内积空间。而关于$L^2$空间的定义是：$L^2\left(S,\sum,\mu\right)=\left\{f:\int_S|f|^2\mathrm{d}\mu<\infty\right\}$。

$$= \left[u(x,t)\left[-a(t,x)\rho(x,t)+\frac{1}{2}\frac{\partial}{\partial x}[b^2(t,x)\rho(x,t)]\right]\right]\bigg|_{x\in\partial\Omega}$$

$$-\int_{x\in\Omega}\partial_x u(x,t)\left[-a(t,x)\rho(x,t)+\frac{1}{2}\frac{\partial}{\partial x}[b^2(t,x)\rho(x,t)]\right]dx$$

根据我们的内积的定义，我们可以知道

$$\langle\partial_x u,\partial_x(b^2\rho)\rangle:=\int_{x\in\Omega}\partial_x u(x,t)\left[\frac{\partial}{\partial x}[b^2(t,x)\rho(x,t)]\right]dx$$

$$\langle\partial_x u,a\rho\rangle:=\int_{x\in\Omega}\partial_x u(x,t)a(t,x)\rho(x,t)\,dx$$

所以我们可以把 $\langle u,\mathcal{A}^*\rho\rangle$ 写成

$$\langle u,\mathcal{A}^*\rho\rangle=BC+\langle\partial_x u,a\rho\rangle-\frac{\langle\partial_x u,\partial_x(b^2\rho)\rangle}{2}$$

其中，BC 表示边界条件（boundary condition）的意思。且

$$BC:=\left[u(x,t)[-a(t,x)\rho(x,t)+\frac{1}{2}\frac{\partial}{\partial x}[b^2(t,x)\rho(x,t)]]\right]\bigg|_{x\in\Omega}$$

而再次利用分步积分的思想，则有

$$\langle\partial_x u,\partial_x(b^2\rho)\rangle=[(\partial_x u)\cdot[\partial_x(b^2\rho)]]|_{x\in\partial\Omega}-\langle b^2\rho,\partial_{xx}u\rangle$$

其中

$$\langle b^2\rho,\partial_{xx}u\rangle:=\int_{x\in\Omega}b^2(t,x)\rho(x,t)\partial_{xx}u(x,t)\,dx$$

于是

$$\langle u,\mathcal{A}^*\rho\rangle=BC+\langle\partial_x u,a\rho\rangle-\frac{\{(\partial_x u)\cdot[\partial_x(b^2\rho)]\}|_{x\in\partial\Omega}-\langle b^2\rho,\partial_{xx}u\rangle}{2}$$

$$\langle u,\mathcal{A}^*\rho\rangle=BC-\frac{1}{2}\{(\partial_x u)\cdot[\partial_x(b^2\rho)]\}\bigg|_{x\in\partial\Omega}+\left[\langle\partial_x u,a\rho\rangle+\frac{1}{2}\langle b^2\rho,\partial_{xx}u\rangle\right]$$

注意 $\{(\partial_x u)\cdot[\partial_x(b^2\rho)]\}|_{x\in\partial\Omega}$ 也是一个边界条件。

我们主要是关注 $\langle\partial_x u,a\rho\rangle+\frac{1}{2}\langle b^2\rho,\partial_{xx}u\rangle$，我们将其写成积分的形式，则有

$$\langle\partial_x u,a\rho\rangle+\frac{1}{2}\langle b^2\rho,\partial_{xx}u\rangle=\left\{\begin{aligned}&\int_{x\in\Omega}\partial_x u(x,t)a(t,x)\rho(x,t)\,dx\\&+\frac{1}{2}\int_{x\in\Omega}b^2(t,x)\rho(x,t)\partial_{xx}u(x,t)\,dx\end{aligned}\right\}$$

$$=\int_{x\in\Omega}\left[a(t,x)\partial_x u(x,t)+\frac{1}{2}b^2(t,x)\partial_{xx}u(x,t)\right]\rho(x,t)\,dx$$

$$=\int_{x\in\Omega}[\mathcal{A}u(x,t)]\rho(x,t)\,dx$$

$$= \langle \mathcal{A} u, \rho \rangle$$

于是我们有

$$\langle u, \mathcal{A}^* \rho \rangle = BC - \frac{1}{2} \{ (\partial_x u) \cdot [\partial_x (b^2 \rho)] \} \Big|_{x \in \partial \Omega} + \langle \mathcal{A} u, \rho \rangle$$

于是只要边界条件等于零，则有 $\langle u, \mathcal{A}^* \rho \rangle = \langle \mathcal{A} u, \rho \rangle$。

需要注意的是，Moll 等的文章中（尤其是 Gabaix 等，2016），花了非常多的篇幅和笔墨专门讨论边界条件在什么时候才可以等于零，即

$$\left\{ -u \cdot a \cdot \rho + \frac{u}{2} \cdot [\partial_x (b^2 \rho)] - \frac{(\partial_x u)}{2} \cdot [\partial_x (b^2 \rho)] \right\} \Big|_{x \in \partial \Omega} \equiv 0$$

边界等于零应有相应的经济学含义。在 Gabaix 等（2016）文献中，不断地利用概率方法到偏微分方程的研究策略，也不断地利用伴随算子的性质来探讨随机过程的概率特性（尤其是何时出现平稳分布）。由此可见，要理解清楚 Gabaix 等（2016）需要配合本书的大量数学背景知识和数学工具的介绍。因此本章对读者全面理解 Moll 等提出的“异质性理论”是必不可少的。此外，笔者相信读者阅读完本书后，会发现本书的学术价值所在，以及本书（以及本章）在对读者理解 Moll 等的研究为何有不可或缺的作用。

（四）启发式讨论

伴随算子的概念其实并没有如此难以理解。

我们可以通过线性代数的基本知识来理解伴随算子。在线性代数中，我们可以回忆一下伴随矩阵的概念。

假设有向量 $\boldsymbol{u} = [u_1, u_2, \cdots, u_N]^T$ 和 $\boldsymbol{p} = [p_1, p_2, \cdots, p_N]^T$，以及矩阵 $\boldsymbol{A}$，如果用 $\langle , \rangle$ 表示内积，则根据线性代数的知识可以知道 $\langle \boldsymbol{u}, \boldsymbol{p} \rangle := \sum_{i=1}^{N} \boldsymbol{u}_i p_i = \boldsymbol{u}^T \boldsymbol{p} = \boldsymbol{p}^T \boldsymbol{u} = \langle \boldsymbol{p}, \boldsymbol{u} \rangle$。

而伴随矩阵指的是矩阵有以下性质：$\langle \boldsymbol{u}, \boldsymbol{A}^T p \rangle = \langle \boldsymbol{Au}, \boldsymbol{p} \rangle$，此外，我们可以发现，一般的矩阵都满足此形式。

证明：

因为

$$\langle \boldsymbol{u}, \boldsymbol{A}^T \boldsymbol{p} \rangle = \boldsymbol{u}^T A^T p$$
$$\langle \boldsymbol{Au}, \boldsymbol{p} \rangle = (\boldsymbol{Au})^T \mathbf{p} = \boldsymbol{u}^T \boldsymbol{A}^T \boldsymbol{p}$$

于是 $\langle \boldsymbol{u}\, \boldsymbol{A}^T \boldsymbol{p} \rangle = \langle \boldsymbol{Au}, \boldsymbol{p} \rangle$。

以 Fokker – Planck 方程为例，$\frac{\partial p}{\partial t} = \mathcal{A}^* [p]$，它其实比较类似于 $\dot{\boldsymbol{p}}(t) =$

$\boldsymbol{A}^T\boldsymbol{p}(t)$，而$\boldsymbol{A}^T$表示某个矩阵的转置。

在线性代数中，在讨论矩阵时，会讨论矩阵的特征向量和特征值，那么算子有“特征值”和“特征向量”相类似的概念吗？如果有，在给定一函数$p(x,t)$时，如何找到它对应的“特征值”和“特征向量”呢？

首先，第一个问题的答案是算子有“特征值”和“特征向量”相类似的概念，但不再称为特征向量，而称为特征函数。此外，请参见本章第六节关于 Sturm – Liouville 问题的讨论，我们知道常见的解偏微分方程的方法有分离变量法，于是：$p(x,t) = \sum_{n=1}^{\infty} p_n(x,t)$，而$p_n(x,t) := X_n(x)T_n(t)$，则$X_n(x)$为特征函数，而其对应的$\lambda_n$被称为特征值。在给定初值条件时$p_0(x) := \sum_{n=1}^{\infty} X_n(x)T_n(0) = \sum_{n=1}^{\infty} a_n X_n(x)$。具体的例子可见本章第六节中关于 Fokker – Planck 方程边界问题的讨论。

我们仍以 Fokker – Planck 方程$\frac{\partial p}{\partial t} = \mathcal{A}^*[p]$为例，如果$X_n(x)$为$p(x,t)$的特征函数，而$\boldsymbol{\lambda}_n$是该特征函数对应的特征值，则有

$$\lambda_n X_n(x) = \mathcal{A}^*[X_n(x)] \Leftrightarrow \lambda_n X_n = \mathcal{A}^* X_n$$

因此，线性代数和算子运算之间有对应关系，具体见表 5 – 14。

表 5 – 14　线性代数和算子运算之间有对应关系

线性代数	算子运算
向量 $\boldsymbol{u}$	函数 $u(x,t)$
矩阵 $\boldsymbol{A}$	（线性）算子 $\mathcal{A}$
转置 $\boldsymbol{A}^T$	伴随算子 $\mathcal{A}^*$
特征向量 $\boldsymbol{v}_j$	特征函数 $X_n(x)$
特征值 λ_j	特征值 λ_n
$\lambda_j \boldsymbol{v}_j = \boldsymbol{A}^T \boldsymbol{v}_j$	$\lambda_n X_n = \mathcal{A}^* X_n$

第七节　首达过程

一、首达过程的概率学视角

如果有一随机过程 $X = \{X_t, t \geq 0\}$，且满足定义 $(\Omega, \mathcal{F}, P, \{\mathcal{F}_t\}_{t\geq 0})$，则首达过程 T_a 的定义是：给定一个关于随机过程 X_t 的水平 a，随机过程 X_t 首次触及 a 的时间，用数学语言表示为

$$T_a(X) = \inf\{t \geq 0, X_t = a\}$$

需要明确的是：首先，首达过程 T_a 针对 X_t，因此准确的写法是 $T_a(X)$；其次，需要给出一个（或两个）具体的水平值，比如，水平值 a，但也可以规定一个区间，比如 $[a,b]$，如果是一个区间，视随机过程 X_t 为一粒子，则可以定义粒子首次进入或逃离 $[a,b]$ 的时间 $T_{a,b}(X)$；最后还需要注意，首达时间 $T_a(X)$ 可为无穷大，如果水平值 a 永远无法触及。

定义和研究首达过程，可以从概率学视角，也可以借用偏微分方程的视角。此外，精算学和人口学领域的研究也常常涉及首达过程，但是该领域更习惯基于首达过程的性质定义诸如：幸存函数、事件函数以及危险函数等概念。这些概念并不复杂，但分散在不同学科之间，彼此之间也采用了较为不一样的符号和语言习惯，在本节中，我们进行了总结和归纳，并都给出了较为详细的讨论。

（一）标准维纳过程的首达时间

令 T_a 表示标准布朗运动 W_t 首次达到 a 的时间，为简单起见，我们假设 $a > 0$，则有：

(1) $P(T_a \leq t) = 2P(W_t \geq a)$；

(2) $P(T_a \leq t) = \dfrac{2}{\sqrt{2\pi}}\displaystyle\int_{a/\sqrt{t}}^{\infty} e^{-y^2/2}dy$；

(3) T_a 的概率密度函数为 $f_{T_a}(t) = \dfrac{|a|}{t^{3/2}\sqrt{2\pi}}e^{-\frac{a^2}{2t}}$。

证明：

当 $a > 0$ 时，如果试图计算 $P(T_a \leq t)$，可通过计算 $P(W_t \geq a)$，并分别考虑时间是否满足 $T_a \leq t$ 或满足 $T_a > t$，于是利用条件概率公式有

$$P(W_t \geqslant a) = \left\{ \begin{array}{l} P(W_t \geqslant a \mid T_a \leqslant t)P(T_a \leqslant t) \\ + P(W_t \geqslant a \mid T_a > t)P(T_a > t) \end{array} \right\} \quad (5-21)$$

下面分别讨论等式右边的第一项和第二项。

我们先讨论第一项，即：$T_a \leqslant t$ 的情形，此时布朗运动会在 $[0,t]$ 内某时间点触及 a ，即：$0 \leqslant T_a \leqslant t$ ，于是我们可以认为在此情形下，随机过程 W_t 在 a 之上和在 a 之下的概率各为0.5，则有：$P(W_t \geqslant a \mid T_a \leqslant t) = \frac{1}{2}$。

下面讨论第二项，显而易见，第二项应该等于零。原因是：根据布朗运动具有连续性，随机过程 W_t 的值不可能在还不曾触及 a 之前就大于 a 。

于是式（5-21）可以化简为

$$P(W_t \geqslant a) = \frac{1}{2}P(T_a \leqslant t) \Rightarrow P(T_a \leqslant t) = 2P(W_t \geqslant a)$$

于是第一个结论问得证。

下面证明第二个结论。因为有

$$\begin{aligned} P(T_a \leqslant t) &= 2P(W_t \geqslant a) \\ &= \frac{2}{\sqrt{2\pi t}}\int_a^{\infty} e^{-x^2/2t}dx = \frac{2}{\sqrt{2\pi}}\int_{a/\sqrt{t}}^{\infty} e^{-y^2/2}dy, a > 0 \end{aligned}$$

于是第二个结论得证。

拓展：当 $a < 0$ 时，利用布朗运动的对称性可知 T_a 和 T_{-a} 具有同样的分布，于是有

$$P(T_a \leqslant t) = \frac{2}{\sqrt{2\pi}}\int_{|a|/\sqrt{t}}^{\infty} e^{-y^2/2}dy, \quad a < 0$$

即

$$P(W_t \geqslant a) = \frac{1}{\sqrt{2\pi}}\int_{|a|/\sqrt{t}}^{\infty} e^{-y^2/2}dy$$

于是第三个结论得证。

此外，有时还将 $P(T_a \leqslant t)$ 直接写为 $P(T_a \leqslant t) = 1 + \Phi\left(-\frac{|a|}{\sqrt{t}}\right) - \Phi\left(\frac{|a|}{\sqrt{t}}\right)$。

（二）反射规则

1. 反射规则的定义

首先定义 $T_m = \inf\{t \geqslant 0 : W_t = m\}, m > 0$ 为首达时间（first passage time）。然后令 $w \leqslant m, m > 0$ 。性质：$P(T_m \leqslant t, W_t \leqslant w) = P(W_t \geqslant 2m - w)$。

证明：

因为有 $W_{T_m}=m$，于是有

$$P(T_m\leqslant t,W_t\leqslant w)=P(T_m\leqslant t,2W_{T_m}-W_t\leqslant w)$$
$$=P(W_t\geqslant 2m-w)$$

2. 反射规则的另外一种陈述

关于 $x=b$ 反射的布朗运动 $X(t)$，可知有以下规则

$$\tilde{X}(t)=\begin{cases}X(t), & t<T_b\\ 2b-X(t), & t>T_b\end{cases}$$

注意，$X(t)$ 是无限制的布朗运动，而反射布朗运动是 $\tilde{X}(t)$。

二、首达过程的偏微分方程视角

（一）首达过程与偏微分方程的关系：以布朗运动为例

假设有一粒子在一维空间运动（即在实轴上随机运动），它满足随机过程的 SDE 为：$\mathrm{d}X_t=\sqrt{2D}\mathrm{d}W_t$，其中，$D$ 为常数，则利用 Fokker – Planck 方程的知识可以直接写出热传导方程的柯西问题

$$\text{PDE}\quad \frac{\partial p(x,t\mid x_0)}{\partial t}=D\frac{\partial^2 p(x,t\mid x_0)}{\partial x^2},\ -\infty<x<\infty$$

$$\text{IC}\quad p(x,t=0\mid x_0)=\delta(x-x_0)$$

其中，$\delta(x-x_0)$ 表示在 x_0 位置处的 Delta 函数。

利用维纳过程的基本性质，可知维纳过程的概率密度函数为

$$p(x,t;x_0)=\frac{1}{\sqrt{4\pi Dt}}\exp\left(-\frac{(x-x_0)^2}{4Dt}\right)$$

注意此处，我们说的是维纳过程，并非说的是标准维纳过程，即我们允许 $x_0\neq 0$。

下面我们考虑一个问题，即：一个粒子按我们的设定运动，运行到 x_c 位置时停止运动，这就等同于在 x_c 位置被“吸收”了。

在 PDE 问题中，需要给 PDE 设置一个边界条件，即：边界条件为 $p(x_c,t)=0$，则满足边界条件的随机过程 X_t 的概率密度函数的表达式为

$$p(x,t;x_0,x_c)=\frac{1}{\sqrt{4\pi Dt}}\left\{\exp\left(-\frac{(x-x_0)^2}{4Dt}\right)-\exp\left[-\frac{(x-(2x_c-x_0))^2}{4Dt}\right]\right\},x<x_c$$

根据以上结论，我们需要做几点说明：

第一，除了需要了解“吸收”问题外，还有一个相关的问题，即“反射问题”。

第二，反射问题的本质是将 BC 设置为：$\left.\frac{\partial p(x_c,t)}{\partial x}\right|_{x=x_c}=0$。

第三，吸收、反射问题常用于美式期权的定价、奇异期权（比如，障碍期权）中，此外在量化投资中，吸收、反射问题也非常常见，比如，投资人何时入场，何时退出，都类似于吸收问题，也就是我们下面马上要介绍的“首达过程”。

（二）首达过程与生存函数的关系：以布朗运动为例

仍然以 $\mathrm{d}X_t=\sqrt{2D}\mathrm{d}W_t$ 为例，本部分将首达过程、Fokker－Planck 方程以及精算学与人口学中的若干概念联系起来，这样的讨论（以笔者最好的认知）在经济学与金融学专著或论文中较为少见，因此有必要撰写本部分。这也算是本书的一个“极小（但无法忽视）”的理论贡献。

1. 从偏微分方程视角的定义

利用前面讨论的结果，下面定义幸存概率（survival probability）

$$S(t):=\int_{-\infty}^{x_c}p(x,t;x_0,x_c)\mathrm{d}x=erf\left(\frac{x_c-x_0}{2\sqrt{Dt}}\right)$$

其中，$erf(\cdot)$ 表示误差函数①。

而首达时间密度（first passage time density，FPTD）的定义是

$$f(t)=-\frac{\partial S(t)}{\partial t}\Leftarrow f(t)\mathrm{d}t:=S(t)-S(t+\mathrm{d}t)\Leftrightarrow f(t):=\frac{S(t)-S(t+\mathrm{d}t)}{\mathrm{d}t}$$

将以上结果代入，可得

$$f(t)\equiv\frac{|x_c-x_0|}{\sqrt{4\pi Dt^3}}\exp\left(-\frac{(x_c-x_0)^2}{4Dt}\right)$$

该结果满足 Levy 分布②。

请特别注意，当 $t\gg\frac{(x_c-x_0)^2}{4D}$ 时，若 $\Delta x:=|x_c-x_0|$，此时 $f(t)=\frac{\Delta x}{\sqrt{4\pi Dt^3}}\sim t^{-3/2}$。

---

① 误差函数的定义是：$erf(x):=\frac{1}{\sqrt{\pi}}\int_{-x}^{x}\mathrm{e}^{-u^2}\mathrm{d}u=\frac{2}{\sqrt{\pi}}\int_{0}^{x}\mathrm{e}^{-u^2}\mathrm{d}u$。

② Levy 分布为 $f(x;\mu,c)=\sqrt{\frac{c}{2\pi}}\frac{\mathrm{e}^{-\frac{c}{2(x-\mu)}}}{(x-\mu)^{3/2}},x\geqslant\mu$。

2. 从精算学和人口学的视角定义

在精算学和人口学中，幸存概率被定义为 $S(t)=P(T>t)$，而在精算学和人口学中，首达时间密度（FPTD）很少被使用，而精算学和人口学专家更喜欢使用事件分布（event probability）$F(t)$ 这一概念，它的定义公式为

$$F(t):=P(T\leqslant t)=1-S(t)$$

事件分布 $F(t)$ 与首达时间密度 $f(t)$ 之间满足 $f(t)=F'(t)=\frac{\mathrm{d}}{\mathrm{d}t}F(t)$ 的关系。于是我们可以有以下推论

$$S(t)=P(T>t)=\int_t^{\infty}f(u)\,\mathrm{d}u=1-F(t)$$

$$s(t)=S'(t)=\frac{\mathrm{d}}{\mathrm{d}t}S(t)=\frac{\mathrm{d}}{\mathrm{d}t}\int_t^{\infty}f(u)\,\mathrm{d}u=\frac{\mathrm{d}}{\mathrm{d}t}[1-F(t)]=-f(t)$$

其中，$s(t)$ 被称为危险（harzard）函数。人口学和精算学中还有一些常用的概念，比如，危险函数、危险指标、累积危险函数和未来期望生命值。

危险函数的定义为

$$\lambda(t)=\lim_{\mathrm{d}t\to 0}\frac{P(t\leqslant T<t+dt)}{\mathrm{d}t\cdot S(t)}=\frac{f(t)}{S(t)}=-\frac{S'(t)}{S(t)}$$

危险指标的定义为

$$\mu(t)=-\frac{\mathrm{d}}{\mathrm{d}t}\ln(S(t))=\frac{f(t)}{S(t)}$$

一些比较重要的结论

$$\int_t^{t+\tau}\mu(s)\,\mathrm{d}s=\int_t^{t+\tau}-\frac{\mathrm{d}}{\mathrm{d}s}\ln[S(s)]\,\mathrm{d}s\Rightarrow\int_t^{t+\tau}\mu(s)\,\mathrm{d}s=\ln[S(t+\tau)]-\ln[S(t)]$$

$$\Rightarrow S_t(\tau):=\frac{S(t+\tau)}{S(t)}=\exp\left(\int_t^{t+\tau}\mu(s)\,\mathrm{d}s\right)$$

此外，一般习惯写为

$$S_0(t+\tau):=S_0(t)S_t(\tau)$$

而累积危险函数的定义为：$\Lambda(t)=-\log S(t)$，较常用的性质有

$$\Lambda(t)=-\log S(t)\Leftrightarrow S(t)=\exp[-\Lambda(t)]=\exp\left(-\int_0^t\lambda(u)\,\mathrm{d}u\right)$$

$$\Rightarrow\frac{\mathrm{d}}{\mathrm{d}t}\Lambda(t)=-\frac{S'(t)}{S(t)}=\lambda(t)\Leftrightarrow\Lambda(t)=\int_0^t\lambda(u)\,\mathrm{d}u$$

以及

$$S(t) = \exp(-\Lambda(t)) = 1 - F(t), t > 0$$

下面讨论未来期望生命值（expected future lifetime）的概念。

我们首先定义在给定生存在 t_0，但在 $t_0 + t$ 死亡的概率

$$P(T \leqslant t_0 + t \mid T > t_0) = \frac{P(t_0 < T \leqslant t_0 + t)}{P(T > t_0)} = \frac{F(t_0 + t) - F(t_0)}{S(t_0)}$$

$$\Rightarrow \frac{\mathrm{d}}{\mathrm{d}t}\frac{F(t_0 + t) - F(t_0)}{S(t_0)} = \frac{f(t_0 + t)}{S(t_0)}$$

则未来期望生命值被定义为

$$\frac{1}{S(t_0)}\int_0^{\infty} tf(t_0 + t)\,\mathrm{d}t = \frac{1}{S(t_0)}\int_{t_0}^{\infty} S(t)\,\mathrm{d}t$$

三、首达过程与 Cox 版本的 Kolmogorov 倒向方程

在前面章节介绍了 Cox 版本的 Kolmogorov 倒向方程。根据式（5－20），齐次扩散过程 X_t 的概率密度函数为 $p(x_0, x; t)$，而初始值为 $X_0 = x_0$。

为了将式（5－20）这个偏微分方程和首达过程联系在一起，Cox and Miller（1965，p. 230）对偏微分方程的边界做了这样的设定：首先，这是一个具有两个吸收障碍的边界问题，边界在 $x = -b$ 和 $x = a$（$b > 0, -b < a$）处；然后，认为 $-b < X_0 = x_0 < a$；最后用 $T_{(-b,a)\mid x_0}$ 表示从 x_0 开始运动的随机过程首次触及边界的时间。则此时的柯西边界问题可以写为

$$\begin{cases} \text{PDE} \quad \dfrac{p(x_0, x; t)}{\partial t} = a(x_0)\dfrac{\partial p(x_0, x; t)}{\partial x_0} + \dfrac{1}{2}b(x_0)^2\dfrac{\partial^2 p(x_0, x; t)}{\partial {x_0}^2} \quad (x_0, t) \in (-b, a) \times (0, \infty) \\ \text{IC} \quad p_0(x_0) = \delta(x_0) \\ \text{BC} \quad p(-b, x; t) = p(a, x; t) = 0 \quad t > 0 \end{cases}$$

利用 $p(x_0, x; t)$ 定义幸存概率 $S(t)$ 和首达时间密度（FPTD）$f(t)$，即

$$S(t) := P(T_{(-b,a)\mid x_0} > t) = \int_{-b}^{a} p(x_0, x; t)\,\mathrm{d}x = \int_t^{\infty} f(u)\,\mathrm{d}u = 1 - F(t)$$

而

$$f(t) = -\frac{\partial S(t)}{\partial t}, F(t) = 1 - \int_t^{\infty} f(u)\,\mathrm{d}u$$

Cox and Miller 在其后的推导中，借用了 Laplace 变换的思想，更多讨论参见 Cox and Miller（1965，p. 230）或者参见 Gardiner（2003，p. 136－139）。

第八节　停时过程的基础概念和事实

一、离散停时过程

令 $(\Omega,\mathcal{F},\mathbb{P})$ 是一个概率空间并且定义 $\{\mathcal{F}_n, n=0,1,2,\cdots\}$ 是一个关于 $\mathcal{F}$ 的子 σ - 场且递增序列。而停时过程对于 $\{\mathcal{F}_n : n\geqslant 0\}$ 是一个函数: $T:\Omega\to\{0,1,\cdots,\infty\}$, 使得 $\{T\leqslant n\}\in\mathcal{F}_n$ 对于每一个 $n\geqslant 0$。

停时过程是一系列的随机变量 $\{X_n\}_{n\geqslant 0}$, 它是相对于 σ - 场, $\mathcal{F}_n = \sigma(X_0, X_1, \cdots, X_n)$。

以上的定义是将时间下标设置为从 0 开始，但是我们也可以将时间设置为从 1 开始。

二、连续停时过程

令 $(\Omega,\mathcal{F},\mathbb{P})$ 是一个概率空间并且定义 $\{\mathcal{F}_t : a\leqslant t\leqslant b\}$ 是一个域流过程（filtration）。停时过程针对这个域流过程的函数是: $\tau:\Omega\to[a,b]$, 使得 $\{\tau\leqslant t\}\in\mathcal{F}_t$ 对所有 $t\in[a,b]$。

三、事件在 T 之前

令 $\{\mathcal{F}_n, n=0,1,2,\cdots\}$ 是一个关于 $\mathcal{F}$ 的子 σ - 场且递增序列。令 T 是关于 $\{\mathcal{F}_n : n\geqslant 0\}$ 的停时过程。我们说一个事件 A 在 T 之前有且仅当 $A\cap\{T\leqslant n\}\in\mathcal{F}_n, \forall n\geqslant 0$ 成立，且 $A\in\mathcal{F}$。

所有的在 T 的集合的集合（即：集族，collection 或叫 family）被定义为 $\mathcal{F}_T$

$$\mathcal{F}_T = \{A\in\mathcal{F} : A\cap\{T\leqslant n\}\in\mathcal{F}_n, n=0,1,\cdots\}$$

对于某一连续时间停时过程 τ，它首先是针对域流过程 $\{\mathcal{F}_t : a\leqslant t\leqslant b\}$ 的，则

$$\mathcal{F}_\tau = \{A\in\mathcal{F} : A\cap\{\tau\leqslant t\}\in\mathcal{F}_t \text{ for all } t\in[a,b]\}$$

四、到达时间与退出时间

令 $\{X_t : t\geqslant 0\}$ 是适应某些域流过程 $\{\mathcal{F}_t : t\geqslant 0\}$ 的随机过程。令 A 是关于 R 的可测子集。则到达时间 A 被定义为

$$T_A = \begin{cases} \inf\{t \geq 0: X_t \in A\}, & \{t \geq 0: X_t \in A\} \neq \varnothing \\ \infty, & \text{其他情形} \end{cases}$$

而从集合 A 中退出的时间定义为

$$\tau_A = T_{R\setminus A} = \begin{cases} \inf\{t \geq 0: X_t \notin A\}, & \{t \geq 0: X_t \notin A\} \neq \varnothing \\ \infty, & \text{其他情形} \end{cases}$$

五、最优停时定理

令 $I = [0, \infty)$ 或者 $I = \mathbb{N}$，令 $\{X_t: t \in I\}$ 是一个在概率空间 $(\Omega, \mathcal{F}, \mathbb{P})$ 上的一个右连续的鞅过程，其对应的域流过程为 $\{\mathcal{F}_t: t \in I\}$。假设 τ_1 和 τ_2 是两个有界的停时过程，且 $\tau_1 \leq \tau_2$，则有：$\mathbb{E}[X_{\tau_2} \mid \mathcal{F}_{\tau_1}] = X_{\tau_1}$，此外 $\mathcal{F}_{\tau_1} = \{A \in \mathcal{F}: A \cap \{\tau_1 \leq t\} \in \mathcal{F}_t, t \in I\}$。

推论 1：如果 $\{X_t: t \in I\}$ 是右连续的上鞅（supermartinagale），则有

$$\mathbb{E}[X_{\tau_2} \mid \mathcal{F}_{\tau_1}] \leq X_{\tau_1}$$

推论 2：如果 $\{X_t: t \in I\}$ 是右连续的下鞅（submartinagale），则有

$$\mathbb{E}[X_{\tau_2} \mid \mathcal{F}_{\tau_1}] \geq X_{\tau_1}$$

六、最优抽样理论

令 $I = [0, \infty)$ 或者 $I = \mathbb{N}$，令 $\{X_t: t \in I\}$ 是一个在概率空间 $(\Omega, \mathcal{F}, \mathbb{P})$ 上的右连续的鞅过程，其对应的域流过程为 $\{\mathcal{F}_t: t \in I\}$。如果 τ 是停时过程（非必要有限）。则 $\{X_{\tau \wedge t}: t \in I\}$ 是一个相对于域流过程 $\{\mathcal{F}_{\tau \wedge t}: t \in I\}$ 的鞅过程。

第九节　Chapman – Kolmogorov 方程的微分形式

此部分主要参考了 Gardiner（2003，p. 115 – 129）。以下是 Chapman – Kolmogorov 方程的微分形式

$$0 = \left\{ \begin{aligned} & -\sum_i \frac{\partial}{\partial z_i}[A_i(z) p(z, t \mid \boldsymbol{y}, t')] + \frac{1}{2} \sum_{i,j} \frac{\partial^2}{\partial z_i \partial z_j}[B_{ij}(z) p(z, t \mid \boldsymbol{y}, t')] \\ & + \int [W(z \mid \boldsymbol{x}) p(\boldsymbol{x}, t \mid \boldsymbol{y}, t') - W(\boldsymbol{x} \mid z) p(z, t \mid \boldsymbol{y}, t')] \mathrm{d}\boldsymbol{x} \end{aligned} \right\}$$

它的基本设定是

$$\lim_{\Delta t \to 0} \frac{1}{\Delta t} \int_{|x - z| > \varepsilon} p(\boldsymbol{x}, t + \Delta t \mid z, t) \mathrm{d}\boldsymbol{x} = 0$$

和

$$\lim_{\Delta t \to 0} p(x,t+\Delta t \mid z,t) = \delta(x-z)$$

此外，有以下三点需要注意：

第一，

$$\lim_{\Delta t \to 0} \frac{p(x,t+\Delta t \mid z,t)}{\Delta t} = W(x \mid z,t) \text{ , } \mid \boldsymbol{x}-\boldsymbol{z} \mid \geqslant \varepsilon$$

此外

$$\lim_{\Delta t \to 0} \frac{1}{\Delta t} \int_{\mid x-z \mid > \varepsilon} p(\boldsymbol{x},t+\Delta t \mid \boldsymbol{z},t) \mathrm{d}\boldsymbol{x} = 0$$

第二，

$$\lim_{\Delta t \to 0} \frac{1}{\Delta t} \int_{\mid x-z \mid < \varepsilon} (x_i - z_i) p(x,t+\Delta t \mid z,t) \mathrm{d}x = A_i(z,t) + O(\varepsilon)$$

第三，

$$\lim_{\Delta t \to 0} \frac{1}{\Delta t} \int_{\mid x-z \mid < \varepsilon} \mathrm{d}x (x_i - z_i)(x_j - z_j) p(x,t+\Delta t \mid z,t) = B_{ij}(z,t) + O(\varepsilon)$$

由于更高阶的关系应该尽量消失，也就是说

$$\lim_{\Delta t \to 0} \frac{1}{\Delta t} \int_{\mid x-z \mid < \varepsilon} \mathrm{d}x (x_i - z_i)(x_j - z_j)(x_k - z_k) p(x,t+\Delta t \mid z,t) = C_{ijk}(z,t) + O(\varepsilon)$$

为了达到目的，我们需要把 $\boldsymbol{x}$ 分为两部分讨论，第一部分是 $|\boldsymbol{x}-\boldsymbol{z}| \geqslant \varepsilon$，第二部分是 $|\boldsymbol{x}-\boldsymbol{z}| < \varepsilon$ 。

假设有一函数 $f(z)$ ，现在我们利用 $p(\boldsymbol{x},t \mid \boldsymbol{y},t')$ 计算它的期望值，则

$$\mathbb{E}[f(\boldsymbol{x})] := \int f(\boldsymbol{x}) p(\boldsymbol{x},t \mid \boldsymbol{y},t') \mathrm{d}\boldsymbol{x}$$

下面讨论该结果关于时间的偏导数，则可以定义为

$$\partial_t \int f(\boldsymbol{x}) p(\boldsymbol{x},t \mid \boldsymbol{y},t') \mathrm{d}\boldsymbol{x} := \lim_{\Delta t \to 0} \frac{1}{\Delta t} \left\{ \int f(\boldsymbol{x}) [p(\boldsymbol{x},t+\Delta t \mid \boldsymbol{y},t') - p(\boldsymbol{x},t \mid \boldsymbol{y},t')] \mathrm{d}\boldsymbol{x} \right\}$$

为了能继续进行讨论，现在需要引入 $(\boldsymbol{z},t)$ 的重要性，我们先研究一下：$\int f(\boldsymbol{x}) p(\boldsymbol{x},t \mid \boldsymbol{y},t') \mathrm{d}\boldsymbol{x}$ 等于什么？对其做以下变形

$$\int f(\boldsymbol{x}) p(\boldsymbol{x},t \mid \boldsymbol{y},t') \mathrm{d}\boldsymbol{x} = \iint f(\boldsymbol{x},\boldsymbol{z}) p(\boldsymbol{x},\boldsymbol{z},t \mid \boldsymbol{y},t') \mathrm{d}\boldsymbol{z} \mathrm{d}\boldsymbol{x}$$

$$= \iint f(\boldsymbol{x},\boldsymbol{z}) p(\boldsymbol{x},t \mid \boldsymbol{z},t,\boldsymbol{y},t') p(\boldsymbol{z},t \mid \boldsymbol{y},t') \mathrm{d}\boldsymbol{z} \mathrm{d}\boldsymbol{x}$$

$$= \iint f(\boldsymbol{x},\boldsymbol{z}) p(\boldsymbol{z},t \mid \boldsymbol{x},t,\boldsymbol{y},t') p(\boldsymbol{x},t \mid \boldsymbol{y},t') \mathrm{d}\boldsymbol{x} \mathrm{d}\boldsymbol{z}$$

$$= \iint f(\boldsymbol{x},\boldsymbol{z}) p(\boldsymbol{z},t \mid \boldsymbol{x},t,\boldsymbol{y},t') p(\boldsymbol{x},t \mid \boldsymbol{y},t') \mathrm{d}\boldsymbol{x} \mathrm{d}\boldsymbol{z}$$

$$= \iint f(\boldsymbol{x},\boldsymbol{z}) p(\boldsymbol{z},t \mid \boldsymbol{y},t') p(\boldsymbol{x},t \mid \boldsymbol{y},t') \mathrm{d}\boldsymbol{x} \mathrm{d}\boldsymbol{z}$$

$$= \int \{ [\int f(\boldsymbol{x},\boldsymbol{z}) p(\boldsymbol{x},t \mid \boldsymbol{y},t') \mathrm{d}\boldsymbol{x}] p(\boldsymbol{z},t \mid \boldsymbol{y},t') \} \mathrm{d}z$$

$$= \int f(\boldsymbol{z}) p(\boldsymbol{z},t \mid \boldsymbol{y},t') \mathrm{d}z$$

以上变形成立需要假设 $p(\boldsymbol{z},t \mid \boldsymbol{x},t,\boldsymbol{y},t') = p(\boldsymbol{z},t \mid \boldsymbol{y},t')$，利用以上变形结果，则有

$$\partial_t \int f(\boldsymbol{x}) p(\boldsymbol{x},t \mid \boldsymbol{y},t') \mathrm{d}\boldsymbol{x} = \lim_{\Delta t \to 0} \frac{1}{\Delta t} \left\{ \begin{array}{l} \iint f(\boldsymbol{x}) p(\boldsymbol{x},t+\Delta t \mid \boldsymbol{z},t) p(\boldsymbol{z},t \mid \boldsymbol{y},t') \mathrm{d}z\mathrm{d}\boldsymbol{x} \\ - \int f(\boldsymbol{z}) [p(\boldsymbol{z},t \mid \boldsymbol{y},t')] \mathrm{d}z \end{array} \right\} \tag{5-22}$$

而 $f(\boldsymbol{x})$ 利用泰勒展开式，则有

$$f(\boldsymbol{x}) = f(\boldsymbol{z}) + \sum_i \frac{\partial f(\boldsymbol{z})}{\partial z_i}(x_i - z_i) + \sum_{i,j} \frac{1}{2} \frac{\partial^2 f(\boldsymbol{z})}{\partial z_i \partial z_j}(x_i - z_i)(x_j - z_j) + |\boldsymbol{x} - \boldsymbol{z}|^2 R(\boldsymbol{x},\boldsymbol{z})$$

且认为 $|R(\boldsymbol{x},\boldsymbol{z})| \to 0$，当 $|\boldsymbol{x} - \boldsymbol{z}| \to 0$，将相关结果带回式（5－22），则

$$\partial_t \int f(\boldsymbol{x}) p(\boldsymbol{x},t \mid \boldsymbol{y},t') \mathrm{d}\boldsymbol{x} = \lim_{\Delta t \to 0} \frac{1}{\Delta t} \left\{ \begin{array}{l} \iint_{|x-z|<\varepsilon} \left[\sum_i (x_i - z_i) \frac{\partial f}{\partial z_i} + \sum_{i,j} \frac{1}{2}(x_i - z_i)(x_j - z_j) \frac{\partial^2 f}{\partial z_i \partial z_j} \right] \\ \times p(\boldsymbol{x},t+\Delta t \mid \boldsymbol{z},t) p(\boldsymbol{z},t \mid \boldsymbol{y},t') \mathrm{d}\boldsymbol{x}\mathrm{d}z \\ + \iint_{|x-z|<\varepsilon} |\boldsymbol{x} - \boldsymbol{z}|^2 R(\boldsymbol{x},z) p(\boldsymbol{x},t+\Delta t \mid \boldsymbol{z},t) p(\boldsymbol{z},t \mid \boldsymbol{y},t') \mathrm{d}\boldsymbol{x}\mathrm{d}z \\ + \iint_{|x-z| \geqslant \varepsilon} f(\boldsymbol{x}) p(\boldsymbol{x},t+\Delta t \mid \boldsymbol{z},t) p(\boldsymbol{z},t \mid \boldsymbol{y},t') \mathrm{d}\boldsymbol{x}\mathrm{d}z \\ + \iint_{|x-z|<\varepsilon} f(\boldsymbol{z}) p(\boldsymbol{x},t+\Delta t \mid \boldsymbol{z},t) p(\boldsymbol{z},t \mid \boldsymbol{y},t') \mathrm{d}\boldsymbol{x}\mathrm{d}z \\ - \iint f(\boldsymbol{z}) p(\boldsymbol{x},t+\Delta t \mid \boldsymbol{z},t) p(\boldsymbol{z},t \mid \boldsymbol{y},t') \mathrm{d}\boldsymbol{x}\mathrm{d}z \end{array} \right\}$$

经过恰当处理，则可得

$$\partial_t p(\boldsymbol{z},t \mid \boldsymbol{y},t') = \left\{ \begin{array}{l} - \sum_i \frac{\partial}{\partial z_i} [A_i(\boldsymbol{z},t) p(\boldsymbol{z},t \mid \boldsymbol{y},t')] \\ + \sum_{i,j} \frac{1}{2} \frac{\partial^2}{\partial z_t \partial z_j} [\boldsymbol{B}_{ij}(\boldsymbol{z},t) p(\boldsymbol{z},t \mid \boldsymbol{y},t')] \\ + \int [W(\boldsymbol{z} \mid \boldsymbol{x},t) p(\boldsymbol{x},t \mid \boldsymbol{y},t') - W(\boldsymbol{x} \mid \boldsymbol{z},t) p(\boldsymbol{z},t \mid \boldsymbol{y},t')] \mathrm{d}\boldsymbol{x} \end{array} \right\}$$

+ 若干表面项

该式子被称为 Chapman－Kolmogorov 方程的微分形式。

此外，一般而言，$p(\boldsymbol{z},t \mid \boldsymbol{y},t') = \delta(\boldsymbol{y} - \boldsymbol{z})$。

需要注意的是，这个式子有一个隐含条件，即质量守恒，也就说是，在恰当的边界条件设定下，假设在边界处，没有进入或者退出，如果要考虑进入和退出时，则需写为

$$\partial_t p(z,t \mid y,t') =$$

$$\left\{ \begin{array}{l} -\sum_i \frac{\partial}{\partial z_i}[A_i(z,t)p(z,t \mid \boldsymbol{y},t')] + \sum_{i,j} \frac{1}{2} \frac{\partial^2}{\partial z_i \partial z_j}[\boldsymbol{B}_{ij}(z,t)p(z,t \mid \boldsymbol{y},t')] \\ + \int [W(z \mid \boldsymbol{x},t)p(\boldsymbol{x},t \mid \boldsymbol{y},t') - W(\boldsymbol{x} \mid z,t)p(z,t \mid \boldsymbol{y},t')]\mathrm{d}\boldsymbol{x} \end{array} \right\}$$

+ 若干表面项。

第十节 扩展阅读

本章涉及的内容主要包括中高级数理统计知识、随机过程分析、偏微分方程知识。如果读者对后续知识感兴趣，现给出以下阅读建议。

Ross（2014）的教材介绍了帕累托分布、泊松过程、复合泊松过程、首达过程，此外还介绍了基础的随机微分方程的知识，可作为入门级教材。介绍偏微分方程的教材虽然非常多，但是这些教材多以物理学为基础，所举例子也多与物理及工程相关。此外，这类偏微分方程的书籍往往还以介绍波动方程为主，而非以介绍热传导方程为主。

Farlow（1993）和 Petrovsky（2012）可以帮助读者较快地理解偏微分方程的相关知识，但是这些书籍仅以介绍偏微分方程为主，不涉及概率论与偏微分方程相结合的知识。Salsa（2016）的第一、二章做了将随机过程与偏微分方程统一介绍的尝试，试图向读者展示随机过程与偏微分方程之间的深刻联系，但该书属于中高级教材，要求读者有较好的数学基础。Pascucci（2011）是较系统地从偏微分方程角度介绍随机过程的专著，遗憾的是，因该书主要是介绍金融衍生品的定价，因此主要的篇幅在利用 Feynman - Kac 方程作为工具进行研究，而在研究企业异质性问题时，我们更依赖于 Fokker - Planck 方程。一般而言，初级偏微分方程教材主要是介绍如何计算偏微分方程，因此主要是偏“计算”而不侧重“分析”。利用算子的思想理解偏微分方程的解，属于数学分析的范畴。从算子角度解释偏微分方程的解，可参见 Olver（2014，p. 348 - 360）。

Potter（2004）是较为系统全面介绍随机分析的专著，但对读者的数学基础有一定的要求。厄克森达尔（2012）也是一本较为系统地介绍随机微分方程的专著。一般而言，介绍扩散随机过程的专著较多，而介绍跳跃—扩散随机过程的专著较少。E. Platen 和 Bruti - Liberati（2010）是较为系统地介绍跳跃—扩散随机过程的专著。

Jeanblanc 等（2009）较为系统全面地从概率论视角介绍了首达过程以及停时过程。Redner（2011）是当下唯一一本系统介绍首达过程的专著，但是该专著以粒子物理学为基础介绍首达过程，对经济与管理类的科研人员不太友好。

如果试图要理解清楚 Moll 的异质性模型的数值解问题，可先系统地了解金融衍生品定价的数值解方法，关于金融衍生品定价的数值解方法可参见 Y. Achdou 和 O. Pironneau（2005）。

第十一节　本章小结

最后，笔者需要专门声明，本章介绍的每种数学工具，都并非原创，笔者也没有在任何数学细分领域做出过原创性理论贡献，但本章确实具有科研价值。首先本书找到了需要解决“企业异质性”问题的（几乎所有）的数学工具；第二是系统地、有体系地将这些数学工具串联在了一起。

尤其值得一提的是，随机过程的描述可以从偏微分方程视角和概率视角展开，而二者结合并统一起来讨论，应用于经济学研究中，以笔者目前最好的认知，这样的专著，在国内和国外都非常少见，本书做了一次这样的尝试，这也算是本书的理论贡献之一，希望读者不要低估本部分的理论贡献。笔者相信读者读完本章后，会发现本章的重要性和必要性。如果没有本章，“企业异质性理论”始终是一个学习曲线异常陡峭的小众理论。最后，借此机会，引用一个典故。Fabio Canova 是一位研究 DSGE 理论的顶尖学者。DSGE 理论在西方宏观经济学中的主流地位无须多言。Fabio Canova 曾说过：“……理论研究最困难的是……不同学科的灰色地带……并加以统一”（Canova，2011）。

总结

本书从“五次方程的不可解性”谈起，最终以“五次方程的不可解性”来结尾。“五次方程的不可解性”旨在说明“好的研究”必是针对“好的问题”。著名数学家阿达玛曾给出评判“好的问题”的三大标准。首先，需要有解，即：解的存在性。其次，解的唯一性，因为一个问题不应该有模棱两可的答案。最后，解的稳定性。虽然，这仅是数学家对“好的问题”的评判标准，该标准也主要是应用在解常微分方程和偏微分方程中，但是，阿达玛的“标准”对我们研究哲学社会科学问题也有启示。

本书主要是回答企业异质性的本质。Melitz 在新新贸易理论中提出了企业异质性的概念，而 Benjamin Moll 等人在宏观经济学领域也提出了异质性的概念。本书遵循的“好的研究”准则之一是笃信“概念的一致性”，也就是说“异质性”这个概念不应该在不同的经济学领域不是一回事。在本人撰写本书之前，本人涉险于烟波浩渺的文献海洋中也未找到满意的答案，于是就有了撰写这本书的动机。本书主要是一本经济学理论专著，其学术创新和贡献概括起来有以下几点。

首先，尝试从经济学视角（而非数学视角）统一国际贸易理论和宏观经济学理论中的“异质性”研究（主要集中在讨论企业行为，虽然这种研究问题的范式和框架可以扩展到收入分配、工资收入以及城市规模的研究）。读者可在本书第三章找到相关内容的讨论。

其次，本专著试图回答一个基本的问题：“异质性”的本质到底是什么？有无一种对经济学家而言可以操作的、从宏观经济学视角所展开的异质性研究框架，这个答案主要在第三章结尾和第四章。

再次，国际主流的“异质性”研究团队都是世界顶级的科研选手，若干“异质性”研究的论文晦涩难懂，主要的原因是读者缺乏相应的数学工具和数学知识的背景，这些数学知识散落于数学或自然科学的各个细分领域中，没有专门的学术论文或学术专著将其结集成册。本书做了这样的尝试，并将其集结于第五章。当然，该章是否有用则完全取决于读者的态度，如果读者认可 Moll 等的研究，并认为他们的研究确实重要，则读者也将愿意花时间去补第五章所介绍的数学知识，那么第五章将是这些读者的“蜂蜜”。如果读者认为 Moll 等试图将宏观经济学的方向彻底带入他们所提倡的“第三代宏观经济学”理论框架中是非常无聊的事情，那么第五章自然对这类读者而言就不是“蜂蜜”，而是“砒霜”。毕竟，“一千个观众眼中有一千个哈姆雷特”。

最后，Melitz 教授曾尝试过将新新贸易理论的思想，通过宏观经济学模型——随机动态一般均衡（DSGE）引入到当下的宏观经济学研究中，但是这一部分的研究未得到足够的重视，本书第四章做了系统的介绍，并利用中国数据进行了尝试。

简而言之，本书对新新贸易理论在宏观经济理论研究以及宏观政策制定中的应用给出了较为完整的理论解答，较为完整详细地研究了企业异质性理论，丰富了新新贸易理论的内涵和外延，是对现有新新贸易理论的补充。当然，本书也丰富了宏观经济学的理论内涵和外延，这是对现有宏观经济学理论的补充。

本书也有一些哲学层面的贡献。当下是“百年未有之大变革”、中华民族实现伟大复兴中国梦的关键时刻，这使得哲学社会科学工作者更要“勿忘初心，牢记使命”，与本书一再提及的“五次方程的不可解性”问题类似，当下，我们更要时刻关注的是“问题”本身，而不是期刊论文发表本身。任何国外学者认为的“蜂蜜”是否是国人的“蜂蜜”，这是一个极度严肃的问题。国人不能再简单地“答题”而不审题。此外，出题的“西方老师”未必会再出题了。国人到了不仅要给自己出题，还要自己答题的时代，这是在过去百年未有的时局。

“企业异质性”是当下国内科研人员追捧的研究热点，而异质性研究，散布在国际贸易领域和宏观经济学领域中，有比较静态模型，有动态连续时间模型也有动态离散时间模型。如果读者承认企业异质性是当下西方国际贸易学领域和宏观经济学领域的前沿，那么系统梳理企业的异质性研究就变得极为重要，也十分有意义。

如果读者在阅读完本书后，觉得未如其所想，觉得西方前沿的异质性理论研究过于数理化，脱离实际，不能解决中国当下的现实问题，那么这也将是本书的贡献。因为，本书扮演了论证“‘问题’本身不重要”“本人要找的答案不在这里”的角色，如同法国数学天才伽罗瓦在寻找“五次方程的解”的过程中扮演的角色一样。伽罗瓦最终告诉世人的是“解不存在”“答案不在这里”“我们问错问题”了。虽然伽罗瓦揭示的事实真相让人如此沮丧，但重要的不是真相本身，而是在论证的过程中，人类敲开了现代科学的大门，发现了当代数学的瑰宝——现代群论，人类文明进入新纪元……也就是说，“探索”问题的本身也是有价值的，哪怕最终的答案是如此让人灰心丧气。

最后用电影《孔子》的一句台词结束这本“枯燥”的经济学理论著作吧！

“世人皆说夫子苦，但世人却不知道夫子在痛苦中所领悟到的人世间的真谛和最终去到的境界……”

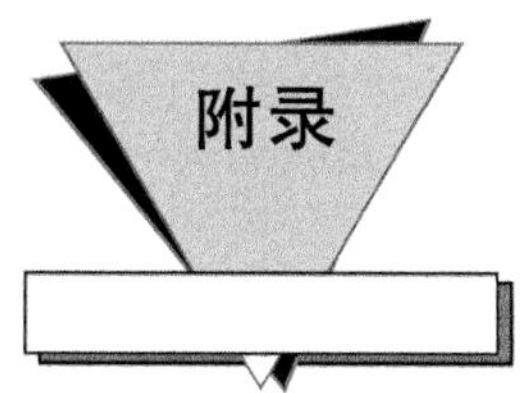

经济学原理汇总

一、加成价格与替代弹性

在竞争垄断市场下，价格与边际加成成本之间满足

$$p = \left(\frac{1}{1+\eta}\right)mc, \eta < 0 \Leftrightarrow p = \left(\frac{\epsilon}{1+\epsilon}\right)mc$$

其中，$\epsilon = \frac{p}{y}\frac{\mathrm{d}y}{\mathrm{d}p}$，表示价格的需求弹性。在新新贸易理论中，Melitz 的定义是 $p(\varphi) = \left(\frac{\sigma}{\sigma-1}\right)mc$，因此 $\eta = \frac{1}{\epsilon} = -\frac{1}{\sigma}$。

根据经济学原理，$\eta \in (-1,0)$，此外，$\eta < 0$ 说明企业有定价权。当 $-1 < \eta < 0$ 时，对需求曲线有弹性；$\eta = 0$，表示无定价权；$\eta \leqslant -1$ 对需求曲线无弹性。

二、Stiglitz – Dixit 形式中间厂商性质推导

该部分的推导结论不仅仅适用于中间厂商问题，也适用于推导消费异质性问题。特别值得一提的是，此模型的设定满足 Stiglitz – Dixit 连续统形式，只要是经济变量（比如，产出消费）的异质性数量与总量之间满足 Stiglitz – Dixit 连续统形式，经济变量对应的价格（异质性价格和总量价格）也满足 Stiglitz – Dixit 形式，其最终结果也是一致的。有学者曾指出，当代国际贸易理论的发展是经历了 Stiglitz – Dixit 模型阶段、克鲁格曼的新贸易理论阶段，最后才进化到 Melitz 和 Antràs 的新新贸易理论阶段，因此在本书附录中专门推导 Stiglitz – Dixit 模型也算是对该模型作者的一种致敬。

考虑“个体”厂商满足连续的“流（flow）”形式

$$y_t = \left(\int_0^1 y_{j,t}^{\frac{\sigma-1}{\sigma}} d_j\right)^{\frac{\sigma}{\sigma-1}}$$

其中，σ 表示“可替性”，每个厂商生产 $y_{j,t}$，对应价格为 $P_{j,t}$。利用下列最优化问题求解厂商决策方程

$$y_t = \left(\int_0^1 y_{j,t}^{\frac{\sigma-1}{\sigma}} d_j\right)^{\frac{\sigma}{\sigma-1}}$$

异质性产出对应异质性价格 P_{it}，异质性价格和总量价格之间的关系满足以下形式

$$P_t = \left(\int_0^1 P_{it}^{1-\sigma} d_i\right)^{\frac{1}{1-\sigma}}$$

此外，$y_{ti} = \left(\frac{P_{ti}}{P_t}\right)^{-\sigma} y_t$。

证明：

因为

$$\max_{\{y_{j,t};i\in(0,1)\}} \{P_t y_t - \int_0^1 P_{j,t}\, y_{j,t}\, d_j\}$$

不妨令

$$g = P_t\,(\int_0^1 y_{ti}^{\frac{\sigma-1}{\sigma}}\, d_i)^{\frac{\sigma}{\sigma-1}} - \int_0^1 P_{ti}\, y_{ti}\, d_i$$

为求最大值，则找该表达式的一阶导数条件，则有

$$\frac{\partial g}{\partial\ y_{ti}} = P_t\left(\frac{\sigma}{\sigma-1}\right)(\int_0^1 y_{ti}^{\frac{\sigma-1}{\sigma}}\, d_i)^{\frac{\sigma}{\sigma-1}-1}\left(\frac{\sigma-1}{\sigma}\right) y_{ti}^{\frac{\sigma-1}{\sigma}-1} - P_{ti} = 0 \Rightarrow \begin{cases} P_t\, y_t^{\frac{1}{\sigma}}\, y_{ti}^{-\frac{1}{\sigma}} = P_{ti} \\ P_t\, y_t^{\frac{1}{\sigma}}\, y_{tj}^{-\frac{1}{\sigma}} = P_{tj} \end{cases}$$

$$\Rightarrow \frac{P_{ti}}{P_{tj}} = \left(\frac{y_{ti}}{y_{tj}}\right)^{-\frac{1}{\sigma}}$$

于是有 $P_{tj} = \left(\frac{y_{ti}}{y_{tj}}\right)^{\frac{1}{\sigma}} P_{ti}$，然后再进行变化，则有

$$\Rightarrow P_{tj}\, y_{tj} = P_{ti}\, y_{ti}^{\frac{1}{\sigma}}\, y_{tj}^{-\frac{1}{\sigma}+1} = P_{ti}\, y_{ti}^{\frac{1}{\sigma}}\, y_{tj}^{\frac{\sigma-1}{\sigma}}$$

两边同时取积分，则有

$$\Rightarrow \int_0^1 P_{tj}\, y_{tj}\, d_j = P_{ti}\, y_{ti}^{\frac{1}{\sigma}} \int_0^1 y_{tj}^{\frac{\sigma-1}{\sigma}}\, d_j = P_{ti}\, y_{ti}^{\frac{1}{\sigma}}\, y_t^{\frac{\sigma-1}{\sigma}}$$

$$\Rightarrow P_t\, y_t = \int_0^1 P_{ti}\, y_{ti}\, d_i$$

$$\Rightarrow P_t\, y_t = P_{ti}\, y_{ti}^{\frac{1}{\sigma}}\, y_t^{\frac{\sigma-1}{\sigma}}$$

$$\Rightarrow P_t = P_{ti}\, y_{ti}^{\frac{1}{\sigma}}\, y_t^{-\sigma}$$

$$\Rightarrow y_{ti} = \left(\frac{P_{ti}}{P_t}\right)^{-\sigma} y_t$$

此外需要说明的是，以上的写法是宏观经济学（尤其是 DSGE）中常见的写法，在 Melitz（2003）中采用了不同的数学符号来表达，具体可见表 1。

表 1　Stiglitz – Dixit 的 CES 模型在不同学科（或文献中）中所采用的数学符号比较

DSGE	Melitz（2003）	Feenstra（2016）
i	ω	ω
y_{ti}	$q(\omega)$	$c(\omega)$
P_t	P	P
P_{ti}	$p(\omega)$	$p(\omega)$

注：①消费 $c(\omega)$ 等于产出 $y(\omega)$，是市场出清的条件，如果要将 Feenstra（2016）的写法与传统 DSGE 完全等价，需有 $y_i = y(\omega) = c(\omega) = \frac{w}{P}, i = \omega$。

②DSGE 模型都是动态模型，因此宏观变量都随时间变化，而新新贸易理论，比如开山之作 Melitz（2003）属于比较静态模型，因此变量下标如果出现"i"或者"j"一般表示国家或产业。此外，Melitz 模型中的"i"或者"j"与宏观经济学中常用的"i"或者"j"所表达的含义不同。

参考文献

一、中文文献

[1]鲍晓华,朱达明. 技术性贸易壁垒与出口的边际效应——基于产业贸易流量的检验[J]. 经济学(季刊),2014(4).

[2]陈景华. 异质性服务企业出口,FDI 与外包选择研究[D]. 山东大学,2014.

[3]陈维涛,王永进,李坤望. 地区出口企业生产率、二元劳动力市场与中国的人力资本积累[J]. 经济研究,2014(1).

[4]陈钊,陈乔伊. 中国企业能源利用效率: 异质性,影响因素及政策含义[J]. 中国工业经济,2019 (12).

[5]厄克森达尔. 随机微分方程导论与应用(第 6 版)[M]. 北京:科学出版社,2012.

[6]高凌云,屈小博,贾鹏. 中国工业企业规模与生产率的异质性[J]. 世界经济,2014(6):113 – 137.

[7]李春顶. 中国出口企业是否存在“生产率悖论”——基于中国制造业企业数据的检验[J]. 世界经济,2010(7).

[8]李春顶,尹翔硕. 我国出口企业的“生产率悖论”及其解释[J]. 财贸经济,2009(11):84 – 90.

[9]李嘉图. 政治经济学赋税原理[M]. 北京:商务印书馆,1962.

[10]李坤望,陈维涛,王永进. 对外贸易、劳动力市场分割与中国人力资本投资[J]. 世界经济,2014(3).

[11]李坤望,王有鑫. FDI 促进了中国出口产品质量升级吗? ——基于动态面板系统 GMM 方法的研究[J]. 世界经济研究,2013,10(5):1103 – 1104.

[12]李坤望,蒋为,宋立刚. 中国出口产品品质变动之谜:基于市场进入的微观解释[J]. 中国社会科学,2014(3).

[13]梁琦,陈强远,王如玉. 异质性企业区位选择研究评述[J]. 经济学动态,2016 (4).

[14]梁琦,李建成,陈建隆. 异质性劳动力区位选择研究进展[J]. 经

济学动态,2018 (4).

[15]刘斌. 我国DSGE模型的开发及在货币政策分析中的应用[J]. 金融研究,2008(10).

[16]罗伯特·C芬斯特拉. 产品多样化与国际贸易收益[M]. 上海:格致出版社,2012.

[17]吕越. 金融市场不完全,融资异质性与中国企业国际化[D]. 南开大学,2014.

[18]毛其淋. 贸易自由化,异质性与企业动态:对中国制造业企业的经验研究[D]. 南开大学,2013.

[19]梅冬州,龚六堂. 货币错配、汇率升值和经济波动[J]. 数量经济技术经济研究,2011(6).

[20]彭兴韵. 粘性信息经济学——宏观经济学最新发展的一个文献综述[J]. 经济研究,2011(12).

[21]萨金特. 递归宏观经济理论[M]. 北京:中国人民大学出版社,2006.

[22]施炳展. 中国企业出口产品质量异质性:测度与事实[J]. 经济学(季刊),2014,13(1).

[23]施炳展,邵文波. 中国企业出口产品质量测算及其决定因素——培育出口竞争新优势的微观视角[J]. 管理世界,2014(9).

[24]孙林,卢鑫,钟钰. 中国出口产品质量与质量升级研究[J]. 国际贸易问题,2014(5).

[25]唐宜红,王林. 我国服务业外商直接投资的决定因素分析——基于行业面板数据的实证检验[J]. 世界经济研究,2012(10).

[26]孙楚仁,陈瑾. 企业生产率异质性是否会影响工业集聚[J]. 世界经济,2017 (2).

[27]陶攀,荆逢春. 中国企业对外直接投资的区位选择——基于企业异质性理论的实证研究[J]. 世界经济研究,2013(9).

[28]杨波,张佳琦. 海外并购与绿地投资选择研究:基于企业异质性视角[J]. 国际贸易问题,2017(12).

[29]易靖韬,蒙双. 贸易自由化,企业异质性与产品范围调整[J]. 世界经济,2018 (11).

[30]余淼杰. 加工贸易与中国企业生产率:企业异质性理论和实证研

究[M]. 北京:北京大学出版社,2013.

[31]余淼杰. 对《中国企业"出口—生产率悖论"研究综述》的评论[J]. 世界经济,2015(5).

[32]余淼杰,张睿. 中国制造业出口质量的准确衡量:挑战与解决方法[J]. 经济学(季刊),2017,16(2).

[33]余颖丰. 新常态下贸易调整与中国经济周期波动[J]. 经济与管理研究,2016,37(10).

二、英文文献

[1]Achdou Y,Capuzzo - Dolcetta I. Mean field games:Numerical methods[J]. SIAM Journal on Numerical Analysis,2010,48(3):1136 - 1162.

[2] Achdou Y, Han J, Lasry J M, et al. Heterogeneous agent models in continuous time[R]. Preprint,2014,14.

[3]Achdou Y,Han J,Lasry J M,et al. Income and wealth distribution in macroeconomics:A continuous - time approach[R]. National Bureau of Economic Research,2017.

[4] Achdou Y,Pironneau O. Computational methods for option pricing [M]. Siam,2005.

[5] Adjemian S,Bastani H,Juillard M,et al. Dynare:Reference manual, version 4[R]. Dynare Working Papers,2011,1.

[6]Adolfson M,Laséen S,Lindé J,et al. Monetary policy trade - offs in an estimated open - economy DSGE model[J]. Journal of Economic Dynamics and Control,2014(42):33 - 49.

[7]Adolfson M,Laséen S,Lindé J,et al. Bayesian estimation of an open economy DSGE model with incomplete pass - through[J]. Journal of International Economics,2007,72(2):481 - 511.

[8]Ahn S H,Kaplan G,Moll B,et al. When inequality matters for macro and macro matters for inequality[J]. NBER Macroeconomics Annual,2018,32(1):1 - 75.

[9]Aiyagari S R. Uninsured idiosyncratic risk and aggregate saving[J]. The Quarterly Journal of Economics,1994,109(3):659 - 684.

[10]Alesina A,Tabellini G. Rules and discretion with non - coordinated monetary and fiscal policies[J]. Economic Inquiry,1987,25(4):619 - 630.

[11] An S, Schorfheide F. Bayesian analysis of DSGE models [J]. Econometric Reviews, 2007, 26(2-4): 113-172.

[12] Antràs P. Firms, Contracts, and Trade Structure [J]. Quarterly Journal of Economics, 2003, 118(4).

[13] Antràs P. Incomplete contracts and the product cycle [R]. National Bureau of Economic Research, 2003.

[14] Antràs P, Costinot A. Intermediated trade [R]. National Bureau of Economic Research, 2010.

[15] Antràs P, Chor D, Fally T, et al. Measuring the Upstreamness of Production and Trade Flows [J]. The American Economic Review: Papers & Proceedings, 2012, 102(3): 412-16.

[16] Anderson J E, Van Wincoop E. Gravity with gravitas: A solution to the border puzzle [J]. American Economic Review, 2003, 93(1): 170-192.

[17] Anderson G S. Solving linear rational expectations models: A horse race [J]. Computational Economics, 2008, 31(2): 95-113.

[18] Andreasen M M. Non-linear DSGE models, the central difference Kalman filter, and the mean shifted particle filter [R]. CREATES Research Paper, 2008, 33.

[19] Andreasen M M, Fernández-Villaverde J, Rubio-Ramírez J. The pruned state-space system for non-linear DSGE models: Theory and empirical applications [R]. National Bureau of Economic Research, 2013.

[20] Andrle M. A note on identification patterns in DSGE models [R]. European Central Bank, 2010.

[21] Arkolakis C, Costinot A, Rodríguez-Clare A. New trade models, same old gains? [J]. American Economic Review, 2012, 102(1): 94-130.

[22] Aruoba S B, Fernandez-Villaverde J, Rubio-Ramirez J F. Comparing solution methods for dynamic equilibrium economies [J]. Journal of Economic dynamics and Control, 2006, 30(12): 2477-2508.

[23] Altig D, Christiano L J, Eichenbaum M, et al. Firm-specific capital, nominal rigidities and the business cycle [J]. Review of Economic Dynamics, 2011, 14(2): 225-247.

[24] Baldwin R E, Forslid R. Trade liberalization with heterogeneous firms

[J]. Review of Development Economics,2010,14(2):161 – 176.

[25]Baldwin J,Gu W. The impact of trade on plant scale,production – run length and diversification [M]//Producer dynamics: new evidence from micro data. University of Chicago Press,2009:557 – 592.

[26]Baldwin R,Harrigan J. Zeros,quality and space:Trade theory and trade evidence[R]. National Bureau of Economic Research,2007.

[27]Baldwin R E,Robert – Nicoud F. The impact of trade on intra – industry reallocation and aggregate industry productivity:A Comment[R]. National Bureau of Economic Research,2004.

[28] Baldwin R, Taglioni D. Trade effects of the euro: A comparison of estimators[J]. Journal of Economic IntegRation,2007,22(4):780 – 818.

[29]Baxter M,King R. Fiscal policy in general equilibrium[J]. American Economic Review,1993,83(3):315 – 34.

[30]Benigno P. Price stability with imperfect financial integration [J]. Journal of Money,Credit and Banking,2009,41(s1):121 – 149.

[31] Bensoussan A, Lions J L. Applications of variational inequalities in stochastic control[J]. Studies in mathematics and its applications. Amsterdam: North – Holland,1982,vol. 12.

[32] Bensoussan A, Lions J L. Impulse control and quasi – variational inequalities μ[R]. Gauthier – Villars,Montrouge, Heyden & Son,Inc,1984.

[33] Bergholt D, Sveen T. Sectoral interdependence and business cycle synchronization in small open economies[R]. Norges Bank,2014.

[34] Bernanke B S, Gertler M, Gilchrist S. The financial accelerator in a quantitative business cycle framework [J]. Handbook of macroeconomics,1999(1): 1341 – 1393.

[35]Bernard A B,Jensen J B. Exporters,skill upgrading,and the wage gap [J]. Journal of International Economics,1997,42(1):3 – 31.

[36]Bernard A B,Jensen J B,Lawrence R Z. Exporters,jobs,and wages in US manufacturing:1976—1987[R]. Brookings Papers on Economic Activity,1995.

[37]Bernard A B, Jensen J B, Redding S J, et al. Firms in international trade[R]. National Bureau of Economic Research,2007.

[38]Bernard A B, Redding S J, Schott P K. Comparative advantage and

heterogeneous firms[J]. The Review of Economic Studies,2007,74(1):31 -66.

[39] Bernard A B, Jensen J B, Schott P K. Importers, exporters and multinationals: a portrait of firms in the US that trade goods[R]. National Bureau of Economic Research Working Paper Series,2009.

[40] Bernard A B, Redding S J, Schott P K. Multiproduct firms and trade liberalization[J]. The Quarterly Journal of Economics,2011,126(3):1271 -1318.

[41] Betts C, Devereux M. The international monetary transmission mechanism, a model of real exchange rate adjustment under pricing - to - market [R]. Manuscript, University of British Columbia,1997.

[42] Bewley T. Stationary monetary equilibrium with a continuum of independently fluctuating consumers[J]. Contributions to mathematical economics in honor of Gérard Debreu,1986(79).

[43] Blackorby C, Donaldson D. Money metric utility: A harmless normalization? [J]. Journal of Economic Theory,1988,46(1):120 -129.

[44] Blanchard O J, Kahn C M. The solution of linear difference models under rational expectations [J]. Econometrica: Journal of the Econometric Society,1980:1305 -1311.

[45] Blanchard O J, Kiyotaki N. Monopolistic competition and the effects of aggregate demand [J]. The American Economic Review,1987:647 -666.

[46] Bilbiie F O, Fujiwara I, Ghironi F. Optimal monetary policy with endogenous entry and product variety[J]. General Information,2011,64(3):1 -20.

[47] Brubakk L, Husebø T A, Maih J, et al. Finding NEMO: Documentation of the Norwegian economy model[J]. Norges Bank, Staff Memo,2006 (2006/6).

[48] Buch C M, Koch C T, Koetter M. Size, productivity, and international banking[J]. Journal of International Economics,2011,85(2):329 -334.

[49] Buera F J, Moll B. Aggregate implications of a credit crunch: The importance of heterogeneity[J]. American Economic Journal,2015,7(3):1 -42.

[50] Burriel P, Fernández - Villaverde J, Rubio - Ramírez J F. MEDEA: a DSGE model for the Spanish economy[J]. SERIEs,2010,1(1 -2):175 -243.

[51] Bustos P. Trade liberalization, exports, and technology upgrading: Evidence on the impact of MERCOSUR on Argentinian firms[J]. The American economic review,2011,101(1):304 -340.

[52] Bustos P, Bustos P. The Impact of Trade Liberalization on Skill Upgrading Evidence from Argentina[J]. Mimeo Crei Pompeu Fabra,2011.

[53] Calvo G A. Staggered prices in a utility – maximizing framework [J]. Journal of monetary Economics,1983,12(3):383 – 398.

[54] Canova F. Methods for applied macroeconomic research[M]. Princeton University Press,2011.

[55] Canova F. Bridging DSGE models and the raw data[J]. Journal of Monetary Economics,2014(67):1 – 15.

[56] Canova F,Ferroni F,Matthes C. Choosing the variables to estimate singular DSGE models[J]. Journal of Applied Econometrics,2014,29(7):1099 – 1117.

[57] Canova F,Sala L. Back to square one:Identification issues in DSGE models[J]. Journal of Monetary Economics,2009,56(4):431 – 449.

[58] Cardaliaguet P. Notes on mean field games[R]. Technical Report,2010.

[59] Carmona R,Delarue F. Probabilistic Theory of mean field games with applications I – II[M]. Springer Nature,2018.

[60] Castro M R D,Gouvea S N,Minella A,et al. SAMBA:Stochastic analytical model with a bayesian approach[R]. Central Bank of Basel Working Papers,2011.

[61] Chaney T. Distorted gravity:The intensive and extensive margins of international trade[J]. American Economic Review,2008,98(4):1707 – 21.

[62] Chaney T. Liquidity constrained exporters[J]. Journal of Economic Dynamics and Control,2016,72(11):141 – 154.

[63] Chaney T. The gravity equation in international trade:An explanation [J]. Journal of Political Economy,2018,126(1):150 – 177.

[64] Chari VV,Christiano L J,Eichenbaum M. Inside money,outside money and short term interest rates[R]. National Bureau of Economic Research,1995.

[65] Christiano L J,Eichenbaum M,Evans C L. Nominal rigidities and the dynamic effects of a shock to monetary policy[J]. Journal of political Economy, 2005,113(1):1 – 45.

[66] Christiano L J, Motto R, Rostagno M. Financial factors in economic fluctuations[R]. ECB Working Paper No. 1192. ,2010.

[67] Christiano L J,Trabandt M,Walentin K. DSGE models for monetary policy analysis[J]// Handbook of Monetary Economics, in: Benjamin M. Friedman &

Michael Woodford (ed.), Handbook of Monetary Economics, edition 1, volume 3, chapter 7, pages 285 – 367 Elsevier. ,2010.

[68] Christiano L J, Trabandt M, Walentin K. Introducing financial frictions and unemployment into a small open economy model[J]. Journal of Economic Dynamics and Control, 2011, 35(12): 1999 – 2041.

[69] Christoffel K, Coenen G, Warne A. The new area – wide model of the euro area – a micro – founded open – economy model for forecasting and policy analysis[R]. European Central Bank, 2008.

[70] Clarida R, Galí J, Gertler M. A simple framework for international monetary policy analysis[J]. Journal of Monetary Economics, 2002, 49(5): 879 – 904.

[71] Clarida R, Galí J, Gertler M. The science of monetary policy: A new keynesian perspective[J]. Journal of Economic Literature, 1999(37): 1661 – 1707.

[72] Coenen G, Wieland V. Inflation dynamics and international linkages: A model of the United States, the Euro Area and Japan[R]. European Central Bank Working Paper Series, 2008.

[73] Colciago A, Etro F. Endogenous market structures and the business cycle[J]. Economic Journal, 2010, 120(549): 1201 – 1212.

[74] Colciago A, Etro F. Technology Adoption, Job Matching Frictions and Business Creation[R]. European Central Bank Working Paper Series, 2012.

[75] Corsetti G, Pesenti P. International dimensions of optimal monetary policy[J]. Journal of Monetary Economics, 2005, 52(2): 281 – 305.

[76] Cox D R, Miller H D. The theory of stochastic processes[M]. Chapman & Hall/CRC, 1965.

[77] Curdia V, Woodford M. Credit frictions and optimal monetary policy [R]. SSRN Working Paper Series, 2010.

[78] Delarue F, Lacker D, Ramanan K. From the master equation to mean field game limit theory: A central limit theorem[J]. Electronic Journal of Probability, 2019 (24).

[79] DeJong D N, Dave C. Structuralmacro – econometrics[M]. Princeton University Press, 2011.

[80] Devereux M B, Engel C. Monetary policy in the open economy revisited: Price setting and exchange – rate flexibility[J]. The Review of Economic Studies,

2003,70(4):765 - 783.

[81]Devereux M B,Sutherland A. A portfolio model of capital flows to emerging markets[J]. Journal of Development Economics,2009,89(2):181 - 193.

[82]Devereux M B,Sutherland A. Country portfolio dynamics[J]. Journal of Economic Dynamics and Control,2010,34(7):1325 - 1342.

[83]Dieppe A,Küster K,McAdam P. Optimal monetary policy Rules for the Euro area:An analysis using the area wide model[J]. JCMS:Journal of Common Market Studies,2005,43(3):507 - 537.

[84]Dixit A K,Stiglitz J E. Monopolistic competition and optimum product diversity[J]. The American Economic Review,1977,67(3):297 - 308.

[85]Easterly W,Rebelo S. Fiscal policy and economic growth[J]. Journal of Monetary Economics,1993,32(3):417 - 458.

[86] Eaton J,Kortum S. Technology,geography,and trade[J]. Econometrica,2002,70(5):1741 - 1779.

[87]Erceg C J,Guerrieri L,Gust C. Trade adjustment and the composition of trade[J]. Journal of Economic Dynamics and Control,2008,32(8):2622 - 2650.

[88]Etro F,Etro F. The Economic Consequences of the Diffusion of Cloud Computing[R]. Global Information Technology Report,2009.

[89]Fagan G,Henry J,Mestre R. An area - wide model for the euro area [R]. Economic Modeling,2005,22(1):39 - 59.

[90]Falvey R,Greenaway D,Silva J. Trade liberalisation and human capital adjustment[J]. Journal of International Economics,2007,81(2):230 - 239.

[91] Farlow S J. Partial differential equations for scientists and engineers [M]. Courier Corporation,1993.

[92]Feenstra R C. New product varieties and the measurement of international prices[J]. The American Economic Review,1994,84(1):157 - 177.

[93]Feenstra R C. Advanced international trade:theory and evidence,1st Ed. [M]. Princeton University Press,2004.

[94]Feenstra R C. Advanced international trade:Theory and evidence,2nd Ed[M]. Princeton University Press,2016.

[95]Feenstra R C,Li Z,Yu M. Exports and credit constraints under incomplete information:Theory and evidence from China[J]. Review of Economics and Statistics,

2014,96(4):729 - 744.

[96] Feenstra R C, Romalis J. International prices and endogenous quality [J]. The Quarterly Journal of Economics, 2014, 129(2):477 - 527.

[97] Fernández - Villaverde J. The econometrics of DSGE models[J]. SERIEs, 2010, 1(1 - 2):3 - 49.

[98] Fernández - Villaverde J, Guerrón - Quintana P, Rubio - Ramírez J F. Estimating dynamic equilibrium models with stochastic volatility[J]. Journal of Econometrics, 2015, 185(1):216 - 229.

[99] Fernández - Villaverde J, Juan, Rubio - Ramírez F, Thomas J Sargent. , et al, ABCs(and Ds) of Understanding VARs[J]. American Economic Review, 2007, 97(3):1021 - 1026, June.

[100] Fernández - Villaverde J, Rubio - Ramírez J F. Estimating dynamic equilibrium economies: Linear versus nonlinear likelihood[J]. Journal of Applied Econometrics, 2005, 20(7):891 - 910.

[101] Fernández - Villaverde J, Rubio - Ramírez J F. Estimating macroeconomic models: A likelihood approach[J]. The Review of Economic Studies, 2007, 74 (4):1059 - 1087.

[102] Fernández - Villaverde J, Rubio - Ramrez J F. Comparing dynamic equilibrium models to data: A Bayesian approach[J]. Journal of Econometrics, 2004, 123(1):153 - 187.

[103] Fisher I. The debt - deflation theory of great depressions [J]. Econometrica: Journal of the Econometric Society, 1933, 1(3):337 - 357.

[104] Fisher R W. John Taylor's contributions to monetary theory and policy [J]. Federal Reserve Bank of Dallas Speech, 1990 (Oct 12).

[105] Fuhrer J, Moore G. Inflation persistence[J]. The Quarterly Journal of Economics, 1995, 110(1):127 - 159.

[106] Gabaix X. Power laws in economics and finance[J]. Annual Review Economics, 2009, 1(1):255 - 294.

[107] Gabaix X, Gopikrishnan P, Plerou V, et al. A theory of power - law distributions in financial market fluctuations[J]. Nature, 2003, 423(6937): 267 - 270.

[108] Gabaix X, Lasry J M, Lions P L, et al. The dynamics of inequality [J].

Econometrica,2016,84(6):2071 -2111.

[109] Gali J, Monacelli T. Monetary policy and exchange rate volatility in a small open economy[J]. The Review of Economic Studies,2005,72(3):707 -734.

[110] Gardiner C W. Handbook of stochastic methods: For physics, chemistry and the natural sciences(3rd Ed)[M]. Springer,2004.

[111] Ghironi F, Melitz M J. International trade and macroeconomic dynamics with heterogeneous firms[J]. The Quarterly Journal of Economics, 2005,120(3):865 -915.

[112] Gomme P, Klein P. Second - order approximation of dynamic models without the use of tensors[J]. Journal of Economic Dynamics and Control,2011, 35(4):604 -615.

[113] Gopinath, Gita, ElhananHelpman, and Kenneth Rogoff, eds. Handbook of international economics[M]. Elsevier,2014.

[114] Gorodnichenko Y, Ng S. Estimation of DSGE models when the data are persistent[J]. Journal of Monetary Economics,2010,57(3):325 -340.

[115] Guéant O. A reference case for mean field games models[J]. Journal de Mathématiques Pures et Appliquées,2009,92(3):276 -294.

[116] Hansen B E. Threshold effects in non - dynamic panels: Estimation, testing, and inference[J]. Journal of Econometrics, 1999, 93(2): 345 - 368 (24).

[117] Hansen L P, Sargent T J. Uncertainty within economic models [M]. World Scientific,2015.

[118] Hansen L P, Sargent T J. Robustness[M]. Princeton University Press, 2008.

[119] Hansen L P, Sargent T J, Turmuhambetova G, et al. Robust control and model misspecification[J]. Journal of Economic Theory,2006,128(1):45 -90.

[120] Harrison R, Nikolov K, Quinn M, et al. The Bank of England quarterly model[M]. Bank of England,2005.

[121] Head K, Mayer T. Gravity equations: Workhorse, toolkit, and cookbook [M]//Handbook of International Economics, Elsevier,2014.

[122] Helpman E, Melitz M, Rubinstein Y. Estimating trade flows: Trading partners and trading volumes[J]. The Quarterly Journal of Economics,2008,123

(2):441 -487.

[123] Helpman E, Melitz M J, Yeaple S R. Export versus FDI with heterogeneous firms[J]. American Economic Review,2004,94(1):300 -316.

[124] Hering L, Poncet S. Market access and individual wages: evidence from China[J]. Review of Economics and Statistics,2010,92(1):145 -159.

[125] Hirakata N, Katagiri M. Capital Flow, Foreign Direct Investment and Home Market Effect[R]. Institute for Monetary and Economic Studies, Bank of Japan,2013.

[126] Hopenhayn H A. Entry, exit, and firm dynamics in long run equilibrium [J]. Journal of the Econometric Society,1992,60(5):1127 -1150.

[127] Huang J. Option pricing and linear complementarity[J]. Journal of Computational Finance,1998,(2):31 -60.

[128] Huang M, Malhamé R P, Caines P E. Large population stochastic dynamic games: Closed - loop McKean - Vlasov systems and the Nash certainty equivalence principle[J]. Communications in Information & Systems,2006,6 (3):221 -252.

[129] Ilzetzki E, Jin K. The puzzling Change in the international transmission of U. S. Macroeconomic Policy Shocks [R]. London School of Economics & CEPR Organization Reports,2013.

[130] Ireland P N. A method for taking models to the data[J]. Journal of Economic Dynamics and Control,2004,28(6):1205 -1226.

[131] Jeanblanc M, Yor M, Chesney M. Mathematical methods for financial markets[M]. Springer Science & Business Media,2009.

[132] Jovanovic B, Rosenthal R W. Anonymous sequential games [J]. Journal of Mathematical Economics,1988,17(1):77 -87.

[133] Judd K L. Approximation, perturbation, and projection methods in economic analysis[J]. Handbook of Computational Economics,1996(1):509 -585.

[134] Judd K L, Guu S M. Asymptotic methods for aggregate growth models [J]. Journal of Economic Dynamics and Control,1997,21(6):1025 -1042.

[135] Kaplan G, Moll B, Violante G L. Monetary policy according to HANK [J]. American Economic Review,2018,108(3):697 -743.

[136] Keen B D. Sticky Price And Sticky Information Price - Setting Models:

What is the difference? [J]. Economic Inquiry,2007,45(4):770 – 786.

[137]Khandelwal A K. The long and short (of)quality ladders[J]. Review of Economic Studies,2010,77(4):1450 – 1476.

[138] Khandelwal A K, Schott P K, Wei S J. Trade liberalization and embedded institutional reform: Evidence from Chinese exporters[J]. American Economic Review,2013,103(6):2169 – 95.

[139]Kiley M T. A quantitative comparison of sticky – Price and sticky – information models of price Setting[J]. Journal of Money, Credit and Banking, 2007,39(s1):101 – 125.

[140]Kim J,Kim S,Schaumburg E,et al. Calculating and using second – order accurate solutions of discrete time dynamic equilibrium models[J]. Journal of Economic Dynamics and Control,2008,32(11):3397 – 3414.

[141] Kimball M S. The Quantitative analytics of the basic neomonetarist model[J]. Journal of Money,Credit,and Banking,1995,27(4).

[142] Klein P. Using the generalized schur form to solve a multivariate linear rational expectations model [J]. Journal of Economic Dynamics and Control,2000,24(10):1405 – 1423.

[143]Kolasa M,Rubaszek M,Skrzypczyński P. Putting the New Keynesian DSGE model to the real – time forecasting test[J]. Journal of Money,Credit and Banking,2012,44(7):1301 – 1324.

[144]Kollmann R. Monetary policy rules in the open economy: Effects on welfare and business cycles[J]. Journal of Monetary Economics,2002,49(5): 989 – 1015.

[145]Koopman R,Powers W M,Wang Z,et al. Give credit where credit is due:Tracing value added in global production chains[R]. NBER Working Paper, No. 16426,2011.

[146]Koopman R,Wang Z,Wei S J. Tracing value – added and double counting in gross exports[J]. American Economic Review,2012,104(2):459 – 494.

[147]Koopman R,Wang Z,Wei S J. Estimating domestic content in exports when processing trade is pervasive[J]. Journal of Development Economics,2012, 99(1):178 – 189.

[148] Koopman R, Wang Z, Wei SJ. The value added strcture of gross

exports and global production network[C]. Paper for presentation at the final WIOD conference causes and consequences of globalization,2012.

[149]Kopits M G,Symansky M S A. Fiscal policy rules[M]. International Monetary Fund,1998.

[150]Kumhof M,Muir D,Mursula S,et al. The Global integrated monetary and fiscal model (GIMF) – theoretical structure[R]. IMF Working Papers,2010.

[151] Krugman P. Increasing returns, monopolistic competition, and international trade[J]. Journal of International Economics,1979(9):469 – 479.

[152]Krugman P. Scale economies, product differentiation, and the pattern of trade[J]. The American Economic Review,1980,70(5):950 – 959.

[153]Krugman P. Increasing returns, imperfect competition and the positive theory of international trade[J]. Handbook of International Economics,1995(3):1243 – 1277.

[154]Kydland F E,Prescott E C. Time to build and aggregate fluctuations [J]. Econometrica:Journal of the Econometric Society,1982,50(6):1345 – 1370.

[155]Lasry J M, Lions P L. Mean field games[J]. Japanese journal of mathematics,2007,2(1):229 – 260.

[156] Laxton D, Pesenti P. Monetary rules for small, open, emerging economies[J]. Journal of Monetary Economics,2003,50(5):1109 – 1146.

[157]Levin A, Wieland V, Williams J C. The performance of forecast – based monetary policy rules under model uncertainty[J]. American Economic Review,2003,93(3):622 – 645.

[158]Lileeva A. ,Trefler D. Does improved market access raise plant – level productivity[J]. Quarterly Journal of Economics,2010,125(3):1051 – 1099.

[159]Medina J P,Soto C. The chilean business cycles through the lens of a stochastic general equilibrium model[R]. Central Bank of Chile Working Paper Series,2007.

[160]Ljungqvist L,Sargent T J. Recursive macroeconomic theory[M]. MIT Press,2004.

[161]Logan J D. Applied partial differential equations[M]. Springer,2014.

[162] LucasJr R E. Econometric policy evaluation: A critique [C]// Carnegie – Rochester conference series on public policy. North – Holland, 1976

(1):19 -46.

[163]Lucas Jr R E,Stokey N L. Money and interest in a cash - in - advance economy [J] . Economietica: Journal of the Econometric Society, 1987, 55 (3):491 -513.

[164]Lucas Jr R E, Moll B. Knowledge growth and the allocation of time [J]. Journal of Political Economy,2014,122(1):1 -51.

[165] Luttmer E G J. Selection, growth, and the size distribution of firms [J]. The Quarterly Journal of Economics,2007,122(3):1103 -1144.

[166]Luttmer E G J. On the mechanics of firm growth[J]. The Review of Economic Studies,2011,78(3):1042 -1068.

[167]Luttmer E G J. Slow convergence in economies with firm heterogeneity [R]. Federal Reserve Bank of Minneapolis Working Paper,2012.

[168] Malevergne Y, Saichev A, Sornette D. Zipf's law and maximum sustainable growth[J]. Journal of Economic Dynamics and Control,2013,37(6): 1195 -1212.

[169] Mankiw N G, Reis R. Sticky Information versus sticky prices: A proposal to replace the New Keynesian phillips curve[J]. The Quarterly Journal of Economics,2002,117(4):1295 -1328.

[170] Mankiw N G, Romer D. New Keynesian Economics: Coordination failures and real rigidities[M]. MIT Press,1991.

[171] Manova K. Credit constraints, equity market liberalizations and international trade[J]. Journal of International Economics,2008,76(1):33 -47.

[172] Manova K. Credit constraints, heterogeneous firms, and international trade[J]. Review of Economic Studies,2013,80(2):711 -744.

[173]Manova K,Wei S J,Zhang Z. Firm exports and multinational activity under credit constraints[J]. Review of Economics and Statistics,2015,97(3): 574 -588.

[174]McCallum B T,Nelson E. Nominal income targeting in an open -economy optimizing model[J]. Journal of Monetary economics,1999,43(3):553 -578.

[175] McCallum J. National borders matter: Canada - US regional trade patterns[J]. The American Economic Review,1995,85(3):615 -623.

[176]Melitz M J. The impact of trade on intra - industry reallocations and

aggregate industry productivity[J]. Econometrica,2003,71(6):1695 -1725.

[177]Melitz M J,Ottaviano G I P. Market size,trade,and productivity [J]. The Review of Economic Studies,2008,75(1):295 -316.

[178]Melitz M J,Redding S J. New trade models,new welfare implications [J]. American Economic Review,2015,105(3):1105 -46.

[179] Murchison S, Rennison A. To TEM: The bank of canada's new quarterly projection model[R]. Bank of Canada Working Paper,2006.

[180]Muûls M. Exporters and credit constraints: A firm - level approach [R]. NBB Working Paper,2008.

[181]Newman M E J. Power laws,Pareto distributions and Zipf's law [J]. Contemporary Physics,2005,46(5):323 -351.

[182] Nocke V, Yeaple S. Cross - border mergers and acquisitions vs. greenfield foreign direct investment:The role of firm heterogeneity[J]. Journal of International Economics,2007,72(2):336 -365.

[183] Nuño G, Moll B. Social optima in economies with heterogeneous agents[J]. Review of Economic Dynamics,2018,28(1):150 -180.

[184]Obstfeld M,Rogoff K. Exchange Rate Dynamics Redux[J]. Journal of Political Economy,1995,103(3):624 -660.

[185] Oliver P J. Introduction to partial differential equations [M]. Springer,2014.

[186] Orphanides A, Wieland V. Price stability and monetary policy effectiveness when nominal interest rates are bounded at zero[M]. Division of Research & Statistics and Monetary Affairs,Federal Reserve Board,1998.

[187]Orphanides A. The quest for prosperity without inflation[J]. Journal of monetary Economics,2003,50(3):633 -663.

[188]Orphanides A. Historical monetary policy analysis and the Taylor rule [J]. Journal of Monetary Economics,2003,50(5):983 -1022.

[189]Pavcnik N. Trade Liberalization, exit, and productivity improvement: Evidence from chilean plants. [J]. Review of Economic Studies,2002,69(1): 245 -76.

[190] Parteka A, Tamberi M. Export Diversification and Development - Empirical Assessment[R]. Universita -Politechica Delle Marche Dipartimento di

Scienze Economiche e Sociali Working Paper,2001.

[191] Qu Z, Tkachenko D. Identification and frequency domain quasi - maximum likelihood estimation of linearized dynamic stochastic general equilibrium models[J]. Quantitative Economics,2012,3(1):95 - 132.

[192] Pascucci A. PDE and martingale methods in option pricing [M]. Springer Science & Business Media,2011.

[193] Petrovsky I G. Lectures on partial differential equations[M]. Courier Corporation,2012.

[194] Platen E, Bruti - Liberati N. Numerical solution of stochastic differential equations with jumps in finance[M]. Springer Science & Business Media,2010.

[195] Potter P. Stochastic Integration and Differential Equation [M]. Stochastic Modeling and Applied Probability,2004, Vol 21, Springer.

[196] Redding S, Venables A J. Economic geography and international inequality[J]. Journal of international Economics,2004,62(1):53 - 82.

[197] Redner S. A guide to first - passage processes [M]. Cambridge University Press,2001.

[198] Ross S M. Introduction to probability models [M]. Academic Press,2014.

[199] Rotemberg J J. Sticky prices in the United States[J]. The Journal of Political Economy,1982,90(6):1187 - 1211.

[200] Rotemberg J, Woodford M. An optimization - based econometric framework for the evaluation of monetary policy [M]//NBER Macroeconomics Annual 1997, Volume 12. MIT Press,1997:297 - 361.

[201] Saichev A I, Malevergne Y, Sornette D. Theory of Zipf's law and beyond[M]. Springer Science & Business Media,2009.

[202] Saijo H. Estimating DSGE models using seasonally adjusted and unadjusted data[J]. Journal of Econometrics,2013,173(1):22 - 35.

[203] Sala L. DSGE models in the frequency domains [J]. Journal of Applied Econometrics,2015,30(2):219 - 240.

[204] Salsa S. Partial differential equations in action: From modelling to theory[M]. Springer,2016.

[205] Samuelson P A. The transfer problem and transport costs: The terms of

trade when impediments are absent[J]. The Economic Journal,1952,62(246): 278 -304.

[206]Schmitt - Grohé S,Uribe M. Optimal fiscal and monetary policy under sticky prices[J]. Journal of Economic Theory,2004,114(2):198 -230.

[207] Schmitt - Grohé S, Uribe M. Closing small open economy models [J]. Journal of International Economics,2003,61(1):163 -185.

[208] Schmitt - Grohé S, Uribe M. Solving dynamic general equilibrium models using a second - order approximation to the policy function[J]. Journal of Economic Dynamics and Control,2004,28(4):755 -775.

[209]Shaker Akhtekhane S. Firm entry and exit in continuous time [R]. Working Paper,Ohio State University,2017.

[210]Shiryaev A N. Essentials of stochastic finance: Facts, models, theory [M]. World Scientific,1999.

[211] Sims C A. Solving linear rational expectations models [J]. Computational Economics,2002,20(1):1 -20.

[212]Sims C A. Macroeconomics and reality[J]. Econometrica, 1980, 48 (1):1 -48.

[213]Sims C A. Implications of rational inattention[J]. Journal of Monetary Economics,2003,50(3):665 -690.

[214] Smets F, Wouters R. An estimated dynamic stochastic general equilibrium model of the euro area [J]. Journal of the European Economic Association,2003,1(5):1123 -1175.

[215]Smets F, Wouters R. Shocks and frictions in US business cycles: A bayesian DSGE approach[J]. The American Economic Review,2007,97(3): 586 -606.

[216]Solow R. Building a science of economics for the real world [J]. House Committee on Science and Technology Subcommittee on Investigations and Oversight,2010(20).

[217]Soto C, Medina J P. Oil shocks and monetary policy in an estimated DSGE model for a small open economy[R]. Working Papers Central Bank of Chile,2005.

[218]Stanley M H R, Amaral L A N, Buldyrev S V, et al. Scaling behavior

in the growth of companies[J]. Nature,1996,379(6568):804 - 806.

[219] Stumpf M P H, Porter M A. Critical truths about power laws [J]. Science,2012,335(6069):665 - 666.

[220] Sutherland A J. A simple second - order solution method for dynamic general equilibrium models [R]. Department of Economics, University of St. Andrews,2002.

[221] Svensson L E O. Money and asset prices in a cash - in - advance economy[J]. Journal of Political Economy,1985,93(5):919 - 944.

[222] Taylor J B. Aggregate dynamics and staggered contracts [J]. The Journal of Political Economy,1980,88(1):1 - 23.

[223] Taylor J B. Macroeconomic policy in a world economy: from econometric design to practical operation[M]. New York:WW Norton,1993.

[224] Taylor J B. Staggered wage setting in a macro model [J]. The American Economic Review,1979,69(2):108 - 113.

[225] Tinbergen J. Shaping the world economy; suggestions for an international economic policy[R]. Twentieth Century Fund,1962,New York.

[226] Tkachenko D,Qu Z. Frequency domain analysis of medium scale dsge models with application to smets and wouters (2007) [J]. Advances in Econometrics,2012(28):319.

[227] Tovar C E. DSGE models and central banks [R]. Bank for International Settlements,2008.

[228] Trabandt M. Sticky information vs. sticky prices: A horse race in a DSGE framework[R]. Sveriges Riksbank Working Paper Series,2007.

[229] Trefler D. The case of the missing trade and other mysteries[J]. The American Economic Review,1995,85(5):1029 - 1046.

[230] Trefler D. The long and the short of the canada - US free trade agreement[J]. American Economic Review,2004,94(4):870 - 895.

[231] Uhlig H. A toolkit for analyzing nonlinear dynamic stochastic models easily[R]. Federal Reserve Bank of Minneapolis,1995.

[232] Van Long N,Raff H,Stähler F. Innovation and trade with heterogeneous firms[J]. Journal of International Economics,2011,84(2):149 - 159.

[233] Vapnik V. The nature of statistical learning theory [M]. Springer,1999.

[234]Walsh C E. Monetary theory and policy[M]. MIT Press,2010.

[235] Wickens M. Macroeconomic theory: A dynamic general equilibrium approach[M]. Princeton University Press,2012.

[236] Woodford M. Imperfect Common Knowledge and the Effects of Monetary Policy[R]. NBER Working Paper No. 8673,2003.

[237] Woodford M. Interest and prices [M]. Princeton University, April,2003.

[238]Yeaple S R. A simple model of firm heterogeneity, international trade, and wages[J]. Journal of International Economics,2005,65(1):1-20.

[239] Zlate A. Offshore production and business cycle dynamics with heterogeneous firms[R]. International Finance Discussion Papers,2010.

[240]Zhang W. China's monetary policy: Quantity versus price rules [J]. Journal of Macroeconomics,2009,31(3):473-484.

[241]Zubairy S. On fiscal multipliers: Estimates from a medium scale DSGE model[J]. International Economic Review,2014,55(1):169-195.

后　记

本书是本人过去几年对企业异质性理论的深入研究和思考。书稿从选题、资料收集、理论推导、写作到完稿，得到了很多人的指导和支持。

首先感谢国家社会科学基金青年项目（题目：负面清单管理模式下服务业开放路径与政府策略选择研究，编号：15CJY062）的资助，本书是该项目的阶段性成果之一。中国服务业开放水平能否迈上新台阶，关键是中国服务业企业能否顺利地走出去，同时也需要企业能消化彻底开放后受到的外来冲击。从科研人员角度，这取决于我们对企业行为的理解。因此基于新新理论视角下的企业异质性理论展开思考和研究，就显得极有现实意义，因为新新贸易理论致力于理解企业的选择行为。但凡涉及国家的政策选择研究，从国家层面考量，就不能仅依靠微观研究，还必须结合中观和宏观研究，因此，宏观经济学视角对行业和货币财政等宏观政策的互动研究就显得十分必要。近些年宏观经济学领域掀起了一波关于异质性研究的浪潮，那么思考宏观经济学领域的“异质性研究”和新新贸易理论中的“企业异质性”之间有无关联，也显得十分必要和有意义，于是就有了撰写本书的想法。

本书得以完成需要感谢非常多的良师益友。

感谢我读博士期间的导师裴长洪教授。裴教授在言传身教之余，和我探讨国际贸易理论中的前沿问题，让我学习和思考。

感谢我在加拿大 McGill 大学读研期间认识的黄民懿学长。黄民懿现为加拿大卡尔顿大学数学系教授，是平均场博弈理论的创始人之一，而平均场博弈理论为宏观经济学者构建“异质性理论”提供了坚实的数学理论支撑。由此可见平均场博弈论在宏观经济学研究中的重要性。黄教授受本人邀请，于 2017 年在首都经济贸易大学金融学院举办平均场博弈理论的讲座，让本人对平均场博弈论有了更为全面和深刻的认识，这对本书的撰写帮助非常大。感谢黄教授这几年一直和我探讨平均场博弈理论的相关问题。

在此，也需要特别感谢首都经济贸易大学金融学院院长尹志超教授、

副院长高杰英教授和陈奉先副教授以及王曼怡教授、蒋三庚教授、朱超教授及其他老师对我的帮助。

此外，还需要感谢（排名不分先后）北京大学的郑世林教授，中国社会科学院的吴要武研究员、汪德华研究员、吴利学研究员、毛日昇研究员和江飞涛副研究员，中国人民大学的罗楚亮教授、陆方文教授和张琼教授，清华大学的刘生龙副教授，北京理工大学的张凌翔副教授，中南大学李晓萍副教授，中山大学的张莉教授，感谢他们和我讨论问题，并耐心地回答我的各种问题，也借此机会感谢香樟经济圈。

当然还需要感谢那些我在社科院读博期间结识的良师益友们，情长纸短，无法一一列举他们的名字，感谢他们经常在微信上和我交流，经常不断地给我提供宝贵修改建议和意见。

本书能顺利出版离不开首都经济贸易大学出版社的大力支持，感谢贵社让我的学术科研成果有了一个面向读者的机会。

新新贸易理论是目前国内国际贸易领域研究的热点，国内的研究主要集中在微观实证检验层面，而新新贸易理论也可以在国际金融（宏观经济）领域展开研究。本书在新新贸易理论的宏观层面做了一定的探索。此外，平均场博弈理论虽然在宏观经济学中有了应用，并开始帮助宏观经济学家建立“异质性理论”，但是平均场博弈理论更多地还是存在于数学家的世界中，因此平均场博弈理论何时彻底和主流经济学深度融为一体还有待时日，平均场博弈理论本身也是一个动态发展的理论。

鉴于作者能力与时间的局限，本书的研究思路和观点难免存在不足。本书关于“异质性”的研究主要集中在企业行为领域。此外因本人理论水平有限，暂时还无法完全从平均场博弈理论视角展开企业异质性理论研究，进而使得本人无法用平均场博弈理论统一新新贸易理论，这都是本书的不足之处。本书还有一个不足是没有笔墨专门探讨服务业和服务企业问题。

总之，书稿既已付梓，敬请广大专家、读者予以批评和指正。